■ 本书系教育部人文社会科学研究青年项目"普惠保险对保险法的挑战及应对研究"（项目批准号：22YJC820040）的研究成果。

■ 本书系中央高校基本科研费专项资金资助项目"普惠保险协同社会治理现代化研究"（项目批准号：20720191065）的研究成果。

厦门大学商法学论丛

A Study on Inclusive Insurance to
Promote the Modernization of Social Governance

普惠保险推进社会治理现代化研究

阎语　何丽新◎著

厦门大学出版社　国家一级出版社
XIAMEN UNIVERSITY PRESS　全国百佳图书出版单位

图书在版编目(CIP)数据

普惠保险推进社会治理现代化研究 / 阎语，何丽新著. -- 厦门：厦门大学出版社，2023.1
(厦门大学商法学论丛)
ISBN 978-7-5615-8780-5

Ⅰ.①普… Ⅱ.①阎… ②何… Ⅲ.①社会保险—研究—中国②社会管理—现代化管理—研究—中国 Ⅳ.①F840.61②D63

中国版本图书馆CIP数据核字(2022)第192408号

出 版 人	郑文礼
责任编辑	李　宁　郑晓曦
封面设计	张雨秋

出版发行　*厦门大学出版社*

社　　址	厦门市软件园二期望海路 39 号
邮政编码	361008
总 编 办	0592-2182177　0592-2181253(传真)
营销中心	0592-2184458　0592-2181365
网　　址	http://www.xmupress.com
邮　　箱	xmupress@126.com
印　　刷	厦门市明亮彩印有限公司

开本	787 mm×1 092 mm　1/16
印张	18.75
插页	2
字数	480 千字
版次	2023 年 1 月第 1 版
印次	2023 年 1 月第 1 次印刷
定价	75.00 元

本书如有印装质量问题请直接寄承印厂调换

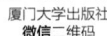
厦门大学出版社
微信二维码

厦门大学出版社
微博二维码

序

一直以来,厦门大学法学学科将海商法与保险法归入民商法体系。此种"独具特色"的教学和科研模式,虽然在一定程度上显得有些另类,却也颇能"自得其乐",并"创造性"地成就了一批从民商法视角研究海商法与保险法的青年才俊。保险法的民商法分支地位自不必说,但理论界对海商法在法律体系中的定位长期存有争议。海商法伴随以海为主的水上运输和国际贸易法律关系而生,国内学者多认为海商法是国际经济法的分支部门法,注重发挥和挖掘海商法的自体性,但对于民商法理念、制度的共通性思考较少。呈现在大家面前的是"厦门大学商法学论丛",以系列专著的形式集中探究海商法与保险法的前沿热点问题。此系列专著的作者均是本人指导的民商法学专业博士,他们潜心钻研、思想敏锐,有强烈的学术进取和创新开拓精神,在如马里亚纳海沟般"又窄又深"的海商法和似太平洋般"又宽又广"的保险法领域辛勤耕耘,犹如一股股涓流般地注入我国海商法保险法的研究长河。于是,本人应邀为序,希望越来越多的学子们为商法的"小众"分支——海商法与保险法的研究添砖加瓦。

海商法主要调整船舶关系和海上运输关系,存在相对独立的调整对象和较为完整的规范体系。从规范的表现形态而言,海商法是包含私法和公法、国内法和国际法等相关元素在内的法律规范的综合体。海商法中虽存在部分以海事主体的权利义务关系为调整对象的公法性条款,但并不影响民商法规范在海商法中的主体地位,海商法应定性为民法的特别法。

《民法典》堪称我国民事立法史上一座伟大的丰碑,是中国特色社会主义法律体系的重要组成部分,是民事领域的基础性、综合性法律。作为私法领域基本法,《民法典》具备统摄私法体系的功能。《民法典》的出台和实施,可以实现对我国私法体系的重大完善。《民法典》采用"民商合一"的立法体例,不仅调整民事活动和民事关系,而且规范商事活动和商事关系。《民法典》兼顾民法和商法共同的理念,兼容了民法性质和商法品格,不仅为各类民商事活动在民商法体系下提供基本行为规则,还给包括海商法保险法在内的商事法律规范留有必要的弹性空间。在民法典视域下研究海商海事制度,强调的是将海商法理论与民法理论有机融合,而非强行比照《民法典》的"身材"削足适履。这就要求,不得因《民法典》而改变海商法的特色制度和规定,而是要在制度层面使海商法的法律制度与民商法相关法律制度相衔接,在相同或相近的法理基础和法律原则下,形成相互联系或衔接的民商法体系,以强化海商法的系统性和完整性。

保险,其本义是通过商业行为而建构的风险损失分散制度,故保险法是调整商业保险关系(不包括社会保险关系)的法律规范总称。我国现行《保险法》将保险合同法和保险业法"合二为一",实现了保险私法与保险公法的融合。学界多有共识,先有海上保险法,后有陆上保险法。由于我国的保险业是舶来品,20世纪90年代的保险立法(包括《海商法》中的海上保险一章)多以借鉴国外保险法为研究进路,尤其是英国《1906年海上保险法》,对我国《海商法》的海上保险部分影响深远。在英美法系国家,保险法主要是作为一个独立的法律部门存在。而在我国,由于从海上保险制度演变发展而来的保险合同法在保险法中占据主体地位,保险法成为民商法的构成部分,自然是水到渠成。保险法作为民事特别法的内涵意蕴,意味着保险法既要遵循民法的一般规则,又要反映保险关系特性的特殊规定。《民法典》的法典性地位,对保险法的发展产生深刻影响,保险法也将为《民法典》的全面实施添砖加瓦。

基此,海商法学者多从海上保险法研究拓展至陆上保险法研究,海商法和保险法兼而研究的学者在国内较为常见,"厦门大学商法学论丛"因而以 MARITIME & INSURANCE LAW 为 LOGO,在海商法和保险法的研究中突出民法品格。但我们深知,本系列专著的研究内容中必存欠缺乃至错误,恳请各位专家批评指正。

本套丛书的出版得到了厦门大学法学院和厦门大学出版社的鼎力支持,在此一并表示感谢!

何丽新

目录 / CONTENTS

导论 ·· 1
  第一节 研究背景及相关研究述评 ······································· 1
  第二节 研究价值与创新 ·· 4
  第三节 主要研究问题与结构安排 ······································· 6

第一章 普惠保险参与社会治理现代化的理论基础 ············· 9
  第一节 普惠保险的基本概念 ·· 9
  第二节 普惠保险的理论定位 ··· 21
  第三节 社会治理情景中的普惠保险 ································· 30
  第四节 普惠保险参与社会治理现代化的基石范畴 ·········· 39

第二章 普惠保险协同社会治理现代化的应然路径 ·········· 50
  第一节 普惠保险协同社会治理现代化的规范依据 ·········· 50
  第二节 普惠保险协同推进多元化的健康治理 ·················· 56
  第三节 普惠保险协同实现全过程的应急治理 ·················· 62
  第四节 普惠保险协同全面发展的经济治理 ······················ 69
  第五节 普惠保险协同保障弱势群体的民生治理 ·············· 77

第三章 普惠保险服务社会治理现代化的实践现状 ·········· 83
  第一节 参与模式及主体的多元性 ····································· 83
  第二节 保险合同的团体化及非格式化 ····························· 94
  第三节 保险合同的定制性及其挑战 ································· 99
  第四节 争议问题及司法裁判的复杂性 ··························· 108

第四章　普惠保险融入社会治理现代化的现实困境 ······ 124
第一节　与国家宏观政策存在割裂 ······ 124
第二节　立法规范视野错位 ······ 129
第三节　商业保险合同原则难以适用 ······ 143
第四节　权利义务分配体系逻辑混乱 ······ 155

第五章　普惠保险推进社会治理现代化的优化路径 ······ 168
第一节　明确界分商业性与政策性普惠保险 ······ 168
第二节　逐步实现普惠保险立法模式改革 ······ 173
第三节　重塑普惠保险的基本原则 ······ 199
第四节　优化普惠保险的具体规范 ······ 209

结语 ······ 220
附录 ······ 222
附录1　普惠农业保险案件统计 ······ 222
附录2　普惠小额保险案件统计 ······ 248

参考文献 ······ 279
后记 ······ 294

导论

第一节 研究背景及相关研究述评

近年来,随着国家对普惠金融的大力推进,普惠保险逐渐进入大众视野。该保险在推进社会治理现代化建设中的重要意义也得到了广泛认同。2016年8月23日,原保监会发布的《中国保险业发展"十三五"规划纲要》首次明确提出了普惠保险的理念,并指出"我国保险业要立足新起点……为服务国家治理体系和治理能力现代化作出更大贡献……大力发展普惠保险,开发各类保障适度、保费低廉的小额保险产品"。2019年10月31日,十九届四中全会通过的《中共中央关于坚持和完善中国特色社会主义制度 推进国家治理体系和治理能力现代化若干重大问题的决定》亦明确表要"注重加强普惠性、基础性、兜底性民生建设,保障群众基本生活……满足人民多层次多样化需求,使改革发展成果更多地惠及全体人民"。

2020年1月,银保监会联合发改委等部门联合发布的《关于促进社会服务领域商业保险发展的意见》则进一步"鼓励地方政府及有关部门更多运用商业保险机制,提高公众风险分散转移能力,加强和改进社会治理",并明确应"支持商业保险机构有序发展面向农村居民、城镇低收入人群、残疾人的普惠保险"。2021年3月出台的《国民经济和社会发展第十四个五年规划和2035年远景目标纲要》更是多次提及"普惠"的理念,倡导现代金融体系向更具"高度适应性、竞争力、普惠性"的方向发展,并加强"普惠性、基础性、兜底性民生建设",以深化金融供给侧结构性改革、完善共建共治共享的社会治理制度、提升政府的经济治理能力。

伴随着保险服务社会治理创新、参与扶贫攻坚和乡村振兴、破局小微企业融资困境、助力弱势群体权利保障等问题的热议,学界和实务界对普惠保险如何更好地推进社会治理现代化的关注度也日益增高,并形成了以下三方面的研究成果:

第一,已关注到普惠保险的引入,并发现该保险存在以下特殊性:(1)可保性较差,损失核定也面临着较大的不确定性①;(2)具有较强的正外部性②;(3)保险市场存在着更严重的信息不对称问题,这也进一步导致了更为复杂的多方道德风险问题——投保人、保险人甚至基层政府的道德风险问题③,以及更普遍的逆向选择问题④;(4)存在系统性的风险⑤。基于以上特殊性,政府对普惠保险给予政策优惠以扩大市场供需已成为常态。⑥ 由于普惠保险常享受优惠政策以及该保险常涉及国家治理政策的落实,普惠保险并不能完全等同于商业保险这一观点已得到普遍认同。

第二,主要围绕着农业保险这类政策性普惠保险展开。庹国柱教授认为我国的农业保险中,允许农业生产经营组织、村民委员会等单位组织投保,以及投保和理赔结果需要进行公示的规定,充分考虑了农户分散和农村人口大量流动的特性,具有合理性;此外,有关保险机构增加保费、合同解除权限制以及保险人不得主张保险标的残余价值的规定,则有助于实现国家对农民的倾斜性保护。⑦ 但也有学者认为实践中一些普惠农业保险中有关投保条件、免责事由和损失填补范围的规定,甚至比商业保险更为严苛,难以对农民形成基本保护,更别谈倾斜性保护。⑧ 此外,还有研究着重反思了我国普惠农业保险的立法模式,认为现行立法存在目的偏离正轨、保险的风险分散和转移机制有待完善、农业互助保险组织的资质规定与农业产业现状错位、保险监管目标与实践不相

---

① 刘智夫:《析城乡小额保险供给制度及其创新》,载《保险研究》2008年第5期;黄英君、林俊文:《我国农业风险可保性的理论分析》,载《软科学》2010年第7期。

② 冯文丽:《我国农业保险市场失灵与制度供给》,载《金融研究》2004年第4期;陈璐:《政府扶持农业保险发展的经济学分析》,载《财经研究》2004年第6期;孙蓉、吴剑、崔微微:《普惠保险及其发展水平测度》,载《保险研究》2019年第1期;Radermacher R. McGowan H., Dercon S., What is the Impact of Microinsurance?, in Craig Churchill & Michal Matul eds., *Protecting the Poor: A Microinsurance Compendium Volume II*, Geneva: International Labour Office (ILO), 2012, pp. 59-82.

③ 庹国柱:《我国农业保险的发展成就、障碍与前景》,载《保险研究》2012年第12期;陈运来:《农业保险法原论》,中国检察出版社2015年版,第13~17页。

④ 参见 Wang H., Zhang L., Yip W. et al, Adverse Selection in A Voluntary Rural Mutual Health Care Health Insurance Scheme in China, *Social Science & Medicine* 2006, Vol. 63, No. 5, pp. 1236-1245; Brau, James C., Merrill, Craig & Staking, Kim B., Insurance Theory and Challenges Facing the Development of Microinsurance Markets, *Journal of Developmental Entrepreneurship*, 2011, Vol.16, No.4, pp. 411-440.

⑤ Biener C., Eling M., Insurability in Microinsurance Markets: An Analysis of Problems and Potential Solutions, *Geneva Papers on Risk and Insurance* 2012, Vol. 37, No. 1, pp. 77-107.

⑥ 黄薇:《保险政策与中国式减贫:经验、困局与路径优化》,载《管理世界》2019年第1期;Rebecca L.Thornton, Hatt L., Field E., et al, Social Security Health Insurance for The Informal Sector in Nicaragua: A Randomized Evaluation, *Health Economics*, 2010, Vol. 19, No. 1, pp.181-206; Liu Yanyan, Chen K., Hill R., et al, Borrowing from The Insurer: An Empirical Analysis of Demand and Impact of Insurance in China, Microinsurance Innovation Facility Research Paper No. 34 (July, 2013), pp. 1-24.

⑦ 庹国柱:《我国农业保险发展的里程碑——论〈农业保险条例〉的特点与贡献》,载《中国保险》2013年第2期。

⑧ 李媛媛:《我国农业保险合同制度的反思与优化》,载《保险研究》2017年第5期。

契合的问题。①

第三,对保险利益原则可否继续适用于公益性的保险合同,以及保险合同在承担社会治理功能时所呈现出的公私交融现象进行了初步探讨。虽然这些研究并非完全针对普惠保险展开,但为本书的分析提供了以下可借鉴的理论基础:

首先,有学者对保险利益原则能否在保险被赋予公共物品属性时,或在具有公益性的团体保险中继续适用的问题进行了批判性反思;②并主张应对该原则进行宽泛解释,且在该原则不再具有管控人身保险合同的道德危险价值时,放弃对该原则的适用。③这些研究对于本书分析普惠保险合同中保险利益原则的适用问题有所助益。因为普惠保险一方面具有准公共物品的属性;另一方面普惠保险也多以团体保险的形式出现,以提高保险的普及性及减少逆向选择问题。④

其次,有学者关注到保险除了具有风险管理、损失补偿的传统功能之外,还承担了一定的社会治理功能⑤,并发现保险法已体现出私法公法化、公私法交融以及对公法领域规则和制度进行借鉴的倾向。⑥相关的实证分析也发现保险公司与政府的合作,如由政府等公权力主体出面对投保方收取保费、进行保险教育或协调理赔,有利于增强公众

---

① 于娟:《论以政府干预为主导的农业保险模式及我国农业保险法律建构——兼评我国 2013 年 3 月 1 日施行的〈农业保险条例〉》,载《东南学术》2013 年第 5 期;李媛媛:《我国农业保险立法模式困境重构及其突破路径》,载《法商研究》2017 年第 2 期。

② 马宁:《保险利益原则:从绝对走向缓和,抑或最终消解?》,载《华东政法大学学报》2015 年第 5 期;最高人民法院民事审判二庭:《最高人民法院关于保险法司法解释(三)理解与适用》,人民法院出版社 2015 年版,第 472 页;韩长印、王家骏:《意外伤害保险的契约型塑与内容控制》,载《法学》2016 年第 11 期;温世扬、蔡大顺:《论我国团体保险法制完善的路径选择——以要保人的资格规制为中心》,载《法学杂志》2016 年第 1 期。

③ 邹海林:《保险法学的新发展》,中国社会科学出版社 2015 年版,第 152 页以下。

④ 姚奕:《小额保险理论前沿与实践初探》,北京大学出版社 2017 年版,第 90~91 页;Biener C., Eling M., Landmann A., et al, Can Group Incentives Alleviate Moral Hazard? The Role of Pro-Social Preferences, *European Economic Review* 2018, Vol. 101, pp. 230-249;Eling, Martin, Jia, R. & Yao, Y., Between-Group Adverse Selection: Evidence from Group Critical Illness Insurance, *The Journal of Risk and Insurance*, 2017, Vol. 84, No. 2, pp. 771-809.

⑤ 王海明:《保险协同治理研究》,社会科学文献出版社 2017 年版,第 68~72 页;盛和泰:《保险与国家治理现代化》,经济科学出版社 2018 年版,第 51 页以下;Richard V. Ericson, Doyle A., Barry D., Insurance as Governance, Toronto: University of Toronto Press, 2003, pp. 43-65;Ben-Shahar O., Kyle D. Logue, The Perverse Effects of Subsidized Weather Insurance, *Stanford Law Review*, 2016, Vol. 68, pp. 571-628.

⑥ 郑功成:《社会保障与国家治理的历史逻辑及未来选择》,载《社会保障评论》2017 年第 1 期;施天涛:《商事关系的重新发现与当今商法的使命》,载《清华法学》2017 年第 6 期;何启豪:《国家治理现代化背景下的保险法理论新范式——以保险人作为私人监管者为中心的考察》,载《现代法学》2019 年第 4 期;Kenneth J. Arrow, Insurance, Risk and Resource Allocation, in Georges Dionne, Scott E. Harrington eds., *Huebner International Series on Risk*, Insurance and Economic Security Volume 14, Dordrecht: Springer 1992, pp. 220-229; Abraham, Kenneth S., Four Conceptions of Insurance, *University of Pennsylvania Law Revie*, 2013, Vol. 161, No. 3, pp. 653-698.

对保险产品的信任,提升投保率和续保需求。① 这对本书思考保险合同在承担社会治理功能时,应如何借鉴公法理念和规则,实现公私有机融合有所助益。

最后,有学者发现政府等公权力机构已广泛参与到一些普惠保险中②,这些保险常由政府向商保机构购买保险服务,通过个别磋商缔结合作协议的方式交由商保机构承办。③ 这也引发了学者对保险合同中"个别协商条款"的效力审查问题的反思,认为不宜将"是否进行了事实上的磋商"作为该条款的效力认定标准,这种简单化的判断不仅忽略了合同相对人的主观能动性和理性利益衡量的可能性,还会无限扩大经营者的博弈地位。④ 但同时,有学者还注意到我国普惠保险中政府等公权力主体的法律责任较弱,仅在一定程度上体现了国家对社会弱势群体生存权的"兜底"保障。⑤ 这些讨论对本书探讨普惠保险中政府等公权力主体的责任样态,以及由其参与而带来的"个别协商条款"的效力审查问题有所助益。

第二节 研究价值与创新

概言之,现有研究虽普遍关注到了普惠保险的特殊性以及该保险对实现社会治理现代化的重要意义,但研究多围绕某一特定种类的普惠保险而展开(如政策性普惠农业保险),对普惠保险的法律定性尚未达成共识,对普惠保险与社会治理现代化之间的应然及实然耦合缺乏系统性论述,无法有效支撑普惠保险全面践行社会治理现代化的要求。总体来说,其存在以下不足:

其一,缺乏对普惠保险推进社会治理现代化建设的理论基础和现实困境的系统性探讨。对普惠保险如何融入社会治理现代化的各个具体层面,融入时可能面临的现实问题,以及融入后是否会带来医疗保障、应急管理、农业农村发展、弱势群体保护等方面指标的改变,缺乏全面的理论和实证分析。

其二,有关普惠保险协同社会治理模式的研究呈现出"碎片化"的样态,且缺乏对国内实践和域外经验的比较研究。对国内外协同模式的类型化实践和地区化实践缺乏细

---

① Zhang L., Wang H., Wang L. et al, Social Capital and Farmer's Willingness-to-Join A Newly Established Community-based Health Insurance in Rural China, *Health Policy*, 2006, Vol. 76, No. 2, pp. 233-242; Cole S., Giné X., Tobacman J., et al, Barriers to Household Risk Management: Evidence from India, *American Economic Journal: Applied Economics*, 2013, Vol. 5, No. 1, pp. 104-135.

② 任自力:《论中国小额保险法律制度的完善》,载《北方法学》2010年第2期。

③ 朱骏生、庞国柱:《公私合作视角下中国农业保险的发展》,载《保险研究》2009年第3期;马伟玲、孙婷、王俊华:《我国大病医疗保险制度公私合作路径研究》,载《苏州大学学报(哲学社会科学版)》2016年第4期;丁继红:《长期护理保障制度建设刻不容缓》,载《探索与争鸣》2015年第12期。

④ 马宁:《保险格式条款内容控制的规范体系》,载《中外法学》2015年第5期;贺栩栩:《〈合同法〉第40条后段(格式条款效力审查)评注》,载《法学家》2018年第6期。

⑤ 于殿江、陈昕、蔡蒙琦:《新型农村合作医疗供给的PPP模式研究》,载《山东大学学报》2013年第6期;郑尚元:《长期照护保险立法探析》,载《法学评论》2018年第1期;谢冰清:《我国长期护理制度中的国家责任及其实现路径》,载《法商研究》2019年第5期。

致探讨和批判思考。

其三,对所有类别的普惠保险在协同社会治理中面临的共性问题缺乏关注。现有研究主要集中于实践中较为常见的普惠保险险种上,如农业保险及小额人身保险,对市场需求巨大的健康保险、财产保险和责任保险等险种关注度不足,对政策性普惠保险及商业性普惠保险推进社会治理现代化过程中存在的共性问题缺乏提炼。

其四,对于普惠保险协同社会治理时可能出现的潜在风险分析不足。现有研究普遍忽略普惠保险协同社会治理中所涉风险的特殊性,在风险控制各环节操作与传统模式都存在差异的情况下,新业态下的风险有待新的保险风险理论予以解释,需要在保证普惠性、加强社会治理的可持续性、法治化间寻求最佳的平衡点。面对新的系统性风险,普惠保险的市场参与主体(如传统保险机构、相互保险机构、保险资管公司、保险监管)应如何进行转型,在转型模式上是否有规律可循,均是当前环境下亟须深入研究的重大问题。

其五,对普惠保险推进社会治理现代化中国模式的建构缺乏系统性论述。在我国,普惠保险推进社会现代化治理体系建设还有多大空间,如何借鉴其他国家和地区的经验,并发挥我国保险市场自身的优势,结合中国经济发展态势,发展普惠保险推进社会治理现代化的"中国模式",是当前需要探讨的重要议题。

基于此,本书的理论价值与创新之处在于:第一,立足国家加强商业保险服务于社会治理现代化建设的大背景,对普惠保险如何推进社会治理现代化这一重点议题和迫切问题进行全面思考。梳理普惠保险的内涵与特性,分析普惠保险在提升国家治理现代化层面的独特价值,并在此基础上,从保险法学角度出发,运用理论与实证、抽象与具体、宏观与微观多重视角,对普惠保险与社会治理现代化在基础理论与具体实践方面如何有效地进行融合予以系统性的反思,为未来普惠保险的专项立法提供更多理论素材。

第二,用中国普惠保险的实践经验和实证数据检验并反思保险法的一般理论,系统探讨传统商业保险的基本原则和具体规范适用于普惠保险这一兼具商业性和政策性的"中间性"保险所面临的困境,丰富了国内外关于普惠保险制度研究的文献。结合我国普惠保险协同社会治理的实践经验,提炼出保险法现有制度在促进普惠保险全面融入社会治理现代化上所发展出的创新实践及不足。结合保险法上的保险功能论、管理学上的风险共治论、行政法学上的国家职能转变论、制度经济学上的公共选择及委托代理理论等跨学科视角,充分验证所提出的关于普惠保险立法及制度的优化建议对于进一步推进社会治理现代化的可行性和有效性。

本书的应用价值与创新之处在于:第一,为法院审理新兴的普惠保险类纠纷提供参考思路。本书对威科先行数据库中截止到2020年11月所有涉及农业保险(政策性普惠保险)纠纷及小额人身保险(即商业性普惠保险)纠纷的1784个案件进行了整理和统计。在进行农业保险纠纷的统计时,本书采取的检索方式如下:关键词输入"农业保险",搜索范围选择"裁判理由及依据",搜索模式选择"常规",案件类型选择"民事",其他选择"全文公开",最终检索到符合要求并归属于保险纠纷的案件数量总共为1594件。在进行小额人身保险纠纷检索时,本书采取的检索方式如下:关键词输入"小额人身保险",搜索范围选择"全文",搜索模式选择"常规",案件类型选择"民事",其他选择"全文公开",最终搜索到符合检索要求并归属于保险纠纷的案件数量总共为190件。

统计结果的详细信息参见附录1和附录2。

通过对司法裁判的梳理,可以辅助保险监管及司法机构准确地把握普惠保险的内涵及适用规则,为其处理普惠保险类案件时提供与传统保险差异化的监管和司法适用细则,完善普惠保险协同社会治理现代化的监管和司法实践活动,为普惠保险和其他社会风险分散机制的有效衔接、系统化社会现代化风险治理体系的构建奠定实践基础。

第二,协助保险从业者设计出更具有普惠性的保险产品和保险服务,为保险行业长期忽视的社会弱势群体提供性价比最优、杠杆性最大的保障产品。辅助国家进一步推行社会治理现代化,强调以人民为导向、加强数据融通与共享、对风险进行精准防控、推动治理模式从"事后应对"向"源头防范"转型等理念的实现,破解社会治理在"三农"、老年人照护、环境污染、灾害救助、小微企业融资、弱势群体民生保障等方面存在的难题。

第三节 主要研究问题与结构安排

本书主要分为五章。第一章为普惠保险参与社会治理现代化的理论基础。具体论述将从以下方面展开:第一节,普惠保险的基础概念。此节将分析普惠理念源起的背景,辨析普惠保险的内涵、特征与外延,归纳国内外关于普惠保险的不同定义方式,分析不同定义方式对普惠保险发展带来的可能影响。此节还将归纳和总结普惠保险区别于商业保险、社会保险、政策性保险、小额保险、团体保险的特殊性,明确普惠保险的主要类别,并从立法和学理两个层面,归纳普惠保险性质的不同表述方式。在此基础之上,明确普惠保险系"准公共物品"的本质属性。第二节,普惠保险的理论定位。此节将阐释普惠保险在保险消费者需求、社会风险管理体系及保险法体系中的地位,分析普惠保险在以上方面的独特优势,明确普惠保险对保障社会弱势群体和提升治理现代化的重要价值。第三节,社会治理情景中的普惠保险。此节将明晰社会治理的当代发展何以需要普惠保险的参与,并结合社会治理的现代意涵及诉求分析普惠保险对于实现社会治理目标、主体、手段、对象现代化的积极意义。第四节,普惠保险参与社会治理现代化的基石范畴。此节将结合保险功能论、风险共治论、国家职能转变论、制度经济学的多重视角,概括和总结普惠保险介入社会治理现代化的理论基础,明确普惠保险在协同社会治理方面的独特优势。

第二章为普惠保险协同社会治理现代化的应然路径。具体论述将从以下方面展开:第一节,普惠保险协同社会治理现代化的规范依据。此节将梳理提及普惠保险的规范性文件,分析涉及普惠保险的专项立法,以探究我国目前普惠保险立法能否支撑起普惠保险实现协同社会治理现代化的战略目标。第二节,普惠保险协同推进多元化的健康治理。此节将结合目前我国在社会治理具体领域所面临的现实困境,探索普惠保险协同社会治理现代化的应然路径,即如何通过健康类的普惠保险推进多元化的健康治理,借助社会综治类的普惠保险实现全过程的应急治理,充分利用经济及社会领域的普惠保险补足经济及民生治理的短板,实现对弱势群体的经济权、福利权的有效保障。

第三章为普惠保险服务社会治理现代化的实践现状。具体论述将从以下三个方面展开:第一节,参与模式及主体的多元性。此节将首先梳理普惠保险参与社会治理现代化所涉及的具体领域,并概括目前普惠保险对于社会治理的主要参与模式。之后,此节将结合社会治理现代化的具体要求,概括普惠保险为满足这些要求,在法律关系主体、政府及其职能部门角色定位上所体现出的多元化、复杂化的特征。最后,此节将区分商业性及政策性普惠保险中协同治理行为的具体应用情况,阐释普惠保险中协同治理应用的普遍性及多元性。第二节,保险合同的团体化及非格式化。此节将着重分析普惠保险中团体保单在风险管控、费率控制上的独特优势,并阐释团体保单的普遍应用对保险法传统规范体系的挑战。此外,还将分析普惠保险的非格式化、协商制定的特性。辨析协商制度的保险合同在定性上应被认定为公法契约、私法契约还是混合契约;相应地,普惠保险在个别协商制定的保险条款的内容规制上应如何展开。第三节,普惠保险纠纷的主要争议概况。此节将分析司法实践中,普惠保险所涉及的高频争议险种及案件的争议焦点,进而归纳和总结出普惠保险参与社会治理在司法实务中所面临的裁判问题的复杂性。第四节将着重探讨普惠保险中多主体间协同治理行为问题裁判的复杂性,并结合保险法理和行政法理,分析政府等公权力主体参与普惠保险风险管理、保险合同缔结和履行时所采取的代理、投保、辅助履行等协同治理行为的理论基础、具体行为方式、潜在风险,分析风险的成因及应对方式。辨析政府在参与普惠保险时的参与理念、限度与传统权威体制下的区别。分析目前普惠保险中对协同治理可能产生的委托代理问题、政府身份认定及保险法义务认定等问题的规制困境,探讨运用保险法规则对公权力主体新型协同治理行为进行私法规制的合理性及可行性。阐述在对公私合作行为进行私法规制时,如何通过基本权和行政法一般原则(如比例原则)对政府等公权力主体的行为进行约束,如何通过政府角色的重新定位和职责重塑,以避免"公法遁入私法"以及"贱卖公权力"的质疑。

第四章为普惠保险融入社会治理现代化的现实困境。具体论述将从以下四个方面展开:第一节,与国家宏观政策衔接不畅的问题。此节将反思普惠保险在融入社会治理现代化的过程中所出现的融入格局零散、模式单一、领域不够宽泛、载体缺乏创新等所导致的立法"碎片化"问题,以及在当前立法模式下,我国普惠保险的法律制度设计与国家关于精准扶贫、惠农支农、普惠金融等宏观政策衔接不畅的困境,分析问题的成因和解决方式。第二节,立法规范视野错位的问题。此节将聚焦于普惠保险立法规范及其目的设置欠缺多维性、忽视不同种类普惠保险间的差异性之现状,反思普惠保险立法体系在基本逻辑、语体和行文上所表现出的冲突与不足,以及由此引发的立法规范在司法适用中严重被虚置化的问题。第三节,传统商业保险合同基本原则的继续适用问题。此节将归纳和总结目前普惠保险立法中关于普惠保险所应遵循的基本原则的表述,反思现有原则在保险合同基本原则设置方面的不足。之后,此节将对传统商业保险合同基本原则在普惠保险合同中的适用进行反思,分析传统商业保险合同所强调的诚实信用原则、保险利益原则、损失补偿原则、公平原则是否可以继续适用于普惠保险合同,以及这些原则是否需要根据普惠保险合同的特殊性作出相应调试。第四节,权利义务分配体系逻辑混乱的问题。此节将首先对普惠保险的权利义务分配体系进行反思,并区分权利义务享有主体、权利行使、义务履行以及权利限制等层面,对相关的普惠保险规范所存在的现实问题予以审视。

第五章为普惠保险推进社会治理现代化的优化路径。具体论述将从以下四个方面展开:第一节,明确区分商业性及政策性普惠保险的必要性。此节将分析商业性普惠保险和政策性普惠保险在立法体系、基本原则、市场准入等问题上的异同,探讨两种普惠保险应如何设置更符合其特性的差异化的立法体系。第二节,探讨如何逐步实现我国普惠保险立法模式的变革。首先,此节将识别我国普惠保险立法改革在认识上和操作上所应实现的转变。并在此基础上,深入探讨我国普惠保险立法应如何破解对现有立法模式的路径依赖问题。之后,此节还将总结国际上关于普惠保险立法的指导原则和纲领性指导意见的具体要求,归纳域外关于普惠保险的立法概况,梳理立法背景、沿革和现行立法的主要内容,并在此基础上分析其对我国普惠保险立法的启示。第三节,分析如何重塑普惠保险的基本原则。此节将论证如何对传统商业保险合同的基本原则进行调试以更好地适配普惠保险合同特殊性的具体路径,分析引入社会弱势群体保护为普惠保险合同基本原则的合理性。此节还将阐释比例风险控制原则引入的必要性及主要功能,并分析是否有必要引入监管沙箱机制以更好地平衡普惠保险创新和监管。第四节,论述普惠保险具体规范的优化路径。此节将从保险主体规范、权利义务规范、经营和监管规范三个方面,总结和归纳出普惠保险法律制度具体规范在设置理念和内容上如何完善和优化以更好地推进社会治理现代化。

第一章

普惠保险参与社会治理现代化的理论基础

第一节 普惠保险的基本概念

普惠保险(inclusive insurance)是保险学界在20世纪末期提出的一个概念,其英文本意为包容性保险,即要求商业保险应具有包容性的特征,应以有效的方式使商业保险产品和服务普遍惠及每一个人、每一个群体,尤其是"传统商业保险难以覆盖或长期忽视的群体"。[①] 究其根本,普惠保险缘于普惠理念,普惠保险可被视为普惠理念在保险领域的落实。因此,在界定普惠保险、探究其内涵与外延前,有必要明晰普惠理念与普惠保险的关系。

一、普惠理念与普惠保险

学理上普遍认为,普惠理念表达的是一个以公平为核心的收入分配和再分配的问题[②],其立足于以下三条重要的假设:第一,社会中普遍存在个人禀赋(personal endowment)差异所导致的排他性,即普惠的存在是为了"矫正个人因家庭贫富、所处地区、体能等因素所造成的要素配置、收入和财富的排他性和差异性,实现包容性"。[③] 第二,由于经济资源存在不一致性(heterogeneity),社会中如果缺乏对这种不一致性进行主动矫正的机制时,必然会导致群体之间的相互掠夺。因此,社会中不同群体间和谐相处的前提是经济资源(包括收入和财富)的合意分配与再分配。换言之,普惠理念成立的另外一个重要假设为普惠理念可一定程度上避免过度强调效率(如适者生存、丛林法则),最

[①] Cheston S., Kelly S., McGrath A., et al, *Inclusive Insurance: Closing the Protection Gap for Emerging Customers*, Institute of International Finance (IIF) (January, 2018), https://content.centerforfinancialinclusion. org/wp-content/uploads/sites/2/2018/08/Inclusive-Insurance-Final-2018.06.13.pdf, p.6.

[②] 王颖、曾康霖:《论普惠:普惠金融的经济伦理本质》,载《金融研究》2016年第2期。

[③] Anthony B. Atkinson, Joseph E. Stiglitz, *Lectures on Public Economics*, Princeton: Princeton University Press, 2015, p. 298.

终会造成社会群体间的对立与社会经济的崩溃。① 这也引出了普惠理念成立的第三个重要的假设——若要避免弱势群体不成为社会的摧毁性力量,必须赋予该群体脱贫致富的可能及其要素配置、收入配置的非剥夺感。②

综上,普惠理念的出现不仅是为了矫正个人禀赋所带来的不均等,实现收入的初次分配和再分配;还是强势群体为维护自身利益所实施的某种让步。相应地,源于普惠理念的普惠性制度,本质上为一种转移支付制度,具有外在成本,因而也存在成本的承担者和获利者,并且获利者并非全体社会成员。换言之,只要普惠性制度会导致某些利益集团受到预期收益的负向变化,那么最终的政策效应就会存在不确定性。③ 因此,在具体的实践过程中,普惠性制度能否成功地得以持续发展,主要取决于该项制度是否可成为对社会各方(包含强势群体及弱势群体)有利的选择。④ 这也表明普惠理念在实践操作中存在难度——普惠一定伴随着转移支付,因此也必然存在成本的最终承担者和获利者。

普惠理念在政策实践层面存在不确定性,也引发了理论界长期以来遵照该理念而设置的普惠性制度究竟是否具有效率及能否可持续存在的激烈争论。

第一种观点认为,普惠性制度的转移支付在经济学意义上是不具有效率的。⑤ 因为,普惠性制度中的转移支付是将收入从高收入者向低收入者的转移,这些高收入群体由此会遭受福利损失,这一过程无疑违背了帕累托改进(pareto improvement),因此无法实现经济学意义上的帕累托最优(pareto optimality)。尽管如此,由于群体间存在相互依存性,且分担给弱势群体的成本常比较低,在政治层面上,普惠性制度可实现一定的均衡。

第二种观点认为,普惠性制度没有效率,也不可持续,其根本原因在于利益传递具有隐蔽性。此外,政策操作者与政策指向者间也常存在信息不对称问题。⑥ 进一步而

---

① 这也是传统经济学排斥普惠的原因,因为市场经济所达到的均衡结果必然是充分合意的,那么也势必使为每个人、每个群体所充分接受的,也是普惠的;但普惠往往是相对于市场的某种矫正机制。参见 Ronald H., Coase, The Institutional Structure of Production, *American Economic Review*, 1992, Vol. 84, No. 4, pp. 713-719.

② Herschel I. Grossman, Robin Hood and the Redistribution of Property Income, *European Journal of Political Economy*, 1995, Vol. 11, pp. 125-139.

③ Lindbeck A., Jorgen W. Weibull, Balanced Budget Redistribution as the Outcome of Political Competition, *Public Choice*, 1987, Vo. 52, No. 3, pp. 272-297; 以及 Avinash K. Dixit, Londregan J., The Determinants of Success of Special Interests in Redistributive Politics, *Journal of Politics*, 1996, Vol. 58, No. 4, pp. 1132-1155.

④ 有学者认为普惠是否具有可持续性,取决于转移支付的指向:如果决策者着力于向明显不具备竞争优势的"夕阳"行业提供补贴,那么即便是被补贴者也不会相信此种补贴的可持续性,而宁愿相信自己也会是成本承担者。参见 Avinash K. Dixit, Londregan J., Redistributional Politics and Economic Efficiency, *American Political Science Review*, 1995, Vol. 89, No. 4, pp. 856-866.

⑤ 比如,在农村地区推行普惠保险虽可增进社会福祉,但该地区居民往往具有较低的保险需求;此外,保险公司展业、核保和理赔也需要较高的经营成本,甚至这种成本的总和会高于普惠保险所带来的有限福祉。

⑥ Rogoff K., Sibert A., Elections and Macroeconomic Policy Cycles. *Review of Economic Studies*, 1988, Vol. 55, No. 1, pp. 1-16.

言,如果政策操作者(通常为强势群体)利用自身的信息优势进行反向操作,最终的利益未必流向本应受到扶持的弱势群体,而呈现在中间耗散的局面。实践中出现的政府侵吞、贪污普惠保险补贴的现象可成为该推断的一个明显例证。①

第三种观点则认为,普惠性制度的有效性及可持续性,取决于所谓的"林达尔均衡"(Lindahl Equilibrium),即取决于个体需求和可接受负担之间的对价。② 换言之,普惠保险必须建立在弱势群体权责对称的前提之下,一切不切实际的盲目馈赠均会导致市场扭曲。

对上述观点不能简单地予以否定或肯定。前两种观点虽对普惠性制度的效率性和可持续性存疑,但间接地指出了该项制度的两个潜在风险:(1)转移支付可能导致高昂成本的风险;(2)普惠政策操作者与普惠性制度目标群体间的信息不对称风险。这意味着如果要确保普惠性制度的有效性,就势必要控制该制度的成本,并保障普惠政策相关信息的公开性及透明性。而根据第三种观点,决定普惠性制度的有效性和可持续性的另一个重要因素在于确保制度所保障的弱势群体的权责对称。据此,普惠性制度不仅要把弱势群体作为保险产品和服务的融资者或索取者,而且更宜将其视为集投资者与融资者为一体的金融服务对象,抑或是金融消费者。由此,方可保障普惠性制度的有效性和可持续发展。

二、普惠保险的文本表述

普惠保险制度为普惠性制度的重要一种,其可被视为普惠理念在保险领域的具体实践。但现有文献对普惠保险的界定尚未达成共识,这也导致各国在立法上对普惠保险的界定并不统一。

(一)普惠保险的学理表述

早期文献常将普惠保险完全等同为小额保险(microinsurance)③或农业保险④,并认为普惠保险是面向低收入群体,尤其是面向农民群体的保险产品的统称。也有学者从普惠保险的目标群体出发,认为"普惠保险指代的是向社会各个群体,尤其是弱势群体和低收入群体提供的保险产品的统称,其概念的外延会随着社会的发展而不断地延伸"。⑤ 但以上定义过于狭隘,仅抓住了普惠保险在目标群体上具有特殊性这一特征,而

---

① 徐涛:《政策性农业保险缘何屡遭贪污冒领》,载《检察日报》2015 年 10 月 13 日第 6 版。

② Lindahl E., Just Taxation: A Positive Solution, in Richard A. Musgrave & Alan T. Peacock eds., Classics in Theory of Public Finance, New York: St. Matin's Press, 1967, pp. 168-176.

③ Maleika M., Anne T. Kuriakose, Microinsurance: Extending Pro-Poor Risk Management through the Social Fund Platform, The World Bank (October, 2008), https://openknowledge.worldbank.org/handle/10986/11136, pp. 45-54. 2018 年 4 月在哥伦比亚波哥大举办的题为"普惠保险发展十周年"会议上,也直接把普惠保险等同于小额保险。

④ 何婧、郭沛、周雨晴:《农业供给侧改革背景下的农村金融改革与发展——第十一届中国农村金融发展论坛会议综述》,载《农业经济问题》2018 年第 1 期;李金钟、张雯嘉、周浩楠:《普惠性金融背景下的农业保险研究》,载《中国商论》2018 年第 23 期;吴国华:《进一步完善中国农村普惠金融体系》,载《经济社会体制比较》2013 年第 4 期。

⑤ 董冬:《我国普惠保险发展水平测量指标设计及测算》,首都经济贸易大学 2017 年博士论文。

忽略了普惠保险的包容性、可持续性、公平性等要求,难免失之偏颇,难以涵盖普惠保险的完整要义。

近年来,部分学者对早期的定义方式进行了修正。国内有学者主要从罗尔斯"差别主义"的公正观出发,认为"普惠保险是以弱势群体利益最大化为目标,以市场化运作为原则的各种政策性保险的统称"。① 并认为普惠保险所强调的社会公平观念,符合罗尔斯的"差别主义"所要求的"公平应建立在满足最少受惠者的利益最大化"的理念。② 根据此种定义方式,由于农村弱势群体是我国现行国情条件下的"最少受惠者",因此,我国普惠保险的主要保护对象应为农村的弱势群体,普惠保险的范畴也应主要包含农业保险和农业小额保险这两大险种。国外一些学者则主张从保障人群、保障方式和保障额度、保险提供主体及分销渠道等方面对普惠保险的内涵进行细化,以便更好地为保险从业者和监管者提供具备可操作性的概念。③

比如,安联公司(Allianz)曾于2013年制定了11项指标来判断某一保险产品究竟是否属于普惠保险(参见表1-1)。这些指标总体上可分为两大类:一是排除性指标(kick-out criteria),即保险产品必须满足全部四项排除性指标才可被认定为普惠保险。二是合规性指标(quality ranking criteria),此类指标主要用来在适用排除性指标之后,衡量普惠保险的合规程度。在具体操作上,如果部分满足子指标的要求则计1分,如果高度满足子指标的要求则计2分,若不满足则计0分,得分越高表明保险的合规性越高(如表1-1)。该指标体系也得到了域外许多保险学学者的普遍认同。④

表1-1 安联公司普惠保险判断指标

	排除性指标		合规性指标
1	商业保险原则是否适用	1	保险产品有助于目标客户的风险管理
2	保险市场为世界银行所定义的发展中国家或标普(S&P)所定义的新兴市场	2	目标客户切实获益
3	投保人主要为低收入人群,即超过80%的投保人为低收入人群	3	目标客户参与了保险产品的开发,并更可获得切合其自身需求的保险产品
4	政府补贴额度不超过50%,雇主、银行或小额信贷机构全额出资投保的团体保险除外	4	目标客户可自由选择是否投保

---

① 孙蓉、吴剑、崔微微:《普惠保险及其发展水平测度》,载《保险研究》2019年第1期。

② "差别原则"主要探讨了公共资源、财富、岗位和机会应当以什么方式进行配置或分配,才可以让社会保持平等的问题。该原则主要批判了福利国家资本主义,因为其未解决社会平等问题。参见[美]罗尔斯·约翰:《正义论》,何怀宏等译,中国社会科学出版社1988年版,第76页、第92页以及第302~303页。

③ 参见 Churchill C., Michael J. McCord, Current Trends in Microinsurance, in Craig Churchill & Michal Matul eds., *Protecting the Poor: A Microinsurance Compendium Volume II*, Geneva: International Labour Office (ILO), 2016, pp. 8-39.

④ Churchill C., Michael J. McCord, Current Trends in Microinsurance, in Craig Churchill & Michal Matul eds., *Protecting the Poor: A Microinsurance Compendium Volume II*, Geneva: International Labour Office (ILO), 2016, pp. 10-11.

续表

排除性指标		合规性指标
	5	存在目标客户的反馈机制和提升目标客户财商水平的相应机制
	6	能否保障交易成本显著降低

资料来源：Allianz SE & GIZ, Microinsurance Definition and Assessment Tool, Allianz (April, 2013), https://www.allianz.com/content/dam/onemarketing/azcom/Allianz_com/responsibility/documents/Allianz_Microinsurance_Definition_and_Assessment_Tool_April2013.pdf, pp. 4-9.

在本书看来，目前国内学者从"差别正义"公正观出发界定普惠保险存在一定问题。首先，尽管从"最少受惠者"角度来思考分配正义可能符合一些人的直觉，但现实中对于社会财富的分配并非以让"最少受惠者利益最大化"为最终目的，而是追求不断满足边际人群的需求，并通过循序渐进的方式，让尽可能多数人的需求得到满足。其次，让"最少受惠者利益最大化"的分配方式需要大量的政府干预，这与该定义中所强调的普惠保险需要市场化运作的特性存在严重冲突。[①] 再次，使"最少受惠者利益最大化"的理念可能最终导致社会整体福利蒙受损失，这与普惠理念所强调的社会福利最大化需要满足帕累托最优的理念相违背。最后，上述界定方式对普惠保险的保障对象识别也存在错误认知。其主要依据收入和社会财富，并结合我国国情，将普惠保险的保障对象局限在农村弱势群体。但导致人们不平等的不仅有经济因素，还有健康、性别、工作性质等因素。如除农村弱势群体之外，身体和心智方面存在障碍的残疾人、老年人、妇女、农民工[②]等社会群体均可能在社会上处于不利地位，均可被归类为"最少受惠者"。如原保监会发布的一份调研报告显示，目前保险的购买群体主要集中在男性群体、30~50周岁的中年人群体以及月收入超过5000元以上的高收入人群，而其他群体（如老年人、青少年、女性、中低收入群体）的保险覆盖率均处于较低水平。[③]

此外，通过上文对普惠理念缘起历史背景的梳理不难看出，普惠保险的基本出发点并非"差别性正义"而为"普惠性公正"，即"每一个社会成员的基本尊严和基本生活底线都能够得到保证，并能够随着社会的不断发展而得以不断提高，每一个社会成员都能够持续获得由社会发展所带来的益处，能够共享社会发展的成果"。[④] 这表明普惠保险虽

[①] 关于罗尔斯正义原则存在的问题与矛盾的探讨，详见姚大志：《罗尔斯正义原则的问题和矛盾》，载《社会科学战线》2009年第9期；以及张国清：《罗尔斯难题：正义原则的误读与批评》，载《中国社会科学》2013年第10期。

[②] 例如，腾讯旗下保险平台"微保"携手平安养老险联合推出的普惠型商业医疗保险——"全民保"即属于主要针对"城镇打拼族"的保险。该保险产品近七成的用户为一、二线城市刚毕业的低保群体和打拼族，如工厂蓝领、私营小店主、网约车司机、外卖小哥、快递员、建筑工人等。参见新华网：《平安养老险联手腾讯微保推出"全民保"打造普惠保险新样本》，http://www.xinhuanet.com/money/2018-10/16/c_129972318.htm，最后访问日期：2021年11月2日。

[③] 张宏、仇兆燕、张影：《2013年度北京地区消费者保险需求调查报告》，http://money.sohu.com/upload/2013bjdqbxxfdcbg.pdf，最后访问日期：2020年11月10日。

[④] 吴忠民：《社会公正论》，商务印书馆2019年第3版，第453页。

采取商业化模式运营,但又有别于传统的商业保险,其仅依靠保险市场无法自发地发展,普惠保险的发展离不开"社会他助"。换言之,普惠性公正的实现,有赖于国家权力的直接运作、强制性介入,而非仅在政策层面上予以鼓励和消极的保护。[①]

因此,从"普惠性公正"的意义上来讲,2014年8月国务院印发的《关于加快发展现代保险服务业的若干意见》(以下简称为《意见》)中实际上蕴含了普惠保险的定义思路。根据《意见》,普惠保险应满足"保障适度、保费低廉、保单通俗"这三项要求,并且各地政府应根据自身实际,支持保险机构提供、发展相应的普惠保险产品和业务。

此外,国际金融协会(IIF)在2018年发布的一份关于普惠保险的研究报告中也明确指出,普惠保险是指"为无法获取(unserved)保险或保险获取不足(underserved)群体(特别是弱势群体和低收入群体)提供适当的、可负担的保险产品,并且该保险的有效发展与政府的积极介入紧密相关"。[②] 类似定义方式在世界银行的一份研究报告中亦有所体现。[③]

但上述定义仍欠缺一定的可操作性。有鉴于此,宜参照普惠保险的实践,从保险的保障人群、保障方式和保障额度、保险提供主体及分销渠道等方面,对普惠保险的内涵进一步细化,不失为一种可显著地提升普惠保险概念清晰度和可操作性的方式。

综上,为了保障普惠保险体现"普惠性公正"的理念,并为了确保该保险的概念在实践中具备一定的可操作性,更宜将普惠保险界定为:立足普惠性公正要求,满足商业保险运营原则,以可负担的成本为无法获取保险及保险获取不足的社会群体提供适当的、满足其需求的保险产品和服务的保险的总称。并明确该保险的可持续发展离不开政府的积极介入,如提供部分保险补贴、提供政策优惠、积极参与保险的分销等活动。此外,还应细化低收入群体的认定细则,并根据政府的参与度的不同,将政府适度参与的商业性普惠保险,与政府全力扶持的具有一定普惠特性的政策性保险(以下简称"政策性普惠保险")区分开,并对两种普惠保险的判断设置明确且具备可操作性的识别标准。例如,参照安联保险公司的做法设置排除性指标和合规性指标进行判断(参见表1-1)。

(二)普惠保险的立法表述

由于普惠保险的概念目前尚未明晰,导致我国在立法上对该保险的定性一直较为模糊。以普惠农业保险为例,2013年《农业保险条例》(以下简称《农保条例》)第2条规定,普惠农业保险是指"保险机构根据农业保险合同,对被保险人……生产中因保险标的遭受约定的……保险事故所造成的财产损失,承担赔偿保险金责任的保险活动"。之后,该条例第3条却一方面表明普惠农业保险具有一定的政策性,即公共物品属性;另一方面又同时要求该保险应以市场运作为主要原则,即间接地承认了普惠保险为商业

---

① 吴忠民:《社会公正论》,商务印书馆2019年第3版,第454~455页。

② Cheston, S., Kelly S., McGrath A., et al, *Inclusive Insurance: Closing the Protection Gap for Emerging Customers*, Institute of International Finance (IIF) (January, 2018), https://content.centerforfinancialinclusion.org/wp-content/uploads/sites/2/2018/08/Inclusive-Insurance-Final-2018.06.13.pdf, p. 6.

③ Biese K., Michael J. McCord, Baez K., et al, *What People Want: Investigating Inclusive Insurance Demand in Ethiopia*, The World Bank (April, 2018), http://documents1.worldbank.org/curated/en/495701521789026178/pdf/What-people-want-investigating-inclusive-insurance-demand-in-Ethiopia.pdf, p. 2.

保险,兼具私人物品属性。①

有学者解读《农保条例》所定义的普惠农业保险既包括公共物品属性的农业保险(政策性农业保险),也包括私人物品属性的农业保险(商业性农业保险)。② 因为《农保条例》除了对"属于财政给予保险费补贴范围"的,明确要求应由"国务院财政部门,农业、林业主管部门和保险监督管理机构制定具体补贴办法"③,或由"保险机构在充分听取财政、农业、林业部门和农民代表意见的基础上拟订保险条款和费率"之外④,并未针对两种不同的普惠农业保险合同所应适用的法律规则进行区分。⑤ 再者,《农保条例》还明确表明,对于条例中未规定的与保险合同、保险经营和监管、保险机构法律责任相关的事由,应参照适用《保险法》的有关规定。⑥

对于另一种常见的普惠保险——普惠小额人身保险,保险定性在立法上呈现出更加混乱的态势。2012年《全面推广小额人身保险方案》(以下简称《小额保险方案》)规定,普惠小额人身保险是一类面向低收入人群(包括农村户籍居民、城镇享受最低生活保障的低收入群体、优抚对象,以及无城镇户籍的进城务工人员)提供的人身保险产品的总称。⑦ 该保险推广应坚持"控制风险、鼓励创新、适度竞争、审慎监管、适当保护、持续发展、普惠服务的原则",并且在开办过程中"不得强制或变相强制投保"。⑧

单从文义上来看,《小额保险方案》中并未对普惠小额人身保险究竟属于商业性还是政策性保险的问题进行阐明。这也导致地方性的普惠小额人身保险立法对该保险的性质认识有所不同。吉林市、温州市、内蒙古自治区、广安市等地的普惠小额人身保险立法认为,普惠小额人身保险属于商业保险,体现出了较强的私人物品属性,应坚持市场化或商业化模式运作的基本原则。⑨ 重庆等地却基于该保险在"发展目标、机制和产品方面具有不同于一般商业保险的特征",将该保险定性为特殊的商业保险。⑩ 而青海

---

① 《农保条例》第3条规定:"国家支持发展多种形式的农业保险,健全政策性农业保险制度。农业保险实行政府引导、市场运作、自主自愿和协同推进的原则。省、自治区、直辖市人民政府可以确定适合本地区实际的农业保险经营模式。任何单位和个人不得利用行政权力、职务或者职业便利以及其他方式强迫、限制农民或者农业生产经营组织参加农业保险。"
② 李媛媛:《我国农业保险合同制度的反思与优化》,载《保险研究》2017年第5期。
③ 《农保条例》第7条。
④ 《农保条例》第19条。
⑤ 《农保条例》第32条规定:"保险机构经营有政策支持的涉农保险,参照适用本条例有关规定。涉农保险是指农业保险以外、为农民在农业生产生活中提供保险保障的保险,包括农房、农机具、渔船等财产保险,涉及农民的生命和身体等方面的短期意外伤害保险。"
⑥ 《农保条例》第16条、第25条、第31条。
⑦ 《小额保险方案》第1条。
⑧ 《小额保险方案》第3条第2款。
⑨ 2016年《吉林市人民政府办公厅关于积极推进普惠型小额人身保险工作的通知》、2018年《孟村回族自治县人民政府办公室关于支持做好中国人寿保险公司孟村支公司开展农村小额人身保险推广工作的通知》、2015年《温州市人民政府办公室关于推广农村小额人身保险工作的实施意见(2015修改)》、2011年《内蒙古自治区人民政府办公厅转发内蒙古保监局关于开展农村牧区小额人身保险试点工作意见的通知》、2012年《广安市人民政府办公室关于加强农村小额人身保险工作的通知》。
⑩ 2009年《重庆市人民政府办公厅关于重庆市农村小额人身保险试点工作的实施意见》。

省、自贡市、广元市、绵阳市等地则认为普惠小额人身保险由于具有社会公益性,有利于完善农村社会保障体系①,是"新农合"保险的补充和延伸,因而应被定性为公共物品,属于社会保险的范畴。②

综上,我国现行立法尽管意识到商业性普惠保险和政策性普惠保险有所不同,但潜在要求两种普惠保险所适用的法律规则应基本一致。此种规定方式,忽略了不同种类普惠保险的特殊性,尤其是忽略了存在政府大量干预的政策性普惠保险的特殊性,长此以往,不利于普惠保险立法的完善及适用。

三、普惠保险的核心要素

目前,对普惠保险的界定难以达成共识的原因在于对该保险本质特征和基本属性的认知并不清晰,因此有必要对普惠保险的核心要素予以明确。

(一)普惠保险的本质特征

普惠保险的核心特征至少体现在以下三个方面:第一,保险产品应立足于普惠性公正要求("普"的要求),以无法获取保险群体或保险获得不足群体为主要的目标客户群体。这些群体主要有小微企业、农民、城镇低收入人群、贫困人群和残疾人、老年人。第二,保险和服务应具备可负担性,应根据目标客户群体的实际需要,提供他们能够负担得起的、适当的保障("惠"的要求)。第三,保险产品和服务应以商业模式和一定的商业保险原则运作,具备可持续发展性。

需要重申的是,单就保费而言,普惠保险可负担性的要求确实需要该保险的保费在绝对数额上较为低廉,以便目标群体能够负担得起。但就相对的保险费率而言,由于普惠保险的目标群体常位于偏远地区,该保险的运营成本必将不菲,导致保险产品的保费可能会高于传统的商业保险以支付高昂的保险营运费用。因此,在保障额度方面,提高普惠保险的可得性并不等于要将绝对的保障额度控制在较低水平,其实质内涵是将普惠保险的相对保障水平控制在与其所保障的风险适配的合理区间内,以期为目标客户提供符合实际需求、有效的保障。

(二)普惠保险的基本属性

关于普惠保险的基本属性,现有学说主要存在"私人物品论"(private goods)和"准公共物品论"(quasi-public goods)两种观点。

1. 私人物品论与准公共物品论

"私人物品论"认为普惠保险未体现出外部性和公共物品的属性,并由此主张普惠

---

① 2010年《中国保监会青海监管局关于印发〈推进青海省农村小额人身保险向纵深发展工作方案〉的通知》、2012年《自贡市人民政府办公室关于加快推进农村小额人身保险工作的通知》、2011年《广元市人民政府办公室关于批转中国人寿保险股份有限公司广元市分公司扩大农村小额人身保险试点工作方案的通知》、2009年《绵阳市人民政府办公室转发中国人寿绵阳分公司关于开展小额人身保险工作方案的通知》。

② 2012年《商洛市人民政府办公室关于加快推进农村小额人身保险工作的通知》、2013年《渭南市人民政府办公室关于印发进一步开展农村小额保险工作实施方案的通知》、2013年《咸阳市人民政府办公室关于印发开展农村小额保险工作实施方案的通知》、2016年《新乡市人民政府办公室关于进一步加强农村小额人身保险工作的通知》。

保险被定性为私人物品。具而言之：首先，理论界对于外部性并没有一个周延并得到大家普遍认同的概念。其次，如果主张普惠保险具有外部性，通常其要满足两个基本条件：第一，"外部性仅涉及那些不用支付的效益和损失，即外部性与市场上的交易关系存在排斥"。① 第二，外部性是"附带效应而非经济活动带来的原始效应或故意制造的效应"。② 第三，某些种类的普惠保险并不具有外部性。③ 如以具有经济属性并作为战略物资储备的农作物作为保险标的的普惠保险，由于这些农作物在市场上是通过交易流通到社会的，如果以该农作物为保险标的的普惠保险的设置的目的是促进农作物产量的增加，那么即使产量增加也不能够必然说明该普惠保险具有外部性。

"准公共物品论"主张普惠保险的性质为准公共物品，但依据理由有所不同。有学者借鉴经济学公共产品（public goods）理论的分析框架④，认为普惠保险社会效益较高但自身效益较低，反映出明显的公共物品属性；同时，普惠保险也具有一定的排他性。⑤ 如投保人或被保险人必须符合一定的条件才能参加普惠保险，体现出一定程度的私人物品属性。有学者则认为普惠保险具有明显的收益外溢特征，具有较强的正外部性。⑥ 比如，没有购买普惠保险的社会群体也如同购买普惠保险的群体一样，可以享受普惠保险所带来的减贫、脱贫、增加劳动供给、促进投资就业、社会稳定等收益。因此，主张普惠保险应被认定为是介于公共物品与私人物品之间的"准公共物品"。

2. 普惠保险的准公共性

本书赞同"准公共物品论"，认为普惠保险并非私人物品，而是介于公共物品和私人物品之间的准公共物品。但同时也认为，"由于准公共物品本身是一个灰色的概念，即

---

① ［英］加雷斯·D.迈尔斯：《公共经济学》，匡小平译，中国人民大学出版社2001年版，第294页。

② ［澳］黄有光：《福利经济学》，周建明等译，中国友谊出版公司1991年版，第305页。

③ 官兵：《农业保险是公共物品吗？——既有理论的反思与修正》，载《财经科学》2008年第4期；张跃华、顾海英：《准公共品、外部性与农业保险的性质——对农业保险政策性补贴理论的探讨》，载《中国软科学》2004年第9期。

④ 在现代福利经济学公共产品理论奠基人萨缪尔森看来，公共产品具有两个基本特征：非排他性（non-excludability）与消费上的非竞争性（non-rivalrous consumption）。前者指不可能阻止不付费者对公共产品的消费，对公共产品的供给不付任何费用的人同支付费用的人一样能够享有公共产品带来的益处，后者指一个人对公共产品的消费不会影响其他人对公共产品的消费中获得的效用。参见 Paul A. Samuelson, The Pure Theory of Public Expenditure, *Review of Economics and Statistics*, 1954 Vol. 36, No. 4, pp. 387-389.

⑤ 英文论述参见 Siamwalla A., Valdes A., Should Crop Insurance be Subsidized?, in Perter Hazell, Carlos Pomareda & Alberto Valdez eds, *Crop Insurance for Agricultural Development: Issues and Experience*, Baltimore: John Hopkins University Press, 1986, pp. 117-125; Pramod K. Misher, *Agricultural Risk, Insurance and Income: A Study of the Impact and Design of India's Comprehensive Crop Insurance Scheme*, Aldershot: Avebury Publishing, 1996, p. 5. 中文论述参见李军：《农业保险的性质、立法原则及发展思路》，载《中国农村经济》1996年第1期。

⑥ 参见庹国柱、王国军主编：《中国农业保险与农村社会保障制度研究》，首都经贸大学出版社2002年版，第103～104页；冯文丽：《我国农业保险市场失灵与制度供给》，载《金融研究》2004年第4期；费友海：《我国农业保险发展困境的深层根源——基于福利经济学角度的分析》，载《金融研究》2005年第3期。

除了纯粹的公共物品与私人物品之外,所有的物品都可被归属于准公共物品"[①]。因此,要在明确普惠保险为准公共物品的基础之上,进一步明确普惠保险究竟是偏向私人物品,还是偏向公共物品(参见图1-1)。

对于普惠保险的定性,更宜根据保险是否存在政府补贴及政府补贴的力度(政府参与度)而作进一步划分:(1)就存在政府补贴且补贴数额较高(如超过保费的50%)的普惠保险而言,政府对保险费用进行补贴的目的常是由于此类普惠保险具有较强的正外部性。因此,此类普惠保险虽属于准公共物品的范畴,但性质上更偏向于公共物品。(2)就不存在政府补贴及政府补贴数额较低(如少于保费的50%)的普惠保险而言,此类保险强调的是保险公司"自主经营、自负盈亏",实行商业化运营。因此,该类普惠保险虽也属于准公共物品的范畴,但保险产品本身的正外部性并不突出,性质上更偏向于私人物品。

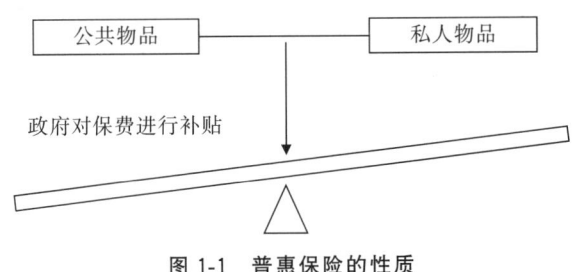

图1-1 普惠保险的性质

相应地,在普惠保险存在较高数额的政府补贴的情况下,其更宜被归类为政策性保险。而在普惠保险不存在政府补贴或存在较低数额的政府补贴的情况下,其更宜被归类为特殊商业保险,并在定义中明确其在合同主体(弱势群体)、交易成本(交易成本较高)、保费水平(保费低廉)、承保条件(需限制少)、定价基础(常依据当地条件团体或社区定价)、赔偿额度(获赔条件明确且免赔和除外条款少)、合同条款(简单易懂)、核保(简单易行)、监管(常缺乏监管)等诸多方面的特殊性。

最后,在法律适用上,对于存在政府补贴且补贴数额较大的普惠保险,不宜简单套用现行保险法的相关规定,更宜采用专项立法及订立公私合作协议的方式,对保险人和投保人、被保险人的权利义务关系予以明确和细致的规定。而对于不存在政府补贴及政府补贴数额较少的普惠保险,可仅就其特殊性,在专项立法中规定相应的保险法规则,而对于除需特别规定的其他一般问题,可以直接适用现行保险法的相关规定,以节约立法成本。

四、普惠保险的外延

虽然普惠保险是一个较为宽泛的描述性概念,但并非所有的保险均可被归为普惠保险的范畴。故有必要对普惠保险与其类似的保险类别予以辨析,对普惠保险的主要类别加以明确,以厘清普惠保险的外延。总体而言,普惠保险常与以下保险发生混淆。

[①] 张跃华、庹国柱、符厚胜:《市场失灵、政府干预与政策性农业保险理论——分歧与争论》,载《保险研究》2016年第7期。

(一)普惠保险与小额保险

首先,普惠保险强调保险产品和服务的可负担性、保障额度的适当性、保单的通俗性及核保理赔程序的简化性。这也导致了普惠保险与小额保险具有高度的同质性。原保监会 2012 年《小额保险方案》规定:小额保险是指价格低廉(保险金额应在 1 万~10 万元之间)、保险期间在 1~5 年之间、条款简单明了、核保理赔手续简便、面向低收入人群提供的保险产品的总称。相较于小额保险,普惠保险的目标群体不仅为低收入群体,还包含其他无法获取保险或保险获得不足群体,如残疾人[①]、精神障碍患者[②]、老年人[③]、打工族等社会弱势群体,尽管这些群体很可能属于低收入群体。

基于此,普惠保险与小额保险相比,内涵和外延更为宽泛,小额保险可被视为普惠保险类别中的重要一种,而普惠保险可视为小额保险的上位概念。普惠保险尽管可以非小额保险的形式出现,如面向小微企业的普惠贷款保证保险或面向巨型灾害风险的普惠巨灾保险,但受制于目标群体的财力水平和对保险的有限需求,普惠保险无法也不宜将保障额度设置在较高水平,除非保障的风险具有巨灾特性。即便是在后一种情况下,普惠保险的保障额度也应比传统商业性巨灾保险的保障额度低,并且在经营上也应将"保本微利"作为基本原则,以更好地实现保险的普惠性。

(二)普惠保险与政策性保险

普惠保险在推行初期,政府为了保障服务的可负担性、实现保险的高覆盖率,可对保费实行部分甚至是全额补贴。对普惠保险的保费进行补贴具有一定的正当性:一方面,普惠保险的目标群体可能由于对保险产品的了解不充分,将保险视为一种存在风险的产品而非转移风险的工具;另一方面普惠保险的目标群体多为低收入人群,这部分人群通常对保险需求的意愿较低,而政府对保费进行补贴可以在一定程度上提升保险目标人群的保险需求。[④] 但对普惠保险的保费进行补贴,也导致普惠保险具有一定的公共物品属性。因此,需要明确在保费补贴超过一定额度的情况下(如 50%),相应的保险产品不宜被认定为商业性普惠保险,而应被认定为政策性普惠保险。

此外,作为一种金融工具,普惠保险还常会辅助国家实现一定的宏观经济、政策目标,导致该保险具有一定的政策性。比如,普惠老年照护保险可为老年人可能遭受的各类风险(如意外事故、疾病、死亡等)提供经济补偿,在一定程度上消除了老年人子女的后顾之忧,分散了子女的养老压力。普惠中小企业贷款保证保险可在一定程度上缓解中小企业的融资压力,促进其发展。普惠小额保险,不仅可为低收入群体的生产生活和

---

① 自 2011 年伊始,我国面向浙江、河北、江苏、吉林、上海、海南、山东、四川、北京、山西等地区,对符合一定条件的持证残疾人推行了"残疾人综合保险"及"残疾人意外伤害综合保险",并由地方残联为此类保险提供全额保费补贴。

② 自 2015 年起,我国开始在部分地区试点"精神障碍患者监护人责任险"。其中,河北、海南、广东 3 个省份目前已实现了该险的全省覆盖;而其余的 9 个省(山东省、福建省、广西壮族自治区、浙江省、湖北省、湖南省、河南省、甘肃省、安徽省)中仅有部分城市推行了该保险,该类保险为地方残联全额补贴的政策性普惠保险。

③ 2019 年支付宝对中老年群体的保障情况进行的调研结果显示,我国 60~70 岁的老人超过 97%没有购买过任何的商业保险。

④ 姚奕:《小额保险理论前沿与实践初探》,北京大学出版社 2017 年版,第 35~59 页。

收入稳定提供一定保障,还可防范该群体因故、因病致贫返贫时所面临的风险,打破"贫困循环"(poverty cycle)困境,维护社会稳定。普惠农业保险关注"三农"问题的解决:一方面为农业生产以及农业生产者的日常生活及活动提供了风险保障,促进了农业的发展;另一方面还有效避免和化解了经济纠纷,为防范和降低社会矛盾提供了可能。可以说,目前在农业保险、小额人身和健康保险、中小企业信用和保证保险等多个领域的普惠保险实践业已证实,普惠保险对于实现老年照护、扶贫减贫、促进农业发展、防范低收入群体所面临的风险,鼓励中小企业融资,维护社会稳定等诸多方面具有重大价值,是辅助国家实现宏观政策目标的重要金融工具。

普惠保险所具有的公共物品性和政策性也导致了其与政策性保险极易发生混淆。既有研究普遍认为,政策性保险主要是国家为了实现一定的经济目标或推行特定的政策而服务的保险[1],并主张机动车交通事故责任强制保险和存在政府补贴的农业保险为常见的政策性保险类型。[2] 政策性保险在举办主体、经营目标、承保机制、立法和外部性等问题上,均与商业保险存在明显区别,二者为两个并行的险种。

但普惠保险的承保、运营等活动却须符合商业保险的基本原则。因此,相较于纯粹的政策性保险,普惠保险的产生与推行并不完全依托于国家某个时期的某项特定保障政策,不具有较强的政策依附性。对普惠保险政策依附性的过度强调,更会导致保险赔付率过高,保险人缺乏长期的运营激励,无法实现保险的商业可持续性。[3] 而对普惠保险商业可持续性的强调,并不意味着应将普惠保险等同为传统的商业保险。域外实践已表明,诸多国家都认为商业性普惠保险具有区别于传统商业保险的特殊性。[4]

因此,应进一步细分普惠保险,将其区分为商业性普惠保险和政策性普惠保险。前者系特殊的商业保险,而后者系政策性保险。我国的地方实践也印证了此种观念:实践中,普惠保险不仅会以"纯商业化"的模式运营(如中邮模式),还会采取"半商业化"(如四川旺苍模式)甚至"多主体合作"的模式(如信贷"1+1"模式)运营——保险公司通过政府、其他金融机构(如信贷机构、银行等)所提供的渠道便利、保费补贴等,与以上机构合作共同发展普惠保险。[5] 在采用"纯商业化"模式运营时,相应的普惠保险险种应被归类为特殊的商业保险;而在采取"半商业化"或"多主体合作"模式运营时,应视政府参与度和保费补贴程度的不同,将其进一步区分为商业性或政策性普惠保险。

(三)普惠保险与团体保险

为提高普惠保险的覆盖率,提升保险产品和服务的可得性,普惠保险常会借助签发

---

[1] 王伟、杨甜甜、刘磊等:《论政策性保险的内涵与外延》,载《金融理论与实践》2013年第8期。

[2] 江朝国:《社会保险、商业保险在福利社会中的角色——以健康安全及老年经济安全为中心》,载《月旦法学杂志》2010年第4期。

[3] 如杭州市上城区推行的"弱势群体综合保险"以及嘉兴南湖区推行的"农民自主创业保险"均依据公共风险治理一时一事的需求,仅持续1年就不再续保。

[4] Chatterjee A., Microinsurance: The Value Proposition at the Base of Pyramid, in Julian Burling & Kevin Lazarus eds., Research Handbook on International Insurance Law and Regulation, Northampton: Edward Elgar Publishing, 2012, pp. 485-486.

[5] 姚奕:《小额保险理论前沿与实践初探》,北京大学出版社2017年版,第144~153页。

团体保单的形式贩售,即以"一张保单为多个自然人提供保障形式出现"。① 此时,由于普惠保险以团体保险的形式存在,即不考虑特殊个人的健康与其他可保事项,并且被保险人或投保人无选择保险金额的自由,其应属于团体保险的范畴。

现有研究已达成共识——推行团体保险是提升普惠保险覆盖率的重要途径之一。因为与普惠个人保险相比,普惠团体保险通常要求参保人以家庭、社区、村集体等团体形式参保。这一方面可以减轻高风险投保人驱逐低风险投保人的逆向选择问题②,另一方面普惠团体保险还可能会降低道德风险的发生概率。如有针对菲律宾和德国的实证研究发现,在存在团体保险时,如果团体保险在制度设计上可以参保人和社区内的熟人、朋友参与同一保险池并分担损失,这将导致参保人产生一定的集体意识,并提高个人自保、减损的动机,从而降低道德风险并提高普惠保险项目的运行效率。③ 可以说,普惠团体保险对普惠个人保险项下的传统的承保技术予以了改进和升级,其更能有效地实践普惠理念。

第二节 普惠保险的理论定位

前文表明,需对普惠保险的概念予以明确界定,并确保定义具备可操作性。在此基础上,还应进一步将普惠保险细分为商业性普惠保险和政策性普惠保险,及明确普惠保险系"准公共物品"的本质属性。在上述界定下,也引发了另外一个重要问题:普惠保险在保险法消费者、社会风险治理体系、保险体系中的实然和应然定位为何?对该问题的明确,是进行普惠保险立法、厘清普惠保险立法与现行立法间关系的先决条件。

一、在保险消费者需求中的定位

普惠保险的目标群体为传统上无法获得保险或保险获得不足的群体。这部分群体通常为社会弱势群体(social vulnerable group),即"在社会上处于不利地位、竞争能力弱、生活上贫困、社会地位低下的人群"。④ 在我国现阶段,社会弱势群体主要包括老年人、残疾人、城镇失业下岗人员、农民工群体、农村贫困群体、妇女、儿童等。⑤

由于普惠保险目标群体的收入常较低,其对普惠保险的消费需求可能并不高。因为,对于该群体而言,普惠保险属于非必需消费,只有在其生存必需消费得到满足之后,如生活必需品购置、子女教育等,才可能拿出部分收入购买普惠保险。更何况,保险本

---

① 樊启荣、周志:《论团体保险中被保险人之合同转换权》,载《保险研究》2018年第3期。

② Eling M., Jia R., Yao Y., Between-Group Adverse Selection: Evidence from Group Critical Illness Insurance, *The Journal of Risk and Insurance*, 2017, Vol.84, No.2, pp. 771-809;姚奕:《小额保险理论前沿与实践初探》,北京大学出版社2017年版,第90页。

③ Biener C., Eling M., Pradhan S., Can Group Incentives Alleviate Moral Hazard? The Role of Pro-social Preferences, *European Economic Review*, 2018, Vol. 101, pp. 230-249.

④ 张晓玲:《社会稳定与弱势群体权利保障研究》,中共中央党校出版社2015年版,第15页。

⑤ 李航:《我国转型期弱势群体社会风险管理探析》,西南财经大学出版社2007年版,第49页。

质上仍属于一项存在风险的投资——投保人通过事先支付少量但确定性保费的方式，保障其在未来可能发生的不确定保险事故的损失。

普惠保险的上述特征均导致了该保险在弱势群体消费需求位阶中处于较低水平。但这并不意味着不存在普惠保险市场，也非表明普惠保险的目标群体无任何保险需求；恰恰相反，普惠保险潜在市场规模巨大（参见图1-2）。根据瑞士再保险公司（Swiss Re）的估算，全球范围内约有40亿人口的日均消费低于4美元，这部分庞大的群体均有望从不同种类的普惠保险中受益（参见图1-2）。此外，根据消费水平，可进一步将收入较低的40亿人口分为两部分——日均消费低于1.25美元的"极端贫困人口"及日均消费在2~4美元的"相对贫困人口"（参见图1-2）。极端贫困人口由于无力缴纳保费，因此可通过公共救济项目或由政府高额补贴的政策性保险获得风险保障；而相对贫困人口

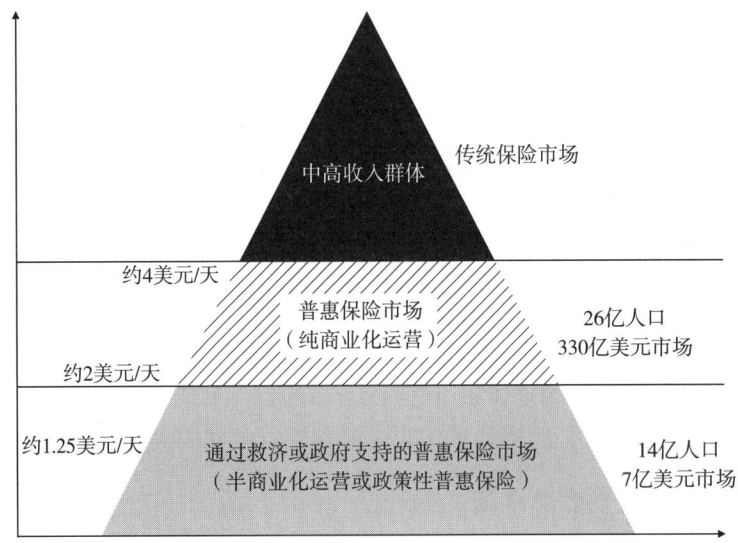

图1-2　全球普惠保险市场规模估计

资料来源：Swiss Re, Microinsurance- Risk Protection for 4 Billion People, Swiss Reinsurance Company Ltd. (June, 2010), https://media.swissre.com/documents/sigma6_2010_en.pdf.

由于具备一定的支付能力，则可被归为普惠保险的目标客户群体，并可能在一段时间后进入中高收入群体，从而开始购买保险市场所提供的传统商业保险。

我国普惠保险的市场规模和潜力巨大。一方面，我国社会弱势群体的总人数仍处于较高水平。有学者估算，我国各类弱势群体规模在1.4亿~1.8亿人，占全国总人口的11%~14%，此部分人群近年来甚至呈现出日趋增长的态势。[①] 2015年国务院扶贫办调查数据进一步显示，我国社会弱势群体中老弱病残人口的总体比例偏高——全国贫困人口中60岁以上的人口占19.6%，无劳动能力的人口占34.1%，丧失劳动能力的人口占6.6%。[②] 尽管从2010年至2016年，我国农村贫困人口虽累计减少了12232万

[①] 郑功成：《中国社会保障制度变迁与评估》，中国人民大学出版社2002年版，第12页。

[②] 江生忠：《保险助推脱贫攻坚理论与实践》，南开大学出版社2019年版，第76页。

人,但截止到 2016 年年底,全国贫困人口仍高达 4335 万人;① 截止到 2017 年年底,我国贫困地区的极端贫困人口仍在全国农村贫困人口中占有较高比例(62.38%)。②

近年来,在各类扶贫政策和扶贫类保险的帮助下,全国社会弱势群体的数量虽然在逐年下降,但这并不意味着普惠保险将无从适用。相反,普惠保险除可在扶贫上有所助力之外,还可消减实践中大量存在的返贫问题。而在当前,返贫现象仍旧严峻。据统计,2003 年我国就曾出现过绝对贫困人口首次反弹的现象,全国有 1460 万绝对贫困人口脱贫,但同时又有 1540 万农村人口返贫,导致当年农村贫困人口新增 80 万。③ 而在我国现存的农村人口中,连续两年贫困的只占比 1/3,有近 2/3 的农村贫困人口出现了脱贫后又返贫的状况,长期徘徊在贫困边缘的状态。④

此外,大量的实证研究也证实,我国的社会弱势群体确实具有一定的保险需求。并且,该需求与保费、销售渠道、保险产品类别、目标群体的收入和财富水平密切相关。2007 年中国人寿保险公司的实证调研结果显示:社会弱势群体尤其是家庭人均收入在 1000 元/年以下的低收入社会弱势群体,对保障额度在 1 万~2 万元之间的普惠保险显现出一定的需求,且可接受的保费区间主要集中在 101~200 元/年以内和 50 元/年以内。⑤ 此外,结合基层组织力量可显著提升社会弱势群体的普惠保险需求。数据显示,约有 64%的社会弱势群体将村委会列为首先的可信赖普惠保险的销售渠道,其次为计生办。最后,社会弱势群体对不同类别的普惠保险的需求程度也不尽相同。43%的受访者首选购买的普惠保险产品为意外伤害保险,其次为养老保险(33%)、重大疾病保险(29%)及定期寿险(23%)。类似的实证结果也在其他研究中有所体现。有学者对天津市涉农区县 166 户农民的保险需求进行问卷调研后发现,有 95 户(57%)农民曾购买过保险。其中,医疗保险的购买率最高(76%),意外伤害保险其次(45%),车辆保险(23%)和农业保险(5%)居后。⑥ 这均表明,在收入有限的情况下,社会弱势群体会优先为风险最大,也最为重要的人身风险购买保险,对普惠财产保险和普惠农业保险的需求则明显靠后。

还有学者针对社会弱势群体的收入水平与普惠保险需求做出了更为细致的预测和分析。如有学者使用了 2011 年我国 19 个省份的居民收入、消费和保险密度数据,通过回归分析估算出我国农村和城镇居民的保险边际消费倾向分别为 0.07 和 0.29,并以此为基准估算出这 19 个省份的居民平均保险支付能力在 5~170 元/年之间。其中,青

---

① 国家统计局住户调查办公室:《2017 年中国农村贫困监测报告》,中国统计出版社 2017 年版,第 4 页。
② 国家统计局住户调查办公室:《2018 年中国农村贫困监测报告》,中国统计出版社 2018 年版,第 8 页。
③ 江生忠:《保险助推脱贫攻坚理论与实践》,南开大学出版社 2019 年版,第 76 页。
④ 江生忠:《保险助推脱贫攻坚理论与实践》,南开大学出版社 2019 年版,第 76 页。
⑤ 该项调研是原银保监会委托中国人寿保险公司所作的规模较大的摸底问卷调查,调查对象涵盖我国中西部 8 个省区的 24 个县、144 个乡镇、432 个行政村的居民。
⑥ 李梅、高飞:《推行政策性农业保险的需求问题探究——以天津市涉农区县为例》,载《农村经济》2008 年第 8 期。

海、甘肃、宁夏、陕西、贵州等西部贫困省区的平均保费支付能力均低于50元/年。[①] 该项结果表明,社会弱势群体对普惠保险的需求与其收入和财富水平密切相关。

域外大量的实证文献也已证实,社会弱势群体购买普惠保险的需求会随保费的降低、家庭年收入的升高,教育水平的提升、家庭劳动力人数的增加、对风险认知程度的加深、政府补贴的提高、保险保障水平的提升而升高。[②] 此外,社会弱势群体的普惠保险消费需求,还会受到信任和示范效应(如培训弱势群体中声望较高的人作为保险代理人、政府为保险提供潜在背书)、非正规风险分担机制(非正规风险机制发达地区的保险需求较低)、保险公司服务质量及风险标的规模(近期遭受过损失会提升保险需求)等因素的影响。[③]

因此,普惠保险成功运行的关键是针对社会弱势群体的特殊性,设计出契合其保险消费需求的产品和服务。若非如此,社会弱势群体对普惠保险的消费需求将一直处于较低水平,即便政府对普惠保险进行大幅补贴,也无法从长远意义上提升普惠保险需求,无益于普惠保险的健康、持续发展。

二、在社会风险管理体系中的定位

普惠保险在社会风险管理体系中具有独特价值。当代社会存在各式各样的风险,也因此衍生出了不同的风险管理机制。学理上常依据机制应用阶段的不同,将社会风险法律管理机制区分为事前(ex ante)风险管理机制与事后(ex post)风险管理机制两大类。[④] 前者是在损失发生之前就已采用或至少是独立于损害的发生而适用的风险管理机制,其主要目的是威慑违法行为和预防损失的发生。后者则是在损失发生之后才会适用的风险管理机制,其主要功能是对事故的受害者进行赔偿以及分散损失。一般而言,事前风险管理机制主要包括税收、安全管制(safety regulation)及禁令(injunction),常见的事后风险管理机制主要有行政处罚、刑事及侵权责任。

不同于上述一般的风险管理工具,保险不仅可以通过差异化保费、自担额、投保人如实告知义务、免责条款、除外责任等具体保险机制和规则的设置阻遏风险,形成对风险的事前管理;还可通过风险池转嫁和分散风险,形成对风险的事后管理,具有独特的存在价值。据此,由于普惠保险可同时实现事前和事后风险管理,在社会风险管理体系中具有独特的存在价值。

此外,从风险理论角度而言,普惠保险亦具有独特的价值。社会弱势群体所面临的社会风险主要可划分为以下四种类别[⑤]:(1)灾害风险,如自然灾害所导致的物质损毁、

---

① 李杰:《中国农村小额保险发展研究》,经济科学出版社2015年版,第88~92页。

② Eling M., Pradhan S., Schmit J. T., The Determinants of Microinsurance Demand. *The Geneva Papers on Risk and Insurance-Issues and Practice*, 2014, Vol. 39, No. 2, pp. 224-263.

③ Eling M., Pradhan S., Schmit J. T., The Determinants of Microinsurance Demand. *The Geneva Papers on Risk and Insurance-Issues and Practice*, 2014, Vol. 39, No. 2, pp. 224-263.

④ Shavell S., Economic Analysis of Accident Law, Cambridge: Harvard University Press, 1987. pp. 277-279.

⑤ 李航:《我国转型期弱势群体社会风险管理探析》,西南财经大学出版社2007年版,第49~73页; Beck U., *Risk Society: Towards A New Modernity*, London: Sage Publications, 1992, pp. 10-25.

人员伤亡的风险;(2)经济风险,如市场及其他因素导致的农业歉收、生产品市场价格降低、财产丢失或被盗导致的社会弱势群体收入减少的风险;(3)健康风险,如疾病、意外事故以及残疾等导致的医疗费用攀升、收入下降的风险;(4)生命周期风险(lifecycle risk),如老龄化、退休、缺乏存款和收入较低等原因造成对生命周期性事件无法应对的风险。

尽管针对以上四个维度风险的管理工具并非只有普惠保险,传统的商业保险、公共救助基金以及社会保障体系均可实现对上述风险的管理,但普惠保险有其独特性:首先,在自然灾害风险管理方面,公共救助基金只针对大范围的、系统性的风险(systematic risk)所造成的损失提供补偿。而普惠保险则能够有效地应对个别性灾害风险所造成的损失,扩展了对社会弱势群体的保障范围。此外,由于公共救助基金本质上是由政府税收收入负担的赔偿方式,社会弱势群体可在满足一定条件后即可获得赔偿而无须支付相应的风险对价。① 这也导致该群体缺乏事前管理风险的动机,亦缺乏减少高风险活动的激励。公共救助基金的设置也会在社会财富分配层面造成消极影响,因为遭受灾害风险地区的受害人并不需要支付对价,就可坐享其他纳税人之利。相较于公共灾害救助基金,普惠保险强调对商业保险基本原则的坚守,并主张风险分化、风险管控机制和规则的应用,因此可一定程度上规避上述问题,实现对灾害风险的有效管理。

其次,在经济和健康风险管理方面,虽然传统商业保险、社会保障体系也可对社会弱势群体所遭受的经济和健康风险予以赔偿或补偿,但传统的商业保险常超出社会弱势群体的可负担水平,而社会保障体系又侧重于对弱势群体提供暂时性、最基本的生活保障,补助标准较低,补偿水平也极为有限。相较而言,普惠保险无论是从保费厘定上(强调可负担原则),还是保障水平上(强调适度保障),都较为合理,更契合社会弱势群体的风险管理需求。

再次,在生命周期风险的管理方面,虽然发放退休金、进行老年照护、扶贫和社会救助(如医疗救助、住房救助等)也可一定程度上缓解弱势群体所面临的生命周期风险,但这些风险管理手段往往需要完全依靠政府的转移支付。而普惠保险则有利于缓解政府的财政负担,即便是政府对普惠保险的保费存在一定程度的补贴,但相较于政府对生命周期风险所造成的损失直接进行填补而言,普惠保险对政府的财政依赖性相对较弱。更何况普惠保险能够以较少的成本带动更多的保障资金,扩大政府投入资金的保障效果。

最后,普惠保险还有助于实现公私主体之间的合作风险治理。归根到底,普惠保险是政府等公权力部门在充分认识到政府失灵、市场失灵的机理之后,主动选择与保险机构等私营主体进行合作,通过保险机构较为成熟的风险管理和多元主体的差异互补及整体性的治理来弥合彼此的短板,从而实现"善治"的一种风险治理机制。因此,普惠保险彰显了社会治理思维的转变,其发展终将指向合作风险治理。

---

① 由于社会弱势群体常为中低收入群体,常不需纳税或税赋负担很小,因此可认为社会弱势群体几乎无须负担公共救助基金运营所产生的各项费用。

三、在保险体系中的地位

我国现有的保险体系可以不同的保险营业主体为标准，具体划分为私营保险和公营保险两大类。私营保险是指由保险公司经营的，以营利性为目的的商业保险。公营保险是指由政府专设的特种保险机构经营的各种保险，如社会保险、强制保险、政策性保险等，这些保险风险大但盈利水平低，不宜由保险公司单独经营。[①] 普惠保险具有私营及公营保险的双重特征，系介于二者之间的"中间性"保险。

（一）普惠保险系"中间性"保险

有别于私营保险和公营保险，普惠保险的营业主体更为多元化。首先，对于采取商业化模式经营的普惠保险而言，保险的营业主体为保险公司，可被归类于私营保险的范畴。[②] 其次，对于大量采取半商业化模式运营的普惠保险而言，保险的经营主体虽主要为保险公司，但政府在其中也起到了重要的作用，其既可以组织、动员社会弱势群体投保，提供一定的渠道便利，也可以出于社会管理的需要而直接或间接提供一定的保费补贴。[③] 最后，除保险公司和政府之外，普惠保险的营业主体还可以包含其他金融机构。例如，在采用"信贷保险1+1"模式推广的普惠保险中，就通常需要金融机构（如农业银行、农村信用合作社）的介入，来辅助保险公司推广普惠信用保险。再如，在采用"政银保"模式推广的普惠保险中，则需要政府、银行、保险公司三方配合——政府财政提供担保基金，银行提供贷款，保险公司提供贷款保证保险，共担普惠保险的营业风险。[④]

对于采用"半商业化模式"和"多元主体模式"运营的普惠保险而言（即上述列举的后两种情形），很难将其简单地归类为私营或公营保险，因为普惠保险在目标客户、经营主体、交易成本、保费水平、定价基础、承保审查、保险市场数据、分销方式、保单复杂程度、索赔程序、保险监管等多个方面，均与传统的私营或公营保险存在较大区别（参见表1-2）。

表1-2 普惠保险、私营保险、公营保险的核心特征比较

	普惠保险	私营保险	公营保险
目标客户	社会弱势群体	中高收入人群	所有公民
经营主体	满足特定条件的保险机构	具有营业资质的保险机构	政府专设的特种保险机构
交易成本	较低，保险需求也较低	较高，但保险需求也较高	较高，但主要由政府通过税收负担
保费水平	较低，同时可能存在较低程度的政府补贴	较高且不存在政府补贴	较低，同时可能存在较高程度的政府补贴

[①] 邹海林：《保险法学的新发展》，中国社会科学出版社2015年版，第29页。

[②] 但此类普惠保险在实践中很少出现，常见的仅有中国邮政推广的普惠小额人寿保险。参见姚奕：《小额保险理论前沿与实践初探》，北京大学出版社2017年版，第144～153页。

[③] 姚奕：《小额保险理论前沿与实践初探》，北京大学出版社2017年版，第144～145页。

[④] 杨仕进：《"政府＋银行＋保险"的农村小额信贷模式研究——以佛山市三水区"政银保"贷款模式为例》，载《南方金融》第2013年第12期。

续表

	普惠保险	私营保险	公营保险
保障水平	较低	较高	仅提供最基本的保障
定价基础	常依据团体风险定价,并会考虑当地的特殊情况,以"保本微利"为目的	主要依据风险定价,以营利为目的	依据国家的宏观调控政策确定,但不以营利为目的
承保审查	常根据投保人的自我申报进行审查,需要获取当地信息来控制道德风险和逆向选择问题	根据投保数额和保险标的风险进行审查	审核投保人是否符合法定的条件
保险市场数据	缺乏甚至没有,常需政府介入共享数据	比较完善	比较完善
分销方式	常需政府介入辅助分销或保费收取	常通过专业的保险代理人、保险经纪人分销	常需强制购买
保单复杂程度	简单易懂	较复杂	较复杂
索赔程序	较简单,所需证明材料较少	较复杂,所需证明材料较多	较简单,保险人常需无条件地进行赔付
保险监管	常缺乏监管	由银保监会严格监管	由银保监会或专门机构严格监管

资料来源:Chatterjee A., Microinsurance: The Value Proposition at the Base of Pyramid, in Julian Burling & Kevin Lazarus eds., *Research Handbook on International Insurance Law and Regulation*, Northampton: Edward Elgar Publishing, 2012, pp. 485-486.

因此,普惠保险常兼具私营保险和公营保险的双重特性,系介于公营和私营保险之间的"中间性保险",其在整个保险体系中具有独特性。普惠保险的私营特性主要表现在:(1)普惠保险法律关系本质上是一种私法性质的民事法律关系。当事人的地位平等,其权利义务关系是基于双方合意所达成的保险协议而确定的。(2)普惠保险并非做"慈善",其仍主要采取商业化模式运营。这也表明,普惠保险以"保本微利"为主要目的,尽管保险公司可能借助一定的委托—代理关系,与其他主体,如基层政府等公权力机构或金融机构等进行合作,以节省运营成本,提高保险的展业和赔付效率,但这仍无法泯灭普惠保险为私营保险的特性。而此时若仅根据存在政府的积极介入,就将普惠保险认定为公营保险,则会破坏普惠保险的定价基础,甚至破坏普惠保险的赔付规则,不利于普惠保险的可持续运营。

普惠保险的公营特性则主要表现在:(1)普惠保险常被用于提供公共性的保险产品或服务,服务于政策性目的,具有一定的福利性。该保险在分散社会弱势群体风险、保障全体社会成员的生活和生产安全、实现精准扶贫、维护社会稳定、促进农业发展、保障中小企业融资安全、实现普惠性公正等方面,表现出明显的社会效益。(2)普惠保险所具有的福利性,也导致该保险所带来的利益常存在外溢化(externality),保险公司提供普惠保险、社会弱势群体投保普惠保险的利益驱动均存在不足。①

一方面,在纯商业化模式运营的情况下,由于普惠保险所带来的利益外溢化,使得保险公司提供普惠保险的边际私人成本大于边际社会成本,而边际私人收益却远小于边际社会收益,导致完全依靠市场调节所实现的保险服务的供给量必定低于社会配置的最佳状态。另一方面,社会弱势群体购买普惠保险的边际私人成本大于边际社会成本,而边际私人收益却远小于边际社会收益,投保普惠保险的利益驱动不足。因此,为消除普惠保险的利益外溢化对普惠保险供给和需求所带来的消极影响,政府需要进行一定程度的干预,如通过将保费限制在合理限度内、限制保险公司盈利、通过税收对保费进行补贴、积极鼓励弱势群体投保、降低保险责任承担的条件等方式(参加表1-2),来提升普惠保险的可保性(insurability),促使普惠保险的供需达到理想的均衡状态。②

(二)普惠保险与社会保险的关联

尽管普惠保险兼具私营和公营的双重特性,但普惠保险的发展一定程度上与社会保险的发展更密切相关,并可能根据社会保险发展状况、保障范围的不同,而与社会保险形成以下五种关系:③

第一,取代关系(as a substitute for social insurance)。当政府无力或不愿意发展社会保险时,普惠保险可以取代社会保险,实现一定的社会保障功能,以填补缺乏政府支持所带来的社会保障空白。非洲中西部偏远乡村地区发展的普惠相互保险即为此种关系的一个代表性例证。

第二,替代关系(as an alternative for social insurance)。在社会保险存在但并未完全覆盖到全体公民时,或社会保险运行的实际状况不理想时,普惠保险可替代社会保险实现一定的社会保障功能。例如,为没有固定工作的城镇、农村居民等社会弱势群体提供保障。此时,普惠保险可被视为与社会保险并行存在的社会保障工具,而公民则享有自由选择最适合其保障需求和偏好的保险。普惠保险与社会保险存在替代关系的两个典型例子是加纳的普惠互助健康保险以及越南的普惠小额健康保险。

第三,连接关系(linked to social insurance)。当存在社会保险,但该保险并未覆盖到全体公民时,且保险的运行状态已趋于成熟时,普惠保险可进一步与社会保险的分销和承办机构连接,如利用社会保险已建立的分销渠道、利用承办社会保险机构的良好信誉,发展普惠保险。如泰国的普惠小额保险,加纳的普惠健康保险,以及我国部分地区的普惠小额人身保险、普惠农业保险和普惠小微企业贷款保证保险中,就广泛体现出了普惠保险与社会保险间的连接关系。

第四,互补增进关系(as a complement to social insurance)。普惠保险主要作为社会保险的补充,为社会保险无法覆盖到的风险提供额外的赔偿。如在我国,社会保险仅

---

① 陈运来:《农业保险原论》,中国检察出版社2015年版,第23~24页。
② Biener C., Eling M., Insurability in Microinsurance Markets: An Analysis of Problems and Potential Solutions, 37 *Geneva Papers on Risk and Insurance*, 2012, Vol. 37, No. 1, pp. 77-107.
③ Deblon Y., Loewe M., The Potential of Microinsurance for Social Protection, in Craig Churchill & Michal Matul eds., *Protecting the Poor: A Microinsurance Compendium Volume II*, Geneva: International Labour Office (ILO), 2012, pp. 52-58.

赔付疾病所产生的治疗费用,而不赔付治疗过程中的交通费。① 此外,在许多国家,社会保险也仅赔付医疗花费,而不赔付或仅赔付极为有限的医药费。② 因此,普惠保险可进一步对社会弱势群体在疾病治疗过程中,不被社会保险所覆盖的花费进行赔付,以弥补社会保险的保障缺陷。此时,普惠保险的存在,主要是为了增进整个社会保障的实现效果,而非降低社会保险的保险需求。

第五,补充关系(as a supplement to social insurance)。普惠保险与社会保险分工保障不同的社会风险,或同一社会风险的不同影响。但与普惠保险和社会保险呈互补增进关系不同,二者在呈补充关系时,两者的联系并不紧密。换言之,普惠保险的存在不会降低社会弱势群体对社会保险的投保需求,反之亦然。

综上,普惠保险与社会互补增进关系时,会更有利于整个保险体系的良性发展。但在我国,普惠保险与社会保险间目前主要体现出了一定的连接关系。这主要是由当前我国社会保险与商业保险的发展现状所决定的。截止到2014年年底,我国社会保险中的城乡基本养老保险和基本医疗保险虽基本实现了全民参保,其他社会保险项目,如失业、工伤和生育保险的参保人数也分别达到了17943万人、20639万人和17039万人。③ 但各地仍有相当一部分的社会群体,如非本地户籍的农民工、受雇于私营企业和个体工商户的雇员等,由于各种原因而未被纳入社会保险的保障范围。④

在此背景下,各地开始发展各种类型的普惠保险产品,并利用社会保险经办机构在服务网络等方面的优势,将普惠保险与社会保险进行连接。例如,在湖北、广西的部分地区,保险公司开始借助现有的新型农村合作医疗(以下简称"新农合")的服务网络,如村委会、村卫生所、合作社等新农合的经办或代理机构,推广并销售普惠小额人身保险或普惠农业保险。此时,保险公司一方面利用了新农合所积累的良好的产品影响力和口碑,使普惠保险产品更易于被接受,提升投保率;另一方面,还降低了销售和渠道成本,有助于实现普惠保险在短期内实现大范围的推广。

但实践表明,普惠保险与社会保险连接也存在一定的隐患。首先,由于和新农合服务网络捆绑,新农合经办机构和工作人员的工作量会在短期内明显升高,这无疑对现有的新农合经办机构和工作人员提出了更高的要求。以湖北当阳为例,受益于新农合服务网络的推广,普惠小额人身保险的投保人数得到了大幅提高,短期内积聚的大量业务使得工作人员花费了3个月的时间,才完成了系统业务处理。⑤ 其次,由于经营普惠保

---

① 1999年《关于确定城镇职工基本医疗保险医疗服务设施范围和支付标准的意见》第3条规定:参保人员在治疗疾病过程中产生的就(转)诊交通费、急救车费、门诊煎药费,基本医疗保险基金均不予赔付。

② 2017年《人力资源社会保障部关于印发国家基本医疗保险、工伤保险和生育保险药品目录(2017年版)的通知》要求,仅赔付纳入社会保险药品目录的药品。而通常只有临床必须、安全有效、价格合理、使用方便、市场能够保证供应的药物才会被纳入药品目录。参见黎建飞:《社会保障法》,中国人民大学出版社2015年第5版,第127页。

③ 金维刚主编:《〈社会保险法〉实施评估研究》,中国言实出版社2016年版,第6、8页。

④ 截止到2014年年底,全国社会保障卡的持卡人数为7.12亿人,仅占全国总人口数的52%。金维刚主编:《〈社会保险法〉实施评估研究》,中国言实出版社2016年版,第6、8页。

⑤ 姚奕:《小额保险理论前沿与实践初探》,北京大学出版社2017年版,第148页。

险的商业保险公司与新农合的经办机构目标不一致,前者委托后者进行普惠保险的销售和推广,可能产生委托代理问题。最后,普惠保险的本质仍属于特殊商业保险或政策性保险,投保主要基于自愿原则,但由于和新农合进行捆绑,可能让投保人产生强制投保的误解,甚至对自付保费产生抵触心理,不利于社会弱势群体保险意识的培养。

因此,在将来的发展过程中,我国的普惠保险应更注重将社会保险所无法覆盖的社会群体、社会弱势群体惯常面临的损失类别(如人身伤害风险和自然灾害风险)[①]和损失项目(如经医保报销后的剩余自付费用及自费特定高额药品)纳入其保障范围,形成与社会保险间的有效衔接,实现两者间精准的相互增进。

第三节 社会治理情景中的普惠保险

社会治理理念的更新与公共风险的变革相伴而生。随着国家工业化、城市化、信息化建设的日新月异和社会发展的高歌猛进,当代社会的风险也发生着深刻变迁。因此,对普惠保险与社会治理间关系的考察势必要放在具体的社会治理情景中进行。

一、社会治理的变迁趋势

当代社会的风险距离德国社会学家乌尔里希·贝克所描述的"风险社会"(risk society)渐行渐远——风险不再被简单地等同为一种危险和灾难的可能性,也不再仅指代当"人们试图去控制自然和传统,并试图控制由此产生的难以预料的后果时"所面临的风险。[②] 当代社会的风险日渐凸显出人化、制度化、公共化的特点。

(一)当代风险社会的特点

风险的人化与风险的物化是相对的,前者强调风险更多地源于人际交往与由此形成的社会关系之中,后者则强调风险源于自然环境的不确定性。[③] 在当代社会中,由于人类取代自然成了风险的主要生产者,风险因此多呈现出"人造"的特征,是科学、技术和知识的产物。而人造风险不仅造成了社会秩序和体制方面的不确定性,也带来了大规模的、系统的和全球性的破坏,使得以往常规的应对方式失去了效力。[④]

风险的制度化源于转型阶段社会变迁的迅疾性和复杂性。"熟人社会"向"陌生人社会"的转型,导致适宜于前者的传统、非正式规则不断失去其适用的空间,建构正式规则的重要性日益凸显。但倚重正式规则的现代制度并非不存在任何风险,制度本身并无法很好地解决僵化、滞后、社会断裂、高成本和系统风险等问题,引发诸多公共风险。因此,制度化的公共风险具体表现为制度不公、制度失灵以及由此引发的群体性事件、

---

① 国务院扶贫办的调查显示,目前我国的贫困群体因病致贫、因灾致贫、因学致贫、因劳动能力弱致贫和因其他原因致贫的占比分别为42%、20%、10%、8%和20%。
② BECK U., *Risk Society: Towards A New Modernity*, London: Sage Publications, 1992, p. 10.
③ 高鹏程:《危机学》,社会科学出版社2009年版,第7页。
④ [德]乌尔里希·贝克:《风险社会》,何博闻译,译林出版社2004年版,第20页。

道德危机、文化危机、分化危机、政府失信等风险。①

风险的公共化主要体现为风险生成及风险效应的公共化。② 社会的纵深发展使得人与人之间的连带性不断增强,越来越多的事务成为社会之网中的一个节点,风险不再是孤立的,它将以一种"平均化"分布的方式影响社会中的所有成员。个体致险因素常与公共环境中的风险因子不断叠加,风险所产生的影响也不再局限于当代,代际风险也越发普遍;风险的影响也越发地具有复合性的特征,几乎影响经济、社会、政治、文化、环境等各个方面。

(二)治理观念的变迁

现代社会中的风险已从根本上改变了当代社会的运行逻辑,从而使其演变为一个新的"风险社会"。相应地,风险治理的观念也发生了翻天覆地的变化——传统社会治理强调"管理"的观念,而现代社会治理则注重对公共事务和风险的"治理"。两者在治理主体、主体承担职责、实现形式、实践路径以及与社会服务的关系方面均存在不同。③

第一,社会治理与社会管理的主体不同。社会管理的主体相对单一,主要为各级政府及其职能部门,突出政府的主导性作用。而社会治理则强调合法权利来源的多样性,治理主体呈现多元化的特征,强调治理的民主性。第二,社会治理与社会管理主体的承担职责有所不同。社会管理的主要内容在于政府对社会进行管理,因此政府承担了不可替代的主要职责。社会治理则依赖于多元化主体进行合作,强调多元主体的风险共担和责任共担。第三,社会治理与社会管理的实现形式不同。社会管理是"单一的自上而下型",是从主管机关(政府及其职能部门)的自身主观意愿出发,来对社会风险进行管理和控制。而社会治理的实现形式为"立体的多元互动型",其重视多元主体间的合力作用,鼓励多元主体通过自主表达、协商对话的方式达成共识。第四,社会治理与社会管理的实践路径也不尽相同。社会管理的践行带有命令性的色彩,需要政府及其职能部门运用行政权力对社会实务进行部署和控制。而社会治理的实践则可通过多元的、协商式的路径予以实现。第五,社会治理、社会管理与社会服务的关系也有所不同。社会服务内含于社会管理之中,但由于社会服务的提供主体主要为政府,社会成员对社会服务并无主动选择权。相较而言,社会治理则强调社会成员积极主动地表达自己的服务需求、进行主动选择,政府则对服务提供资金支持及后续的评估、监督。

(三)治理机制与手段的变迁

具体到风险治理层面,传统风险治理机制与现代风险治理机制也存在诸多区别:④

其一,传统的风险治理机制强调对客观风险的防范、预警和事后处理,对主观层面的问题涉及较少。但现代风险具有"隐形性"的特征,它并非具体的物或实在,对社会的影响也因此更多地表现在对人们主观风险认知(大众对风险的辨识、计算和评估等)的冲击上。因此,现代风险治理更顾及人们主观"风险认知"因素。

---

① 王海明:《保险协同治理研究》,社会科学文献出版社2017年版,第10~12页。
② [德]乌尔里希·贝克:《风险社会》,何博闻译,译林出版社2004年版,第19页。
③ 邵光学、刘娟:《从社会管理到社会治理——浅谈中国共产党执政理念的新变化》,载《学术论坛》2014年第2期。
④ 赵延东:《风险社会与风险治理》,载《中国科技论坛》2004年第4期。

其二，传统的风险治理给予"专家系统"充分信任，认为依靠专家的"工具理性"就可有效地防范和控制风险。① 但现代风险社会则要求风险治理中，不能再以简单的因果思维或工程思维进行决策，必须在决策过程中充分考虑文化、社会和价值等多方面的因素，决策是充分利益衡量后的结果。

其三，由于现代风险已超出国界，传统以民族国家为单位的风险治理已无法适应世界风险社会的新要求。基于此，现代风险治理更强调国际合作机制的构建。

其四，传统的社会风险治理机制仅解决政府或市场失灵某一单一维度的治理危机，但由于现代社会需要的日益多样化、社会事务的日趋复杂化，社会治理中政府失灵和市场失灵往往相伴而生。② 因此，现代治理理论提出国家、市场、社会三者之间要在社会治理中有效互补，通过"合作、协商、伙伴关系、确认认同和共同目标等方式"对公共事务进行管理；而国家、市场及社会等多元主体进行合作治理的优势在于三者之间存在"资源依赖"关系，合作能够有效降低"交易成本"。③

二、社会治理与普惠保险的关联

在为何需要普惠保险参与社会治理的问题上，我国与西方遵循着不一样的逻辑。相较于西方发达国家，我国对于普惠保险参与社会治理的广度和深度需求有所不同。

回顾社会治理经典理论，我们发现西方国家尤其是经济发达国家之所以要求普惠保险介入社会治理，主要是为了解决高保障社会保险对政府过重的财政负担所导致的政府公共资源投入和公共政策产出差距过大的问题。此时，普惠保险尤其是普惠商业保险，作为市场化的风险治理和福利供给手段，其重要性不言而喻。换言之，在西方社会之所以需要普惠保险介入社会治理，主要是为了根治政府公共风险治理过程中的管理冲动和福利冲动，防止政府超越其资源提供过度化的社会福利、社会保障，使得社会对政府怀有过高期待，产生福利过度依赖的问题。

例如英国，从20世纪50年代至福利政策黄金时期的70年代，社会福利开支增长了2.7倍，福利支出也从占国内生产总值的14.4%上升至29.4%。④ 这一比重的持续走高，导致1951年至1986年间，英国的累计财政赤字高达1209亿英镑。⑤ 欧洲特别是西欧各国也面临着同样的问题。从20世纪90年代开始，高福利、高补贴、高保障的社会保障制度使得欧洲诸国的经济状况逐渐恶化，失业率激增，加之人口老龄化问题愈发严重，导致领取社会保障的人数远高于福利国家初建时预测的数值，福利开支在国民生产总值中的比重不断上升，各国主要依靠举债和赤字预算来维持福利国家的开支。⑥

基于此，西方各国开始探索社会福利改革的路径，其中一项重要的举措就是削减或

---

① 吉登斯：《现代性与自我认同》，生活·读书·新知三联书店1998年版，第37页。
② 孙涛：《社会治理研究的五个视角——兼论其存在问题与发展趋势》，载《北京行政学院学报》2015年第1期。
③ 俞可平：《治理和善治——一种新的政治分析框架》，载《南京社会科学》2001年第9期。
④ 王振华：《重塑英国：布莱尔与"第三条道路"》，中国社会科学出版社2000年版，第107页。
⑤ 黄群超：《试析英国福利国家的困境》，载《历史教学问题》2000年第3期。
⑥ 李琮：《当代资本主义的新发展》，经济科学出版社1998年版，第198页。

取消政府在某些方面的福利开支,把社会福利中的一些项目交由社会和私人承办。① 同时,开始调整国家、个人之间的权责关系,提倡"个人的社会责任"的观念,认为社会行政的目的不是要用社会或国家的行为代替个人的责任,而是要通过改善社会来促进公民个人自我完善的实现、增加个人的社会责任感,鼓励个人对自己的行为负责。② 在以上格局和背景下,西方社会普惠保险的发展注定是从属、边缘的状态,其存在和适用的空间非常狭窄,只能发挥减轻政府财政和社会保障负担的职能。

相较于西方发达国家,我国自20世纪90年代开始虽然也在一直倡导打破原来为保护而建立的种种制度以便释放市场力量,转变政府的经济治理干预方式、减少干预的范围、提高公共投资的效率,促进政府从向社会提供公共物品的这个基本职能方面全面撤退,把提供住房、教育、医疗乃至养老方面的社会责任转嫁给个人,将政府的公共投资集中在与生产有直接关系的基础设施上。③ 但这种做法直接导致我国持续的通货膨胀及长期存在的高储蓄与低消费并存的问题,政府的职能发展和职能行使长期较为被动,经济发展模式也无法由出口驱动转为内需驱动。④

因此,结合现实国情,我国普惠保险的发展需要更为积极、广泛地介入社会治理的各个领域,尤其是目前社会治理存在短板的领域,而非完全借鉴西方发达国家的经验,在"社会保障私有化"(privazation of social security)、"社会保障放松管制"(deregulation of social security)的进程中,附带地、被动地发展普惠保险。

总体来看,我国目前正处于结构转型和体制转轨的"双模式变迁"时期,社会治理也因此面临着如何调整日趋复杂化、多元化的社会矛盾的难题。现有研究认为,目前我国的社会矛盾主要表现在城乡差别、贫富对立、劳资纠纷、官民冲突、医患矛盾、代际紧张、民族及宗教等方面;此外,就世界范围来看,我国作为"后发现代化国家",面临着后工业社会和风险社会来临、全球化持续深入等多重复杂形势的考验。⑤ 传统社会向现代社会转型过程中存在的风险在我国大量涌现,我国进入"风险共生"阶段,人口规模庞大、社会流动加快,信任结构解体、生态环境破坏、治理机制不完善、国民素质有待提高等风险对我国的社会治理形成了巨大挑战。⑥

在上述背景下,更需要普惠保险发挥其商业性、专业性、技术性的优势,有效地经营、管理、转移和分散社会转型过程中的各种风险,强调风险保障的对价性、补偿性、长效性,并渗透到社会各行各业中,服务于国家建设和治理的各个领域和环节,尤其是补足社会治理的短板。时至今日,城乡二元结构壁垒,以及附着其上的医疗、社会保障等

---

① 臧秀玲:《从消极福利到积极福利:西方国家对福利制度改革的新探索》,载《社会科学》2004年第8期。
② 罗云力:《建立社会投资型国家——欧洲社会民主党第三条道路对福利国家制度的变革》,载《国际论坛》2002年第4期。
③ 高柏:《中国经济发展模式转型与经济社会学制度学派》,载《社会学研究》2008年第4期。
④ 高柏:《中国经济发展模式转型与经济社会学制度学派》,载《社会学研究》2008年第4期。
⑤ 孙涛:《社会治理的五个视角——兼论其存在问题与发展趋势》,载《北京行政学院学报》2015年第1期。
⑥ 杨雪冬:《全球化风险社会与复合治理》,载《马克思主义与现实》2004年第4期。

差别化资源分配机制问题,仍是我国社会治理的短板。① 我国广大的农民群体仍然"被制度性地从公民共同体中分离出来,而成为一个与城市居民存在着迥然差异的特殊群体"。② 由于普惠保险涵盖财产保险、责任保险、信用保险、意外伤害保险、健康保险、人身保险等险种,能为农民、个体工商户等没有参与社会保险的劳动者提供多样化、广覆盖的保障服务,因此,能够更有效地保障以上群体的平等生存权和自由发展权,解决长期困扰农民等社会弱势群体的权利困境与权利贫困等治理问题。因此,我国普惠保险的发展,应更积极地探索健全农民等社会弱势群体权益的保障机制。

三、社会治理的现代化内涵

通过上文中对社会治理理念历史发展的梳理不难发现,传统以"政府""市场""公民社会"单方主体为主导的社会管理存在回应性较弱、公共性异化、规范性不足等根本问题,导致传统的社会治理存在制度不完善、治理制度虚化、权力腐败等诸多顽疾。为对此作出回应,现代的社会治理应逐渐从"国家中心主义""市场中心主义""公民社会中心主义"转向"复合中心主义",以发挥社会各个行为体的主观能动性,弥补和清除依靠单一主体进行治理所存在的潜在缺陷和根本性问题。③

(一)复合中心主义的现代化治理

强调"复合中心主义"的现代治理机制具有以下基本特征:④

第一,治理主体的多元性。国家、社会组织、企业、家庭、个人等在内的所有社会组织和行为者都是治理的参与者,享有参与治理、享受治理成果的权利。以上主体相互之间虽有各自活动的领域,却并不是"各自为政",而是随着相互交往和依存关系的加深,互相渗透、相互借鉴彼此应对风险的有效措施。第二,治理的多维度性。治理不仅包括地理意义上的多层次性(如"城市+乡村"的治理结构),还包括治理领域的多样性(社会活动的任何领域都需要治理)。第三,治理的合作互补性。只有国家、市场、公民社会三大治理机制进行合作,保持良好的平衡关系,才能弥补相互的缺陷,保证整个社会应对风险的责任不至于完全落在某个机制身上,也由此避免了该机制不堪重负生成全社会性的制度风险。第四,个人是复合治理的最基本单位。尽管复合治理需要制度安排,并通过制度规范行为者,但治理的可持续运转,必须提高个人的自觉性和能动性。只有建立起个人的风险意识和规则激励,把制度安排贯彻到个人行动中,才能最大限度地解决风险。第五,治理目标的前移。治理强调从风险发生之前或之初就予以就事就地地及时解决,以避免发生风险扩散,造成难以逆转的严重后果。

---

① 刘同君:《新型城镇化进程中农村社会治理的法治转型——以农民权利为视角》,载《法学》2013年第9期。
② 江国华:《从农民到公民:宪法与新农村建设的主体性视角》,载《法学论坛》2007年第2期。
③ 杨雪冬:《全球化、风险社会与复合治理》,载《马克思主义与现实》2004年第4期。
④ 杨雪冬:《全球化、风险社会与复合治理》,载《马克思主义与现实》2004年第4期。

总体而言,现代意义上的社会治理可以从横向及纵向两个视角进行理解。① 横向视角上的社会治理"是一种建立在多中心基础上的开放式协调机制",其主要强调社会治理应"通过跨利益群体、党派、阶层的平等协商,形成基于多方同意的秩序"。② 而纵向视角上的社会治理则是"建立在一元权力中心基础上的自上而下的命令协调机制",其传统上主要强调通过政府的行政手段和强制力量进行管理,实现社会资源的有效配置和社会秩序的稳定。③ 但目前学界对纵向视角下的社会治理研究已从以政府为中心的建构,向"纵向整合机制"转变,即探讨社会治理如何与服务型政府"连接",并认为社会治理的总体发展趋向是通过深化行政体制改革,实现政府角色从"经济建设型"到"服务型、责任型、有限型、开放型、法治型"的转变。④

(二)中国语境下的现代化治理

起源于西方的社会治理理论并不足以用来深刻理解中国改革开放以来的社会治理转型的实践逻辑,尽管不同国家皆通过社会治理模式转型来应对其自身问题。西方的实践经验催生了一系列理论分析范式,其中有三种常被用来从一般意义上理解发展中国家的社会治理转型实践,分别是国家—社会关系理论、理性化与现代化理论,以及全球化与世界体系理论。⑤ 而这些理论范式一方面普遍将国家和社会预设为两个分立的结构性实体,并以两者之间的互动来理解不同的社会实践;⑥另一方面,强调国家与社会的二元对立,强调塑造不受权力干扰、具有高度自主性的公民社会,通过公民社会影响国家政策的方向。⑦

我国语境下的社会治理现代化,与西方所强调的社会治理现代化在根本目的上存在本质区别。我国的治理现代化并不以"现代化"为根本目标,现代化只是一种手段。⑧ 而西方的社会治理现代化理论则存在一定的理论预设,即其将人类社会的发展视为一个从传统到现代、从落后到先进的进化过程,并由此认为后发国家的现代化必然会经历效仿西方先进国家现代化经验的历程。⑨ 此外,中国社会治理现代化的实践经验已证伪了上述西方社会治理理论的假设。党的十八大指出"全党一定要……促进社会和谐、继

---

① 现有的对社会治理创新的研究也主要从横向和纵向两个视角展开。对于现有研究的总结,参见孙涛:《社会治理研究的五个视角——兼论其存在问题与发展趋势》,载《北京行政学院学报》2015年第1期。

② 李友梅:《中国社会管理新格局下遭遇的问题——一种基于中观机制分析的视角》,载《学术月刊》2012年第7期。

③ 李友梅:《中国社会管理新格局下遭遇的问题——一种基于中观机制分析的视角》,载《学术月刊》2012年第7期。

④ 孙涛:《社会治理研究的五个视角——兼论其存在问题与发展趋势》,载《北京行政学院学报》2015年第1期。

⑤ 李友梅:《中国社会管理新格局下遭遇的问题——一种基于中观机制分析的视角》,载《学术月刊》2012年第7期。

⑥ Bell D., American Exceptionalism Revisited: The Role of Civil Society, *The Public Interest*, 1989, Vol. 95, No.1, pp. 38-56.

⑦ Taylor C., Modes of Civil Society, *Public Culture*, 1990, Vol. 3, No. 1, pp. 95-117.

⑧ 李友梅:《当代中国社会治理转型的经验逻辑》,载《中国社会科学》2018年第11期。

⑨ [美]塞缪尔·亨廷顿:《变化社会中的政治秩序》,王冠华等译,上海人民出版社2008年版。

续改善人民生活、增进人民福祉";党的十八届三中全会明确"全面深化改革的总目标是完善和发展中国特色社会主义制度,推进国家治理体系和治理能力现代化"。因此,中国语境下的社会治理体系现代化是实现人民幸福安康、社会和谐稳定的方式,社会治理现代化的目的是回应人民的需求。党的十九大重申:"全党同志一定要……永远把人民对美好生活的向往作为奋斗目标。"显然,在我国现代化仅仅是一种手段,而满足人民对美好生活的向往才是推进社会治理转型的根本目的。①

四、社会治理的现代化诉求与普惠保险

社会治理是一个被中国化的概念,中国政策和语境下的社会治理通常在以下维度予以使用②:第一,相对于政府管理的社会治理现代化;第二,相对于国家治理的社会治理现代化;第三,相对于公司治理、市场治理、环境治理的社会治理现代化。第一重语境强调社会治理主体的非政府属性,即社会自治;第二重语境强调社会治理层级在社会层面的"基层"属性;第三重语境则强调治理事务的社会属性。因此,社会治理是一个综合性的系统,其完整定义应包含四个方面的内容,即为什么治理、谁来治理、治理什么、如何治理。③ 相应地,社会治理的现代化诉求也应主要涵盖以上四个方面,即治理目标、治理主体、治理对象及治理手段的现代化。普惠保险在社会治理现代化诉求的四个层面上均能起积极的推进作用。

(一)治理目标的预警化与普惠保险

社会治理的现代化诉求首先表现为治理目标的现代化。当前,社会公共风险的治理理论和实践比较集中于社会公共风险事后救济,将社会公共风险的治理重心置于风险发生后的救济、决策环节。④ 但从社会公共风险治理的现实需要来看,需要将社会公共风险的治理重心前移,集中于社会公共风险的防范环节,以社会风险的评估、监控、预警为重点。

普惠保险可以引导社会公共风险治理格局的转型,促进社会治理现代化的目标设置紧密围绕着"预警型社会治理"的具体要求来构建。具体而言:第一,普惠保险机制本身即可通过差异保费、自担额、浮动费率等规则的设置进行风险分化,形成对风险的事前防控,促进治理目标的转向,力塑"预警型"公共风险治理的目标;第二,通过大力推进预警型公共风险治理的组织化、标准化、技术化、制度化、法治化,逐步建立和完善预警型治理的主导机构、标准体系、技术支持、配套制度和法治保障;⑤第三,科学引导治理资源,引导资源重点投向风险预测、识别、评估等环节。

---

① 徐汉明教授认为衡量我国治理现代化的根本标准既包括"人民权益有效保障",也包括"社会总福利持续稳定增加""社会和谐安定有序""社会公平正义充分实现""社会主义法律体系科学完备"。参见徐汉明:《推进国家与社会治理法治化》,载《法学》2014年第11期。
② 燕继荣:《社会变迁与社会治理——社会治理的理论解释》,载《北京大学学报(哲学社会科学版)》2017年第5期。
③ 燕继荣:《社会变迁与社会治理——社会治理的理论解释》,载《北京大学学报(哲学社会科学版)》2017年第5期。
④ 温志强:《预警型公共危机管理体系构建》,载《前言》2012年第15期。
⑤ 游志斌、杨永斌:《国外政府风险管理制度的顶层设计与启示》,载《行政管理改革》2012年第5期。

(二)治理主体的多元化与普惠保险

社会治理的现代化诉求还表现在治理主体的现代化方面。由于现代国家的治理强调多元主体进行共治,因此治理主体的现代化主要指代国家治理体系中不同治理主体自身的现代化,包括政府及其职能部门的现代化、企业的现代化、社会组织的现代化以及个人的现代化。①

此外,由于现代社会强调合作、多元,主体的现代化也意味着在不同场景下主体所承担的角色和功能应有所不同。② 例如,政府可根据社会建设目标的不同,承担制度供给、财政支持、实施、监督和评估以及风险兜底等多重职责,担任社会建设的执行者、合作者、服务者和监管者等多种角色。而承保普惠保险的保险公司等企业在现代化的社会则承担着为"民主管理和权益实现提供平台""参与市场公平竞争并受法治约束""协助法治宣传及法律实施"等重要角色,其行为还受企业社会责任的"柔性"约束。因此,法律为实现保险业治理的现代化,应主要"从企业收益角度鼓励企业履行社会责任,从而形成良性反馈"。③

(三)治理对象的现代化与普惠保险

明确社会治理对象的需求,并根据其需求设置治理任务和目标也构成社会治理的现代化诉求之一。社会治理对象与社会事务尤其是社会难题有关,而社会事务又可细分为"公益性社会事务"和"公害性社会事务"。相应地,社会治理对象的现代化主要应避免治理无效(治理权力有组织的垄断独享)和治理无方(治理所可能面临的无人承担、无人问责的局面)的问题。④

普惠保险的引入可在以下两个方面促进治理对象的现代化:一是促进公益事业的发展;二是防止公害事务的发生。⑤ 前者的核心在于利用普惠保险规范化以及规则的设置形成激励机制,把各种社会力量组织和动员起来,通过信念教育及引入制度、政策强制,来克服"集体行动困境"(dilemma of collective action),让各种行为主体形成正向的社会合力,使人们在主观上自动放弃自利行为,或从客观上不采取有损于公共利益的自利行为。⑥ 而后者的关键在于在普惠保险法律规范中建立和落实责任制度,以防止失范行为的发生并保证失范行为发生后能够被及时地矫正,防止出现管理学意义上的"破窗

---

① 丁志刚:《论国家治理体系及其现代化》,载《学习与探索》2014年第11期。
② 陈柏峰:《中国法治社会的结构及其运行机制》,载《中国社会科学》2019年第1期。
③ 陈柏峰:《中国法治社会的结构及其运行机制》,载《中国社会科学》2019年第1期。
④ 燕继荣:《社会变迁与社会治理——社会治理的理论解释》,载《北京大学学报(哲学社会科学版)》2017年第5期。
⑤ 燕继荣:《社会变迁与社会治理——社会治理的理论解释》,载《北京大学学报(哲学社会科学版)》2017年第5期。
⑥ 制度政治学的经典理论认为,"除非一个集团中人数很少,或者存在强制或其他特殊手段以使个人按照他们的共同利益行事,否则有理性寻求自我利益的个人不会采取行动以实现他们共同的集团的利益"。参见[美]曼瑟尔·奥尔森:《集体行动的逻辑》,陈郁等译,上海人民出版社1999年版,第2页。

效应",导致严重的管理危机。①

(四)治理手段的综合化与普惠保险

治理权力的调整也是社会治理的现代化诉求之一。治理权力的转型和调整意味着政府不再需要独占公共风险的治理权力。复杂性不断增强的现代社会需要一个全新的"混合型"治理系统,即社会治理应逐渐从"政府主导型""行政化"的治理权力架构,转变为"多元主体参与""自治化"的治理格局,促进政府行政功能同社会自治功能的互补,激励政府行政权力与社会自治力量的互动,整合各方优势资源,形成互补。②

普惠保险可以助推社会治理手段的现代化,辅助公共风险的治理手段实现以下转型:第一,由政府包揽一切型向社会协同型转变;第二,由治理信息闭塞状态向治理信息网络化转变;第三,由单一利益共同体向多元利益集群体转变;第四,由单一意识形态向多元意识形态转变。

(五)社会治理的法治化与普惠保险

社会治理的现代化离不开社会治理的法治化。可以说,社会治理法治化是实现社会治理现代化的重要保障。有研究发现,当代中国随着社会价值的日益多元化,社会治理的要求日益增高。但在社会治理领域,尤其是针对社会中层出不穷的"灰色地带"③、"新型领域"及"综合性问题",既有法律体系的覆盖率仍然较低,社会治理现代化因缺乏法治化保障而变得困难重重。④ 为了实现上述社会治理的现代化诉求,社会治理亟须建立具体化、可操作化的目标指引体系,并融贯"精细化治理"的理念。

首先,普惠保险的目标设置应围绕"引导公众有序参与社会治理"及"调试基本公共服务资源的供求"这两项重要要求而确立。为满足前一要求,需要保险信息公开制度、公众参与程序制度、公众意见反馈制度的支撑。⑤ 而为实现后一要求,则应调试基本公共服务的供求,要求基本服务不再由政府包办,政府不仅要投入财政资源,更要动员社会资源,确保政府、市场与社会组织的竞争与协作、政府部门之间的协作、民众的合作以及供给与需求的对接。⑥

其次,普惠保险还有助于形成社会精准治理。社会精准治理模式强调以降低社会管理成本、风险成本、运行成本和生活安全成本为主要内容,以提高人民福祉、推动社会和谐、建设民众幸福生活为终极目标,运用现代科学技术与方法寻找影响当代社会发展的"短板问题",通过实施有针对性的、有效性的、精准性的解决方案,实现对现阶段"社

---

① 朱力:《社会规范建设的困境:三种理性人的策略选择》,载《探索与争鸣》2009年第10期。管理学中的"破窗效应"是指个别人的失范行为因未能得到及时矫正,而出现的社会集体普遍效仿的失范行为。

② 王海明:《保险协同治理研究》,社会科学出版社2017年版,第28~32页。

③ 正如有的学者所言:"乡村区域、城中村区域,游离于现代城市管理之外,治理存在各种困难。由于执法能力有限,只能对这些地区加以监控、进行柔性执法。"参见吕德文:《灰色治理与城市暴力再生产》,载《开放时代》2015年第4期。

④ 陈柏峰:《中国法治社会的结构及其运行机制》,载《中国社会科学》2019年第1期。

⑤ 宋煜萍:《公众参与社会治理:基础、障碍与对策》,载《哲学研究》2014年第12期。

⑥ 陈柏峰:《中国法治社会的结构及其运行机制》,载《中国社会科学》2019年第1期。

会短板问题"的彻底解决的治理。① 该模式强调的是在制度体系下,重构一种着眼于未来的新秩序机制,通过制度建立使治理形成极度有效的风险规避模式。而精准的意涵在于精准预测、发现、管理、操作及治理。由于普惠保险有助于解决"弱势群体"和特殊群体所面临的社会短板问题,如代际贫困问题、深度老龄化问题、农民市民化问题等,因此普惠保险可推进社会精准治理。②

第四节 普惠保险参与社会治理现代化的基石范畴

就普惠保险参与社会治理的理论基础而言,现有研究的认识并不统一,究其根源在于社会治理理论引介于保险领域时的多学科背景所造成的话语体系的交融,不同理论的话语体系的关注焦点存有显著差别。尽管不同理论的学科背景有所不同,但其在基本要素、解释逻辑等方面却相互关联。

一、保险功能论视角:从"互助共济"到"社会治理"

工业革命之前,保险的功能更多地体现在"我为人人,人人为我"的互助共济基础之上,强调保险关系人之间的互助性,即通过集合多数人共同筹集资金,建立集中的保险基金,用以补偿少数人的损失。③ 但工业革命之后,将保险的功能局限于"互助共济"或"损失补偿"等单一功能,已无法应对社会的飞速发展和风险的日趋复杂化,保险开始与各种风险相连,逐渐参与风险分担、社会管理等职能。④

但长期以来,我国保险(法)学者对保险的功能认知大多局限于经济补偿和资金融通功能,保险的社会管理功能、社会治理功能一直没有得到广泛的认同。2003 年在保险业发展改革论坛暨现代保险功能讨论会上,时任保监会主席的吴定富特别强调现代保险应承担社会管理功能,并号召保险界充分挖掘保险的社会管理功能,为构建社会主义和谐社会服务,自此触发了"保险社会管理功能论"的研究热潮。

(一)保险功能论的多元化发展

2006 年《国务院关于保险业改革发展的若干意见》正式出台前,国内关于保险功能的论述众多,且针对保险所承担的主要功能并未达成一致意见,主要存在单一功能论、二元功能论、多元功能论这三种观点。⑤ 单一功能论认为保险仅具有经济补偿功能;二元功能论认为保险所承担的功能与具体险种有关,人身保险主要承担给付保险金功能,而财产保险的功能在于经济补偿;多元功能论则认为保险承担着风险分散、经济补偿、资金融通、储蓄、防灾防损等多种功能。

---

① 张鸿雁:《"社会精准治理"模式的现代性建构》,载《探索与争鸣》2016 年第 1 期。
② 张鸿雁:《人类城市化的"城市文化基因"与城市社会再造文化因子论》,载《社会科学》2003 年第 9 期。
③ 李玉泉:《保险法》,法律出版社 2019 年第 3 版,第 9~10 页。
④ 薛生强等:《论现代保险社会管理功能的发挥和实现》,载《宁夏社会科学》2006 年第 6 期。
⑤ 曹兴权:《保险法学》,华中科技大学出版社 2014 年版,第 18 页。

其中,反对保险承担多元功能,尤其是反对保险承担社会管理功能的学说认为,保险的社会管理功能说有"外源功能说"之嫌,错误地将保险公司的功能解释为保险的功能。① 此外,将保险人基于危险监督功能而衍生出的防灾防损功能、危险管理功能强行解释为保险的社会管理功能,偏离了社会管理功能的本质意涵。社会管理功能原本应指代的是国家行政机关因其公共行政权力的地位而产生,并由宪法和法律加以明示规定的各种职责的总称;② 仅有公权力主体(行政主体)才可能享有社会管理功能,作为私权利主体的保险公司无法享有具有浓厚公法意义的社会管理功能。商业保险合同属于私法规范的范畴,其也无法承担属于公法规范范畴的社会管理功能。即便认可社会保险具有一定的社会管理功能,也不能仅将保险在这一领域的工具性作用放大为保险的社会风险管理功能。因此,反对说认为保险的"社会管理功能"并未从保险的本质出发演绎保险的功能,而是从保险作为"社会稳定器"所发挥的安定效应和作用倒推保险的功能。

不难看出,反对保险承担社会管理功能的学说,其持有反对理由的关键在于传统上对公法和私法分野的看重。但随着现代社会的发展,公法与私法之间的界限越发地被淡化,二者甚至形成了双向互动及交融。③ 保险法传统上虽然被认为属于私法调整的范畴,却是私法中最具有公法倾向的部门法之一,常凸显意思自治与监管强制并存的双重结构形态。④ 因此,保险的社会管理功能说不应被过分地苛责与质疑。

(二)保险治理理论的萌芽与本土化

自20世纪80年代起,美国保险(法)学界开始探索保险治理理论,并开始主张保险应承担起社会治理功能。保险法学者通过大量的实证研究发现保险通过事前的损失预防和控制,在食品安全、道路安全、环境保护等多个风险领域已展现出有效的治理作用。⑤ 此外,由于保险与政府追求的安全目标具有高度同一性和相似性,保险人甚至能够行使准政府(quasi-government)职能。⑥

因此,现代意义上的保险以其专业化的风险保障、社会化的损失赔偿以及市场化的治理手段,构建了公权与私权合作治理的有效机制,以治理(governance)的方式支持、补充甚至替代政府对投保人、被保险人的行为和风险进行监管和管制,已然成为现代保险法研究的新理论范式。⑦

在我国,要求保险承担社会治理功能具有极其重要的现实意义。随着2006年《国

---

① 林宝清:《论保险功能说研究的若干逻辑起点问题》,载《金融研究》2004年第9期。
② 张国庆:《行政管理学概论》,北京大学出版社2001年版,第18页。
③ 唐清利:《公权与私权共治的法律机制》,载《中国社会科学》2016年第11期。
④ Rosenberg D., The Causal Connection in Mass Exposure Case: A "Public Law" Version of the Tort System, *Havard Law Review*, 1984, Vol. 97, No. 4, pp. 851-859.
⑤ Kenneth S. Abraham, Four Conceptions of Insurance, *University of Pennsylvania Law Review*, 2013 Vol. 161, pp. 653-698.
⑥ Kenneth J. Arrow, Insurance, Risk and Resource Allocation, in Dionne G., Harrington S.E. eds, *Foundations of Insurance Economics*, Dordrecht: Springer, 1992, pp. 220-229.
⑦ 何启豪:《国家治理现代化背景下的保险法理论新范式——以保险人作为私人监管者为中心的考察》,载《现代法学》2019年第4期。

务院关于保险业改革发展的若干意见》的正式出台,学界和实务界对保险的功能认识逐步达成一致,即保险具有经济补偿、资金融通和社会治理三大功能。之后出台的一系列政策性文件,更是进一步强化了保险的社会治理功能。如2011年3月5日第十一届人大四次会议发布的《政府工作报告》曾明确提出:要发挥商业保险在完善社会保障体系中的作用;之后不久出台的《国务院关于加快发展现代保险服务业的若干意见》(以下简称新"国十条")中,更是明确了现代保险业在社会发展全局中的定位,要求保险应成为"政府、企业、居民风险管理和财富管理的基本手段""提高保障水平和质量的重要渠道"以及"政府改进公共服务、加强社会管理的有效工具"。

(三)加强保险治理功能的主要动因

作为转型国家,我国之所以要不断地加强保险的社会治理功能,其动因主要有以下四个方面:

第一,我国特有的人口经济周期对保险的社会治理功能提出了较高的要求。[1] 人口老龄化问题的不断加剧、社会弱势群体的基数庞大、寿险和社会保障体系发展的不健全等问题,导致老年人、残疾人等社会弱势群体长期被排斥在商业及社会保险的保障体系之外。因此,我国对保险社会治理功能的要求较高,其更看重保险如何以更经济、更利于社会弱势群体的方式发挥社会治理功能。

第二,我国对保险发挥社会治理功能的需求也更为迫切。[2] 社会转型导致我国整个社会体系的脆弱性在不断增加,地区、城乡和贫富差距的不断扩大,"三农"问题和新冠疫情的不断冲击,导致社会的不稳定性急剧上升。因此,通过保险解决转型时期的特殊问题、实现疫情向下的"应急"治理的需求愈发迫切。

第三,要求保险承担社会治理功能是基于我国保险业高质发展的最新要求。我国虽自2017年起已超越日本跻身成为仅次于美国的全球第二大保险市场,但保险深度和保险密度仍长期处于低位,距离保险发达国家和地区差距较大。[3] 整体而言,我国保险目前仅通过经济补偿功能,部分承担了社会稳定器的作用,其风险管理服务的核心能力没有得到充分的挖掘,因而尚未达到推动现代化国家社会稳定治理的要求。[4] 保险业尽管在业务上发展迅猛,但距离现代服务业高质发展的要求差距甚远,在提供风险管理服务方面还存在诸多亟待解决的问题。

第四,我国的经济社会环境已发生显著变化。我国政府从2005年起就开始逐渐认识到社会保障领域存在严重的市场失灵问题,并由此开始探索以政府为主导的民生保障事业的发展,强调政府责任的回归。[5] 此外,随着现代科学技术的进步发展,原本不可

---

[1] 薛生强、徐梅、石健:《论现代保险社会管理功能的发挥和实现》,载《宁夏社会科学》2006年第6期。

[2] 薛生强、徐梅、石健:《论现代保险社会管理功能的发挥和实现》,载《宁夏社会科学》2006年第6期。

[3] 寇业富主编:《保险蓝皮书:中国保险市场发展分析(2019)》,中国经济出版社2020年版,第49、51页。

[4] 吴传俭:《我国保险业服务于国家社会治理能力现代化路径》,载《保险研究》2015年第4期。

[5] 郭金龙、周小燕:《保险功能再认识》,载《中国金融》2014年第17期。

保的风险范围在逐步限缩,保险经营管理风险的范围在不断扩大。因此,保险有更多的机会利用其专业化的优势逐步参与风险管理的识别和评估,其适用范围在不断扩大。加之保险精算技术的日趋成熟,保险人可更熟练地综合运用预防、控制、经济补偿等手段管理风险,在现代经济社会体系中发挥着风险管理的核心作用,成为现代经济社会治理的基本手段。

较之于传统保险,普惠保险作为一种新兴的保险形态,其更有助于保险实现社会治理功能。首先,普惠保险更有助于补充和完善社会保障体系。我国虽已确立了社会保障体系的基本框架,但从运行的情况来看,仍然明显存在保障面过窄、保障力度不够等问题;尤其是近年来,基本养老保险的支付缺口越来越大。① 造成此种状况的一个重要原因就是我国的社会保障体系过度依赖国家财政,在通过商业化手段发挥企业和个人在社保体系建设中的作用方面呈现明显不足。普惠保险可以充分发挥商业保险对社会保险的补充作用。例如,目前发展势头迅猛的城市定制型"惠民保",该类保险不仅具有交费低、覆盖广等优势,还能将农村居民、城市私营业主及其雇员、自由职业者等游离于社保体系之外的群体纳入保险的保障体系,满足社会成员多层次、差异化的保障需求。② 这对于解决我国社保体系目前所面临的诸多困难是至关重要的。此外,普惠保险还可以调动政府行政力量,推行面向社会低收入阶层、社会弱势群体以及经济不发达的农村的强制或合作保险业务,最终成为有效衔接商业保险与社会保险的重要渠道。③

其次,普惠保险还可以使保险人充分利用国家加快保险业发展的政策和优惠,加快自身的提质增效。正如有的学者所言,我国保险业的发展除自身的产业瓶颈问题,还受确定效应、反射效应、损失规避等非理性的保险需求和孤立效应、锚定效应等非理性的保险供给等问题的影响,导致整个保险市场一方面存在市场失灵所造成的"柠檬市场"问题;另一方面,还可能存在"非理性偏离"等问题,④ 即因投保目的的多元化而导致的保险实际功能偏离分散风险损失的基本功能,进而成为他人的套利工具的问题。发展普惠保险有助于解决我国保险市场的非理性偏离问题。《国务院关于加快发展现代保险服务业的若干意见》第27条中曾明确提出要保险机构努力"提升全社会保险意识",同时充分利用政府的低成本市场策略和引导作用推进保险业的发展。普惠保险可通过不断提高服务的质量和资源配置效率,以消费者的实际受益不断提高其使用保险的积极性,进而提升"全社会保险意识"。

最后,普惠保险还可在化解纠纷、补足社会信用水平管理机制、健全公共安全事件应急机制等方面发挥重要作用,助力保险更好地实现其社会治理功能。普惠责任保险,

---

① 薛生强、徐梅、石健:《论现代保险社会管理功能的发挥和实现》,载《宁夏社会科学》2006年第6期。

② 据统计,截止至2020年年底,全国共有23个省份82个地区179个地市推出了"惠民保"产品,累计参保人数超过4000万。参见苏泽瑞:《普惠性商业健康保险:现状、问题与发展建议》,载《行政管理研究》2021年第11期。

③ 如深圳、珠海等地的政府通过出台相关文件、参与产品设计和营销推广,与"惠民保"的承保公司进行合作,并支持通过医疗保险个人账户余额购买。政府的背书也为保险人提供了流量支持及良好的发展,降低了保险人的宣传推广成本。

④ 吴传俭:《我国保险业服务于国家社会治理能力现代化路径》,载《保险研究》2015年第4期。

究其本质,就是运用经济手段和经济杠杆化解民事责任纠纷的重要方式。但遗憾的是,我国目前的普惠保险业务还在一定程度上停留在被动的经济补偿阶段,没有积极主动地发挥普惠保险参与风险管理的事前预防和事中控制的重要作用。例如,普惠农业保险在农村地区或其他偏远地区的社会信用水平管理方面,可发挥重要作用。目前,我国农村或偏远地区的信用基础较差,收集、整理、核准评估、查询信息面临较大困难。在农村市场开展征信工作的机构主要为农村商业银行,但由于多种现实因素,该类银行的征信活动面临诸多问题,单一的征信方式对农村及偏远地区市场有明显局限。大量推广普惠农业保险正好能够发挥保险在征信方面的补充作用。再如,普惠巨灾保险则可与国家的重大突发公共事件应急机制相互衔接配合,促使保险机构积极与相关部门合作,对重大灾害事故和疫情进行监测、预警。因此,发展普惠巨灾保险也有助于发挥保险的预警治理功能。

二、风险共治论视角:从"自治或他治"到"协同治理"

从近代保险业产生以来,保险研究和风险研究便相伴而生。现代风险的多样性、隐形性、高度不确定性、不可预测性、系统性、巨灾性等特征,导致现代社会中风险对社会成员的影响是"民主"和"平均化分布"的。传统意义上的行业"自治"或以社会、政府等单一主体为主导的"他治"的社会治理效果大打折扣。因此,从风险角度分析,现代社会的治理需要达到更为复杂的秩序目标,需要将"他治"与"自治"统合在"共治"的逻辑体系之下,推动风险的复合治理。[①]

具体而言,区别于"风险自治"与"风险他治",以"风险共治"为基础的风险"协同治理"理论应追寻以下三方面的秩序目标。首先,应选择规避的主要风险,并根据不同的文化背景和社会结构,对其进行动态调整。其次,确定风险共担的主体范围、承担风险的种类及风险的具体范围,以便在治理过程中划分清楚各个利益相关者的权力和职责,并对应建立有效的激励与惩罚机制。最后,治理的功能不是消除风险,而是辨别和应对风险。在此过程中,由于治理本身是一套特定选择和决策的制度安排,应注意的是其自身也存在风险。

作为新兴的治理范式,"协同治理"是比较晚近主张的概念。在中文文献中存在协同治理、合作治理的不同措辞。"合作治理"重点强调了"合作"的价值导向,注重价值层面的讨论;协同治理则借鉴协同理论的思想,重点探讨协同效用实现的运作机制,强调"协同"的演化过程,注重操作层面上的探讨,其关注的要点主要为理论模型构建的宏观研究层次、多元治理主体治理路径的中观研究层次及具体治理问题的微观举措这三个维度的问题。[②] 尽管协同治理和合作治理存在一定层面上的差别,但二者的核心主张和追求具有高度的同一性,即二者都是主张多元治理主体的整体系统性治理,并都以公共利益最大化为治理的目标追求。

但在英文语境中,使用以上不同概念的学者常会用同一个英文单词对应,即"col-

[①] 杨雪冬:《全球化、风险社会与复合治理》,载《马克思主义与现实》2004年第4期。
[②] 杨华锋:《协同治理——社会治理现代化的历史进路》,经济科学出版社2017年版,第87~88页。

labrative governance"。总体来看,西方社会学和公共管理学领域虽没有"社会治理"的概念,但伴随着 20 世纪 70、80 年代新公共管理、政府再造运动以及福利国家改革的兴起,越来越多的西方学者开始关注 collabrative governance 的概念,并围绕此概念提出了诸多新理论,如多中心治理、合作网络(或政策网络)、新公共服务等等。① 尽管主张有所不同,但实现自由与秩序的均衡是其相关理论所追求的重要目标。

协同治理不同于"行政规制型""权力外包型""市场自决型"的治理模式,其在权力系统的开放程度、市场化及自由程度上均有其独特性:首先,协同治理不同于"行政规制型"治理。前者是一种多中心式的治理,强调平等与协商;后者则是一种基于"命令与服从"的权力安排,是典型的官僚制度模式,其依据行政干预主义,通过制度规则体系和法制框架来追求社会秩序。②

其次,协同治理有别于"权力外包型"治理及"市场自决型"治理。"权力外包型"治理基于"委托—代理"关系而确立,其通过合同外包等形式,实现对公共服务的供给。③在"权力外包型"治理中,由于行政权力的主导地位并未改变,其所扮演的角色也未削弱,因此面临着与"行政规制型"治理相同的问题。此外,通过外包的形式将公共责任拆分并向社会转嫁,可能会造成公共精神的沦丧,在此基础上所形成的秩序结构,存在欠缺道德层面合法性的弊病。而"市场自决型"治理基于公民个人利益、资源回报、市场竞争、产权交易等因素而进行的制度设计,在治理过程中往往也具有回流至协同框架的动力。④ 相较而言,协同治理可以规避"行政规制型"治理在规制过程中所孕育的"权力"体系膨胀这一潜在缺陷,消弭权力封闭性、民主价值式微的难题,更好地维系现代社会的秩序。该种治理模式是一种结合公共部门、营利性机构与非营利性组织乃至公民个人的组织模式,其源于行政体系的"社会分权"或组织共同体的"自组织"行为,具有可通过自组织、自适应的发展较好处理经济发展与社会治理中的利益分歧与主体矛盾的天然优势。⑤

因此,协同治理是将源头治理、动态治理、应急处置相结合的社会管理机制,⑥是治

---

① [法]米歇尔·克罗齐耶、埃哈尔·费埃德伯格:《行动者与系统:集体行动的政治学》,张月等译,上海人民出版社 2007 年版;[美]迈克尔·麦金尼斯主编:《多中心治道与发展》,王寿龙译,上海三联书店 2000 年版。

② 杨华锋:《协同治理——社会治理现代化的历史进路》,经济科学出版社 2017 年版,第 87 页以下。

③ 权力外包型治理又可进一步分为公权力委托和业务委托两大类。例如,我国台湾地区"行政程序法"第 16 条第 1 项就明确了行政机关可进行公权力委托,即行政机关得依法规将其权限之一部分,委托民间团体或个人办理。参见袁文峰:《公私合作在我国的实践及其行政法难题研究》,中国政法大学出版社 2018 年版,第 37 页以下。

④ 杨华锋:《协同治理——社会治理现代化的历史进路》,经济科学出版社 2017 年版,第 87~88 页。

⑤ 杨华锋:《协同治理——社会治理现代化的历史进路》,经济科学出版社 2017 年版。

⑥ 《中国共产党第十八次全国代表大会报告》强调:要围绕构建中国特色社会主义管理体系,加快形成党委领导、政府负责、社会协同、公众参与、法治保障的社会管理体制,尤其是加快形成源头治理、动态治理、应急处置相结合的社会管理机制。

理主体多元参与、治理行为具有适应性、治理手段具有灵活性的新型治理模式,需要内生机制和外生机制的双重驱动。内生型动力是行政系统对系统环境的应急反馈与组织适应过程,其作用的发挥既取决于系统外部事件危害性与突发性的程度,又取决于系统内部组织架构的危机识别能力与治理能力的强度;而外生型动力是社会力量维护其合法权利和参与政治过程的共同行动能力,其作用的发挥有赖于对政府制度行为的有效监管,而其强弱决定着行政部门公共责任与义务的实现程度。① 此外,协同治理具有"双维性",其不仅强调公私主体间的合作,也强调部门间的合作。②

目前,虽然学界对普惠保险参与协同治理的探讨体现了多元化、多样化的理念,但并未深入探究协同的具体面向,没有细致研究协同行为如何发生、在何种群体、何种范围内发生的问题。这也导致关于普惠保险协同社会治理的讨论,主要停留在"协同政府"与"整体治理"层面,在概念生成的初始阶段就人为地回避了协同治理的双维取向及双向互动问题,普遍忽略了普惠保险参与协同治理时,由于不同维度和不同行动者结构上差异而导致的协同内容上的差异。事实上,随着社会治理系统复杂性程度、公共事务不确定指数的与日俱增,单向度的部门合作与公私合作均会遇到治理方式与治理效能的困境,唯有在普惠保险中强调行政部门间的合作,并且关注公私部门合作的协同治理,而非单纯地强调政府购买保险服务,寻求多元化、多样性的公共服务供给途径与手段,推进多元合作的结构化"协同治理",才有优势。

三、国家职能转变论视角:从"给付主义"到"担保/保留/合作主义"

普惠保险参与社会治理还与国家发展形态及其责任和活动递变密切相关。早期国家的角色定位仅仅是"夜警国家"(Nachtwachterstaat),国家仅承担保证人民及其权利不受他人干预和侵害的消极保护责任。③ "二战"后,伴随着"行政作为给付承担者"的思潮盛行,国家形态从"夜警国家"转变为"社会国家",国家的主要职能从以警察权消极地维护社会秩序,转变为应对一切与人民生活密切相关的事务,积极地提供生存照顾(Daseinvorsorge)。④ 在"夜警国家"背景下,由于国家并不积极承担对社会群体尤其是社会弱势群体的生存照顾职能,普惠保险无法得以很好的发展。在"社会国家"背景下,由于与公共任务及人民福利相关的一切事务被国家垄断,作为私主体的保险人并无用武之地,基于市场逻辑的普惠保险更无从得以发展。

20世纪90年代以后,德国行政法学界逐渐发展出"担保国家"(Gewahrleistungs)、"担保责任"(Gewahrleistungsverantwortung)和"担保行政"(Gewahrleis-tungsverwaltung)等概念。"担保国家"不再强调人民的生存照顾任务由国家完全承担,即便由国家

---

① 杨华锋:《协同治理——社会治理现代化的历史进路》,经济科学出版社2017年版,第95页。
② 杨华锋:《协同治理——社会治理现代化的历史进路》,经济科学出版社2017年版,第89页。
③ 袁文峰:《公私合作在我国的实践及其行政法难题研究》,中国政法大学出版社2018年版,第50页。
④ 詹镇荣:《生存照顾》,载詹镇荣主编:《民营化法与管制革新》,元照出版有限公司2005年版,第275~276页。

承担,也并非需要国家亲自履行该公共任务。① 国家仅在私人参与公共任务履行时,承担确保私人完成该公共任务的保证责任,其角色从"提供者"转变为"促进者",其责任形式根据国家介入公共事务的强度的不同分为执行责任(Erfuellungsverantwortung)、保障责任(Gewaehrleistungsevrantwortung)、兜底责任(Auffangverantortung)三种不同的类型。②

"担保国家"理论作为一种务实且温和的国家模式选择,为普惠保险的发展提供了基础。在该理论框架下,国家可借助适当的制度安排(如普惠保险),按照民众意愿由多元主体来履行保障提供等公共任务,并仅保留必要的担保责任。"担保国家"理论与普惠保险所强调的要善于运用保险人这一私人主体的专业、技术及风险管理理念不谋而合。普惠保险强调能力来解决问题,尤其是以和私人主体进行协商、谈判、合作等平等的方式解决问题。此外,由于我国目前的国家职能运用情况处于"倒置"状态:最低限度的职能(如提供基本的公共物品,并为穷人提供反贫困项目和灾难救助)和中级职能(发展商业保险、规制金融业、提供消费者保护来解决信息不对称,以及通过提供具有再分配性质的保险来提供社会保障)供给严重不足,但积极职能(培育市场和产业集群,以及进行财产上的再分配)方面的贡献则远超许多国家。有鉴于此,通过普惠保险参与治理来发展国家中级和低级职能,扭转国家职能运用的倒置问题,在我国具有重要的现实意义。

普惠保险参与社会治理所面临的另外一个理论难题,则是它是否与宪法理论上所强调的"国家保留"主义兼容。所谓"国家保留"是指国家任务必须保留给国家,不容许私人主体来取代或参与这些特定任务的履行。③ 保留给国家的任务,可被进一步区分为"任意性国家任务"及"义务性国家任务"。对于前者而言,国家可以去任务化并由私人部门履行;但对于后者而言,一般认为应保留给国家履行。

传统上认为,维持人民生存、民生福利国家社会主义的维护、隐含于基本国策中的给付与保护义务等,属于"义务性国家任务",国家不能放弃并交由私人主体行使。④ 但晚近却主张,如果对任务的履行加以目的性的观察,即便由私人主体提供上述传统由国家给付的任务,只要国家可以对私人进行适度的监督,确保任务的功能与目的得以实现,那么公私合作也是可行的。⑤ 因此,保险人通过普惠保险参与社会治理并不会违背"国家保留"主义,也不会导致国家责任的放弃,只不过是将国家对社会群体生存、民生福利维护的"履行责任"转变为"担保责任"而已。

最后,普惠保险参与社会治理对促进政府职能转变也具有积极的现实意义。在传统的行政法理念中,往往会有意或无意地强调"命令—服从""权力—控制"的关系,强调

---

① 林明锵:《担保国家与担保行政法——从2008年金融风暴与毒奶粉事件谈国家的角色》,载吴庚教授七秩华诞祝寿论文集编辑委员会编:《政治思潮与国家法学——吴庚教授七秩华诞祝寿论文集》,元照出版社2010年版,第580页。
② 乔亚楠:《政府职能转移的行政法研究》,法律出版社2019年版,第23、194页。
③ 高柏:《中国经济发展模式转型与经济社会学制度学派》,载《社会学研究》2008年第4期。
④ 陈爱娥:《国家角色变迁下的行政任务》,载《月旦法学教室》2003年第3期。
⑤ 邹焕聪:《公私合作(PPP)法律问题研究》,人民出版社2017年版,第148~150页。

行政的高权性和行政相对人的服从。在该理念下,公共部门和私人部门相互对立,并无合作的空间,各自负责截然不同的领域。这也导致政府依法行政缺乏灵活性、主动性和创新性,加之行政主体在知识、信息、资源方面的欠缺,使得其在解决新的、具有变动性及复杂性的问题时,常显示出困境和不足,行政理念及政府职能的转变因此彰显出可能性。①

行政理念从对抗向合作的转变以及行政法上"合作主义"的发展,为普惠保险参与社会治理奠定了基础。行政法上的"合作主义"起源于传统行政管理向公私伙伴关系和治理网络的转变,其出现是为了解决政府失灵或规制失灵。② 在合作的过程中,政府的含义发生着变化,指向新的治理过程、治理规制及治理机制,强调多中心、多主体、多层次的治理。但行政法上所强调的"合作治理"是对传统政府规制形成有益的补充而非替代。③ "合作治理"通过增加治理的范围,调动起私人资源,使得不同主体共同形成和执行政策,进而改进政府的规制能力。

对于普惠保险所涉及的治理领域,由于保险人与政府等行政主体均有其优势与劣势,并秉持着不同的立场、信息、资源和能力,因此很难单独由某个主体完成治理任务,或由不同主体各自独立完成治理任务。因此,强调多元主体对治理的合作与参与,以互动性更强的方式形成相对更为持续、更为稳定的关系,通过不同主体来共享和聚合分散的资源,协调利益和行动,进而实现治理任务的合作治理,更为可行。在此过程中,行政主体依然可能是权力的中心,由其确定治理任务、治理活动的方式及政策议程中的优先顺序,实现对"治理的管控"。④ 私人主体则应遵从行政规制的义务,遵守行政主体为其设定的制度约束、最低要求和绩效目标,通过行业协会⑤以及公众的参与⑥,采取内部式的自律行为,实现自我规制。

四、制度经济论视角:"公共物品区分""公共选择"与"委托—代理"

制度经济学中"公共物品区分""公共选择"及"委托—代理"理论的发展,也为普惠保险参与社会治理奠定了理论基础。

首先,"公共物品区分"理论为普惠保险参与社会治理提供了观念基础。早期以萨缪尔森为代表的福利经济学派认为,公共物品由于具有非排他性和非竞争性的特征,其仅能由政府提供;如果通过市场方式提供此种物品,则无法实现排他或排他的成本很高,并且在规模经济上也缺乏效率。⑦ 但20世纪六七十年代所发生的福利国家危机,导致以科斯为代表的新自由主义经济学派开始质疑福利经济学派的上述主张,认为私人

---

① 宋华琳:《论政府规制中的合作治理》,载《政治与法律》2016年第8期。
② 李洪雷:《其他承担行政任务的主体》,载应松年主编:《当代中国行政法》,中国方正出版社2005年版,第376页。
③ 宋华琳:《论政府规制中的合作治理》,载《政治与法律》2016年第8期。
④ Rhoderick A. Rhodes, Waves of Governance, in David Levi-Faur eds., *Oxford Handbook of Governance*, Oxford: Oxford University Press, 2012, pp. 33-48.
⑤ 詹镇荣:《德国法中的"社会自我规制"机制初探》,载《政大法学评论》2004年第78期。
⑥ 宋华琳:《规则制定过程中的多元角色》,载《浙江学刊》2007年第3期。
⑦ 黄恒学主编:《公共经济学》,北京大学出版社2009年第2版,第94页以下。

主体也可以提供公共物品,政府可以通过收费或提供一些排他性的技术吸引私人投资,解决公共物品的供给问题。① 此外,由于许多物品兼具公共物品与私人物品的混合属性,因此可以采取政府与市场相结合的方式,将它开放给私人投资、经营,实现公私部门间的良性合作。②

普惠保险参与社会治理是一种能够确保政府公共物品供给功能的制度安排。政府通过引入普惠保险,利用市场机制调动社会资源提高政府的公共服务供给能力,从而使政府决策和亲自供给公共服务的模式逐步转变为政府决策后以市场机制为杠杆调动多种组织在竞争中完成公共服务的供给模式。如此一来,不仅商业保险进入了公共服务的供给领域,发挥了比较优势;同时,政府也不用完全退出公共服务的"生产"领域,只需改变公共服务的具体供给方式。

其次,"公共选择"理论为普惠保险参与社会治理,弥补"政府失灵"提供了正当性基础。"公共选择"理论认为政府组织及其官员并非充满了公益之心,以公共利益最大化为己任,而是与一般人一样,是追求个人效用最大化的理性"经济人",其同样可能以权谋私,以损害公共利益为代价谋取个人利益。③ 因此,政府同样存在失灵问题,出现政府决策的低效率、政府机构的低效率以及政府的寻租活动,这不仅会导致个人对公共物品和服务的需求在现代民主政治中无法得到较好的满足,还可能造成公共部门在供给公共物品时存在浪费和滥用的倾向,公共支出过大或效率过低,预算上存在偏差,最终会导致社会福利的削弱而非改善。④

公共选择理论启示我们公私合作能改善政府失灵,而普惠保险参与社会治理是解决政府失灵的有效途径。在需要政府提供公共产品及服务的场合,应鼓励和引导其他私人主体的进入,并与之竞争和合作;而在那些确系不宜由市场主体进入的公共产品和服务的供给领域,也应当尽可能地由多家公共部门提供,这为普惠保险参与社会治理提供了理论基础。由于普惠保险强调公私合作,注重弹性、创新与市场性,要求该类保险参与社会治理,一方面可以引导政府对组织结构和行政流程进行再造与精简,增强政府弹性;另一方面也可引导保险人、社会团体等组织共同参与公共物品和服务的提供,缩小公众需求与政府供给间的差距。

最后,"委托—代理"理论为打破政府垄断,实现普惠保险参与社会治理奠定了现实基础。"委托—代理"理论主张在公共事务领域引入代理人理念,把公共服务推向市场,打破政府垄断,为公共事务的市场化改革提供了正当性基础。⑤ 保险人等私营部门通过签约外包、特许经营、行政委托等方式进入公共服务市场,取得提供普惠保险等公共物品或准公共物品及服务的资格。政府则通过建立服务质量标准、价格控制、标尺参照等措施来规范市场,推动有序竞争。在此过程中,"委托—代理"的链条被大大缩短。传统

---

① 黄恒学主编:《公共经济学》,北京大学出版社 2009 年第 2 版,第 94 页以下。
② 黄恒学主编:《公共经济学》,北京大学出版社 2009 年第 2 版,第 94 页以下。
③ Dannis C. Mueller, *Public Choice* II, Cambridge: Cambridge University Press, 1989, pp. 1-2.
④ [美]詹姆斯·布坎南:《自由、市场和国家》,北京经济学院出版社 1998 年版,第 56 页。
⑤ 邹焕聪:《公私合作(PPP)法律问题研究》,人民出版社 2017 年版,第 136 页。

上,"委托—代理"关系存在漫长的关系链条,导致高昂的信息费用及严重的信息不对称问题,监督无法得以有效进行。[①] 但普惠保险中大量采用公私合作,而在公私合作中,只有两层意义上的委托关系,即公众与政府间以及公共部门与私人部门间的委托关系,这种较为清晰的关系链条,可以有效地规避关系链条过长所带来的信息风险。

但需要注意的是,政府委托保险人承保普惠保险、参与社会治理虽然符合"委托—代理"的基本原理,具有一定优势,但若要其发挥最优效果,还需要满足至少两个基本条件:一是委托合同以及合作必须对保险人(代理人)具有吸引力,使得保险人签订合同、参与治理有利可图;二是委托人想要得到的结果要符合保险人的利益,或者说委托人为实现自身效用最大化而要求保险人的能力程度也要有利于实现保险人自身效用的最大化。因此,需要对普惠保险中公私合作的约束和激励机制进行精心设计,以确保保险人受到积极参与合作的正向激励,消除委托人的"理性无知",推动保险人和政府间合作的不断开展。

[①] 国彦兵:《新制度经济学》,立信会计出版社2006年版,第243页。

第二章
普惠保险协同社会治理现代化的应然路径

第一节 普惠保险协同社会治理现代化的规范依据

推进和实现依法治理,将普惠保险协同治理过程中的各项活动均纳入法治化的轨道,确立治理主体及其行为的合法性,确保治理受司法部门的制约和公众的监督,建立一套适合公共治理选择的激励和约束机制,实现治理效用增益,促进治理关系稳定,是普惠保险协同社会治理现代化所应遵循的基本原则。[①] 但目前普惠保险协同社会治理的法律依据仍旧主要停留在政策层面,导致普惠保险的合规性较差。

一、政策性规范的倡导与演变

普惠保险参与社会治理的规范依据具有强政策性,为鼓励普惠保险的发展,国家曾多次出台政策性文件支持普惠保险发挥其管理和专业优势,积极参与多层次社会保障体系建设。

(一)观念树立阶段

发挥市场在民生保障、资源配置等方面的基础作用,加强政府与市场间协同作用的倡导,最早出现于党的十六届三中全会中。全会通过的《中共中央关于完善社会主义市场经济体制若干问题的决定》提出,"鼓励有条件的企业建立补充养老保险,积极发展商业养老、医疗保险"。这为具有普惠性质的商业保险参与传统上以政府为主导的养老、医疗等领域的社会保障的供给提供了政策性依据。

之后的一系列政策性文件,更是确立了具有普惠性质的商业保险在社会保障体系中的重要作用,并开始逐渐意识到商业保险将市场机制引入社会管理,有利于提高整个社会保障体系的运行效率,解决长期存在的以政府为主导的社会保障体系运行效率过低、缺乏监督约束等问题。2004年中共十六届四中全会提出要"建立健全党委领导、政府负责、社会协同、公众参与"的社会管理格局。[②] 该决定改变了以往强调单一政府的管理模式,突出表明了政府应与不同主体之间进行协同管理。2006年《国务院关于保险业

---

① 石富覃:《后金融危机时代我国保险业治理体系重构初探》,载《甘肃社会科学》2021年第3期。
② 参见十六届四中全会《中共中央关于加强党的执政能力建设的决定》。

改革发展的若干意见》(以下简称"国十条")中,将保险机构列为政府协同管理的主体之一,认为保险"是市场经济条件下风险管理的基本手段,是金融体系和社会保障体系的重要组成部分"。2007年党的十七大报告从加快多层次社会保障体系建设的角度,再次强调了商业保险在满足投保人更高层次、多样化需求、弥补较低的社会保障标准等方面的重要性,其正式成为多层次社会保障体系的重要组成部分。

(二)弱点突破阶段

从2008年起,政策层面开始强调具有普惠性质的商业保险在参与社会管理时,应着重介入社会管理的薄弱环节。2008年中共十七届三中全会将"农村社会管理体系进一步完善"列为农村改革发展的一项基本目标任务,突破了以往局限于城市层面的社会管理,并开始重视农村金融及农村保险制度的发展,倡导健全农村保险、加快建立农业再保险和巨灾风险分散机制、逐步探索城乡统一的工伤、医疗、养老保险。①

2010年中共十七届五中全会则从建立健全基本公共服务体系的角度,认可了商业保险在"保障和改善民生"和"促进社会公平正义"方面的重要性。② 由于商业性的普惠保险可推进基本公共服务均等化,使发展成果惠及全体人民,其对于完善保障和改善民生制度,促进经济长期平稳较快发展、社会和谐稳定具有决定性意义。

2012年中共十八大报告将"保障和改进民生"贯穿于整个报告,并认识到在政府转型中,需要"改进政府提供公共服务范式",不能再简单地由政府直接提供各种保障服务,而应该充分发挥市场对资源配置的决定性作用,将公共服务通过市场采购的方面,高效地提供全方位保障。此外,社会管理的重点应转向基层和乡镇,应着重"加强基层社会管理和服务体系建设"以及"增强城乡社区服务功能"。这为具有普惠性的商业保险参与城镇困难人员、失业、人口老龄化、残疾人等领域的保障体系建设提供了基础。

(三)思想创新阶段

2013年中共十八届三中全会开始强调"创新社会治理体制",用"社会治理"的概念替代了"社会管理",并将"国家治理体系和治理能力现代化"确立为我国全面深化改革的总体目标。自此,政策层面开始强调具有商业保险在助力治理体系和能力现代化方面的重要作用。

2013年保监会发布的《中国保险业发展"十三五"规划纲要》中首次提及了"普惠保险"的概念,认为保障适度、保费低廉的普惠(小额)保险,有助于精准对接国家脱贫攻坚的多元化保险需求。

2014年《国务院关于加快发展现代化保险服务业的若干意见》(以下简称"新国十条")进一步丰富了普惠保险的内涵。"新国十条"中,明确要求各地应根据自身实际,积极发展"农村小额信贷保险、农房保险、农机保险、农业基础设施保险、森林保险,以及农民养老健康保险、农村小额人身保险等普惠保险业务"。此外,"新国十条"还特别强调鼓励政府通过市场购买保险服务、实现向高效服务型政府转变的重要性,并明确保险业要"立足于服务国家治理体系和治理能力现代化,把发展现代保险服务业放在经济社会工作整体布局中统筹考虑"。

---

① 参见十七届三中全会《中共中央关于推进农村改革发展若干重大问题决定》。
② 参见十七届五中全会《中共中央关于制定国民经济和社会发展第十二个五年规划的建议》。

2019年十九届四中全会则明确了普惠保险在民生建设体系中的定位问题,认为该保险可在"普惠性、基础性、兜底性民生建设""保障群众基本生活"以及"满足人民多层次多样化需求"方面发挥重要作用,"使改革发展成果更多地惠及全体人民"。①

(四)领域探索阶段

而后,在银保监会发布的一系列部门规范性文件或工作文件中(参见表2-1),均明确表明要支持、组织和引导商业保险公司发展面向农村居民、城镇低收入人群、残疾人等社会弱势群体的商业性或政策性普惠保险,确保普惠保险可有效介入"扶贫攻坚"、自然灾害救助、城乡居民医疗保障、"三农"及农村养老保险体系建设这些治理领域。此外,还允许各地方政府因地制宜地开展普惠保险的试点工作,探索更符合地方性需求的普惠保险实践。

表2-1 涉及普惠保险参与社会治理的政策性法规

法规名称	效力级别	颁布时间	具体内容
《中国银保监会、发展改革委、教育部等关于促进社会服务领域商业保险发展的意见》	部门规范性文件	2020.3.26	九、释放其他社会服务领域商业保险消费潜力……鼓励地方政府及有关部门更多运用商业保险机制,提高公众风险分散转移能力,加强和改进社会治理。支持商业保险机构有序发展面向农村居民、城镇低收入人群、残疾人的普惠保险……
《中国保监会关于加快贫困地区保险市场体系建设提升保险业保障服务能力的指导意见》	部门规范性文件	2016.12.19	三、支持在贫困地区开展相互保险试点,鼓励贫困地区设立农村保险互助社等成本低廉的涉农保险组织,实行"专人对接、专业帮扶、专项鼓励"的支持政策,因地制宜为贫困人口提供便捷实惠的普惠保险服务。
《中国银监会、中国保监会、甘肃省人民政府关于印发临洮县、和政县普惠金融试点实施方案的通知》	部门工作文件	2016.12.14	4.发展政策性涉农保险……鼓励开展自然灾害公众责任险、农村小额人身保险等普惠保险业务。
《中国保险业发展"十三五"规划纲要》	部门工作文件	2016.08.23	(一)保险助推扶贫攻坚:精准对接脱贫攻坚多元化的保险需求……大力发展普惠保险,开发各类保障适度、保费低廉的小额保险产品。组织引导城乡居民在参加社会医疗保险的基础上,再投保小额人身保险等商业保障产品。
《中国保监会、浙江省人民政府关于印发〈浙江省宁波市保险创新综合试验区总体方案〉的通知》	部门工作文件	2016.06.27	(四)延伸保险服务链条,促进新农村建设。丰富"三农"保险产品体系……积极发展农村小额信贷保险、农房保险、小额人身保险等普惠保险业务,加大对低收入人群和其他弱势群体的保险服务力度,提高农村地区的保险覆盖面和保障水平。

---

① 参见十九届四中全会《中共中央关于坚持和完善中国特色社会主义制度推进国家治理体系和治理能力现代化若干重大问题的决定》。

续表

法规名称	效力级别	颁布时间	具体内容
《中国人民银行、民政部、银监会等关于金融支持养老服务业加快发展的指导意见》	部门规范性文件	2016.03.03	六、推动完善养老保险体系建设，优化保险资金使用……加快保险产品和服务方式创新……支持保险公司发展农民养老健康保险、农村小额人身保险等普惠保险业务。
《中国保监会、天津市人民政府关于加强保险业服务天津自贸试验区建设和京津冀协同发展等重大国家战略的意见》	部门规范性文件	2015.07.10	三、深化保险资金和业务改革，助推京津冀协同发展。主动适应现代农业发展新常态，积极探索"三农"保险新模式、新机制，开展互助合作保险，大力发展农村小额人身保险、农村小额信贷保险、农房保险、农机保险和种业保险等普惠保险业务。

资料来源：北大法宝数据库

2015年伊始，地方政府为全面贯彻落实上述政策性文件的要求，开始陆续出台地方性法规及规章，根据地方实际需求要求普惠保险参与"三农""扶贫""养老""大病医疗保障"等领域的社会治理。本书通过北大法宝检索统计，截止到2020年10月7日，全国范围内共有27个省或直辖市制定了涉及普惠保险的地方法规、规章，而这些法规的数量高达147部。可以说，发展普惠保险，深化其在保险资金和业务改革、延伸保险服务链条、提高社会保障的覆盖面和保障水平等方面的作用，已成为我国当前保险业高质量发展的重点之一。

二、专项立法的"碎片化"呈现

对比政策层面的热议，当下我国关于普惠保险的专门法律制度仍然严重碎片化。国务院和原保监会除在2007年至2018年间，针对普惠农业保险（包含普惠涉农保险）[①]、普惠小额人身保险出台了《农业保险条例》（以下简称《农保条例》）以及《全面推广小额人身保险方案》（以下简称《小额保险方案》）之外（参见表2-2）。涉及其他种类普惠保险的专项立法长期处于缺位状态，与普惠保险落地的"强政策性"形成鲜明对比。

（一）普惠保险的强政策性与弱规范性

我国目前涉及普惠保险的专项规范主要散见于效力级别较低的部门规范性文件（参见表2-2），规定过于"碎片化"、缺乏体系性，极大地阻碍了普惠保险保障社会弱势群体、延伸社会保障服务链条、协同社会治理等重要功能的实现。诚然，系统化的普惠保险法律制度应涵盖普惠保险经营法律制度和普惠保险监管法律制度两大方面的内容，而前者又可细分为普惠保险合同法律制度、普惠保险中介法律制度、普惠经营主体法律制度、普惠保险补贴法律制度等内容。但目前我国的普惠保险法律制度仍缺乏体系化，立法主要内容片面，仅涉及普惠保险经营主体和保险补贴两方面的内容，对其他内容鲜有规定，法律制度缺位问题极为严重。

---

① 普惠涉农保险是指普惠农业保险之外，为农民在农业生产生活中提供保险保障的保险，它主要包括普惠农业财产保险及普惠农民短期意外伤害保险。参见《农保条例》第32条第2款。

表 2-2　我国现行普惠农业及小额保险专项立法

法规名称	发布部门	效力级别	生效日期
《中国保监会关于发布〈农业保险统计制度〉的通知》	原保监会	部门规范性文件	2007.11.15
《中国保监会关于规范政策性农业保险业务管理的通知》	原保监会	部门规范性文件	2009.04.13
《农业保险条例》	全国人大常委会	法律	2009.10.01
《财政部关于进一步做好农业保险保费补贴工作有关事项的通知》	财政部	部门规范性文件	2010.06.07
《中国保监会关于保险业参与加强和创新社会管理的指导意见》	原保监会	部门规范性文件	2011.11.16
《财政部关于进一步加大支持力度做好农业保险保费补贴工作的通知》	财政部	部门规范性文件	2012.01.20
《中国保监会关于印发〈全面推广小额人身保险方案〉的通知》	原保监会	部门规范性文件	2012.06.12
《财政部关于2013年度农业保险保费补贴工作有关事项的通知》	财政部	部门规范性文件	2013.02.19
《农业保险承保理赔管理暂行办法》	原保监会	部门规范性文件	2013.03.01
《中国保监会关于加强农业保险条款和费率管理的通知》	原保监会	部门规范性文件	2013.04.07
《中国保监会关于进一步贯彻落实〈农业保险条例〉做好农业保险工作的通知》	原保监会	部门规范性文件	2013.05.29
《中国保监会关于进一步加强农业保险业务监管规范农业保险市场秩序的紧急通知》	原保监会	部门规范性文件	2013.08.15
《财政部关于印发〈农业保险大灾风险准备金管理办法〉的通知》	财政部	部门规范性文件	2014.01.01
《财政部关于印发〈农业保险大灾风险准备金会计处理规定〉的通知》	财政部	部门规范性文件	2014.02.28
《中国保监会关于印发〈保险业服务新型城镇化发展的指导意见〉的通知》	原保监会	部门规范性文件	2014.03.25
《中国保监会关于印发〈相互保险组织监管试行办法〉的通知》	原保监会	部门规范性文件	2015.01.23
《关于进一步完善中央财政保费补贴型农业保险产品条款拟订工作的通知》	保监会、财政部、农业部	部门规范性文件	2015.04.01
《农业保险数据规范(JR/T 0128—2015)》行业标准》	原保监会	部门规范性文件	2015.07.31
《中国保监会关于保险业履行社会责任的指导意见》	原保监会	部门规范性文件	2015.12.24

续表

法规名称	发布部门	效力级别	生效日期
《中国保监会关于印发〈新增农业保险和财产保险投资型保险统计指标〉的通知》	原保监会	部门规范性文件	2016.05.24
《中国保监会、国务院扶贫开发领导小组办公室关于做好保险业助推脱贫攻坚工作的意见》	原保监会、国务院	部门规范性文件	2016.05.26
《财政部关于印发〈中央财政农业保险保险费补贴管理办法〉的通知》	财政部	部门规范性文件	2017.01.01
《财政部关于2013年度中央财政农业保险保费补贴有关事项的通知》	财政部	部门规范性文件	2017.07.31
《中国保监会关于印发〈保险扶贫统计制度（试行）〉的通知》	原保监会	部门规范性文件	2017.12.08
《关于将三大粮食作物制种纳入中央财政农业保险保险费补贴目录有关事项的通知》	财政部、农业农村部、银保监会	部门规范性文件	2018.07.30
《中国气象局应急减灾与公共服务司关于印发〈农业保险气象服务指南——天气指数设计〉的通知》	中国气象局应急减灾与公共服务司	部门规范性文件	2018.12.04

资料来源：北大法宝数据库

（二）不同类别的普惠保险立法混同

即便是《农保条例》和《小额保险方案》等普惠保险专项立法，也并未明确区分"政府全力扶持＋深度参与"的政策性普惠保险与"政府引导＋政府适度参与"的商业性普惠保险，而武断地对两类截然不同的保险类别采用同一套法律规则予以规范。比较法上，我国目前采用的将商业性和政策性普惠保险进行"混同"立法的模式实属特别，[①]其并不利于普惠保险的可持续发展。这主要因为，商业性普惠保险与政策性普惠保险并不完全相同，两者虽均无法完全市场化运行、需要国家进行必要的干预，但两者对国家干预的需求程度并不相同。这也是为何在多数国家，商业性普惠保险常被定性为特殊商业保险。涉及商业性普惠保险的专项法规也仅针对其在投保、销售、理赔核保、保险金额和期限、保单通俗化等方面的特殊性，出台区别于传统商业保险的法律规则予以规范。[②] 但在我国的《农保条例》《小额保险方案》等普惠保险专项立法中，并未注意到商业性普惠保险与政策性普惠保险的共性与差异性。相应地，针对其特殊性所设立的保险法原则和具体规则也付之阙如。

直至2020年后，商业性普惠保险与政策性普惠保险"混同"立法的错误倾向才有所

---

① 美国、法国和日本均针对政府补贴大于50%的政策性农业保险进行了单独立法。参见刘小红：《农业保险法律制度研究》，中国法制出版社2014年版，第42~49页。

② Biener C., Eling M., Joan T. Schmit, Regulation in Microinsurance Markets: Principles, Practice and Directions for Future Development, *World Development*, 2014, Vol. 58, No. 1, pp. 32-33.

缓解。2020年1月,银保监会联合发改委、民政部、财政部、商务部、医保局等联合发布了《关于促进社会服务领域商业保险发展的意见》(以下简称《意见》)。这是银保监会首次针对商业性普惠保险做出的专项规定。该《意见》明确了商业性普惠保险未来的发展方向,要求商业性普惠保险应充分介入社会服务的各个领域,"适时扩大相关保险产品范围";积极"经办基本医保、医疗救助等"社会保险服务;适应消费者需求,提供包括"医疗、疾病、康复、照护、生育等多领域的综合性健康保险产品和服务";坚持"商业可持续原则",探索发展面向老年人的疾病、医疗和意外伤害保险等专属产品,提升老年人的保障水平;以及释放其他社会服务领域的商业保险发展潜力,"有序面向农村居民、城镇低收入人群、残疾人"发展商业性普惠保险。

2020年2月,中共中央、国务院发布的《关于深化医疗保障制度改革的意见》再次强调:"要加快发展商业健康保险,丰富健康保险产品供给"以及"研究扩大保险产品范围"。在中央政策的引导和政府医保、银保监等部门的积极介入下,具有普惠性的城市定制类商业医疗保险(以下简称"惠民保")趁势而起,成了商业保险参与多层次社会保障体系建设的重要突破口。2021年6月,银保监会办公厅发布了《关于规范保险公司城市定制型商业医疗保险业务的通知》(以下简称《通知》),为解决"惠民保"发展以来频繁出现的未按规定使用备案产品、未及时报告保障方案、参与恶意压价竞争、违规支付费用,夸大宣传、虚假承诺、误导消费者等不合规问题,提供了规范依据。在该《通知》中,银保监会特别指出商业性的"惠民保"要符合市场化运作、大数法则等商业性经营的规律和逻辑。此外,《通知》中还针对保险公司、银保监会以及行业协会等主体的具体职责及责任问题进行了原则化的规定,为规范"惠民保"等城市定制型商业性普惠保险提供了较为原则化的规范框架。

综上,长期以来,我国普惠保险的发展主要依靠政策性规范的倡导或银保监会出台的一系列部门规范性文件进行规范和调整。这些文件中,涉及普惠保险的表述均较为原则化,仅对发展普惠保险尤其是政策性的普惠保险提出了倡导性的要求,针对商业性普惠保险的规定较少,针对普惠保险在法律关系主体和客体方面的特殊性而"量身订制"的规则普遍缺位。此外,现有法律规范的实际功效性较低,更缺乏对相关主体的权责和义务的详细规定,不能有效地引导和规范保险合同当事人和政府等保险活动参与主体的行为,导致各个主体之间难以相互协调配合,政府亦难以有效引导、参与普惠保险。

第二节 普惠保险协同推进多元化的健康治理

经历了数十年的发展,我国的社会医疗保险体系日趋健全,全面健康水平显著提升,但这并不意味着我国的医疗保障制度体系已经成熟。从现实出发,我国的医疗保障体系目前仍存在发展不均衡、不充分等问题,这些问题也日益显性化。而普惠保险作为实现社会治理现代化的一项新举措,其在健康融资、经济杠杆、健康管理等方面的独特功能,有助于解决我国健康治理所面临的新挑战和新问题。

一、我国基本医疗保障体系的现状及不足

我国目前的基本医疗保障（以下简称"基本医保"）制度主要由职工基本医疗保险（以下简称"职工医保"）、城乡居民基本医疗保险（以下简称"城乡医保"）①以及大病保险构成，此外还有政府负责的医疗救助和各种补充医疗保险。职工医保主要覆盖辖区内所有党政群机关、企事业单位的职工，城乡医保则主要覆盖辖区内的其他居民、未成年人以及学生。

据统计，截止到 2018 年，我国基本医保的参保人数已突破 13 亿，达到 134459 万人。② 截止到 2019 年年底，基本医保参保人数为 135436 万人，全国的参保率约为 97%。③ 其中，参加职工医保人数从 2013 年的 27443 万人，增长至 32926 万人，呈现平稳上升的趋势；参加城乡医保人数则从 2013 年的 29629 万人，大幅增长至 102510 万人；在参加职工医保的人员中，在职职工 24231 万人，退休人员 8695 万人。④

可以说，目前我国基本医保的发展已经初步实现了国家在 2009 年《关于深化医药卫生体制改革的意见》中提出的"保基本"的原则性目标，织起了世界上最大的基本医疗"安全网"。⑤

即便如此，我国的基本医保体系仍面临诸多问题：

首先，仍有部分人群被排除在基本医保的保障体系之外。有学者通过不同来源的数据予以更为精确地测算后基本证实，截止到 2016 年，我国仍有超过 10% 的国民没有参加任何一项基本医疗保险制度。其中，城镇居民、非农户口和没有户口的居民、东北地区、年轻人、儿童、未就业人群、低收入人群、在校学生以及流动人口基本医疗保险实际参保率更低。⑥ 而截止到 2019 年年底，我国的流动人口数量和农民工数量显著增多，达到 2.36 亿人及 29077 万人。其中，外出务工的农民工人数高达 17425 万人。⑦ 然而，现行的基本医保体系仍以户籍为依据，非本地户籍居民因无法享受当地居民医保财政补贴而不能参保。⑧ 但研究表明，人口流动与未参保显著正相关，这表明基本医保体系的人户分割性会限制人民参保。

---

① 2016 年我国整合城镇居民基本医保和新型农村合作医疗保险为城乡居民基本医保，实现了基本医保制度的"三合二"。但现行的《社会保险法》仍将基本医疗保险分为职工基本医保、新型农村合作医疗保险和城镇居民基本医保，并未体现医保制度的合并现状。参见《社会保险法》第 23 条至第 26 条。

② 参见人社部历年《人力资源和社会保障事业发展统计公报》及国家医保局《2018 年全国基本医疗保障事业发展统计公报》。

③ 参见《国家医疗保障局 2019 年医保统计快报》。

④ 参见《国家医疗保障局 2019 年医保统计快报》。

⑤ 陈云良：《基本医疗服务法制化研究》，载《法律科学》2014 年第 2 期。

⑥ 王超群：《中国基本医疗保险的实际参保率及其分布特征：基于多源数据的分析》，载《社会保障评论》2020 年第 4 期。

⑦ 参见国家统计局《2019 年国民经济和社会发展统计公报》。

⑧ 络为祥：《中国成年人医疗保险未参保状况及影响因素研究》，载《社会保障评论》2019 年第 1 期。

其次,我国目前的基本医保体系的保障程度极为有限,且城镇职工和城乡居民保障存在较大差距。具体而言,职工医保和居民医保在筹资机制、筹资水平、保障范围和待遇方面存在较大差距,职工医保的保障水平明显高于城乡居民。① 2018年职工次均住院费用为11181元,实际报销比例为70.1%;居民医保的次均住院费用和实际报销比例则分别为6577元和55.3%。截止到2019年,城镇职工和居民医保实际支付比例为75.6%、59.7%,个人负担高达24.4%、40.3%。②

再次,我国现行的基本医保体系存在分散化、碎片化的问题。对同类风险的社保制度按照不同人群进行分割的方式来实施,导致城乡差别、身份差别显著。③ 同时,由于我国基本医保体系的"统筹层次较低",④多数省市的医疗保险多以市级、县级统筹为主;而医疗保险基于"大数法则",统筹层次偏低意味着在单个辖区内覆盖人群过少,这大大弱化了基本医保体系分散风险的基本功能。

最后,我国目前的基本医保体系有"泛福利化"的错误倾向,筹资责任日益失衡。在基本医保体系建立之初,我国吸取西方国家"过度福利拖累经济发展"的教训,转而采用德日社会保险模式,利用保险"我为人人,人人为我"的互助共济功能、分散风险功能,由国家、个人、用人单位共同承担基本医疗保险资金的缴纳,以此规避社会福利提供对经济造成的过重负担。⑤ 但调查发现,在2003年农村居民基本医疗保险试点时,政府补贴和个人缴费之比为2∶1,现在却普遍变成了3∶1,个别地区甚至达到了15∶1。⑥ 2013年,我国新型农村合作医疗每人缴费标准提升为340元,各级政府将为每位参保人补助280元;到2015年,《"十二五"期间深化医药卫生体制改革规划暨实施方案》提出,政府补助标准提高到每人每年360元以上。城乡医疗保险中,政府补贴持续增高,个人缴费比例不断缩小,这不仅会影响基本医保体系的经济可持续性,也极易造成制度发展的理性丧失。

二、健康类普惠保险的比较优势

由于我国现行的基本医保体系存在诸多问题,与此同时,加快多层次医疗保障体系建设的需求又如此迫切,⑦推动普惠保险的快速发展就成了其中的一项重要突破口。普惠保险,尤其是商业性的普惠健康类保险,既可以直接通过投资医疗机构,提升医疗资源的供给;又可通过经济杠杆,整合医疗和病患资源,引导医疗资源的"下沉"。在减轻个人医疗费用负担、填补基本医保空档、释放和提高医保基金使用效益、规避过度医疗道德风险和逆向选择风险、提供健康管理服务等方面都具有独特的优势。

---

① 郑功成等:《社会保险法及实践研究》,人民出版社2020年版,第157页。
② 参见国家医保局《2019年全国医疗保障事业发展统计公报》。
③ 陈云良:《基本医疗服务法制化研究》,载《法律科学》2014年第2期。
④ 郑功成等:《社会保险法及实践研究》,人民出版社2020年版,第146页。
⑤ 陈云良:《基本医疗服务法制化研究》,载《法律科学》2014年第2期。
⑥ 郑功成等:《社会保险法及实践研究》,人民出版社2020年版,第156~157页。
⑦ 2021年9月《"十四五"全民医疗保障规划》在开篇就明确指出:"要加快建立覆盖全民、城乡统筹、权责清晰、保障适度、可持续的多层次医疗保障体系。"

(一)引导医疗资源供给的下沉

社会的转型以及环境变化,导致社会群体面临的健康风险日趋复杂化,商业健康保险的发展理应迎来飞速发展的黄金时期。但迄今为止,我国健康保险的提供仅依靠社会保险体系,商业性健康保险的发展非常滞后。调查显示,2018年我国商业健康保险赔付支出仅占全国卫生总支出的3%左右。[①] 市场力量对于我国公民健康风险管理和分散领域的介入仍十分有限。

此外,目前我国基本医疗服务的提供还远不能满足公民的健康需求,尤其在基层医疗机构、卫生人力提供方面严重匮乏。有学者指出,我国农村每千名人口只拥有1名卫生技术人员,尤其是山区、海岛地区,医疗卫生人力投入少、设备简陋,担负农民的初级卫生保健、医疗服务的资源更是缺乏,基本医疗服务提供的可获得性极低。[②] 同时,我国卫生人力资源的总量也严重不足。据世界健康组织(WHO)统计,2009年我国每万名人口中执业医师的人数仅为14人,而法国为37人,日本为21人,英国为21人,美国为27人,德国为35人,朝鲜为33人。[③] 不难看出,我国人力资源的质量与世界其他国家还存在较大差距。

商业性普惠健康保险既可以加大医疗资源供给,又可以引导医疗资源下沉:[④]

一方面,医疗服务业的经营有长期性、稳定性等特点,与保险资金的属性具有很强的一致性。因此,承保普惠保险的保险公司可以投资医疗机构,缓解长期以来我国卫生资源投入不足的矛盾。以来是,保险业投资医疗机构、与医疗机构进行合作,既可以为医疗机构提供发展资金,改善服务条件和提升技术水平,又可以建立权责明晰、效益约束的卫生投资机制,在减轻财政投入负担的同时,通过竞争机制提升医疗服务质量。从域外来看,大型保险公司投资医疗机构的实践已日趋成熟。以美国最大的健康保险公司联合健康保险集团为例,其旗下医院和护理服务公司就存在多层次、多样化的服务关系;再如,我国台湾地区医改后,私立医院的占比数量大幅上升至84%,其中有相当大的比例都由保险公司投资或参股。

另一方面,普惠健康保险可以通过市场化机制和经济杠杆,引导医疗资源的下沉。目前我国优质医疗资源分布不均衡,全国80%的医疗资源集中在大城市,其中2/3又集中在大医院,大医院承载了绝大部分的医疗任务,而基础医疗机构人手紧、药品少、处置能力弱,患者"倒三角形"式的就医需求不断被固化,"看病难"问题越发严重。[⑤] 普惠健康保险可以借助市场化的手段整合保险机构网点及合作医疗单位的资源,用市场化引导优质医疗资源下沉,并通过跟踪督导保障服务质量。此外,该保险还有助于推行管理式医疗,建立医疗服务"守门人"机制,通过严格的分级站址、报销等措施,引导参保人去基层首诊,根据病情需要再决定是否转诊,推动患者回流,更好地引导医疗资源和患者下沉。这无疑有利于确保患者的就医需求形成稳定的"三角形"式格局,缓解大医院人

[①] 郑功成等:《社会保险法及实践研究》,人民出版社2020年版,第159页。
[②] 林志强:《论健康权的国家义务》,载《社会科学家》2006年第7期。
[③] World Health Organization: World Health Statistics, 2010, pp.113-125.
[④] 盛和泰:《保险与国家治理现代化》,中国财经出版社2018年版,第143~144页。
[⑤] 盛和泰:《保险与国家治理现代化》,中国财经出版社2018年版,第143~144页。

满为患、基层医疗资源大量闲置的现象。

(二)填补基本医疗保障的空档

我国基本医疗保险权益的获取,表现出强烈的附条件性。[①] 个人通过基本医保体系享受医疗权益需要符合严格的条件。如患有特定的疾病,需要去指定的医院就诊,并使用指定的药物、诊疗项目和服务设施,方能获得基本医保待遇。[②] 此外,即便是在基本医保内,大病大额自负费用仍然较高,而各地大病保险涵盖病种、报销比例等相对有限。最后,我国基本医疗保险体系碎片化现象严重,导致低保困难家庭、下岗职工等弱势群体未能参与保障,也导致一部分群体如农民工重复参保、退保。同时,属地化管理方式还使得相当一部分人群即使参保,也只能在居住地自费就诊。上述原因交织,导致即便在基本医保存在的情况下,公民个人仍旧负担了过高的医疗费用。

普惠健康保险可以填补基本医疗保险的保障空档,减轻个人的医疗费用负担。首先,相较于基本医保体系这一社会保险而言,普惠保险尤其是商业性的普惠保险更具有灵活性和精准性。普惠保险不仅可为长期被社会保险体系排斥在外的低保家庭、农民工等弱势群体提供医疗保障,利用其灵活性与针对性提供更契合该群体需求的医疗保险产品,弥补基本医疗保险空缺;又可以利用高度整合的分支机构实现"通保通赔",解决外出务工的农民工"异地看病难"的通病。

其次,普惠健康保险还可以介入大病保险领域,并与政府进行深度合作。[③] 据统计,2005—2013 年,我国医药卫生费用的上涨明显高于人民收入的增长和财政补贴的增长,年复合增长率高达 17.54%,高于同期 15.5% 的国内生产总值(GDP)增速。[④] 个人医疗卫生支出仍占卫生费用的 35% 左右,大大高于经合组织国家 10%~15% 的平均水平。普惠保险可以介入城乡居民大病保险领域,与政府进行合作。目前,我国对此方面普惠保险的运用已积累了一定的成功经验。由商业保险公司介入推进的大病保险已覆盖全国 31 各省市,超过 10 亿人,患病群众的保障水平普遍提高了 10%~15%。[⑤]

(三)释放医保基金的使用效率

普惠保险健康可释放和提高医保基金的使用效率。目前,我国职工医保采用"统筹结合"的模式,职工个人缴纳的医疗保险费全部计入个人账户,单位缴纳的医保费也有 30% 计入个人账户;此外,还得从医保统筹基金中划拨出一部分计入退休人员的个人账户。这也使得近 50% 的职工医疗保险基金丧失了互助共济功能,个人账户基金大量结余与闲置,甚至面临严重贬值的风险。[⑥] 截至 2019 年年底,全国职工基本医保基金累计结存 21850 亿元,其中个人账户累计结存 8276 亿元,占所有基本医保基金累计结余的 37.9%。[⑦] 但与此同时,部分人却由于统筹基金保障不足而因病陷入沉重的负担。

[①] 栗燕杰:《中国社会保险的法治议题》,中国社会科学出版社 2013 年版。
[②] 参见《社会保险法》第 28 条。
[③] 盛和泰:《保险与国家治理现代化》,中国财经出版社 2018 年版,第 144 页。
[④] 参见《2015—2020 年中国大健康产业市场分析及发展趋势研究报告》。
[⑤] 陈育林:《保险助推区域经济转型升级》,载《中国金融》2021 年第 19 期。
[⑥] 郑功成等:《社会保险法及实践研究》,人民出版社 2020 年版,第 158 页。
[⑦] 参见《国家医疗保障局 2019 年医保统计快报》。

将普惠健康保险这一市场化机制引入医保基金管理,在政策允许的范围内利用个人账户中的结余部分购买商业性普惠健康保险,可以在不增加个人缴费负担的前提下,切实提高个人账户资金的互助共济功能和个人的医疗保障水平。[①] 利用商业保险公司已成熟的运用、投资、监督相互分离的专业化资金运营管理体系,既可以提高医保基金的使用效率和收益水平,有效化解个人医保缴费负担逐渐加重的矛盾,还能扩大基金使用范围,进一步减轻个人的医疗费用负担。

(四)有效规避信息不对称风险

在健康风险和医疗保障体系中引入普惠健康保险,还可以有效地避免基本医保体系中信息不对称所导致的逆向选择和道德风险问题。

基本医保体系中的城乡居民基本医保目前仍采取的是自愿参保的政策,即便政府投入大量财政补贴,参保人个人缴费较低,但受限于城乡居民有限的财力水平,仍有部分家庭不愿意参保。此时,自愿参保在保费为事先给定的数额时,必然会出现自认为参保划算的人才会参保否则不会参保的逆向选择问题。[②] 此外,基本医保体系目前仍主要采取"大病统筹"的设计。[③] 在待遇标准上主要对特定的"大病"采取保障,放弃"保小病"。这种保障方式客观上必然导致基本医保体系无法满足大多数居民的日常医疗保障需求。

推进普惠健康保险的发展,可以改变基本医保体系传统上集"决策、执行、监督"于一体的僵化模式,建立规范、阳光、透明的诊疗、用药、结算运行管控系统,对医疗行为等诊疗过程进行全方位的跟踪服务和管理。既可以保证参保群众得到有效治疗,也可以有效减少过度医疗现象,提升医疗资源的配置使用效率。一个典型的范例是江西新余市政府引入市场力量进行的医保控费探索。新余市政府与中国人民健康保险股份有限公司合作,利用保险公司的智能审核系统查看数据、审核费用,实时地进行风险预警和数据分析,实现医疗费用管控线上、线下联动。该保险已被证实在防范道德风险和逆向选择方面取得了良好的效果。截止到2015年年底,政府通过该普惠保险累计监控和沟通可疑案件高达13万余件,发现问题案件1万余件,直接减少不合理基本医保基金支出2000余万元,医疗药品收入占比平均每年下降超过七个百分点。[④]

(五)提供多样化的健康管理服务

我国正处于社会转型时期,随着工业化、城镇化、人口老龄化进程的不断加快,居民的生活方式、生态环境、食品安全状况等对健康的影响逐步显现,导致居民疾病谱已从传统的"传染性疾病为主"转变为以"慢性病为主"。数据显示,我国的慢性病患者已超过3亿人,慢性病致死人数已占我国因病死亡人数的80%;从医疗费用方面来看,慢性病造成的经济损失占国内生产总值(GDP)的比重高达9.7%。[⑤] 2016年,慢性病经常性

---

① 盛和泰:《保险与国家治理现代化》,中国财经出版社2018年版,第145页。
② George A. Akerlof, The Market for "Lemons": Quality Uncertainty and the Market Mechanism, The Quarterly Journal of Economics 1970, Vol. 84, No.3, pp. 488-500.
③ 栗燕杰:《中国社会保险的法治议题》,中国社会科学出版社2013年版,第94页。
④ 盛和泰:《保险与国家治理现代化》,中国财经出版社2018年版,第145页。
⑤ 健康时报网:《2.7亿患者经济负担2.6万亿!慢性病成最突出健康问题》,http://jksb.com.cn/html/2018/activityreport_1014/129673.html,最后访问日期:2021年11月30日。

卫生费用占卫生总费用的比重为67.4%，在慢性病经常性卫生费用中家庭卫生支出的占比达到37.9%；但近年来，个人负担的医疗费用占卫生总费用的比重已下降到了30%以下，而慢性病医疗费用中家庭支出占比仍在30%以上，是城乡居民所面临的重大风险。①

普惠健康保险可以为慢性病患者提供更多的健康管理服务，尤其是专业的健康保险公司，依托其专业的人才、组织，专业的风控体系和信息系统，能够有效地把保险的保障功能前置性地延伸到疾病预防和健康管理领域，具体实施路径有以下几种。第一，政府可以依托保险公司的信息技术平台、呼叫中心及相关专业的专业护士，对慢性病患者及高危人群的健康行为与依从性进行改善和管理。第二，政府还可通过终端设备收集用户的运动、血糖、血压等健康指标，实施远程监测和远程医疗。第三，依托健康信息系统、专业咨询服务人员和呼叫中心，实施信息治疗和药品信息咨询和对药品合理使用的管理。第四，利用信息化的手段和互联网，记载、分析和管理个人健康诊疗信息。在西方发达国家，健康管理已成为医疗保障体系的一个很重要的部分。如在美国，通过商业保险有效的主动预防与事前干预，健康管理服务的参加者综合风险降低了50%，减缓了医疗费用快速上涨的趋势；此外，数据显示，在预防上花1元钱，可以节约医疗费10～100元，健康管理在有效控制疾病的发生或发展上有其不可替代的优势。②

第三节　普惠保险协同实现全过程的应急治理

风险社会引发了政府介入风险控制和治理的强烈需求。在利益结构更为复杂和庞大、突发风险频发已为常态的背景下，国家开始重视应急治理体系的构建。与常态治理相比，应急治理以社会整体利益为最高目标，以精确治理、整体治理为基本原则，力求在非常状态下增进社会整体利益。③而面对自然灾害、突发状况和重大事故，国家能否构建起完善的灾害防范救助体系、保障民生，是国家治理能力现代化的重要体现。这其中，普惠保险，尤其是社会综合治理类普惠保险（以下简称"社会综治类普惠保险"）作为应对自然灾害、突发状况，处置重大事故的重要工具之一，其在灾害防范、应急处理、灾后恢复等应急治理的全过程中均发挥着不可或缺的作用。

一、"科层式"应急管理体系的隐患

2007年8月为了预防和减少突发事件的发生，控制、减轻和消除突发事件引起的社会危害，保障人民、国家、公共、环境安全和维护社会秩序，《突发事件应对法》得以颁布。④该法作为应对突发事件的行动准则，将突发事件根据社会危害程度、影响范围等

---

① 郑功成等：《社会保险法及实践研究》，人民出版社2020年版，第161页。
② 盛和泰：《保险与国家治理现代化》，中国财经出版社2018年版，第146页。
③ 冯辉：《应急治理中的产业考量及其法律规制》，载《法学》2016年版第2期。
④ 《突发事件应对法》第1条。

因素,分为自然灾害、事故灾难、公共卫生事件和社会安全事件四种主要类型。① 同时,还确立了国家应建立"统一领导、综合协调、分类管理、分级负责、属地管理为主的应急管理体制"以及"有效的社会动员机制"的基础性目标,并明确对突发事件的应急管理应以"预防为主、预防与应急相结合"的基本原则。② 之后,2012 年党的十八大报告再次明确指出,要加快形成"源头治理、动态管理、应急处置相结合"的社会管理机制。③

总体来看,当前我国业已形成以应急预案和应急体制、机制与法制为基础的"多层次""多部门""多灾种"的应急管理体系,但该管理体系仍体现出明显的"科层式"、④"命令式"⑤的基本特征。当外部环境比较稳定、突发事件情势较为简单时,目前的应急管理体系尚可借助科层制权威与严格的指挥服从机制,控制和协同大规模组织与群体行动,较为高效地完成社会动员、调配资源,实现自然灾害、安全事故、社会事件等突发事件的应急响应。⑥ 但面对更为复杂的突发事件,"科层式"应急管理体系,即以"应急常委会—应急管理办公室—应急指挥部"为轴心运转的管理体系,基本完全复刻了"中央—省—地市—县—乡"这一传统科层组织的机构,体现出明显的"自上而下单向治理"的特征,并具有难以打破的"封闭性"。而囿于单位制管理、社会公众被动动员的传统,"科层式"应急管理体制常无法有效调集社会资源,并存在社会动员结果较弱的本质缺陷。

可以说,目前我国"科层式"的应急管理体制仅仅起到了基础性的作用,难以适应复杂的社会环境,并逐渐暴露出它的脆弱性。具体到风险管控领域,我国现行的应急管理体制在以下四个方面体现出脆弱性:

第一,难以适应日趋复杂的社会突发事件,风险识别欠缺准确性、主动性以及回应性。⑦ 现代风险社会的社会灾害越发地体现出显著的"复合型""跨界与越界"等复杂特征,并可能产生连锁式反应,引发链条式传播,其不仅需要更为精细化的信息管理体系予以应对,更需要专业的救援机构予以支持,否则必将影响应急治理事后救援与处置的最终效果。但我国目前的高危行业信息管理仍较为粗放,对危险品登记常采取告知性备案制度,⑧导致危险品信息管理存在不完整、不及时等问题,⑨危险品风险缺乏准确

---

① 《突发事件应对法》第 3 条。
② 《突发事件应对法》第 4 条至第 6 条。
③ 《中国共产党第十八次全国代表大会报告》。
④ 程惠霞:《"科层式"应急管理体系及其优化:基于"治理能力现代化"的视角》,载《中国行政管理》2016 年第 3 期。
⑤ 王宏伟、董克用:《应急社会动员模式的转变:从"命令型"到"治理型"》,载《国家行政学院学报》2011 年第 5 期。
⑥ 程惠霞:《"科层式"应急管理体系及其优化:基于"治理能力现代化"的视角》,载《中国行政管理》2016 年第 3 期。
⑦ 程惠霞:《"科层式"应急管理体系及其优化:基于"治理能力现代化"的视角》,载《中国行政管理》2016 年第 3 期。
⑧ 如《危险化学品管理条例》第 22 条、第 25 条仅要求:生产和存储危险化学品的企业应当将安全评价报告等危险化学品信息报送所在地县级人民政府安全生产监督管理部门、公安机关或港口行政管理部门备案。
⑨ 据统计,我国危险化学品的登记率仅有 70% 左右。参见盛和泰:《保险与国家治理现代化》,经济科学出版社 2018 年版,第 176 页。

的、真实可靠的基础信息支撑。

此外,以政府为主导的"科层式""命令式"应急管理体制具有稳定且封闭的特征,导致其往往无法对不断变化的环境、危险以及"历史积累风险及其不确定性"[①]作出主动回应,并无法克服被动公开突发事件状况的相关信息之弊病。加之"科层式"应急管理较为关注损害外在表现明显的风险事件,常有意或无意地忽略威胁发展缓慢的风险事件,不仅导致应急治理的效果常不理想,存在不确定、不稳定和不可控等缺点,还给现场处置预案造成严重障碍。

第二,《突发事件应对法》将其突发事件的应对过程分为预防与准备、监测与预警、救援与处置、善后与恢复四个阶段。但我国目前的应急管理体系重在救援与处置的应急管理功能建设,停留在控制事态的应急救援与处置层面,导致应急治理往往只能控制事态进一步扩大,但不能从根源上解决问题,更是忽视了事情的善后与恢复、事前的预防与准备及对风险的监测与预警。[②]

第三,缺乏全局性考量,常忽视间接或隐性利益相关者的保障诉求。有学者认为,目前政府的应急管理总体上仍未摆脱"事后性、补充性、附属性"的定位,导致应急治理体系缺乏全局性,未能充分体现出整体性考量的产业救济理念。[③] 故在细节上难免出现缺乏约束力和有效财力保障、对产业内组织缺乏预期和导向、核心制度缺乏实质推进、绩效难以保障和持续、缺乏法治意识等弱点。再者,我国目前的应急管理体系在实践中面临涉及人员伤亡或重大财产损失的风险事件时,应急响应速度往往较快;然而,在面对尚未显现后果的"隐性风险"时,却往往倾向于忽视民众真正的安全诉求,忽视与间接或隐性利益相关者之间的沟通,而贸然选择减少成本、稳定社会秩序与免责行为。[④]

第四,强调政府公关,忽视应急措施可操作性及制度化运行。据统计,在2012年至2014年我国发生的重大公共突发事件中,普遍存在延报、瞒报、漏报信息,不及时启动应急预案,误判风险,违规操作等问题。[⑤] 在目前"科层式""命令式"的应急管理体系架构下,囿于单向治理和自上而下行动一致的僵化强调,决策者往往需要通过现场临时研判的方式来确定应急治理方案。导致由此作出的应急预案难以根据突发事件的具体情景实现差异化,同时也欠缺风险针对性和可操作性。

此外,及时获取信息是有效应急决策和快速调集应急资源的前提。但"科层式"应急管理体系常面临层级过多、信息链条过长等现实约束,政府常被置于突发事件信息链条的末端,不同职能部门也常缺乏联动和默契。以危险品安全事故这一突发事件为例,我国涉及高危行业的基础信息常分散在不同部门、不同地区,信息缺乏有机整合和充分

[①] 历史累积风险及该风险的"不确定"是风险社会的一项突出特性。参见[德]乌尔里希·贝克:《自由与资本主义》,路国林译,浙江人民出版社2001年版,第118页。

[②] 童星、陶鹏:《论我国应急管理机制的创新——基于源头治理、动态治理、应急处置相结合的理念》,载《江海学刊》2013年第2期。

[③] 冯辉:《应急治理中的产业考量及其法律规制》,载《法学》2016年第2期。

[④] 程惠霞:《"科层式"应急管理体系及其优化:基于"治理能力现代化"的视角》,载《中国行政管理》2016年第3期。

[⑤] 程惠霞:《"科层式"应急管理体系及其优化:基于"治理能力现代化"的视角》,载《中国行政管理》2016年第3期。

共享,信息呈现碎片化分布状态。危险品生产、存储企业为了自身利益,违规行为较为普遍,地方政府为留住高产值企业而放松监管的现象亦较为普遍,导致危险品违法违规生产、运输和使用的现象比较严重,存在巨大的安全事故隐患,暴露出我国目前的社会应急治理体系欠缺制度化运行的弊端。

二、社会综治类普惠保险的比较优势

社会综治类普惠保险以保险自身的风险管理功能为基础,辅之以政府必要的引导及财政税收等政策支持,可有效弥补当前我国突发事件应急治理体系的不足,在时间和空间上确保风险予以最大限度的分散,形成一套对不同利益主体均可予以充分保障和救济的制度安排,对于提升我国应急治理与应对能力具有积极的意义。

安全责任保险、巨灾保险、农村综合治安保险等险种由于符合普惠保险的基本特征,并可实现社会综合治理的目的,因此其均属于社会综治类普惠保险的范畴。早在2006年,原保监会就联合中央社会治安综合治理委员会办公室共同颁布了《关于保险业参与平安建设的意见》(已失效),明确要求充分认识到保险业作为一种市场化的风险转移机制、社会互助机制和社会管理机制,与平安建设的密切关系,加强保险机制在灾害事故防范、灾后救助、社会公共治安保障等方面的作用。2016年5月,原保监会联合财政部印发《建立城乡居民住宅地震巨灾保险制度实施方案》,表明要以地震巨灾保险为突破口,发展"政府推动、市场运作、保障民生"的巨灾保险产品。2016年12月中共中央、国务院《关于推进安全生产领域改革发展的意见》,明确提出要建立健全安全生产责任保险制度,在矿山、危险化学品、烟花爆竹、民用爆炸物品、金属冶炼等高危行业领域强制推行该安全责任保险,切实发挥保险机构参与风险评估管理和事故预防的功能。就此,社会综治类普惠保险的发展得以破冰,各地政府也开始探索发展符合自身应急治理需求的社会综治类普惠保险。①

(一)助推全周期应急治理体系

社会综治类普惠保险之所以可以优化我国目前应对突发事件的治理体系,其首要的原因在于该保险有助于建立"全过程"的应急治理。

一方面,现代化的国家应急治理遵循"全过程"的原则,即在预防与准备、监测与预警、救援与处置、善后与恢复四个阶段均要体现以"预防为主、预防与救援相结合"的精神(参见表2-3)。② 社会综治类普惠保险有助于协同应急治理贯穿于减灾、整备、反应、恢复等各个阶段,突破目前应急治理仅局限于救援与处置阶段的格局。

---

① 如辽宁省就结合自身需求开展了农村治安保险的试点工作。参见中国保监会辽宁监管局、辽宁省社会治安综合治理委员会办公室《关于开展农村治安保险试点推动平安建设工作的意见》(辽保监发〔2007〕17号);甘肃银保监局筹备组协调甘肃省政法委也出台了《关于进一步推进综治保险工作的指导意见》,明确提出要把发挥保险功能与加强社会治安综合治理密切结合,动员保险业服务社会治安综合治理。

② 王宏伟、董克用:《应急社会动员模式的转变:从"命令型"到"治理型"》,载《国家行政学院学报》2011年第5期。

表 2-3　全周期应急管理体系

预防与准备阶段	监测与预警阶段	救援与处置阶段	善后与恢复阶段
危险源确认机制	预案编制机制	先期处置机制	恢复重建机制
风险沟通机制	培训演练机制	快速评估机制	救助补偿机制
脆弱性评估机制	组织建设机制	分级响应机制	心理救援机制
风险防范机制	资源整备机制	应急指挥机制	调查评估机制
宣传教育机制	能力维持更新机制	协调联动机制	责任追究机制
关键基础设施保护机制	预警机制	公共沟通机制	风险管理机制

资料来源：童星、陶鹏：《论我国应急管理机制的创新——基于源头治理、动态治理、应急处置相结合的理念》，载《江海学刊》2013 年第 2 期。

具言之，在预防与准备阶段，可以利用保险人在防灾防损、灾前预警、灾情监控和抢险救灾等方面成熟的风险管理技术，进行现场检查、隐患排查、职业培训、宣传教育等前瞻性事故预防。例如，目前我国保险机构为应对洪水灾害，在九大江河领域已建立了防洪协作网，覆盖了 18 个省市的 300 多家分支机构。[①] 政府通过发展社会综治类普惠保险，可与保险人进行实时的灾情检测和信息共享，大幅提高灾害救助的效率。此外，还可以在承保前，通过保险机构严格限制承保条件以及投保人如实告知义务的履行，倒逼高危企业严格遵守《危险化学品安全管理条例》等法律法规，主动申报和备案危险品，实现对危险源精准的确认和评估。

在监测与预警阶段，一方面可以利用保险人的资金优势，对组织建设与资源整备进行定期评估与监督，以保证组织能力发展与灾害危机动态变化相一致；另一方面，还可通过保险自身的保险费率浮动机制，促进高危企业提高安全设防标准，引导其增强安全意识，减少安全隐患，降低事故发生概率，辅助建立相应的风险预警机制。此外，还可建立基于保险公司的物联网危险品监控体系，实现对危险品供应链的全方位、全天候、全因素、全过程监控，构建网络化的危险品管理支持体系，提升危险品的风险预警和应对能力。

在救援与处置阶段，则可以利用保险的信息平台优势，与利益相关者进行沟通，完善应急治理的协调联动机制；而在善后与恢复阶段，可充分利用保险的救助优势、发挥保险的风险补偿作用，确保及时赔付事故的损失，为事故救援和灾后建筑物和基础设施等重建工作提供资金支持。

（二）最大限度地分散巨灾风险

社会综治类普惠保险尤其是普惠巨灾保险介入政府应急治理后，可协同政府在时间上和空间上最大限度地分散巨灾风险。在空间上，保险公司可通过再保险等技术手段，对巨灾风险在不同保险公司之间进行再次分散。在时间上，一方面可通过建立巨灾保险准备金制度，实现对巨灾风险储备资金的再积累；另一方面，还可通过金融创新，开发巨灾风险的证券化产品，将巨灾风险转移到资本市场、海外市场，确保风险在更多的

---

① 盛和泰：《保险与国家治理现代化》，经济科学出版社 2018 年版，第 183 页。

经济体间进行分散。

2019年2月,宁波市人民政府办公厅颁布了《关于印发宁波市推进长三角合作近期工作要点的通知》,明确提出要建立与上海保交所的合作机制,"探索开展巨灾保险证券化"等业务合作。美国及欧盟诸国关于巨灾风险债券的实践经验也表明,保险风险金融衍生类产品尤其是负债避险型债券的发展已逐渐趋于成熟和完善,并对提升保险人的偿付能力颇有助益。① 我国未来可仿效这些国家的做法,先开发针对负债避险型的巨灾保险债券,在积累了一定经验之后,再借助期货交易所、产权交易所在风险证券化方面的专业服务能力、市场基础和交易结算经验,试点期权与期货等其他类资产避险型或权益避险型保险风险金融衍生类产品。

但需特别注意的是,巨灾风险的特殊性决定了发展政策性普惠巨灾保险更具优势。② 一方面,巨灾引起的个体保险损失或理赔之间并不是相互独立的,而是具有较强的正相关性,保险人在同一风险区域承保的巨灾风险往往聚合为同一个危险单位,这与保险基础理论的"大数定律"相矛盾,没有必要的政策支持,普惠巨灾风险的保险精算与定价将缺乏基础。另一方面,巨灾风险可以在短时间内猛烈冲击保险机构和市场,引发连锁理赔反应,这与保险业务长期性的特征相矛盾,因此,如果纯商业化运作,极容易打破保险机构的常规经营,造成其破产。

(三)确保复杂结构中的利益保护

社会综治类普惠保险有助于规避政府应急治理中倾向于对利益进行取舍的通病,实现复杂利益结构中利益的保护和救济。

现代社会市场经济、竞争和社会分工的发展与深化在为个体行为人带来自由与权利、为整个经济与社会带来繁荣与进步的同时,也形成了日益庞大和复杂的利益结构,政府应急治理因此面临着"以往追求简单、统一、均等化的治理无法再满足社会对差异化治理的迫切需求"的巨大挑战。③

此外,传统的政府应急治理体制往往会基于"行政资源最佳利益原则"或"社会资源最佳利用原则"等应急原则,对亟须解决的社会问题进行价值排序,并优先选择解决最为严重的问题。④ 在利益结构复杂化以及公众对政府应对频繁发生的突发风险具有充分预期的现代社会背景下,这无疑严重削弱了风险治理的整体绩效。⑤ 引入社会综治类普惠保险可以改变政府应急治理中利益选择过于"简单化""粗放化""均等化"的倾向,精准回应利益相关主体的保护和救济需求。

---

① 巨灾保险的风险金融衍生产品主要包括三种类型:(1)资本市场发行资产避险型(如巨灾保险期货和期权);(2)权益避险型(如巨灾保险看跌期权);以及(3)负债避险型(如巨灾保险债券)。负债避险型产品债券由于债券的发行和交易程序较为简单,其风险也较小。参见梁昊然:《论我国巨灾保险风险证券化制度构建》,载《求索》2013年第2期。

② 盛和泰:《保险与国家治理现代化》,经济科学出版社2018年版,第182页。

③ 冯辉:《应急治理中的产业考量及其法律规制》,载《法学》2016年第2期。

④ 沈岿:《食品免检制之反思——以风险治理为视角》,载《法商研究》2009年第3期。

⑤ Belmont E., Fried B.M., Gonen J.S., et al, Emergency Preparedness, Response & Recovery Checklist: Beyond the Emergency Management Plan, *Journal of Health & Life Science Law*, 2004 Vol. 37, No. 4, pp. 503-572.

首先,对于政府而言,通过事前相对稳定的财政收入来支持社会综治类普惠保险的保险建立,有利于缓解自然灾害等突发事件后财政安排的不确定性,稳定财政支出的预期,优化财政支出的结构。促进补偿制度市场化和社会化,是当前应急治理中亟须完善的环节之一。[①] 而问题的关键在于:怎样在充分及时的补偿与客观、有限的政府财力之间形成有效的平衡?普惠保险发达国家的经验已证明,以融合政府补贴的商业保险在分担风险、增强补偿方面的能力十分重要且有成效,而制约我国普惠保险发展的主要因素是保险利润低。[②] 应塑造对商业性保险公司的激励机制,以资金补贴专业性的普惠保险公司以及商业性保险公司的普惠险种,运用差异化的监管政策激励保险公司投入普惠保险业务。

其次,对于企业等微观主体而言,通过支出一定数额的保费获得社会综治类普惠保险的保障,可在受灾后获得保险赔偿,及时恢复生产。这不仅可避免正常生产经营的长期中断,还可避免风险进一步向企业职工、出资人等利益相关者及整个金融体系传递,加强政府应急治理在整体上的合理统筹,保证治理的整体绩效。

最后,对于保险消费者而言,社会综治类普惠保险则可更为精准地改善和保障民生。统计显示,2018年我国居民家庭财产中不动产占比较高,家庭房产净值分别占城镇居民、农村居民人均财富的71.35%和52.28%。[③] 而不动产极易遭受地震、台风、洪水等重大自然灾害的冲击,故如果发生重大自然灾害等突发事件,一定会对民生保障构成巨大威胁。普惠保险,目前在多地已试点的普惠农村住房保险,可以在自然灾害发生后,较为足额地补偿人民群众损失,对保障和改善民生作用重大。

(四)发挥政府财政的放大效应

从2004年起,我国为确保企业的安全生产,开始对高危行业企业实行风险抵押金制度。[④] 但该制度存在资金成本高、企业资金周转压力大、风险保障有限、风险分摊机制缺位等问题,导致风险抵押金在风险防范和损失补偿层面的功能性尤为不足。[⑤] 社会综治类普惠保险,尤其是安全生产责任类普惠保险可以替代或与风险抵押金制度衔接,[⑥] 减少因缴纳风险抵押金对企业流动性的影响,实现放大保障水平、扩大保障范围的效果。

此外,以自愿投保为基础的商业性普惠保险还可以充分调动企业和个人参保的积极性,筹集到远高于政府救灾支出的资金,以较少的保费支出,获得巨大的保险保障,实

---

① 冯辉:《应急治理中的产业考量及其法律规制》,载《法学》2016年第2期。
② 王向楠:《普惠保险》,中国社会科学出版社2020年版,第1~14页。
③ 参见《中国家庭财富调查报告2019》。
④ 参见2004年《国务院关于进一步加强安全生产工作的决定》、2007年《国务院办公厅转发安全监管总局等部门关于加强企业应急管理工作意见的通知》、2010年《国务院关于进一步加强企业安全生产工作的通知》中的规定。
⑤ 盛和泰:《保险与国家治理现代化》,经济科学出版社2018年版,第177页。
⑥ 2011年国务院办公厅《关于印发安全生产"十二五"规划的通知》表明,要推动高危行业企业风险抵押金与安全生产责任保险制度相衔接;2015年国务院办公厅《关于加强安全生产监管执法的通知》强调,要理顺安全生产责任保险与风险抵押金的关系,推动建立商业保险机构参与安全监管的机制。

现少量财政投入撬动巨大社会资金积累的效应,缓解自然灾害等突发事件发生时,政府财政救济基金不足的窘境。而通过社会综治类普惠保险开展事故发生后的补偿,还可以进一步减少行政资源的占用,降低行政成本。银保监会数据显示,大连、甘肃等地的社会综治类普惠保险已在放大政府财政的效果方面取得了良好的成效。2016年,大连市"和谐乡村"农村综合保险保额约88.9亿元,赔款约308万元;2017年该保险承担风险保障近70.7亿元,年度赔款350万元;①而整个辽宁省的综治保险实施四年来,承保农户约360万户,承担风险保障约727.2亿元,支付赔款3400余万元。② 这不仅解决了困扰农村治安管理警力不足的难题,还极大地减轻了地方基层政府的财政负担。

第四节 普惠保险协同全面发展的经济治理

经济治理是国家治理体系的重要组成部分,也是国家治理体系和治理能力的关键体现。优化全面发展的经济治理体系建设,提高国家经济治理能力,对建设现代化治理体系、实现经济高质量发展,具有十分重要的意义。

一、当前我国经济治理的短板

我国目前的经济治理在农业农村、小微企业、城乡一体化等方面存在明显短板,具体表现为农业农村发展不可持续、小微企业难以融资、城乡一体化发展不够均衡。而以上三个领域的治理对国家经济治理现代化能力的建设和发展又尤为重要。

(一)农业农村发展不可持续

我国的基本国情是"大国小农",承载了世界范围内最多的农村人口和农业劳动力;加之,我国正在从"转型中的国家"过渡为"城市化的国家",农业农村工作在此特殊时代背景下有着特殊的重要意义。③ 正如有的学者所言,农业农村经济发展是国家治理现代化的基础和关键。④

2008年中共十七届三中全会做出了农村改革是改革开放的重点、农村发展是推动科学发展、农村稳定是促进社会和谐的根本的重要论断。⑤ 2019年党的十九届四中全会更是把乡村振兴战略列为推进国家治理体系和治理能力现代化的重要任务。此外,2005—2015年中央连续发布的12个中央一号文件,均以农业发展、农民增收为主要目

---

① 银保监会:《大连积极推动农村综合治安保险取得积极成效》,http://www.cbirc.gov.cn/branch/dalian/view/pages/common/ItemDetail_gdsj.html? docId=25316&docType=1,最后访问日期:2021年11月6日。
② 银保监会:《辽宁保监局推动综治保险理赔服务"三到两减一通"》,http://www.cbirc.gov.cn/branch/liaoning/view/pages/common/ItemDetail.html? docId=520108&itemId=1675&generaltype=0,最后访问日期:2021年11月6日。
③ 于保平、崔传义、徐小青等:《对当前农村经济运行中若干问题的分析与建议》,载《中国发展评论》2007年第3期。
④ 孔祥智、赵昶:《论我国农业农村治理现代化》,载《教学与研究》2021年第4期。
⑤ 参见中共十七届三中全会《关于推进农村改革发展若干重大问题的决定》。

标，表明了国家对农业发展的高度重视。随着国家推进农业现代化，农业农村日益成为国家治理的重要领域。

但长期以来，农村农业的治理效果与国家的制度设计存在较大差异、难以达到有效状态，存在着不持续发展的困境。而且农业治理中存在异化现象，即便以国家干预、政府主导为特征的农业农村发展政策在农业发展、农民增收和城乡协调发展等方面取得了一定进展，但在提高农业生产率方面的有限性却日益显现，进一步阻碍了农村农业发展和现代化。① 究其原因，主要有以下三个方面。

第一，政府财政投入快速增高，造成财政负担较重。国家财政用于农业支出的数量和比重不断提高，是近年来政府支持和保护农业农村的重要表现。从2004年起，国家财政用于"三农"（农业、农村、农民）有关领域的支出的总量和比重均出现较大提升，并在此后一直保持较高的增长速度。2018年，国内生产总值（GDP）超过90万亿元。其中，国家用于"三农"的总量已占到了约24%（22万亿），同比增长8.7%。② 虽然在财政大力扶持下的惠农强农政策的推行提高了农业综合生产能力，一定程度上促进了农村的迅速发展，但是国家投入的巨额财政资源在实践中并没有取得预期的效果，仍存在农业政策实践与政策目标严重错位的现象。③

第二，农产品需求增加，但农产品供给增长受资源的约束明显，农业经营无法有效地分配风险，面临着无法持续发展的困境。农业农村持续发展是我国④和西方各国⑤普遍遵守的发展准则。该准则要求实现农业生产率稳定增长、提高生产、发展农村经济、增加农民收入等目标，以满足逐年增长的国民经济发展和人民生活的需要。但受中国基本国情和资源条件的约束，我国单户农民的农业收入总量较低；另外，受制于城乡二元结构的区分，农民在国民经济财富分配体系中的地位也较低。

上述问题均导致我国农民在收入、资金等方面仍然表现出明显的弱质性，市场抵抗风险能力较弱。⑥ 再者，我国农户规模仍较小。根据第三次农业普查数据，截至2016年年底，全国共有农业经营户20743万户，其中，规模农业经营户⑦仅有398万户，占比仅1.9%。相较于规模农业经营户，小规模农户的农业生产抗风险能力较弱。在目前日益开放的市场经济中，农民缺乏足够的资金投入生产和参与竞争；并且，单个分散的农民

---

① 郁建兴、高翔：《农业农村发展中的政府与市场、社会：一个分析框架》，载《中国社会科学》2009年第6期。

② 参见财政部《关于2018年中央和地方预算执行情况与2019年中央和地方预算草案的报告》。

③ 龚为纲：《农业治理转型》，2014年华中科技大学博士论文。

④ 中国21世纪议程管理中心：《中国21世纪议程——中国21世纪人口、环境与发展白皮书》，中国环境科学出版社1994年版，第77页。

⑤ 西方农业可持续发展主要遵循三项标准：第一，可持续性；第二，有效性；第三，公平性。参见卢代富、邵海：《产业化背景下我国农业可持续发展的困境与法律对策》，载《法律科学》2013年第3期。

⑥ 王海娟、夏柱智：《农业治理困境与分利秩序的形成——以中部W省H市为例》，载《南京农业大学学报（社会科学版）》2015年第3期。

⑦ 规模经营户是指具有较大农业经营规模、以商品化经营为主的农业经营户。

话语权较弱,在利益冲突中常处于弱势地位,其弱质性得到进一步强化。① 此外,农业风险区域性、季节性、规模性、扩散性(单一风险事故往往会引起多种风险事故发生,导致损失扩散)等特征,显示出了农业农村风险的特殊性和复杂性,农户不仅面临着技术风险、市场风险,还面临着自然风险、社会风险,并且这些风险往往都由农户来承担。②

第三,目前我国农业农村的治理不符合农业农村发展的现实趋势。这主要表现在以下几个方面。首先,农业农村治理对农机保障不足。我国农业农村的发展目前已实现较高程度的机械化和产业化。据统计,1997年以后,我国农业从业人员数量一直呈下降趋势;但1978年以来,综合农业机械率却持续上升,2019年甚至超过70%,三大主粮作物基本实现了全程机械化,农业机械化、产业化导致劳动力投入的大规模减少。③ 但目前的政策导向仍是以保护农民为主,对农业设备的保障并不周延,无法减少或消除农机事故对农业生产经营获得的影响,难以实现良好的农业现代化治理效果。

其次,农业农村治理对新型农业经营主体的培育和保障并不充分。目前我国农业经营组织发展逐渐表现出多样化的趋势。其中,产业协会、农民专业合作社、农业产业化组织、家庭农场等新型农业经营主体在数量上快速成长,成为推动农业发展和现代化水平提高的重要力量。④ 但针对这些主体存在风险的保障体系却严重缺位,导致实践中新型农业经营主体规模化的发展并不理想,⑤其中出现的问题大都是农户问题的叠加。

最后,我国农户较为分散,导致农村农业治理难以与分散的农户间形成有效沟通。地方政府在执行农业政策时,需要与高度分散的农民对接,但由于缺少沟通组织,当外来制度面对没有组织起来的农民时,地方政府在资源分配时无法使用一套标准化的甄别机制获得农户的需求偏好、配给额度、瞄准目标、优先对象等信息,且分散、零碎的申报、审批、验收、审计、监督等的交易费用成本极高。⑥ 因此,在以政府为主导的农业农村治理和农业农村现代化变迁中,政府面临的根本性问题是如何将自上而下的现代化任务与高度分散的农民有效对接,治理的成功与否也在于此。⑦

(二)小微企业难以融资

小微企业作为我国经济发展中最为庞大的群体,确保其稳固发展是经济治理中的重点任务,但小微企业的发展一直伴随着资金融通的困扰。尽管从20世纪90年代中

---

① 卢代富、邵海:《产业化背景下我国农业可持续发展的困境与法律对策》,载《法律科学》2013年第3期。
② 刘小红:《农业保险法律制度研究》,中国法制出版社2014年版,第11~17页。
③ 孔祥智、赵昶:《论我国农业农村治理现代化》,载《教学与研究》2021年第4期。
④ 赵佳、姜长云:《兼业小农抑或家庭农场——中国农业家庭经营组织变迁的路径选择》,载《农业经济问题》2015年第3期。
⑤ 据统计,截止到2020年年底,全国农业专业合作社的数量超过224万家,平均每个村4家以上,吸纳了50%以上的农户。但平均每个合作社只有50多人,大部分只有20人到30人,对市场的影响很小。最近,虽已出现合作社以农民专业合作社联合社的方式进行再合作,但其效果也不理想。参见孔祥智、赵昶:《论我国农业农村治理现代化》,载《教学与研究》2021年第4期。
⑥ 王海娟、夏柱智:《农业治理困境与分利秩序的形成——以中部W省H市为例》,载《南京农业大学学报(社会科学版)》2015年第3期。
⑦ 田先红:《治理基层中国》,社会科学文献出版社2013年版,第60页。

期开始,政府就已出台一系列旨在促进、支持中小企业融资的政策安排。2011 年 10 月 12 日,温家宝总理主持召开国务院常务会议时亦指出要确定支持小微型企业发展的金融财税政策措施,发挥该类企业在促进经济增长、增加就业、科技创新与社会和谐稳定等方面不可替代的作用。此后,国家主要针对小微企业银行信贷、信用担保、直接融资等方面出台了优惠政策,但由于这些政策缺乏系统性和完整性,其实施效果并不理想。① 有关数据显示,自 2013 年以来,尽管国家推行的优惠政策对小微企业的经营状况有所帮助,但仍有 56.9% 的参访企业表示未享受到国家的税收政策优惠;此外,在寻求外部融资时,32.89% 的小微企业表示会选择中小银行,12.44% 的小微企业表示会选择大型银行,仍有近 30% 无法通过正规的金融渠道获得融资。② 这表明,现有政策对大部分的小微企业融资难以达成有力支持。

首先,小微企业面临银行信贷方面的困境。一方面,银行尤其是大型银行对小微企业的贷款意愿较低。在风险防范、降低不良贷款率、保证利润的压力下,银行机构倾向于把业务重点放在大企业而非小微企业。因此,对于小微企业而言,以大型国有银行为主体的融资制度安排费用高昂,存在巨大的信息与交易成本。尽管近年来,在政策推动下,国有商业银行均设立了中小企业信贷,改进了信贷考核办法和奖惩机制,开发了适应小微企业特点的金融、保险产品等。但带有一定政策性的银行信贷的发放对象仍局限在达到一定资产规模并有较高信用等级的中型企业,无法真正惠及大量存在且规模较小的小微企业。故导致走投无路的小微企业只能依靠非正规金融,如民间融资解决其信贷困境。但是,民间融资游离于正规金融体系之外,存在着交易隐蔽、风险不易监控,以及容易滋生非法融资、洗钱犯罪等问题。

其次,小微企业还在信用担保方面面临着诸多障碍。小微企业的信用意识普遍淡薄,当其获得贷款时,为争取利益最大化,常会做出拖欠、协商延期等选择。据统计,29.6% 的企业表示出现过无法按期偿还借款的情况,在这部分企业中,51.1% 选择协商延期偿还,36.1% 通过后期筹资偿还;并且,经营 1~3 年、资产总额 50 万~100 万元的企业出现贷款逾期的比例相对较高。③ 这不仅给银行信贷资金的安全造成了风险,而且极大地毁坏了企业的信誉度,增加了小微企业的贷款难度,进而陷入恶性循环。

小微企业群体信用缺失的问题虽然可以通过建立专门的信用担保体系来予以改善,但我国中小企业信用担保体系主要由政策性担保机构、中小企业互助担保机构和商业性担保机构构成,且由于该体系刚刚起步,存在诸多不完善之处。④ 有关调查显示,我国中小企业中,仅有 39% 参加过资信评估,这其中的大部分企业资信度较低;而有高达

---

① 李倩茹、刘朔:《解决小微企业融资困境的政策与法律思考》,载《湖北大学学报(哲学社会科学版)》2012 年第 6 期。

② 参见《中国小微金融发展报告 2014》。2013 年博鳌论坛上发布的《小微企业融资发展报告》中则提到有超过 62% 的小微企业无任何借款,而在有借款的企业中,亲朋借款来源比例占 31.8% 之多。

③ 参见《中国小微金融发展报告 2014》。

④ 李倩茹、刘朔:《解决小微企业融资困境的政策与法律思考》,载《湖北大学学报(哲学社会科学版)》2012 年第 6 期。

61%的中小企业没有参加过任何的资信评估。[①] 因此,目前我国小微企业的资信严重匮乏,而资信度又是银行发放贷款的重要参考标准之一。

在资信信息不完整时,理论上企业还可以通过抵押、担保获得银行贷款。但根据我国《银行法》《担保法》等有关法律规定,无论何种企业向银行申请贷款,均必须提供抵押、质押等担保,或与银行协商决定采用何种担保形式。[②] 但小微企业由于规模小、可支配的财产有限,很难提供符合银行要求的担保物;同时由于银行对资金风险的考虑,出台的一些新型的担保方式也难以为小微企业采纳。

最后,小微企业还在直接融资方面遭遇了重重困难。小微企业一般可通过企业债券融资、股权融资(包含专供中小企业融资的二板市场融资和风险投资基金的融资)两种方式获得直接融资。但在债券融资时,由于小微企业自身力量薄弱,证监会很难批准单个小微企业发行债券的申请。并且,由于小微企业的规模较小、企业经营的稳定性较差,即便获批发行长期企业债券,该债券不仅可能由于发行规模小而导致发行费用昂贵,而且难以获得投资者的认可。以上因素交织,使得小微企业很难通过债券发行实现直接融资。

此外,在二板市场融资时,能够争取到进入二板市场筹资常是那些规模较大、技术或产品比较成熟、经营管理较好、经济效益较佳、发展前景较好的高新技术产业和基础产业类中小企业,而非大多数小微企业。在风险投资基金融资时,风险投资的本质属性[③]决定了其仅适合高新技术的小微企业,不能成为大多数小微企业尤其是劳动密集型小微企业的现实融资途径。

(三)城乡一体化发展不够均衡

缩小城乡差距、二者统筹发展是国家现代化治理的核心目标之一。其政策的具体内容集中体现在改善农村面貌的基础设施建设、提升农民能力的各类公共服务供给、体现政府再分配职能的社会保障体系建设等方面。从政策变迁角度来看,政府协调城乡发展的重点已经从"硬件"建设逐渐走向"软件"建设,并在公共服务的供给范围和水平上体现出逐步增长的态势;从内容上来看,政府协调城乡发展的投入则以实现"村容整洁"的基础设施建设为起点,逐步走向医疗、公共卫生和社会保障体系等民生重要领域。[④]

城乡统筹发展最突出的成果是贫困人口的大规模减少,尤其是农村地区贫困发生率的大幅降低。截止到2018年年底,我国农村贫困人口已从1978年的7.7037亿人下

[①] 李倩茹、刘朔:《解决小微企业融资困境的政策与法律思考》,载《湖北大学学报(哲学社会科学版)》2012年第6期。

[②] 目前我国《银行法》《担保法》仅侧重普通的担保行为,对特殊的中小企业信用担保、信用担保机构基本上都没有涉及。

[③] 风险投资不要求企业提供担保,其以股权为投资形式不但不会加重企业的债务负担,还可以帮助企业改善经营管理,提高企业的综合竞争力。

[④] 郁建兴、高翔:《农业农村发展中的政府与市场、社会:一个分析框架》,载《中国社会科学》2009年第6期。

降为1660万人,贫困发生率下降到了10.7%。[①] 尽管整体贫困的问题已得到大幅改善,但城市居民"相对贫困"、农村居民"集中连片贫困"的问题仍未能有效解决。[②]

一方面,城市下岗、失业、半失业造就了城市中新型的贫困群体,即无依靠、无生活来源、无劳动能力的"三无"贫困人员;另一方面,受农村城市化的影响,"上班无岗、种地无田、劳保无份"的失地农民以及流动在城市和农村之间的农民工,[③]发生贫困的可能性迅速升高。而在农村地区,由村集体负担保障的老、弱、孤、寡、残"五保户"规模仍旧庞大;农村贫困人口的分布由逐步分散转变为向某些具有明显地域特征的地区集中,尤其是与地理环境的恶劣程度呈正相关。[④] 而我国的连片贫困区不仅面积大、贫困人口众多,且贫困程度较深,因此扶贫任务艰巨、对治理贫困手段的综合性要求较高。此外,连片贫困区的贫困具有较强的代际传递性。一般地区的贫困多为暂时性贫困,是集中在一代人之间的阶段性贫困,缓解相对容易,扶贫政策也较易收到成效。但在连片贫困区,贫困具有很强的持续性、代际性,并且表现出较强的传递性。仅靠欠缺精准的扶贫政策和制度无法较好地解决目前的贫困问题。因此,需要依靠扩大社保覆盖面、提高农村社保标准、提升养老金替代率、拓宽辅助养老保险渠道以及强大的经济主体支持等措施,缓解贫困对社会问题、社会保障、经济发展的消极影响。

二、经济领域中普惠保险的比较优势

经济领域中的普惠保险可通过改变经济主体的风险保障状况,影响微观经济主体的各类经济活动,最终对整个宏观经济的发展产生影响,进而针对农业农村发展的现实趋势、小微企业发展的融资难问题、城乡发展扶贫困境制定更为"精准"和契合的解决方案。

(一)精准回应农业农村发展的现实问题

首先,农业产业化、机械化是农业现代化的重要技术保障,在促进先进农机开发、普及、使用等环节,普惠农业保险均可发挥重要作用。[⑤] 在农机装备开发环节,可对关键产品设备进行投保,针对研发活动高投入、高风险的特征,为农机开发的关键设备提供风险保障和损失补偿,确保设备可以及时得到修复,以推进研发活动的顺利进行。此外,还可为研发提供专利保险,降低农机研发企业的知识产权维护成本,消除企业对农机科技创新的顾虑,激励企业持续加大研发投入。在农机装备推广环节,则可通过引入首台重大农机装备示范保险项目,分担用户的风险,鼓励农户购买农机装备,促进农业的产业化。最后,在农机装备使用环节,可引入普惠农业财产综合保险,提供覆盖农机机械

[①] 张宗军、庞楷:《保险扶贫理论研究与路径探索——甘肃的实践与经验》,经济科学出版社2020年版,第14页。

[②] 张宗军、庞楷:《保险扶贫理论研究与路径探索——甘肃的实践与经验》,经济科学出版社2020年版,第15~25页。

[③] 2009年起,我国城镇失业人数不断攀升。2018年,低保人口仍有3519.1万人,农民工的数量则达到了28836万人。参见张宗军、庞楷:《保险扶贫理论研究与路径探索——甘肃的实践与经验》,经济科学出版社2020年版,第18~19页。

[④] 参见2012年国务院扶贫办划定的连片特困地区情况。

[⑤] 盛和泰:《保险与国家治理现代化》,经济科学出版社2018年版,第170~173页。

设备、农机驾驶/操作人员以及第三方责任人的财产和责任保险综合保障服务,确保农机损坏可以及时补充与修理,最小化其对农户生产经营的不良影响,精准提升农户农业经营的风险管控水平。

其次,发展普惠农业保险对培育新型农业经营主体也有积极意义。党的十九大报告将"完善农业支持保护制度,发展多种形式适度规模经营,培育新型农业经营主体"作为一项重要的治理任务。普惠农业保险尤其是商业性的普惠农业保险作为一种兼具社会化和市场化的专业风险管理工具,可化解新型农业经营主体所面临的市场交易风险,提高其抗风险能力和市场竞争能力,培育和壮大该类主体。

最后,普惠农业保险可通过新型保险技术的运用,针对农业农村的特有风险进行治理。比如,普惠农业保险可通过团单的使用,降低道德风险,增强农户抵抗灾害的能力。传统上,我国农业是以家庭为单元的分散性农业,此时开办普惠农业保险需要采用"统保统赔"的模式,即农户保费由乡镇政府或村委会垫交,赔款也统一支付给乡镇政府。此种模式虽操作简便,但容易导致虚报保险标的数量、挪用农户赔款、赔付不及时等道德风险,乃至出现编造虚假赔案等违规行为。农户感受不到普惠农业保险的好处,投保率较低、开展困难便成为必然。

但现代社会农业生产经营方式由分散小农生产向规模化、集约化加快转变,导致风险进一步集中,危害也进一步扩大,更加需要普惠农业保险这一市场化的风险管理手段来提高抵御灾害的能力。而在农业产业化的大背景下,更应发展普惠农业团体保险,即以农村合作社、农业合作专业组织为支撑的团单模式。通过团单模式特有的相互监督机制,规避道德风险问题,降低保险成本,提升普惠农业保险的可得性。

(二)减轻政府农业农村补贴的财政负担

在农业产业化的大背景下,价格波动风险是农业经营主体面临的主要市场风险,天气变化是其面临的主要自然风险,但这些风险并非传统意义上的可保风险。普惠农产品价格指数保险以及普惠天气指数保险等新型普惠保险的发展,为规避长期困扰农业农村发展的市场风险和自然风险提供了可能,为破解"谷贱伤农"的农业经营困境提供了有效的解决策略。

发展普惠农产品价格指数保险还有助于减轻国家的财政负担。当前大量境外农产品因价格低廉涌入国内市场,国内农产品受限于成本无法与之竞价销售,不得不依靠政策性的"收储"以保障农民种粮生产的积极性,从而出现了"进口进市场,国产进库存"的被动局面。[①] 长期高于农产品市场价格的高价收储不仅形成了国家的巨额财政负担,而且使各收储单位不堪重负。

当农业经营主体投保普惠农产品价格指数保险时,保险人会在保险合同中事先约定保障的价格(如相应指数或农产品的农场出售价格),当被保险的农畜产品的价格出现波动引起相应指数低于或高于设定价格,并给投保的农业经营主体造成一定风险损失时,保险人承担相应的损失赔偿责任。[②] 同理,普惠天气指数保险相较于传统的普惠

---

① 项继权、周长友:《主体重构:"新三农"问题治理的路径分析》,载《吉首大学学报(社会科学版)》2017年第6期。

② 李丹、庹国柱、龙文军主编:《农业风险与农业保险》,高等教育出版社2017年版,第161页。

农业产品,其理赔依据更为客观,一般是由国家气象部门提供的,与被保作物产量或收入高度相关的天气事件、气温、降水、风俗、光照等气象要素的阈值作为理赔依据。因此,该类保险具备道德风险小、赔付透明且不依赖个体农户的实际产品、管理成本低、实用性强等优势。①

需特别注意的是,普惠农业保险的发展很大程度上受制于政府的财政补贴。以往我国主要实施良种补贴、种粮农民直接补贴、农机具购置补贴以及农业生产资料综合补贴这四大补贴;自 2005 年起,还陆续在畜禽养殖业以及渔业、林业领域出台了相关的补贴政策。② 但目前农业的"黄箱"补贴数额已接近加入 WTO 时承诺的 8.5% 的上线,亟须扩大"绿箱"支持政策的规模和范围。通过对普惠农业保险的保费以及新型经营对象进行直接补贴,不仅对于壮大和培育新型农业经营主体有所助益,还更契合"绿箱"政策。因此,为适应农业经营方式转变的趋势,建议以普惠农产品价格保险替代农产品的价格补贴,在保护农户经济利益的前提下,避免价格补贴可能导致的农产品价格扭曲。此外,建议将部分农机具购置补贴转换为普惠农业财产综合保险补贴,放大财政补贴的保障效应,为农业产业化构筑持续性的保障。

(三)为小微企业提供信用和资金保障

目前小微企业出现的投资难、融资难问题表明了我国目前的金融市场供需通道并不畅通,存在较大的制度风险和市场风险。保险机构本身拥有庞大的资金,在基金供给稳定性、长期性方面具有独特优势。再者,保险公司的分支机构深耕当地市场,长期从事市场主体的各类风险治理,对各地小微企业所面临的风险、企业发展困境和企业信用等信息有更深入的了解。并且,通过统计和精算技术的运用,保险公司在小微企业风险治理层面有更多的技术和数据支撑。

温州等地的实践已然证明:一方面,保险公司可通过推动保险资金的运用,直接向小微企业提供保单贷款和抵押贷款,增加此类企业的融资通道,推动金融市场的开放和竞争,缓解小微企业的融资难困境。③ 同时,还可针对小微企业引入普惠贷款保证保险。银行对自愿购买该保险的企业优先放贷,如果企业无法履约还款,则由保险公司按照合同约定向银行支付一定数额的赔款。以此来构建小微企业贷款风险治理的合作和共担机制,将小微企业的信用风险转嫁由保险公司承担,确保风险可控,化解银行不良贷款的风险。

另一方面,保险公司还可基于小微企业的融资需求和成长需要长期、稳定的资金支持的需求,运用投资融资平台,设立小微企业创新保险基金、债券投资计划、信托债权基金等资金运用载体,加强保险资金、银行资金、民间资本之间的合作,推动信息共享、信息治理技术的支持,构建起小微企业信用数据库和符合该类企业特色的信贷治理标准流程,为解决小微企业融资难问题探索新的路径。

(四)大幅提升贫困群体的再发展能力

首先,由于因病致贫和返贫是农村贫困人口的主要致贫原因之一,因此以普惠医疗

---

① 李丹、庹国柱、龙文军主编:《农业风险与农业保险》,高等教育出版社 2017 年版,第 147 页。
② 孔祥智、赵昶:《论我国农业农村治理现代化》,载《教学与研究》2021 年第 4 期。
③ 王海明:《保险协调治理研究》,社会科学文献出版社 2017 年版,第 178~182 页。

保险为基础的医疗保障扶贫对贫困人口脱贫有着重要意义。可通过促进大病保险与普惠商业重疾险的融合来实现保险扶贫、提升贫困群体医疗保障水平的目的。[1] 具体而言,为满足贫困群体的保障需求,政府应与保险公司合作,侧重开发给付型的普惠医疗保险而非报销型的普惠医疗保险;此外,由于目前贫困群体的重大疾病医疗费用已普遍超过 10 万元,因此该保险的保障金额设置不应过低。在筹资方面:一方面针对特定人群(低收入、"五保户"),可通过政府统筹的方式购买相关普惠保险产品;[2]另一方面还可根据家庭结构,如不同的劳动力层次应购买不同的保险产品,由此保证资金的使用效率,减轻家庭经济负担。在后端控费方面,政府和保险公司可采取两种合作方式:一是保险机构以入股方式参加医疗服务经营管理;二是政府对保险公司的经济效益加强监管,确保服务效用以及合理定价,保证融合重疾和大病险的普惠医疗保险的经济效用。

其次,由于贫困群体未来产出的不确定性和较低的金融自愿可得性,脱贫的重点还在于培育贫困人群的可持续生产能力。因此,通过将普惠保险引入扶贫金融链条,盘活农户资产,帮助贫困户更便捷地获得贷款,使得贫困地区从"输血式"生存向"造血式"发展转变,对于贫困地区的经济治理尤为重要。保险公司可以通过探索普惠农村信贷保险、普惠涉农抵押贷款抵押以及普惠信用保证保险等多种新型普惠扶贫保险的开发,来实现此目的。甘肃、河北等地区的实践证明,此类保险对于减缓农业生产者负债、保证信贷资金和抵押物安全多有助益,不仅可满足农村农民的经济需求,还可满足农村信贷单位房贷需求,同时可以促进保险服务下沉实现经济效益,形成多方主体共赢的局面。

第五节　普惠保险协同保障弱势群体的民生治理

民生事业稳步发展,确保民生建设尤其是弱势群体的民生建设可以积极回应相关群体的美好生活需要诉求,是国家治理体系和治理能力现代化的集中体现与逻辑必然。目前,国家已从政策层面上强调对社会弱势群体保障的转型,确保相关政策在目标上由"注重效率"向"注重实质公平正义"发展,在内容上由"保证生存"向"寻求发展"转变,在时效上更注重政策的长效发展,在政府的行政理念上应从"管理"本位过渡为"服务"本位。[3] 即便如此,社会弱势群体的民生保障仍在一些方面存在不足,需要普惠保险的介入予以弥补。

一、我国弱势群体的民生保障现状

尽管学术界对社会弱势群体的概念有不同的称法,但对于此类群体的基本特征和大致范围却存在共识,即社会弱势群体指代的是在经济、生活、政治和心理等方面存在

---

[1] 张宗军、庞楷:《保险扶贫理论研究与路径探索——甘肃的实践与经验》,经济科学出版社 2020 年版,第 102~104 页。
[2] 盛和泰:《保险与国家治理现代化》,经济科学出版社 20118 年版,第 195 页。
[3] 张汝立等:《中国城市贫困群体政策研究》,社会科学文献出版社 2018 年版,第 3~11 页。

弱势的社会群体,其主要包括贫困者、失业者、残疾人、老年人等群体。① 此外,随着经济社会的发展,目前社会弱势群体中的贫困群体的形势更加复杂,其不仅包含因经济转型和国企改革所导致的下岗失业人员,还包括遭受相对贫困、能力贫困的社会群体,导致贫困群体的社会排斥和贫困代际传递问题逐渐开始显现。②

(一)"发展性贫困"群体保障面临诸多问题

受益于党的十八大以来"扶贫"政策的开展,目前我国的区域性整体贫困问题和绝对贫困问题基本得到了解决。截止到2020年年底,现行贫困标准下(2300元每人每年)的9899万农村贫困人口已全部脱贫,连续七年每年的减贫人数均达到1000万人以上。③ 但其他类别的社会弱势群体数量依旧庞大。尤其是伴随城镇化的推进和老龄化问题的逐渐显现而出现的失地农民、农民工群体、城镇低保人群等相对贫困群体,以及城镇失业群体、残疾人、就业困难人群等能力贫困群体仍旧大量存在,不容忽视。由于以上群体大多是缺乏正常劳动能力和自立能力的老弱病残,且多欠缺自我发展的能力和条件,导致其虽可能已经脱贫但仍具有较高的返贫风险。因此,以上群体可统一被归类为"后扶贫时代"的"发展性贫困"弱势群体。

但目前对于"发展性贫困"弱势群体的保障仍存在不足,面临着诸多问题:

首先,按照《全国土地利用总体规划纲要》的预测,截止到2030年,城市建设占用耕地将超过5450亩,失地农民队伍将持续扩大;届时,失地农民的数量将超过1个亿。但其中很多人还面临收入减少、难以就业、缺少保障等问题,是城市建设引起的、规模庞大的、矛盾冲突集中的贫弱群体。④

其次,由于农民工群体普遍未与用工单位签订劳动合同,⑤该群体并不能充分享受各种社会保障。据统计,截止到2012年年末,参加工伤保险、基本医疗保险、基本养老保险、失业保险的农民工数量分别为7179万人、4996万人、4542万人、2702万人,所占比例仅为所有农民工总量的27.34%、19.02%、17.3%、10.29%。⑥ 从以上数据不难看出,目前农民工社会保险的参保率普遍偏低,影响了农民工民生保障政策的实施效果。此外,农民工群体作为流动人口基本没有被现有的城市反贫困政策所覆盖。据统计,城镇低保政策的救助人群主要为下岗人员、失业人员及其家庭成员;农民工作为城市建设的主要参与者却受限于自身身份,无法享受城市设计的社会保障、医疗等方面的民生保障政策,导致我国目前在农民工民生保障问题上体现出强烈的排斥性和剥夺性。⑦

再次,2012—2016年,我国城镇登记失业人数始终高于900万人;此外,还有相当一

---

① 钱再见:《中国社会弱势群体及其社会支持政策》,载《江海学刊》2002年第3期。
② 张浩淼:《中国社会救助70年(1949—2019):政策范式变迁与新趋势》,载《社会保障研究》2019年第3期。
③ 参见2021年4月国务院新闻办公室发布的《人类减贫的中国实践白皮书》。
④ 张汝立等:《中国城市贫困群体政策研究》,社会科学文献出版社2018年版,第18页。
⑤ 李善同主编:《农民工在城市就业、收入与公共服务——城市贫困视角》,经济科学出版社2009年版,第41页。
⑥ 参见《2012年度人力资源和社会保障失业发展统计公告》。
⑦ 张汝立等:《中国城市贫困群体政策研究》,社会科学文献出版社2018年版,第131~133页。

部分隐性失业人群以及失业未登记人群。① 但我国目前对城镇失业群体的保障仍偏向于"兜底性"的保障,仅针对该群体提供国企下岗职工基本生活保障、失业保险和最低生活保障等保障水平偏低的基础性保障,并且覆盖面依旧较窄。以失业保险为例,截止到2016年年末,城镇失业保险的参保人数为18089万人,约为城镇就业人员的43.7%;农民工失业保险的参保人数仅为4659万人,占比不足20%。② 而失业保险金的给付标准在实际操作中通常为当地工资的70%～80%,因此,我国的失业保险金仅能替代失业群体25%左右的工资,与其他国家40%～75%的替代率相比,保障程度显然偏低。③ 再者,地方政府和社会机构仅针对由本地户口的失业群体提供救助,对于非本地户口的失业群体保障存在不足。

最后,我国残疾人群的民生保障依然存在较大问题。第六次全国人口普查及第二次全国残疾人抽样调查显示,2010年年末,我国各类残疾人的数量已达到8502万人,占全国总人口的6.34%,平均每16个人中就有1名残疾人。目前我国对于残疾人民生保障供给的总体布局定位于福利制度供给和公共财政支持,以期能够在补偿项目和待遇水平上实现错位补充、提升残疾人的生活能力。但以政府为主导的单层财政支持格局,不仅存在片面追求一家独揽以及资金投入导致政府责任和压力不断扩大的弊端;④还与发达国家普遍推行的"多方参与,权责明晰"的多层次保障理念不完全相符。⑤ 因此,亟须从财政治理现代化的视角来重新审视残疾人民生保障体系的建设,以明晰政策的发展方向和支持路径。

(二)"被动托底"型的福利支持过于普遍

总体而言,在发展性社会弱势群体的民生保障方面,我国目前的福利支持多采用"事后性""补救性""消极性"的"被动托底"方式。一方面,我国的贫弱群体保护政策仍以保护为基础,支持政策虽有效果但尚未达成规模;另一方面,政策部门依据有限责任指定政策,多是被动地执行阶段性的措施,缺乏像西方社会福利发达国家一样在保证福利公平的基础上进行主动支持。⑥ 而这种"被动托底"型的福利支持方式往往会造成福利停滞,不利于在满足基本福利后促进福利发展。因此,应以积极福利的视角,优化发展性社会弱势群体的福利政策,构建"事先性""预防性""积极性"的"主动支持"型社会保障制度,强调主动考察弱势群体的需要,利用可持续性的支持政策来提升贫弱群体的适应能力。

此外,发展性社会弱势群体在选择医疗救助等社会保障措施时,还应享有一定的自由选择空间。当前我国存在为了完成上级任务指标而不顾客观事实强制推行的做法,

---

① 参见《2016年度人力资源和社会保障失业发展统计公告》。
② 参见《2016年度人力资源和社会保障失业发展统计公告》。
③ 张汝立等:《中国城市贫困群体政策研究》,社会科学文献出版社2018年版,第35页。
④ 郑秉文:《商业保险参与多层次社会保障体系的方式、作用与评估——基于一个初步的分析框架》,载《辽宁大学学报(哲学社会科学版)》2019年第6期。
⑤ 原珂、段静:《财政政策何以在多层次社会保障体系建设中积极有为?——基于残疾人补充性商业保险的研究》,载《华中师范大学学报(人文社会科学版)》。
⑥ 张汝立等:《外国贫弱群体政策研究》,社会科学文献出版社2019年版,第61～62页。

使得政策的理念和价值被扭曲,损害了效率,阻碍了个体的发展。① 因此,介于发展性社会弱势群体的特殊性,面向该群体的社会福利政策的制定与设计,必须充分考虑到其特殊性,主动站在其利益诉求和需要满足的角度考量福利的合理性和必要性,对之做以必要的倾斜性保护,方可真正实现普惠性福利基础上的特惠性福利,并且防治目前普遍存在的过度福利和过度保障问题。

(三)民生保障供给短缺和结构失衡并存

我国目前针对发展性弱势群体,尤其是老年人群体的民生保障供给,长期存在供给短缺和结构性失衡问题。我国早在1999年就进入了老龄化社会,近年来老龄化的趋势更是日益凸显。我国人口老龄化具有人口规模大、失能人口比重大、高龄人口增长快的特点。② 在此背景下,老年人的长期护理刚性需求激增,但社会长期护理服务的供给却远远不足。据民政部统计,截止到2016年年末,全国各类养老床位730.2万张,其中社区留宿和日间照料床位322.9万张,但是护理型床位占养老床位总数的比例不足25%,长期护理保障需求和供给之间存在较大差距。③ 加之,空巢和独居老人数量激增、家庭少子化严重、替代性的养老机制不健全等问题,④导致人口老龄化与社会长期护理服务供给不足的矛盾日渐加深。但目前为止,老年人等发展性弱势群体长期护理的花费尚未被纳入社保报销的范围内。基本医疗保险只能用于支付重症(住院)特别护理以及急性护理费用,社会救助与商业长期护理保障的范围十分有限,面向广大中低收入退休老人的长期护理保障更是严重缺位,成为社会安全网上的重大漏洞。

此外,面向发展性弱势群体的保障供给短缺和结构失衡还体现在保障资金严重不足与社会保险基金过量结余、政府职能定位有待优化以及顶层制度缺乏统筹性等方面。2016年年末,全国城镇基本医疗报销统筹基金结余9765亿元,⑤在只支不收的情况下,足够10余月的医保报销支出,远超过规定的3~6个月的结余资金规模。但同时,面向社会弱势群体的长期护理等民生保障服务体系却由于缺乏稳定的资金支持严重投入不足。在保障政策的推进过程中也面临着深层次的问题。一方面,突出表现为对发展性弱势群体的保障覆盖对政府财政支持的路径依赖严重,并存在着财政投入无法破解对应政策预期以及保障供给过度单一化、同质化的现实困境。⑥ 另一方面,则表现为城乡发展性弱势群体民生保障间的巨大差异。⑦ 对于前者,可通过加强政府购买民生保障服务、鼓励社会多元主体参与、优化政府职能和定位的方式予以回应;而对于后者,则可通过统筹城乡民生保障体系,建立全局性的保护与支持相结合的政策,予以解决。

---

① 张汝立等:《外国贫弱群体政策研究》,社会科学文献出版社2019年版,第174~175页。
② 盛和泰:《保险与国家治理现代化》,经济科学出版社2018年版,第127页。
③ 参见民政部《2016年社会服务发展统计公报》。
④ 参见统计局《第七次人口普查公报》。
⑤ 参见《2016年度人力资源和社会保障事业发展统计公报》。
⑥ 原珂、段静:《财政政策何以在多层次社会保障体系建设中积极有为?——基于残疾人补充性商业保险的研究》,载《华中师范大学学报(人文社会科学版)》。
⑦ 如对于农村贫弱群体而言,以往对留守人口多是强调保护性的扶贫,对外出人口则多是强调融入性的支持,两种政策被动地隔断了联系。

二、社会领域中普惠保险的比较优势

进入 21 世纪,在民生建设方面,我国开始越来越强调民生范围的不断扩大。[①] 针对社会弱势群体的小额健康保险、医疗保险、扶贫保险、社会综治保险以及责任保险等普惠保险险种,可以覆盖社会保障、医疗卫生、脱贫、健康、社会治理、公共安全等民生建设的重要领域,改变以往政府主导下的民生保障受制于政府有限职能而仅局限于个别民生领域的弊端,促进民生覆盖范围的扩大。

(一)促进民生范围的扩大

普惠保险大量介入民生保障领域,可将因个人偏好而形成的个性化、多样性保障需求交付市场解决。同时,保险公司可通过与政府订立公私合作协议的方式更好地明晰财政与个人在保险推进过程中的责任边界,避免财政政策的扩张性、长期化给政府带来的过重负担,扩大政策的覆盖范围和民生保障的实际效应,高效及精准地实现政策层面所力倡的各项具体要求。

如社会保障领域所强调的"病有所医、老有所养",脱贫攻坚领域所要求的"弱有所扶",健康领域所要提供的"全方位全周期健康服务",社会治理领域所主张的让人民群众有"更多获得感",而公共安全领域所要求的"建设平安中国"、确保"国家长治久安、人民安居乐业"等要求均与普惠保险的发展存在紧密关联。因此,普惠保险的引入可促进民生范围的不断扩大。

(二)实现民生质量的提高

民生保障水平的提高不仅体现在民生项目的增多、民生保障范围的扩大以及民生投入强度的提升上,其还体现在民生发展质量的提高上。

但以往针对社会弱势群体的保障体系构建,多局限于基础化的范式,注重弱势群体生存等基础性需求的保障。高质量的民生保障体系不仅应顾及社会弱势群体物理上的基本生存和生活需求,也需考虑其在服务、医疗、健康等方面的发展性需求。普惠保险,特别是综合性保险公司承保的普惠保险,既可以向上延伸连接医疗保险、护理保险和养老保险等保险的销售,又可以向下连接为客户提供医疗保健、养生疗养、护理服务等业务,可为投保的社会弱势群体提供养保一体化的保障,具备社会救助机构等传统民生保障供给主体所无法比拟的优势。

(三)推进民生功能的完善

普惠保险参与民生保障体系建设,还可发挥其在资金属性、产品供给和服务能力方面的天然优势,推进民生功能的进一步完善。过去我国的民生建设更多的是依附于经济,因此,发展经济构成民生建设的基本功能。但随着社会结构的转型,民生建设的功能已从最初的经济发展逐渐转变为"完善社会管理"和"维护社会安定团结",并进一步提升到实现"共建共治共享的社会格局"以及"有效维护国家安全"的高度。

但民生保障体系建设投资规模大、投资的回收期也较长,仅依靠政府的宏观调控难以实现建设的可持续性。而保险人,尤其是人寿保险的保险人,具有大量的长期、流动

---

① 高和荣:《民生国家的出场:中国保障和改善民生的实践与逻辑》,载《江海学刊》2019 年第 3 期。

资金，需要寻找有稳定回报的投资出路，这与民生建设功能的现代特性高度匹配，二者可以实现有效融合。此外，普惠保险的特有功能还可有效解决民生保障体系欠缺多层次性、过度公益化、投资回收期长、收益不稳定的问题。例如，保险人可将资金投入养老地产相关项目，在健全社会养老服务体系的同时，获取稳定的回报率，以此种方式介入养老体系建设等民生建设领域，增强民生功能的规律性和长效性。再如，民生养老体系建设投资回收期长的弊端，不仅可通过将养老机构未来的居住权打包成保险产品的方式予以解决；还可通过延伸现有保险产品的生命周期的方式，来大幅提升保单的收益价值。比如，老年人投保的养老保险到期后，可允许保险公司不返还到期的养老金，而是将原有的养老金给付直接转变为实际的养老服务给付，通过这种转化既可以弥补养老不足的缺口，又可以避免养老金大规模集中支付对保险公司运营的影响。

第三章

普惠保险服务社会治理现代化的实践现状

第一节 参与模式及主体的多元性

目前,我国普惠保险参与社会治理现代化的模式非常丰富,存在"政府财政支持＋多家保险公司联合共保""政府推动＋共保体市场化""政府引导(或指导)＋市场化经营""政府＋银行＋保险""政府购买服务＋保险公司经办＋社会保险经办机构监督或联合经办"等多种形式,并涉及农业农村、医疗、中小企业信贷等多个领域。

一、参与模式与领域丰富

第一,存在"政府财政支持＋多家保险公司联合共保"的"联合共保"模式。[①] 例如,许多地区的政策性普惠农业保险即采取此种模式。此外,江苏省如皋市的老年人长期照护保险亦采取此模式。根据2019年6月如皋市政府印发《关于建立基本照护保险制度的实施意见》的规定,如皋市的普惠老年长期照护保险由三家保险公司成立"共保体"共同承办,"共保体"负责保险的受理评定、费用审核、结算支付、稽核调查、信息系统建设与维护;此外,在该保险的运营过程中,若出现赤字,赤字额在基金收入的30％以内的部分由保险公司全额承担,超过的部分由保险公司与如皋市社会医疗保险管理处按6∶4共同承担。

第二,在近年来飞速发展的"惠民保"中,还大量运用了"政府推动＋共保体市场化"以及"政府引导(或指导)＋市场化经营"的模式。"惠民保"是城市定制型普惠商业医疗

---

① 江苏省如皋市的老年人长期照护保险即采取此模式。2019年6月如皋市政府《关于建立基本照护保险制度的实施意见》规定,该市的普惠老年长期护理保险由三家保险公司成立"共保体"共同承办。"共保体"负责长护险的受理评定、费用审核、结算支付、稽核调查、信息系统建设与维护。普惠老年人长期照护保险按照"运行风险共担、保险事务共办"模式运作,照护保险收入扣除待遇支出、管理费用工作成本后,如出现赤字,赤字额在基金收入的30％(含)以内的部分由保险公司全额承担;在30％(不含)以上部分由保险公司与如皋市社会医疗保险管理处按6∶4分别承担。

保险的简称，①此类保险以"低门槛、低保费、高保额"为主要特点，强调通过"政府主导（或指导）、商业保险公司承办、居民自愿参保、多渠道筹资"的方式与社会基本医疗保险有效对接，扩充居民医疗保障的覆盖面及覆盖范围。截止到2020年，全国共有23省82个地区的179个地市根据自身需求推出了城市定制型的"惠民保"产品，产品数量已多达111款，累计覆盖4000万人，保费收入超过50亿元。② 在"惠民保"中，一方面政府及其职能部门通过主动介入的方式，以政府信誉为该保险积极背书，并大量参与和指导保险的产品设计、推广与理赔，大幅提升了投保人对保险的信任度。③ 另一方面，"惠民保"普遍采取多家保险公司共保的模式，这对于分散保险的赔付风险，避免单一保险公司承保所带来的保险公司之间的零和博弈，弥补保险发展初期因健康数据不足所易导致的风险定价和核保核赔失准等问题，具有积极意义。

第三，为了促进中小企业融资，实践中发展出了"政府＋银行＋保险"（简称"政银保"）等多方主体协同模式。在"政银保"类普惠保险中，"保险＋融资"新型联动机制大量运用，即保险公司为农户、企业、合作经济组织等贷款主体提供保证保险，银行提供贷款，政府或提供保证保险的保费补贴，或同时以财政投入作为担保基金，用于为贷款主体向银行申请免抵押和免保证金贷款时提供担保和损失代付。④ 通过政府、银行和保险公司三方共同承担中小企业及农户贷款的承保和风险的方式，形成了可适当约束各方的利益衡平方案，有助于中小企业及农村金融市场的稳定发展。目前，我国已在广东、陕西、山东、重庆、福建等地区开展了"政银保"类的普惠保险。截止到2021年4月末，平安财险通过"政银保"合作贷款模式，向贫困村致富带头人提供贴息资金1000万元，撬动贷款资金高达4.5亿元；此外，通过发展"政银保"类普惠保险，广东辖内涉农贷款余额达1.60万亿元，同比增长19.4%；普惠型涉农贷款余额2452.99亿元，同比增长26.31%，高于各项贷款增速近10个百分点。⑤

第四，在长期护理保险等普惠保险中，还发展出了"政府购买服务＋保险公司经办＋社会保险经办机构监督或联合经办"的模式。据统计，目前青岛、南通、苏州、宁波、广州、安庆、上饶、荆门、重庆的普惠长期护理保险均是通过政府购买服务的方式，委托具有资质的商业保险公司等第三方机构参与，并由社会保险经办机构负责监督检查或

---

① 2020年11月20日银保监会人身险部下发《关于规范保险公司城市定制型商业医疗保险业务的通知（征求意见稿）》中首次给出"惠民保"的官方定义，即城市定制型商业医疗保险。

② 苏泽瑞：《普惠性商业健康保险：现状、问题与发展建议》，载《行政管理改革》2021年第11期。

③ 例如，在浙江杭州市三款惠民保产品中，政府主导的西湖益联保参保人数超400万。而缺少政府加持的杭州民惠保、杭州市民保参保人数均不足百万。参见苏泽瑞：《普惠性商业健康保险：现状、问题与发展建议》，载《行政管理改革》2021年第11期。

④ 杨仕晋：《"政府＋银行＋保险"的农村小额信贷模式研究——以佛山市三水区"政银保"贷款模式为例》，载《南方金融》2013年第12期。

⑤ 参见银保监会：《农业强、农民富、农村美——广东金融全面描绘乡村振兴新画卷》，http://www.cbirc.gov.cn/branch/guangdong/view/pages/common/ItemDetail.html?docId=989255&itemId=1543&generaltype=0，最后访问日期：2021年11月28日。

联合经办的公私合作方式开展。① 此种公私合作的方式已成为普惠长期护理保险推行中的主流模式。

此外,普惠保险参与的领域及形式也体现出多样化的特征。在以上多元化的参与模式中,保险业的参与领域极为广泛,不仅涉及民生建设、经济建设等各个宏观层面的社会治理,还涉及健康、医疗、养老、农业农村、社会弱势群体保护等微观领域。在参与形式上,普惠保险在保险资金、产品、服务等多个方面均体现出不断的创新,通过自身在社会公共风险治理方面的优势,积极地协同治理创新,并将其自身的优势与政府治理的优势相结合,形成多元主体互动合作、各方权责明确、金融市场持续发展的良好局面。

尽管如此,整体来看,由于目前我国的普惠保险协同社会治理尚处于初级探索阶段,普惠保险与社会治理体系和能力的现代化间的融合并不充分,在融入模式、格局、领域、载体等方面存在同质化的问题:

第一,融入方式单一化,项目具有不可持续性。虽然为了促进普惠保险进一步融入社会治理现代化,各地根据自身需求开发出了许多地方性普惠保险产品。理论上,普惠保险为真正契合"一城一策"的实际需求而定制的途径有两种:一种是为城市定制类普惠保险设计专属的保险产品,条款报备给银保监会进行备案和审批;另一种是将保险公司原有的商业保险产品进行再次"包装",在现有商业保险产品的基础之上,通过特别约定的方式,即特别约定保险金额、保险金给付比例、免赔额等,实现形式上的不同城市间的"差异化"。由于目前的普惠保险产品多采取第二种方式来实现城市定制,导致普惠保险产品及服务仍严重同质化,并未真正体现所谓的"一城一策",因此也无法较好地契合当地社会治理的实际需求。② 这也导致普惠保险虽然具有"保费低、保障高"的特征,但参保率尤其是续保率依旧较低,实际的保障功能存在不足。此外,由于同种类似普惠保险常由多个保险公司承保,同一区域内不同保险公司间扩大宣传、恶意压价、恶性竞争的问题也普遍存在,破坏了普惠保险的可持续发展。

以城市定制型的"惠民保"为例,截至2020年年底,尽管全国共有50个城市推出了"一城一策"产品,有14个省份(涵盖海南、广西、湖北、湖南、福建、山东、山西、河北、河南、宁夏、安徽等)推出了"一省一策"产品。③ 但这些产品在产品价格、免赔额、赔付比例、保证额度及范围等方面的规定基本相同,产品同质化严重(参见表3-1)。④

---

① 戴卫东、余洋:《中国长期护理保险试点政策"碎片化"与整合路径》,载《江西财经大学学报》2021年第2期。
② 宋占军、董李娜:《城市普惠型医疗保险辨析及展望》,载《上海保险》2021年第1期。
③ 廖妍雯:《"惠民保"发展存在的问题及对策建议》,载《上海保险》2021年第3期。
④ 仅有上海等少数地区切实根据当地的医保政策及参保情况定制开发了惠民保产品,如上海2021年4月27日上线的"沪惠保",考虑到上海地区基本医疗保险在职工基本医疗保险存在最高支付限额,"沪惠保"保障范围就设计为"只保障基本医疗保险外费用"。即便如此,推行第一年的参保率也仅维持在30%左右。参见龙格:《2021年惠民保发展现状、特点、主要问题及趋势探讨》,载《上海保险》2021年第6期。

表 3-1 部分城市"惠民保"产品的相关信息

惠民保产品	价格(元)	免赔额(万元)	赔付比例(%)	保障额度(万元)	既往病症*	特定药
南京惠民保	49	2	100	100	五类	无
广州惠民保	49	2	80	100	五类	15种
苏州苏惠保	49	2	70	200	四类	15种
成都惠蓉	59	2	75	100	无	20种
杭州市民保	59	2	75	200	五类	20种
东莞市民保	69	3	80	200	五类	20种
北京京惠保	79	2	100	100	五类	17种
宁波市民保	59	2	70	100	五类	15种
厦门鹭惠保	60	2	80	150	三类	20种

* 既往病症通常是指肿瘤,肝肾疾病,心脑血管,糖脂代谢疾病,肺部疾病,以及其他疾病。

据统计,全国 130 余款惠民保产品中人均保费大多集中在 49~100 元的价格区间(约占比 81%),保障额度基本上均为 100 万元或 200 万元(深圳及东莞惠民保除外),保险目录报销的免赔额大多为 1 万~2 万元,赔付比例基本控制在 70%~80%,对既往病症及特定用药的要求也大致相同。① 此外,保险公司为了避免过高亏损,在保障责任上大都采取了仅赔付"医保目录内的个人自付住院医疗费"以及少部分"特定用药"的策略,导致保险的实际保障功能极为有限,无法实现该保险的"惠民"属性,并未真正缓解重特大疾病人群的医疗负担,无法形成与社会基本医疗保险的有效衔接。②

第二,融入格局零散,融入领域狭隘。普惠保险融入社会治理现代化是一项综合性、涉及面广的工程。虽然目前各地政府都在积极推进诸多先行先试的创新性做法,如广州等地确保中小企业顺利融资的"政银保""政银担"模式,重庆等地针对踩踏事故责任、高空坠物造成的人员伤亡、见义勇为等社会治安事件治理的"普惠综治保险",以及全国许多城市都有覆盖的城市定制型普惠商业医疗保险。但这些保险基本是在县市一级层面③,针对当地政府特殊时期治理的一时一事需要而零星展开,缺乏省级、全国性、整体性、长效性的协同治理创新举措,导致普惠保险融入社会治理的协同格局较为零

---

① 王维逸、李冰婷:《健康险专题研究(一):"惠民保"多地开花,从普惠出发的补充医疗》,http://finance.sina.com.cn/stock/stockzmt/2021-02-26/doc-ikftssap8847499.shtml,最后访问日期:2021 年 11 月 28 日。

② 莫红琴、张钰洁、罗璠:《城市定制型商业补充医疗险与"服务+风控"的实践探讨》,载《上海保险》2021 年第 8 期。

③ 比如,目前在全国范围内推行的"惠民保"产品仅有 5 项,分别为 360 城惠保、全民普惠保、趣易保百万医疗、58 惠民保以及全民保·普惠医疗险。但这些普惠保险产品定价普遍偏高,投保率也因此较低。参见王维逸、李冰婷:《健康险专题研究(一):"惠民保"多地开花,从普惠出发的补充医疗》,http://finance.sina.com.cn/stock/stockzmt/2021-02-26/doc-ikftssap8847499.shtml,最后访问日期:2021 年 11 月 28 日。

散,融入的领域也多集中在公共安全、民生工程、社会救济和社会基本保障等领域,与国家社会治理现代化的发展需要和治理需要衔接并不紧密。普惠保险虽然有着丰富的风险识别技术、资源和经验,能够有效协同政府进行社会治理,但受限于融入领域零散,该保险目前仍整体游离于政府风险治理实际需求之外,协同领域并不宽泛。

第三,融入载体相对集中,协同动力不足。普惠保险协同社会治理现代化的协同载体不仅仅为保险产品,还有保险资金和保险服务。但目前我国普惠保险协同社会治理的创新载体主要局限在保险产品、保险资金和保险服务的运用上,仅在极少数地区的普惠健康类保险以及普惠老年人长期照护保险中略有涉及。普惠保险业所具有的专业优势没有得到全面的认识,这也导致政府在引导或指导普惠保险发展时,仅注重发展特定种类的普惠保险,如商业性普惠小额保险、政策性普惠农业保险,责任类、财产类等类别的普惠保险的发展长期得不到应有的重视和资源支撑,普惠保险目前的发展存在结构性失衡。此外,还存在普惠保险协同治理动力不足的问题。从保险公司角度而言,由于政府不当介入压低保险价格、不尊重市场规律和大数法则,以及保险公司自身并没有充分意识到协同治理可以增强其核心竞争力,其并不愿意承保普惠保险;而从政府角度而言,政府尤其是基层政府的治理能力极为有限,其能为承保普惠保险公司提供的补贴、免税、减税等财政资源、政策资源也同样有限,因此多数仅存在于县市一级的普惠保险都面临着协同动力不足、积极性减弱、保险项目不可持续跟进等问题。

二、参与主体多元

社会治理现代化倡导治理主体多元化、权力分散化、手段多样化、结构网络化的多中心"网络化"治理结构。普惠保险也应致力于维护该治理结构的有效性、参与性、开放性和兼容性,将行政、市场、社会等基本治理机制协同运用,形成协同治理优势。① 基于此,多元主体参与普惠保险成为必然。

(一)投保人身份的多样性

据统计,目前我国商业性普惠保险合同的投保人主要为村民委员会、居民委员会、民政局、乡/镇人民政府等基层政府及其职能部门;而政策性普惠保险的投保人不仅包括基层政府或其职能部门,还包括诸多具有一定公益性的法人组织,如专业合作组织、农村信用合作联社等(参见下文中表3-3)。以上主体在进行投保时,均面临着一个共性问题——其是否适格,对被保险人(社会弱势群体)具有法律上认可的保险利益:

首先,根据《民法典》第32条、第34及第36条的规定,基层政府或其职能部门可根据申请或因突发事件等紧急情况而担任社会弱势群体的监护人;或根据《突发事件应对法》第61条第2款的规定,对自然灾害、事故灾难、社会安全事件等突发事件,负有制定救助、补偿、抚慰等工作并组织实施的责任。此时,基层政府或其职能部门可基于应承担被监护人(社会弱势群体)的致害责任或兜底责任,而依法拥有保险利益。其次,在村民委员会等基层组织未承担社会弱势群体的监护责任时,其保险利益则更多的是来源于"国家亲权理论"及"国家主义监护理论"。前者认为,为了保护本国的人力资源,及保

---

① 石富覃:《后金融危机时代我国保险业治理体系重构初探》,载《甘肃社会科学》2012年第3期。

护人权和人的尊严,各国政府有权行使"国家亲权",并通过各种形式介入社会弱势者保护的环节中;①后者认为,监护不再被简单地归入个人和家庭的私事,而被认为是家庭、社会和国家的共同责任,国家才是真正的监护职责主体,监护人只不过是国家责任的替代者,并受国家的监督和辅助。②

因此,鉴于多数社会弱势群体经济状况较差,因病因灾因残致贫返贫的可能性极高,基层政府或其职能部门出于扶贫保障及维护社会弱势群体合法权益的考虑,替社会弱势群体购买保险服务,补充社会保障的不足,此举虽无法律明文规定,但符合法理,是国家监护职责及兜底职责的延伸。

但基层政府或其职能部门组织投保普惠保险时,保险人常基于投保人对被保险人或保险标的不享有保险利益进行抗辩,法院裁判出现不一致甚至自我矛盾的情况极为普遍。例如,在有的案件中,法院会基于"被保险人与村民委员会间不存在劳动关系"或"保险合同显示的投保人虽为村民委员会,但因其并未缴纳保费,对被保险人也不具有保险利益"为由否认基层政府的投保人地位,进而否认其对社会弱势群体具有保险利益。③ 但在有的案件中,法院则会基于"普惠保险具有一定的扶贫保障功能,若由村民委员会等基层组织投保,则应推定为被保险人同意为其投保"为由,而判定基层政府对被保险人享有保险利益。④

以上两种做法均缺乏合理性:前者不符合普惠保险的特殊性,也不利于激励基层组织参与普惠保险;而后者不利于社会弱势群体话语权的提升,并容易滋生政府贪污侵占普惠保险保费补贴的道德风险。因此,更适宜的做法是在普惠保险的相关立法中,明确基层组织投保时需要基于投保人的同意而具有保险利益。为了节约普惠保险的展业成本(尤其是政策性普惠保险),在取得被保险人同意的具体实施程序上,更宜采用召开基层工作会议或代表会议的方式进行,并明确被保险人在基层组织不履行投保义务或投保义务履行不当时,有权申请行政法上的救济。⑤

对被保险人同意投保采用集体化的方式办理也存在一定的法律依据。如根据《村民委员会组织法》第24条的规定,涉及村民利益的事项,需要经过村民会议公开讨论决定后方可办理。普惠保险的投保显然属于该条所规定的涉及村民利益的事项,因此可以通过召开村民会议或村民代表会议的方式,统计被保险人是否同意基层组织为其投保。此外,根据《村民委员会组织法》第36条的规定,在村民委员会作出的决定侵害村

---

① 徐国栋:《国家亲权与自然亲权的斗争与合作》,载《私法研究》2011年第10期。

② 李霞:《监护制度比较研究》,山东大学出版社2004年版,第249页。

③ 参见"中国人寿保险股份有限公司鹤壁分公司、白万海人身保险合同纠纷案",(2017)豫06民终341号判决书;"卢琼艳与中国人寿保险股份有限公司扶绥支公司人身保险合同纠纷案",(2017)桂1421民初75号判决书。

④ 参见"中国人寿保险股份有限公司安阳分公司、吴光枝人身保险合同纠纷案",(2018)豫05民终3406号判决书。

⑤ 司法实践中有法院一方面引用《村民委员会组织法》第24条的规定,认为村民委员会应根据该条文的规定召开村民代表大会确定该村村民的投保清单及承保方案的行为;另一方面,却错误地认为村民委员会不存在过错因此不需对相应行为承担责任。参见"某某某与中国人民财产保险股份有限公司青岛市分公司财产保险合同纠纷案",(2018)鲁0211民初15609号判决书。

民合法权益或不履行投保义务时,受侵害的村民可请求行政法上的救济,如可申请法院撤销基层组织的决定或申请由上级人民政府责令改正。

(二)政府角色定位的复杂性

由于普惠保险损失率较高但保费较低,保险市场也存在较为严重的信息不对称问题,仅依靠市场自发地发展普惠保险会导致市场失灵,政府等公权力主体的介入也因此变得不可或缺。此外,普惠保险还具有准公共物品的属性,保险合同功能和价值的满足也需要政府进行积极且合理的干预。

《农保条例》和一些地方性的普惠小额保险规范性文件已意识到了政府介入普惠保险合同订立、履行等活动的重要性,并明确要求基层政府及其职能部门,如妇联、村委会、合作社、供销社、村卫生所、计划生育协会等,需要履行一定的"引导"和"协同推进"职能。

据本书统计,地方性普惠保险法规中所要求的政府"引导"和"协同推进"职能可具体表现为:(1)作为投保人介入普惠保险合同。即政府以投保人身份,为其管辖区域内满足一定要求的群体投保。(2)作为保险人的委托人介入普惠保险合同。其既可以在普惠保险合同缔结前,协助保险人对普惠保险产品进行宣传与推广;[①]也可受保险人委托,协助其销售普惠保险产品;[②]抑或是收集和汇总被保险人名单,[③]以促使普惠保险合同目的的达成。(3)作为被保险人或投保人的委托人,协助其办理投保手续。[④] (4)建立相应的风险分散机制,为普惠保险合同履行所产生的风险承担一定的担保责任。一方面,政府可建立再保险机制,对不同的普惠保险险种设定不同的分保比例,提高普惠保险原保险合同保险人承保普惠保险合同的积极性。另一方面,政府还可建立保险风险专项补偿基金。例如,在政策允许的范围内,政府可将国家对巨灾的财政补贴以及各级地方政府的支农和救灾专款,按照一定比例划入保险风险专项补偿基金之中,针对性地防范普惠保险可能涉及的地震、飓风、洪涝等巨灾风险,维护保险合同当事人的利益。最后,政府作为社会风险承担的最后"支柱",在风险保险基金不足以支付赔款,或保险人的赔款支出达到一定临界点时,提供财政支持,承担兜底责任。例如,在北京、宁波、广州、江门等地,地方政府均设立了针对普惠小额贷款保证保险的保险风险补偿专项资金。该基金在保险人的赔付率超过120%或150%时,对保险人承担的本金赔偿给予全部或部分补充。

此时,政府等公权力主体所进行的法律行为并非传统意义上的公法行政行为。因此,其既"不强调行政相对人对行政主体命令的服从,也不带有浓厚的强制性、权力性、

---

① 《农保条例》第6条规定"国务院有关部门、机构和地方各级人民政府及其有关部门应当采取多种形式,加强对农业保险的宣传";2018年《孟村回族自治县人民政府办公室关于支持做好中国人寿保险人孟村支公司开展农村小额人身保险推广工作的通知》第3条中也有类似规定。

② 参见2008年《青海省人民政府办公厅关于印发青海省农村小额人身保险试点工作实施意见的通知》第2条第4款以及2013年《贵州保监局关于进一步推进全省农村小额人身保险试点工作的通知》第3条。

③ 参见2014年《巢湖市人民政府办公室关于进一步推广农村小额人身保险工作的通知》第4条。

④ 参见《晋城市人民政府办公厅关于在全市大力推广农村小额人身保险的通知》第3条。

非对等性"。① 相反,政府所实施的法律行为更多的是基于"服务行政"的理念,是政府为追求公法上任务所赋予的履行目的而选择私法行为,并与行政相对人成立私法上的法律关系,在性质上更宜被认定为行政私法行为。② 因此,在普惠保险中,政府等公权力主体不应再被视为行政主体,而应根据其所承担的私法角色的不同而被视为一般的民事主体,并享有对应身份下的权利,承担相应的私法义务和责任。

对于上述第(4)种情况,政府等公权力主体可视为在履行与保险人公私合作协议中的担保责任。因为,普惠保险合同本质上是由政府通过磋商与私人主体(保险人)形成的一种平等合作、利益共享、风险共担的公私合作协议。在该合作协议中,政府不再是普惠保险服务的直接提供者,而扮演着合作者、监管者和担保者的多重角色,其法律责任可相应地分解为契约责任、监管责任和担保责任。③ 其中,担保责任一方面要求政府要确保社会公众获得持续、普遍的公共服务;另一方面,还要求政府在保险人不能有效提供普惠保险这一公共服务的情况下,及时进行兜底和补位,以免公共服务供给中断,致使社会公共利益或相对人个人利益遭受损失。④

为了落实政府的担保责任,需要立法者进一步建立起政府引导管制、社会自我管制与契约课责机制相结合的多层次调控模式:⑤

首先,政府应在赋予保险人独立法律地位、确保其履行普惠保险产品或服务给付之自主性的同时,从准入门槛、服务所需专业与技术性、定期服务品质评鉴等方面调控保险人的给付行为,避免保险人因追求盈利和私益而滋生道德风险,作出有损普惠保险合同公益目的之行为,以实现引导管制。⑥

其次,普惠保险合同目的的实现,主要依赖社会自我管制,即保险人自身作出的"内部式"的自律行为。但即便如此,鉴于我国目前社会自治能力孱弱之现状,政府仍享有相当程度的参与权,并对普惠保险的服务品质、价格等予以"外部式"的间接管制。⑦

最后,政府与保险人之间以缔结普惠保险服务公私合作契约⑧的方式将各自的权利、义务和责任具体化、明确化,而政府作为担保者,亦须对保险人的履约行为予以持

---

① 贾国发、玄鸿娇:《行政行为转变研究——行政私法行为之凸显》,载《法律科学》2010年第5期。

② 刘宗德:《公法与私法之区别》,载台湾行政法学会主编:《行政法争议问题研究(上)》,五南图书出版公司2000年版,第240页;章之远:《迈向公私合作型行政法》,载《法学研究》2019年第2期。

③ 梅扬:《公私合作模式中政府的法律责任》,载《中州学刊》2018年第8期。

④ 杨彬权:《论国家担保责任:担保内容、理论基础与类型化》,载《行政法学研究》2017年第1期。

⑤ 谢冰清:《我国长期护理制度中的国家责任及其实现路径》,载《法商研究》2019年第5期。

⑥ Minow M., Public and Private Partnerships: Accounting for the New Religion, *Harvard Law Review*, 2003, Vol. 116, No. 5, pp. 1260-1261.

⑦ 詹镇荣:《德国法中社会自我管制机制初探》,载詹镇荣主编:《民营化法与管制革新》,元照出版有限公司2005年版,第148~149页。

⑧ 2019年12月10日《最高人民法院关于审理行政协议案件若干问题的规定》第1条规定:行政机关为了实现公共服务目标,与公民、法人或其他组织协商订立的具有行政法上权利义务内容的协议,属于行政协议。但学理上关于公私合作协议的法律性质认定仍存在争议,存在"民事合同说"、"经济合同说"、"混合合同说"以及"行政协议说"四种不同的观点。参见梁凤云:《公私合作协议的公法属性及其法律救济》,载《中国法律评论》2018年第4期。

续、动态的监督,避免其出现给付瑕疵或给付不能的情况,以实现契约课责机制。[①]

(三)所涉职能主体的多元性

由于普惠保险致力于推进多中心、网络化的现代化社会治理模式,因此不仅政府的角色定位更为复杂,其所涉及的政府职能主体、社会团体及其行为也更为多元。

在本书统计的涉及商业性普惠小额人身保险的184个案例中,涉及的地方政府及其职能部门或法人组织主要有:村民委员会(占比21.7%)、乡/镇人民政府(占比15.8%)、农村信用合作联社(占比6.0%)[②]、基层专门建立的小额保险工作小组(占比2.2%)、民政局(占比2.2%)、街道办事处(占比1.1%)、扶贫办(占比1.1%)。在少数案件中,也出现了基层居民委员会[③]、社会医疗保险管理局[④]、县委组织部及老龄委员会[⑤]参与保险的情况。

相较于商业性普惠保险,在政策性普惠保险中,不仅涉及的地方政府及其职能部门或法人组织更为复杂,这些主体参与保险合同的行为亦呈现出更为复杂的样态。在本书统计的721个涉及政策性普惠农业保险的案例中,涉及的地方政府及其职能部门或法人组织主要有村民委员会(占比81.7%)、专业合作社(占比45.2%)、农业服务中心(占比43.7%)、气象局(占比24.0%)、基层农业技术部门[⑥](占比4.6%)、乡/镇人民政府及其办公室(占比2.2%)以及农业经济经营管理站(占比0.8%)。

三、主体间的协同合作普遍

为更有效地参与和推进社会治理现代化,普惠保险中大量出现公权力主体与保险人、投保人等私人主体协同合作的行为。如在本书统计的721个政策性普惠农业保险案件中,绝大多数案件中(约占比96.3%)政府等公权力主体均与保险人等私人主体进行了协同合作,仅在极少数的案件中(约占比3.7%),不存在任何形式的公私协同。但在商业性普惠保险中,协同治理则没有政策性普惠保险中那样普遍。在本书统计的涉及商业性普惠小额人身保险的184个案例中,尽管在多数案件中政府均与保险人等私人主体间进行了协同,但仍有约42.8%的案件中双方未进行任何形式的协同。

(一)商业性普惠保险主体间的合作

据本书统计,在商业性普惠保险中,政府与保险人、投保人的协同合作行为主要体现为以下四种形式中的一种或多种:(1)作为投保人为其辖区内符合一定条件的居民购

---

① 陈爱娥:《契约作为公私部门合作的行政行为形式》,载范光群教授七秩华诞祝寿论文集编辑委员会主编:《程序正义、人权保障与司法改革——范光群教授七秩华诞祝寿论文集》,元照出版有限公司2009年版,第324页。

② 《民法典》第96条规定:城镇农村的合作经济组织法人为特别法人。

③ 如在一起案件中,被保险人就通过街道社区的居民委员会投保了小额团体意外伤害保险。参见"中国人寿保险股份有限公司抚顺分公司与路岩保险合同纠纷",(2017)辽04民终795号判决书。

④ 参见"薛勇与中国人寿保险股份有限公司吉林省分公司保险纠纷案",(2017)吉0605民初1502号判决书。

⑤ 参见"李彩侠、潘跃之等与中国人寿保险股份有限公司宿迁市分公司保险纠纷案",(2018)苏1323民初3551号判决书。

⑥ 如农业局、农业农村局、农牧局或特别成立的农业保险联合勘察定损理赔小组。

买保险(投保行为);(2)根据地方规范性文件的要求,组织、宣传或动员当地居民购买保险(组织及宣传行为);(3)代为办理投保手续、提供投保单、代收或代交保费(代理行为);(4)在投保人投保的普惠保险为普惠小额贷款保证保险时,常明确制定农村信用合作联社作为保险合同的第一受益人。

对于第(1)种及第(4)种协同治理方式,公权力主体实际上是保险合同的当事人,其应按照《保险法》的规定,享有投保人或受益人在保险合同中的权利,并负担相应的义务和责任。如公权力主体在作为投保人时,其应享有保险合同中的保险金请求权、要求保险人履行说明义务等权利,并负有相应的交付保险费义务、如实告知义务、出险通知义务、证明材料提供义务、施救义务等。而公权力主体在作为保险合同的受益人时,其应享有保险金请求权,并承担保险合同受益人所应承担的出险通知义务、证明材料提供义务、施救义务等义务。综上,在承认政府保险合同主体地位的前提下,其在收集信息、辅助查勘及核损等方面承担一定的协同职责即为必然。换言之,此时的政府协同职责可视为其在保险合同项下应履行的保险法义务的必要延伸。

而对于第(3)种合作方式,公权力主体可被视为保险人或投保人的代理人,以被代理人的名义进行代理活动,而在代理权限内行为的法律后果应归属于被代理人。但此时的问题是,公权力主体并不具有保险代理人的资质,此时就需要普惠保险专项立法对公权力主体保险代理人的身份予以肯认,并将其行为予以合法化。例如,放宽普惠保险销售人员的资质限制[①],或对政府或其职能部门的工作人员进行集中培训,并赋予其保险代理人资质的方式[②],对第(3)种合作治理行为予以规范。

但对于第(2)种合作方式,政府行为的性质常难以认定。实践中,法院也不倾向于对此作出明确界定。如在"中国人寿保险股份有限公司鹤壁分公司、白万海人身保险合同纠纷案"中,虽然保险合同显示的投保人为村委会,但法院却基于"村委会并未缴纳保费,保费系被保险人个人缴纳,对被保险人也不具有保险利益,仅是涉案保险的组织者和宣传者",而判决保险人向村委会签发保险单、进行免责条款的说明并不意味着其已履行保险合同中的通知义务和说明义务。

(二)政策性普惠保险主体间的合作

在政策性普惠保险中,不仅涉及的公权力主体更为复杂,这些主体与保险人等私人主体间的合作行为亦呈现出更为复杂的样态。在政策性普惠保险中公权力主体除会同其在商业性普惠保险中一样,进行投保、组织、代理[③]等协同合作行为之外,协同行为还

[①] 2008年《青海省人民政府办公厅关于印发青海省农村小额人身保险试点工作实施意见的通知》第4条第4款规定:"放宽销售渠道和销售资格……可以委托农村基层组织或机构,包括合作社、供销社、村卫生所、计划生育协会,以及新型农村合作医疗经办或代办机构等团体或机构的工作人员销售小额保险。"2009年《中国保险监督管理委员会宁夏监管局关于农村小额人身保险销售人员从业资格管理有关事项的通知》第2条规定:委托农村基层组织或机构中未持证人员销售小额保险,可申请办理资格授予。

[②] 2010年《巴彦淖尔市人民政府办公厅关于印发中国人寿保险巴彦淖尔分公司农村小额人身保险试点工作方案的通知》第6条第3款规定:对农村基层组织或机构……经办或代办机构等团体或机构的工作人员……应提供累计不少于30小时的专业培训。

[③] 如代保险人出具保险凭证和测产报告,代投保人或被保险人签订投保清单或理赔清单。

表现为以下方式:(1)保费补贴行为。(2)制定公私合作协议及投保计划,并在协议中明确规定公权力主体需要履行协同职责,进行如协同保险人或被保险人查勘、定损、理赔,协助被保险人或投保人开具出险证明、损失清单,在出险后协助保险人的赔偿方案进行公示和分发等协同行为;(3)代保险人出具保险凭证和测产报告;(4)代投保人或被保险人签订投保清单或理赔清单;(5)参与查勘、定损、理赔工作,开具出险证明、损失清单;(6)在出险后,协同保险人的赔偿方案进行公示和分发;①(7)在出险后,负有一定的施救义务,如及时向保险人报案,同时组织村民积极采取施救措施,防止损失进一步扩大。②

对于第(1)种协同合作方式,行为的定性目前仍不明确,主要存在"行政补贴说""行政奖励说""行政给付说"三种观点。根据"行政补贴说",政府的保费补贴行为应被视为实现国家总体发展策略和社会的公共利益的行政补贴行为;根据"行政奖励说",政府的保费补贴行为系表彰先进、激发保险人创造力和积极性的行政奖励行为;而根据"行政给付说"的主张,政府的保费补贴行为是保障社会稳定、有序、公平发展的行政给付行为。③

但以上观点均存在一定问题:首先,同行政补贴不同,政府的保费补贴目的更为狭窄,其只是出于经济调控和实现普惠的需要,服务于一定的经济目的。其次,同行政奖励不同,政府的保费补贴只包含物质上的资助,不包含精神奖励和职务方面的权益授予。最后,同行政给付亦不同,政府的保费补贴通常并不是依申请而进行的行政行为。由于对政府的保费补贴难以明确界定,其不当行为的法律规制也常面临障碍。如实践中对于政府进行保费补贴时数额及对象不恰当、制定和执行程序不恰当、救济机制不恰当等不当补贴行为长期缺乏规制,导致政府的保费补贴极易扭曲市场价格信号的市场调节功能,也造成了市场竞争秩序的破坏和公帑的浪费。

对于第(2)种及第(3)种合作治理方式,公权力主体行为的性质亦不明确。一方面,其行为具有一定的授予保险人特许经营权,即授予保险人经营公益性保险这一公共服务的经营权,实现利益的共享和风险共担的行政特许经营的特性。另一方面,普惠保险的经营权也并非传统上需要政府垄断进行经营的特权,导致公权力主体特许经营行为的行政色彩并不浓厚,也导致很难根据《行政诉讼法》及《基础设施和特许经营管理办法》的规定将该协议引发的法律争议定性为行政争议,并纳入行政法所调整的范围。

因此,实践中对于第(2)种及第(3)种合作治理方式,只能依靠单行法或一般法理对不同的职责采取公法或私法的法律适用程序。④ 但在具体的程序建构上,却缺乏"竞争性对话"和"全程监督"机制,一方面导致对合作者的挑选缺乏有效的竞争机制,另一方

---

① 《农保条例》第10条、第12条及第15条规定:由农业生产经营组织、村民委员会等单位组织农民投保的农业保险,保险机构应将承保情况、定损结果和理赔结果进行公示;投保清单及理赔清单需要被保险人签字确认。
② 如《北京市政策性农业保险统颁条款》第18条就明确规定:发生保险责任范围内的损失后,村委会应在24小时内向公司客服中心报案,同时组织村民积极采取施救措施,防止损失进一步扩大。
③ 王彦明、王业辉:《政府补贴的法理与规制进路》,载《河南社会科学》2015年第12期。
④ 王旭:《公民参与行政的风险及法律规制》,载《中国社会科学》2016年第6期。

面也造成行政任务的过程和交付结果的质量不能得到有效监督,可能损害公共利益。①此外,合作协议的规定通常较为原则化,导致合作常沦为一种形式,合作失败后出现责任真空,公权力主体和私人主体皆逃避责任的现象极为普遍。

第二节 保险合同的团体化及非格式化

由于团体保单具有节约运营成本、提高投保率的优势,其在普惠保险中运用得尤为普遍。与一张保单通常只承保一个自然人的个人保险不同,团体保险的一张保单可为一个团体内的多个自然人的风险提供保障。正因如此,团体保险具有以投保团体为核保对象、不对个体被保险人事先核保、保费一般根据经验费率确定且相对低廉等特殊性;在"危险选择单位、保费确定方法、保险合同保险形式等诸多法律制度上",都与个人保险存在较大区别。②

据本书统计(参见表3-2),在2014至2020年间的184个商业性普惠小额人身保险案件中,投保人以团体保单形式投保的案件总数为77件,占比高达42%;其中,以基层人民政府为单位(包含乡镇人民政府及村民委员会)进行团体投保的案件最为常见,案件数量总共为27件,占到整个团体保险纠纷的35.1%。此外,以区居委会、扶贫办及民政局、农村小额人身保险工作小组、农村信用合作联合社、新型农村合作医疗管理办公室、区人力资源和社会保障中心、镇财政、敬老中心甚至街道老年协会为投保人,进行团体投保的情形也大量存在。在政策性普惠农业保险中,团体保单的应用经常出现,如中国人民财产保险股份有限公司(以下简称人保财险)在北京发行的政策性樱桃种植保险以及政策性玉米种植保险均采用了团单的方式。

表3-2 普惠小额人身团体保险案件情况概览

案号	所涉团体保险名称	投保主体	所涉行政主体行为
(2018)皖1821民初1770号	国寿小额团体意外伤害保险(2013版)	村民委员会	投保
(2017)桂1421民初75号	国寿农村小额团体意外伤害保险条款、国寿农村小额团体定期寿险(A型)条款、国寿附加农村小额意外费用补偿团体医疗保险条款	村民委员会	投保
(2017)桂1423民初431号	国寿农村小额团体意外伤害保险、国寿农村小额团体定期寿险、国寿附加农村小额意外费用补偿团体医疗保险、国寿通泰交通团体意外伤害保险	乡人民政府	投保

---

① 王旭:《公民参与行政的风险及法律规制》,载《中国社会科学》2016年第6期。
② 最高人民法院民事审判二庭:《最高人民法院关于保险法司法解释(三)理解与适用》,人民法院出版社2015年版,第472页。

续表

案号	所涉团体保险名称	投保主体	所涉行政主体行为
(2018)豫05民终3406号	国寿农村小额团体意外伤害(2013版)	县扶贫办、民政局	投保
(2017)豫1621民初121号	国寿农村小额团体意外伤害保险(2013版)、国寿附加农村小额意外费用补偿团体医疗保险	镇人民政府	宣传
(2016)豫06民终992号	国寿农村小额团体意外伤害保险、国寿附加农村小额意外费用补偿团体医疗保险	村民委员会	投保
(2017)豫06民终341号	国寿农村小额团体意外伤害保险(2013版)	村民委员会	组织和宣传
(2017)豫06民终340号	国寿农村小额团体意外伤害保险(2013版)	村民委员会	组织、投保
(2017)豫06民终207号	国寿农村小额团体意外伤害保险(2013版)	村民委员会	组织、投保
(2018)豫0782民初3203号	国寿农村小额团体意外伤害保险(2013版)	村民委员会	投保
(2015)洛民金终字第72号	国寿小额团体意外伤害保险(2013版)	市农村小额人身保险工作领导小组	宣传
(2020)豫04民终872号	国寿农村小额团体意外伤害保险(2013版)	农村信用合作联社	投保
(2016)豫0622民初591号	国寿农村小额团体意外伤害保险、国寿附加农村小额意外费用补偿团体医疗保险	村民委员会	投保
(2017)豫0825民初597号	国寿农村小额团体意外伤害保险(2013版)、国寿农村小额团体定期寿险(A型)	县农村小额人身保险推广领导小组	投保
(2018)豫07民终4274号	国寿农村小额团体意外伤害保险(2013版)	村民委员会	投保
(2016)豫0381民初926号	国寿农村小额团体意外伤害保险(2013版)	村民委员会	投保
(2016)豫0381民初927号	国寿农村小额团体意外伤害保险(2013版)	村民委员会	投保
(2016)豫0327民初1557号	国寿农村小额团体意外伤害保险	乡人民政府	投保
(2018)豫1425民初4682号	国寿农村小额团体意外伤害保险、国寿附加农村小额意外费用补偿团体医疗保险	乡人民政府	投保
(2014)鄂当阳民初字第01138号	国寿农村小额团体意外伤害保险	村民委员会	投保

续表

案号	所涉团体保险名称	投保主体	所涉行政主体行为
(2015)鄂当阳民初字第02265号	国寿农村小额团体意外伤害保险(2013版)、国寿农村小额团体定期寿险(A型)、国寿附加绿洲意外住院定额给付团体医疗保险(2013版)	村民委员会	投保
(2015)鄂五峰民初字第00384号	国寿农村小额团体意外伤害保险(2013版)	村民委员会	核保、出具死亡证明
(2018)鄂0505民初149号	国寿农村小额团体意外伤害保险(2013版)、国寿附加绿洲意外住院定额给付团体医疗保险等四险种	区居委会	投保
(2017)吉0722民初2859号	团体农村小额意外伤害保险	县人民政府	投保
(2019)苏0321民初376号	国寿农村小额团体意外伤害保险(2013版)	县新型农村合作医疗管理办公室	投保
(2020)苏0706民初205号	国寿农村小额团体意外伤害保险、国寿附加绿洲意外住院定额给付团体医疗保险、国寿附加农村小额意外费用补偿团体医疗保险	区人力资源和社会保障中心	投保
(2018)苏0826民初4582号	国寿农村小额团体意外伤害保险	镇财政所	投保
(2018)苏1323民初3551号	国寿绿洲团体意外伤害保险(B型)(2013版)、国寿绿洲团体定期寿险、红安险保险合同和小额人身险保险合同	县委组织部、县老龄委员会	投保
(2019)苏03民终3863号	国寿农村小额团体意外伤害保险(2013版)、国寿附加小额意外费用补偿团体医疗保险	县新型农村合作医疗管理办公室	投保
(2016)云7102民初53号	国寿绿洲团体意外伤害保险(A型)	朋阳敬老中心	投保
(2017)辽04民终795号	国寿小额团体意外伤害保险、国寿附加小额意外费用补偿团体医疗保险	区居民委员会	投保
(2017)陕0721民初2188号	国寿小额团体意外保险、国寿附加绿洲意外费用补偿团体医疗保险	村民委员会	投保
(2019)陕0327民初1056号	国寿农村小额团体定期寿险、国寿农村小额团体意外伤害保险、国寿附加农村小额意外费用补偿团体医疗保险	县农村小额人身保险领导办公室	投保
(2019)陕0803民初3914号	国寿农村小额团体意外伤害保险、国寿附加农村小额意外费用补偿团体医疗保险	街道办事处	投保
(2017)川01民终16339号	国寿农村小额团体意外伤害保险	乡级人民政府及村民委员会	投保、收取保费

续表

案号	所涉团体保险名称	投保主体	所涉行政主体行为
(2015)丹民初字第563号	国寿农村小额团体意外伤害保险、国寿附加农村小额意外费用补偿团体医疗保险、国寿农村小额团体定期寿险(A型)	镇级人民政府	投保
(2018)川08民终643号	国寿农村小额团体人身保险、康宁终身险保险	县级人民政府	宣传
(2020)川08民终1028号	2019年广元市剑阁县农村小额人身团体保险	镇级人民政府	宣传
(2020)川0823民初1121号	2019年广元市剑阁县农村小额人身团体保险	县级人民政府办公室	宣传
(2013)江安民初字第402号	国寿农村小额团体意外伤害保险、国寿农村小额团体定期寿险(A型)、小额贷款借款人意外伤害保险	镇级人民政府	投保
(2015)彭山民初字第1071号	国寿农村小额团体意外伤害保险	镇级人民政府	投保
(2017)川14民终50号	国寿农村小额团体意外伤害保险(2013版)、国寿附加农村小额意外费用补偿团体医疗保险、国寿农村小额团体定期寿险(A型)	乡级人民政府	投保
(2016)川0623民初字987号	团体农村小额人身保险条款(2009版)	镇级人民政府	投保
(2017)川0322民初304号	康宁终身保险及附加意外伤害险、国寿农村小额团体意外伤害保险	村民委员会	投保
(2016)川0321民初1866号	国寿农村小额团体意外伤害保险	村民委员会	宣传
(2016)川0302民初907号	国寿农村小额团体意外伤害保险(2013版)	村民委员会	宣传
(2016)川0302民初2365号	国寿农村小额团体定期寿险(A型)	县级人民政府	宣传
(2017)云3323民初193号	福贡县团体农村小额意外伤害保险(2014年度)协议书、福贡县团体农村小额意外伤害保险(2015年度)协议书、福贡县民政救助对象团体限额人身保险(2016年度)协议书	县民政局	宣传
(2017)云2923民初1343号	中国人寿老年人意外伤害保险、国寿绿洲团体意外伤害保险(A型)	镇级人民政府	宣传
(2018)云0402民初373号	国寿绿洲团体意外伤害保险(A型)(2013版)	街道办事处	投保

续表

案号	所涉团体保险名称	投保主体	所涉行政主体行为
（2018）云0421民初316号	国寿绿洲团体意外伤害保险（A型）（2013版）、国寿附加绿洲意外住院定额给付团体医疗保险（2013版）	乡级人民政府	投保
（2018）云04民终873号	国寿绿洲团体意外伤害保险（A型）（2013版）、国寿附加绿洲意外住院定额给付团体医疗保险（2013版）	乡级人民政府	投保
（2017）云0428民初678号	国寿绿洲团体意外伤害保险（A型）（2013版）	街道老年协会	宣传

资料来源：威科先行数据库2014—2020年间涉及商业性小额人身保险纠纷的案件。

与投保人为雇主或某些事业单位、被保险人为雇员或被管理对象的传统商业团体保险相比，普惠团体保险中投保人的身份不再局限于传统团体保险的投保主体。从法理上分析，基层人民政府及其职能部门、非营利性社会团体进行团体投保普惠保险行为具备合理性：

一方面，政府机构等行政主体及非营利性的社会团体投保普惠团体保险存在一定的法律依据。《民法典》第36条明确规定：居民委员会、村民委员会、学校、医疗机构、妇女联合会、残疾人联合会、未成年人保护组织、依法设立的老年人组织、民政部门等依法具有监护资格的个人或组织均可以担任临时监护人。《突发事件应对法》第61条第2款亦规定，受突发事件影响的地区人民政府，应根据本地区遭受损失的情况承担兜底责任。据此，行政主体及非营利性社会团体当然可基于承担监护责任或兜底责任等缘由，对保险标的享有保险利益，并进行相应的投保行为。①

另一方面，政府机构或非营利性社会团体还可能基于国家亲权理念的要求，享有保险利益并进行投保。即为保护人权和人的尊严，政府应行使国家亲权，通过各种形式介入未成年人、精神障碍患者保护的环节中。②

综上，普惠保险在具体规则设置时，应考虑到团体保单大量应用的现实，并顾及投保人身份的特殊性，适当改变传统商业保险所应适用的保险法原则和具体规则，以此来保证普惠保险合同的团体性、公益性，保障被保险人的合同利益。

---

① 关于保险利益原则在普惠保险合同中应如何适用的问题，本书将在第四章第三节予以详细论述。
② 参见徐国栋：《国家亲权与自然亲权的斗争与合作》，载《私法研究》2011年第10期。该理论在《残疾人保障法》第50条中亦有所体现。

第三节 保险合同的定制性及其挑战

在传统商业保险合同中,保险条款基本上都属于保险人为了重复使用而预先拟定,并在合同订立时未予对方予以协商的格式条款。但在普惠保险尤其是政策性普惠保险中,①却并非如此。

一、公私协商订立以满足政策要求

在政策性普惠保险中,保险人根据投保人或被保险人所在地的具体情况及当地的保障需求,拟定保险合同承保范围、保险责任、责任免除等保险条款的情况普遍存在。实践中,地方政府的民政局、农业农村局、财政局、扶贫办公室等职能部门常通过政府采购及招标活动的方式,向保险公司购买普惠保险服务,并与之签订公私合作协议。

据本书统计,仅在2020年5月到6月期间,"政府采购网"上公布的招标成功的普惠保险项目就多达73项(参见表3-3)。在这些普惠保险项目中,保险合同常由民政局、农业农村局、气象局、政法委员会、林业局、扶贫办等行政机构或地方残联、妇联等非营利性社会团体,以向保险人购买服务的方式订立(参见表3-3)。此时的合作协议中,常会含有保险对象、保障方案、保险责任及未尽事宜适用相关商业保险条款的规定。

表3-3 政府采购网公布的普惠保险项目统计

普惠保险项目名称	采购主体	地区
防贫保险	高碑店市民政局	河北
政策性畜牧业保险	禹城市农业农村局	山东
老年人意外保险	惠安县民政局	福建
种植保险	巫溪县农业农村委员会	重庆
森林火灾保险(公益林)	玉龙纳西族自治县林业和草原局	云南
道路设施公众责任保险	济南市历城区人民政府王舍人街道办事处	山东
金银花气象指数保险	巨鹿县气象局	河北
精准防贫保险	肃宁县民政局	河北

---

① 相较而言,商业性普惠保险中有关保险责任和免责事由的规定常与同类的传统商业保险险种高度雷同。据本书统计,仅在极少数的案件中保险人针对被保险人所在地的当地特色,并顾及被保险人为弱势群体的特殊性,因地制宜地制定了更贴合于投保人或被保险人需求的普惠保险条款。如人保财险的《福贡县团体农村小额意外伤害保险(2014年度)协议书》《福贡县团体农村小额意外伤害保险(2015年度)协议书》《福贡县民政救助对象团体限额人身保险(2016年度)协议书》。参见"中国人民财产保险股份有限公司福贡支公司与福贡县民政局意外伤害保险合同纠纷案",(2017)云3323民初193号判决书。再如,中国人寿的《"云南福满家"意外伤害险》,参见"赵某某与中国人民人寿保险股份有限公司澄江县支公司意外伤害保险合同纠纷案",(2014)澄民二初字第25号判决书。

续表

普惠保险项目名称	采购主体	地区
特色农产品保险（肉牛）	阳信县畜牧兽医服务中心、阳信县畜牧兽医服务中心	山东
失独家庭住院护理补贴保险	北京市丰台区计划生育宣传和指导中心	北京
续保老年人意外伤害保险	宕昌县民政局	甘肃
计划生育家庭疾病补充保险	厦门市翔安区大嶝街道办事处	福建
社会治安综合保险	福州市长乐区委政法委员会	福建
老年人意外伤害保险	北京市民政局（事业）	北京
农产品（甘薯种植）保险	枣庄市山亭区农业农村局	山东
政策性农业保险	馆陶县财政局机关	河北
政策性小麦完全成本保险、玉米大灾保险	青岛市黄岛区农业农村局	山东
农业保险	银川市金凤区财政局	宁夏
农产品（石榴种植）保险	枣庄市峄城区农业农村局	山东
残疾人团体人身意外伤害保险	上海市宝山区残疾人劳动服务所	上海
政策性农村住房保险	平乡县应急管理局	河北
长期照护保险	唐山市医疗保障局	河北
农村住房灾害保险	肃宁县安监局	河北
农村住房保险	迁安市应急管理局	河北
政策性农业保险	重庆市垫江县农村经营管理服务站	重庆
蚕茧收益保险	重庆市黔江区林业局	重庆
精准防贫保险	东光县扶贫和农业开发办公室	河北
农业保险	长春净月高新技术产业开发区财政局	吉林
扶贫特惠保险门诊及门诊慢性病保险	枣庄市扶贫开发领导小组办公室	山东
政策性森林保险	阿坝州观音桥国有林保护局	四川
自然灾害救助专项农房保险	武邑县应急管理局	河北
精神障碍患者监护人责任保险	山东省潍坊市寿光市卫生健康局	山东
残疾人商业人身意外保险	闵行区残疾人联合会	上海
农产品保险（牛肉产品质量安全）	阳信县畜牧兽医服务中心	山东
灾害民生综合保险	泰安市应急管理局	山东
畜牧业政策性保险	临清市畜牧兽医服务中心	山东
商业防贫补充保险	临夏县医疗保障局	甘肃

续表

普惠保险项目名称	采购主体	地区
农业种植业保险	清原满族自治县农业农村局	辽宁
城乡居民商业补充医疗保险	陵水黎族自治县医疗保障局	海南
残障人士综合意外保险	上海市静安区残疾人联合会	上海
森林火灾保险、野生动物公众责任保险	迪庆藏族自治州林业和草原局	云南
中草药种植保险、价格指数保险	青岛市即墨区地方金融监督管理局	山东
计生家庭疾病补充保险	厦门市翔安区新店镇人民政府	福建
政策性农业保险	张北县财政局	河北
民生保险	上海市青浦区重固镇人民政府	上海
肉鸡保险	高密市畜牧业发展中心、高密市畜牧业发展中心	山东
精准扶贫医疗费兜底保障保险	诏安县农业农村局	福建
政策性农业保险	长春莲花山生态旅游度假区财政局	吉林
防止返贫保险	南和县扶贫开发办公室	河北
社会救助综合保险	泉州市民政局	福建
残疾人意外伤害保险	天津市东丽区残疾人联合会机关	天津
精准防贫保险	高阳县民政局	河北
生猪高传染疫病扑杀保险	泉州市农业农村局	福建
残疾人重大疾病团体保险	大田县残疾人联合会	福建
精准防贫减贫综合保险	青岛市扶贫协作工作办公室	山东
城乡居民意外伤害保险	云梦县医疗保障局	湖北
残疾人团体人身意外伤害保险	宜兴市残疾人联合会	江苏
住宅电梯安全责任保险	铜陵市市场监督管理局	安徽
残疾人保险	崇明区残疾人劳动服务所	上海
城乡居民意外伤害保险	沙河市医疗保障局	河北
农村建档立卡贫困妇女"两癌"保险	甘肃省景泰县妇女联合会	甘肃
行政村群众人身意外伤害保险	云南省民族宗教事务委员会	云南
政策性农业保险	临朐县农业农村局	山东
政策性农业保险	涟水县农业农村局	山东
政策性农业保险（公益林）	临朐县林业发展服务中心	山东
政策性农业保险	元氏县财政局	河北

续表

普惠保险项目名称	采购主体	地区
政策性农房灾害保险	峰峰应急局	河北
重度残疾人保险	海南省残疾人联合会	海南
计生特殊家庭住院护理补贴保险	聊城市卫生健康委员会	山东
团体意外伤害	林芝市医疗保障局	西藏
政策性农业保险	吉林市龙潭区农业农村局	吉林
防贫保险	固安县民政局	河北
民生保险	平山县民政局	河北
果品种植保险	晋州市农业农村局	河北

资料来源：2020年5—6月"政府采购网"公布的招标成功的普惠保险项目。

由于政府或其职能部门与保险公司常以个别协商的方式订立政策性普惠保险合同，保险合同的格式化程度普遍较低，并常体现出较明显的地方特色，以更契合该保险的政策性。这在政策性普惠农业保险中表现得尤为明显。如安徽省国元农险为保障大棚蔬菜在种植过程中可能遭受的意外事故损失而拟定的《国元农险安徽省大棚蔬菜种植保险合同（B款）》，贵州省太平洋财险为保障茶叶遭遇极端低温天气可能产生的损失而拟定的《"黔惠保"地方财政茶叶低温气象指数保险》，以及宁夏回族自治区为保障压砂西瓜种植中可能遭受的意外事故损失而拟定的《宁夏回族自治区地方财政压砂西瓜种植保险条款》等保险合同条款均体现出高度的"地方定制性"。

二、公私协商订立合同的性质辨析

学理上，政府或其职能部门与保险公司所达成的购买普惠保险服务的合作协议应被认定为公私合作（Public-Private Partnerships，简称为PPP）协议，即公私部门以公私合作的方式执行公共任务，经双方意思表示一致所达成的协议。[①] 但该协议在定性上，究竟属于双方合意订立的私法契约，还是属于行政机关为实现行政目标而订立的公法契约，理论和实务中仍存在争议。

（一）公法契约说与私法契约说

传统理论认为，公私合作协议为私法契约或公法契约。主张公私合作协议为私法契约的学者认为，公私合作协议的签订并不构成任何公权力或公法关系的移转，合同的标的仍是民事权利及义务；且将该协议定位于私法契约，有利于突出平等合作，保障私

---

① 湛中乐、刘书燃：《PPP协议中的法律问题辨析》，载《法学》2007年第3期；张守文：《PPP的公共性及其经济法解析》，载《法学》2015年第11期。

主体在协议中的地位,使其免遭公部门可单方要求调整契约内容或终止契约的不公平待遇。①

而主张公私合作协议为公法契约的学者则认为:其一,公私合作协议主要是依据公法性的法规签订的,而且在契约的主要内容中也主要包含公法性的内容,仅涉及当事人的公法上的权利义务关系。②其二,公私合作协议的主要内容并不在于实现私主体的营利,而是执行公共任务、提供公共服务及缓解财政压力,如将该协议定性为私法契约则难免陷入"公法遁入私法"的理论困境,忽视了公私合作协议的本质和目的。③

(二)混合契约说

晚近的研究对上述传统理论进行了修正,认为公私合作协议为混合契约,即兼具公法和私法性质的混合契约。④并主张在对该协议的法律性质进行判断时,宜采取综合的标准,如结合主要目的、具体标的、核心内容、行政主体的某些特别权力在整个合同中所占比重的高低等因素进行综合判断。

该协议若满足以下要件之一时,即应认定为公法契约;反之,则应认定为私法契约:第一,协议若主要以发生公法上的法律效果为目的;第二,约定的内容系行政机关负有行使行政处分或其他公权力措施之义务;第三,协议的内容主要涉及公民公法上的权益或义务;第四,约定事项中列有显然偏袒行政机关一方或使其取得较私主体一方优势地位者。若结合上述要件,仍无法对公私合作协议的属性作出判断,则宜将涉及行政权行使的部分适用行政诉讼,而涉及私法权利义务行使的部分适用民事诉讼,以更好地保护私主体在公私合作协议中的权益。⑤综合判断标准已成为我国台湾地区的主流观点。⑥此外,法国行政法中,对于行政协议的判断也有类似的规定,认为行政协议的性质要结合签订主体、协议目的和协议内容作出综合判断。⑦德国法上,近年来也发展出"统一判断原则",即对公私合作协议的法律属性判断应基于合同标的的目的与整体属性作出判断。⑧

(三)私法契约说的合理性

结合上述综合判断标准,政府与保险人之间签订的购买普惠保险服务的公私合作协议,在法律属性上更宜认定为私法契约,原因如下:

---

① 陈爱娥:《行政法院与民事法院审判权的划分——以公私部门合作执行行政任务而缔结之契约为观察主轴》,载曾华松大法官古稀祝寿文集编辑委员会主编:《论权利保护之理论与实践——曾华松大法官古稀祝寿论文集》,元照出版有限公司2006年版,第581页以下。
② 李建良:《公法契约与私法契约之区别问题》,载台湾行政法学会主编:《行政契约与新行政法》,元照出版有限公司2002年版,第174页。
③ 梁凤云:《公私合作协议的公法属性及其法律救济》,载《中国法律评论》2018年第4期。
④ 湛中乐、刘书然:《PPP协议中的法律问题辨析》,载《法学》2007年第3期;崔建远:《行政合同族的边界及其确定根据》,载《环球法律评论》2017年第4期;于安:《我国实行PPP制度的基本法律问题》,载《国家检察官学院学报》2017年第2期。
⑤ 喻文光:《PPP立法中的八大重点问题探讨》,载《中国政府采购》2017年第9期。
⑥ 我国台湾地区台北市政府2007年发布的《行政契约判断基准》。
⑦ [法]让·里韦罗、让·瓦利纳:《法国行政法》,鲁仁译,商务印书馆2008年版,第550页。
⑧ 刘飞:《行政协议诉讼的制度构建》,载《法学研究》2019年第3期。

首先,从协议的目的上看,政府与保险人针对普惠保险服务提供签订的合同协议,是政府将特定的普惠保险项目在一定年限内的经营权和收益权与保险人的资金、风险管控优势进行交易的行为。该协议不涉及行政许可行为,也较少涉及行政管理、执行公务等公法行为。尽管,协议所提供的合同标的——普惠保险项目属于准公共物品,但其与属于纯公共物品范畴的社会保险仍存在诸多不同,协议本身也仍保有一定的营利性。因此,政府与保险人签订的普惠保险公私合作协议并无法完全被认定为公法契约。①

其次,从协议内容上看,政府与保险人约定的绝大部分事项仅涉及双方在保险法项下的权利、义务和责任。协议的核心内容是围绕如何提供保险服务、保险服务的具体履行及相关费用的结算等私法上的权利及义务作出约定,较少会涉及公权力行使、政府特许经营权的外包(如基础设施、公用事业的外包)等行政管理事项。②

最后,普惠保险合作协议可能会要求政府对保险人承担一定的监管及担保等公法上的责任。此时,若政府不作为或违反其担保、监督职责,也应承担民事责任而非行政责任。这一方面是因为普惠保险合作协议的履行一定程度上涉及公共利益的维护,而为达成此合同目的,政府也必须拥有一些超越普通私法契约所赋予的权利或职责,来确保普惠保险合作协议的全面履行。另一方面也是因为政府通过保险人购买普惠保险服务的行为,本质上属于政府使用财政资金的集中采购行为,行为主要的法律依据应为政府采购法,该行为在政府采购网上大量地进行公示就是强有力的例证(参见表3-2)。

根据我国《政府采购法》第43条之规定,政府采购合同应适用合同法,合同当事人间的权利和义务应按照平等、自愿的原则以合同方式约定。并且该法第79条也明确要求,政府采购的当事人若存在违法行为,给他人造成损失的,应按照有关民事法律规定承担民事责任。因此,政府即便不履行普惠保险公私合作协议项下所规定的担保或监管职责,也应按照保险法或合同法的相关规定承担继续履行、采取补救措施、进行赔偿等民事责任,而非行政责任。

据本书统计,截止到2020年11月25日,威科先行数据库中涉及商业性普惠小额人身保险的行政纠纷仅有4件。③ 其中,主要的争议焦点是基层政府强制推广商业性普

---

① 2015年《最高人民法院关于适用〈中华人民共和国行政诉讼法〉若干问题的解释》第11条曾规定:行政机关为实现公共利益或者行政管理目标,在法定职责范围内,与公民、法人或者其他组织协商订立的具有行政法上权利义务内容的协议,属于行政协议。但该规定已经失效。

② 根据2017年修正后的《行政诉讼法》第12条第11款的规定:公民、法人或者其他组织"认为行政机关不依法履行、未按照约定履行或者违法变更、解除政府特许经营协议……协议的",应提起行政诉讼。2015年《基础设施和公用事业特许经营管理办法》第51条亦规定:"特许经营者认为行政机关作出的具体行政行为侵犯其合法权益的……可以依法提起行政复议或者行政诉讼。"

③ 本书以"小额人身保险"为关键词在威科先行数据库中进行搜索,涉及行政纠纷的案件数量仅为6件,但其中有2个案件并不涉及小额人身保险,绝大多数案件均为保险纠纷案件。4件行政纠纷分别为:"许明法与中国保险监督管理委员会广东监管局金融行政管理(金融)纠纷案",(2016)粤行终1682号判决书;"许明法与广东省人民政府行政管理范围纠纷案",(2016)粤行终1519号裁定书;"孙诗成与中国银行保险监督管理委员会江苏监管局、中国银行保险监督管理委员会行政行为纠纷案",(2018)苏01行初606号判决书;"许明法与广东省人民政府不服不予受理行政复议决定纠纷案",(2015)穗中法行初字第306号判决书。

惠保险业务是否违法、基层政府负责人是否涉嫌私吞和违规发放佣金、不告知村民投保及保险合同内容等行为。此外,政府参与较多的政策性普惠保险中,如政策性普惠农业保险中的行政纠纷数量也仅有 21 件。其中,争议焦点主要涉及经济合作社、农村工作办公室等主体不出具保险相应证明及不办理政策性农业保险的行为是否属于行政行为。[1]

由此可见,实务界和保险法学界对政府与保险人所订立的普惠保险公私合作协议的法律定性问题,常予以忽略或存在错误认知。[2] 这也导致政府与保险人在普惠保险合作协议履行过程中的权利、义务和责任分配,长期处于混乱状态,行政主体在普惠保险合同订立和履行过程中私法义务和责任体系的构建仍然缺位。这不仅不利于激励政府等行政机关积极参与普惠保险合同,还不利于威慑政府在普惠保险合同中的不当行为,亟须对此作出回应。

三、公私合作协议内容规制的特殊性

保险合同的内容是合同当事人双方约定的权利和义务。在传统的商业保险合同中,保险合同一般是以格式化的保险条款的形式出现,保险合同当事人的权利和义务也主要体现在这些格式化的条款上。相应地,为了实现对保险合同内容的规制,维持保险合同的给付均衡,消弭保险合同相对方所遭受的信息不对称,立法者需要对这些格式条款进行规制。[3] 信息规制(如对保险条款制定方课加信息提供义务)[4]及内容控制(如对不公平条款内容进行无效之规定)[5]为其常用的保险合同内容规制方法。

由于普惠保险合同常以政府等行政主体与保险人进行个别协商的方式拟定,普惠保险合同中的保险条款并不满足格式条款"预先拟定"、"重复使用"及"未予合同相对方协商"的要件。在法律定性上,这些保险条款更宜被认定为"个别协商条款",即经由合同当事人协商确定的合同条款。[6] 但遗憾的是,现行《保险法》及其司法解释中,仅建立了对格式条款内容进行控制的规范体系,并未提供保险合同中"个别协商条款"的效力判断标准,该条款与格式条款在效力判定上有何区别亦不明确。[7]

---

[1] 如在一起案件中,法院认为:"经济合作社并非行政机关,其出具相应证明及申报早稻面积也并非行政行为,故本案不属于人民法院的受案范围,应依法予以驳回。"参见"金海军与绍兴市上虞区谢塘镇谢家塘村股份经济合作社行政管理范围纠纷案",(2020)浙 0604 行初 106 号裁定书。

[2] 仅有少数有关普惠老年人长期照护保险及普惠农业保险的研究,意识到了普惠保险项目中的公私合作问题。但这些研究并未深入探讨合作中所达成的协议的法律定性问题,以及协议当事人双方的权责分配问题。参见朱俊生:《中国农业保险制度模式运行评价——基于公私合作的理论视角》,载《中国农村经济》2009 年第 3 期;谢冰清:《我国长期护理制度中的国家责任及其实现路径》,载《法商研究》2019 年第 5 期。

[3] 马宁:《保险格式条款内容控制的规范体系》,载《中外法学》2015 年第 5 期。

[4] 传统商业保险的保险人应按照《保险法》第 17 条的规定履行明确说明义务;若其未能善尽义务,则应按照《保险法》第 30 条的规定对条款内容进行不利于保险人之解释。

[5] 《保险法》第 19 条规定了保险人提供的格式条款被认定为无效的具体情形。

[6] 贺栩栩:《〈合同法〉第 40 条后段格式条款效力审查评注》,载《法学家》2018 年第 6 期。

[7] 马宁:《保险格式条款内容控制的规范体系》,载《中外法学》2015 年第 5 期。

在合同法上,学者常以"是否进行了事实上的磋商"作为"个别协商条款"的效力审查标准。① 但这种判定过于简化,不仅忽略了合同相对人的主观能动性和理性利益衡量的可能性,还无限扩大了保险经营者的博弈地位,置本就处于弱势地位的投保人或被保险人于更为不利的地位,② 并无法较好地适用普惠保险合同。因此,需要在立法中细化普惠保险合同中"个别协商条款"的效力判断要件,确立普惠保险合同条款的具体规制路径,以适应普惠保险的发展,实现普惠保险合同的目的和价值。

在普惠保险合同中,继续延用传统商业保险合同中的做法,对合同中含有不公平内容的格式条款予以内容控制,并无不妥。但顾及普惠保险合同投保方为社会弱势群体,其对保险合同内容的理解程度有限之特殊性,普惠保险合同中涉及内容控制的具体规范应予以进一步细化,以明晰法律规范后果的可预测性,加强普惠保险合同投保方对保险产品的信任。首先,可在普惠保险立法中更清晰地界定何种保险条款才属于不公平条款,而何种条款不得进行公平性评估。③ 之后,再具体列举不公平条款的表现形式,④ 以在实证意义上实现对普惠保险合同内容的控制,切实地保障保险合同的给付均衡。

但沿用传统商业保险合同中的做法,向保险人施加较为严苛的说明义务,对普惠保险合同的内容进行信息规制,却存在诸多弊端:

第一,保险合同条款众多,若想充分削减信息偏在,就需要要求保险人对合同中的一切可能限制或免除保险人责任的规定进行说明,这几乎涵盖保险合同的全部条款,成本巨大,与普惠保险所强调的可负担性相悖。

第二,即便保险人愿意善尽说明义务,但由于保险条款冗长复杂,极富技术性,预使财商(financial literacy)和教育水平普遍较低的投保人完全理解条款也不现实。加之,投保人通常更关心近期的现实利益(如所交保费的数额),而非远期的不确定风险(如免责条款),其耐心倾听保险人解释保险条款的意愿并不强。⑤

第三,普惠保险合同与传统的商业保险合同一样,均属于射性合同,保险责任的触发为小概率事件。因此,理性的保险人宁可在事故发生后承担不履行说明义务的法律责任,也不愿意按照法律规定履行说明义务。最后,大量实证研究已证明,目前保险法

---

① 谢鸿飞:《合同法学的新发展》,中国社会科学出版社2014年版,第144~145页;王洪亮:《债法总论》,北京大学出版社2016年版,第58页。

② 贺栩栩:《〈合同法〉第40条后段格式条款效力审查评注》,载《法学家》2018年第6期。

③ 我国的保险实务中常缺乏对保险条款区分规制的意识,常将保险合同中的核心给付条款,特别是界定承保范围的定义条款宣告无效,存在干扰保险业经营的风险。参见马宁:《保险格式条款内容控制的规范体系》,载《中外法学》2015年第5期。

④ 《德国民法典》第308条与第309条分别列举了8类和13类具体的相对无效与绝对无效的保险条款类型;澳大利亚《2013年保险合同法(不公平条款)修正法案》[Insurance Contracts Amendment (Unfair Terms) Bill (2013)]第14条第D款中也同样列举了14类不公平条款的类型。

⑤ Melvin A. Eisenberg, The Limits of Cognition and The Limits of Contract, *Stanford Law Review*, 1995, Vol. 47, No. 2, pp. 214-216, 220-223; Jeffery E. Thomas, An Interdisciplinary Critique of Reasonable Expectations Doctrine, *Connecticut Insurance Law Journal*, 1998, Vol. 5, No. 63, pp. 295-309.

中关于投保人说明义务的规定已然成了投保人滥用权利的"挡箭牌"。①

综上,传统商业保险合同对合同内容所进行的信息规制路径在普惠保险合同中并不完全可行。在普惠保险的具体实践中,保险人常通过"保单通俗化"的方式,对保险合同中的信息不对称问题予以一定程度的规避。如印度、菲律宾②及我国台湾地区③的普惠小额保险立法均明确规定,普惠小额保险应满足"保单通俗易懂"的要求。而普惠保险合同的通俗化目前主要通过以下三种方式予以实现:

第一,通过设立保单简化原则来实现普惠保险合同的通俗化。如在印度、菲律宾和巴西等国,常通过明确要求普惠小额保险的保单中所使用的语言应当以其可被投保人或被保险人轻易理解为准则,来实现普惠保险合同的通俗化。④ 但这种方式存在一定问题,因为普惠保险合同本质上仍是保险术语的集合,而保险术语则是具有丰富内涵的专业知识的简略代码,若要将其作出通俗化的描述,势必会导致保单与订约过程冗长而烦琐,且表述的精确性无法予以控制,极易滋生纠纷。

第二,通过强制普惠保险承保单一保险事故来实现普惠保险合同的通俗化。例如,我国台湾地区通过限制普惠保险合同只能承保单一的保险事故,如规定保险人只可签订一年期的定期人寿保险、一年期的伤害保险及一年期的伤害医疗保险,来实现普惠保险合同的通俗化。⑤ 仅就实现保险合同通俗化而言,限制保险合同的承保保险事故数量无疑是有效的,并且其还可以缓解普惠保险推行过程中所面临的风险相关数据的紧缺问题,因为保险合同承保范围的扩大显然对风险数据测算有较高要求。但限制保险合同的承保事故数量也存在一定弊端。一方面,在保险合同仅承保单一保险事故时,保险人难以利用多种损失原因合并保险经验费率以降低经营成本。另一方面,单一保险事故的普惠保险合同,无法满足普惠保险目标群体差异化的保险需求。有鉴于此,有学者主张,限制普惠保险合同的承保保险事故数量,当且仅当在确认普惠保险目标群体并无更复杂的保险需求时才有效。⑥

第三,通过限制保险合同不公平条款来实现普惠保险合同的通俗化。如限制免责条款的数量、限制保险人使用免赔额和共保条款、限制可选择的保额档次或范围及简化核保理赔手续等。⑦ 与上述实现保险合同通俗化的方式相比,通过限制保险合同不公平

---

① 吴勇敏、胡斌:《对我国保险人说明义务制度的反思和重构——兼评新〈保险法〉第17条》,载《浙江大学学报(人文社会科学版)》2010年第3期。

② Biener C., Eling M., Joan T. Schmit, Regulation in Microinsurance Markets: Principles, Practice and Directions for Future Development, *World Development*, 2014, Vol. 58, No. 1, p.29.

③ 《全面推广小额人身保险方案》第1条。

④ Biener C., Eling, M., Joan T. Schmit, Regulation in Microinsurance Markets: Principles, Practice and Directions for Future Development, *World Development*, 2014, Vol. 58, No. 1, p. 29.

⑤ 我国台湾地区"金管会"2018年修订后的《保险业办理微型保险业务应注意事项》第3条第2款规定:微型保险商品之设计应以简单为原则,并以承保单一保险事故为限。

⑥ Biener C., Eling M., Joan T. Schmit, Regulation in Microinsurance Markets: Principles, Practice and Directions for Future Development, *World Development*, 2014, Vol. 58, No. 1, p. 29.

⑦ 《全面推广小额人身保险方案》第2条第3款规定:小额人身保险产品……除外责任尽量少,核保理赔手续简便。

条款来实现保险合同的通俗化具有一定的优越性。与要求保险合同条款以易于投保方理解相比，限制保险合同不平等条款更易于操作，且通俗化的评价标准也较为客观。审查机关只需核对免责条款、免赔额、共保条款等限制投保人或被保险人权利的条款在数量上有无减少。而与限制保险合同承保的保险事故数量相比，限制保险合同的不公平条款数量，并不对投保方多样化的保险需求造成不当减损。此外，对保险合同中的不公平条款予以限制，还可降低投保人或被保险人的赔付风险。长此以往，必然会提升普惠保险目标群体对普惠保险的信任，有利于普惠保险合同价值的实现。最后，保险人为记录和执行保险合同的不公平条款，需要建立更详细的数字化系统和设计更复杂的理赔流程，对于普惠保险合同较为小额的赔付而言，实施的成本可能过高，并非一个合理的选择。因此，限制普惠保险合同的不公平条款，在节约保险合同通俗化的成本意义上，也存在合理性。

第四节　争议问题及司法裁判的复杂性

对于商业性普惠保险而言，由于中国人寿保险股份有限公司（以下简称"中国人寿"）和中国人民财产保险股份有限公司（以下简称"人保财险"）的市场占有份额较高，因此发生争议较多的商业性普惠小额人身保险险种及保险条款也多集中在这两大保险公司（见表3-4）。同理，对于政策性普惠保险而言，除人保财险在全国范围内占有较高的市场份额之外，专业性的农业保险公司，如国元农业保险股份有限公司（以下简称"国元农险"）、安华农业保险股份有限公司（以下简称"安华农险"）、太平洋财产保险股份有限公司（以下简称"太平洋财险"）、中华联合财产保险有限公司（以下简称"中华联合财险"），分别在安徽、北京、贵州和河北地区占有较高的市场份额。因此，实践中发生争议较多的政策性普惠保险险种及保险条款也多集中在以上保险公司及地区。尽管如此，争议险种和争议焦点依然呈现出复杂性。

一、争议险种及争议焦点复杂

在表3-4所列明的高频争议的保险险种中，涉及中国人寿《国寿农村小额团体意外伤害保险（2013版）》《国寿农村小额团体定期寿险（A型）》《国寿绿洲团体意外伤害保险（A型及B型）》《国寿附加农村小额意外费用补偿团体医疗保险》，以及人保财险的《农村小额人身保险（2009版）》的保险具体条款的案件数量居多，所涉争议险种涉及意外伤害保险、定期寿险、医疗保险、人身保险等多个险种，具有复杂性。

表3-4　商业性普惠小额保险实践概况总结

险种名称（主险）	承保公司	涉案数量
国寿农村小额团体意外伤害保险（2013版）	中国人寿	49
农村小额人身保险（2009）	人保财险	13
国寿农村小额团体定期寿险（A型）	中国人寿	12

续表

险种名称(主险)	承保公司	涉案数量
国寿绿洲团体意外伤害保险(A型及B型)(2013版)	中国人寿	11
国寿农村小额意外伤害保险(2013版)	中国人寿	10
农村小额意外伤害保险	人保财险	9
团体农村小额意外伤害保险	人保财险	8
农村小额借款人人身保险A款	人保财险	3
国寿综合意外伤害保险	中国人寿	2
国寿安心意外伤害保险(A型)	中国人寿	1
国寿通泰交通团体意外伤害保险	中国人寿	1
小额贷款保证保险	人保财险	1
险种名称(附加险)	承保公司	涉案数量
国寿附加农村小额意外费用补偿团体医疗保险	中国人寿	13
国寿附加绿洲意外住院定额给付团体医疗保险	中国人寿	6
国寿附加农村小额意外费用补偿医疗保险	中国人寿	1

资料来源：威科先行数据库。

此外，在本书统计的184个商业性普惠小额保险纠纷中，案件的争议焦点主要集中在以下八个方面：第一，意外事故认定问题（占比41.7%）。即投保人或被保险人所遭受的意外伤害或事故是否属于保险合同相关条款所规定的"意外伤害"或"意外事故"。第二，免责条款适用问题（占比21.7%）。即保险人是否可以主张保险合同中所规定的免责条款，如"被保险人斗殴、醉酒、服用、吸食或注射毒品导致被保险人身故、伤残或支付医疗费用"等条款，免除自身的保险责任。第三，保险人说明义务的履行问题（占比14.7%）。即保险人是否有将保险条款的内容，尤其是免责条款的内容，对投保人进行陈述说明、提示和解释，或在投保单、保险地或者其他保险凭证上作出足以引起投保人注意的提示。[①] 第四，赔偿责任认定问题（占比14.7%），包含赔偿责任范围的认定问题、保险人损失赔偿义务的履行问题及赔偿金额的核算问题。第五，保险期间的认定问题（占比8.2%）。通常该争议发生在投保单载明的申请日期、受理日期及保险人出具的

---

① 《保险法》第17条及《最高人民法院〈保险法〉司法解释(二)》第10条、第11条。

保费收据日期不一致时,如何认定的问题。① 第六,保险金作为遗产的继承问题(占比8.2%)。第七,诉讼主体资格认定问题(占比6.0%)。第八,保险利益问题(占比4.9%)。尤其是在当投保人为基层政府及其职能部门或法人组织时,投保人是否对被保险人享有保险利益的问题。

在本书统计的721个政策性普惠农业保险纠纷中,诉讼的争议焦点则与商业性普惠小额人身保险略有不同。首先,由保险利益原则适用问题而引发的争议更加突出,因为涉及该项原则适用问题的案件占比高达41.7%。这是因为农村土地在流转过程中,常会涉及土地流转的受让方是否享有保险利益的问题。

其次,关于保险人、投保人或被保险人具体义务履行的争议较多。在保险人的具体义务履行方面,常见争议主要涉及保险人信息提供义务及损失赔偿义务的履行问题。一方面,根据《农保条例》第10条以及《保险法》第24条的规定:在投保后以及出险后,保险人均向被保险人负有一定的信息提供义务,其不仅应制作投保清单,详细列明被保险人的投保信息,并由被保险人签字确认;保险人还应在拒绝赔偿时,出具通知书,并向被保险人或受益人说明理由。另一方面,《农保条例》第12条、第15条以及《保险法》第23条、第24条明确规定了保险人向被保险人或受益人负有一定的损失赔偿义务,即其在收到被保险人或受益人的赔偿请求后,应及时作出现场查勘与核定,并将结果进行公示,理赔清单也应由被保险人签字确认,之后,需在10日内履行赔偿义务;而对于不属于保险责任的,则应出具拒赔通知书,并说明理由。但实践中,由于政策性普惠农业保险的涉案主体复杂,保险人向组织投保的基层政府或其职能部门提供保险信息或公示赔偿方案后,并以此为由主张其已履行信息提供义务、损失赔偿义务的纠纷大量存在,现有规定的合理性备受质疑。而在投保人或被保险人具体义务履行方面,常见的争议则主要涉及投保人或被保险人保险事故或损失证明材料的提供义务、出险通知义务及重复保险的告知义务的履行问题。

最后,涉及基层政府等行政主体职责履行的争议也频繁发生。例如,在人保财险青岛分公司与青岛清保农机专业合作社社员有关政策性玉米种植保险的一系列保险纠纷案件中,保险人就曾基于专业合作社"未向保险公司提交投保人名下所投保秋玉米亩数的土地流转合同或土地承包手续"为由,要求法院判定专业合作社未履行《农业保险条例》第10条第2款及青岛市黄岛区农发局《关于做好2015年秋玉米政策性农业保险工作的通知》第3条规定的信息提供职责。②

---

① 在一起案件中,保险单上载明的保险合同生效日期早于保险人出具的保费收据日期。而根据涉案的中国人寿《农村小额团体意外伤害保险(2013版)》第3条的约定:自本合同成立、本公司收取保险费并签发保险单的次日零时起本合同生效,合同生效日期在保险单上载明,生效对应日以该日期计算。一审法院认为,若认定保险合同的保险期间从保单载明的生效日期起开始计算,则"客观上压缩了被保险人的保险期间,侵害了被保险人的保险权益",故应认定保险期间从保费收据上载明的日期为准进行计算。参见"中国人寿保险股份有限公司沭阳支公司与吕先花、吕先娥等人身保险合同纠纷案",(2020)苏13民终2141号判决书。

② 经本书统计这类的案件数量共计288件。如"张成刚与中国人民财产保险股份有限公司青岛市分公司财产保险合同纠纷案",(2018)鲁0211民初17167号判决书。

二、协同治理裁判复杂

普惠保险在融入社会治理现代化体系的过程中,政府等公权力主体的介入逐渐成为常态。但传统的行政干预模式,如政府通过强制投保或垄断保险经营等方式进行干预,不仅会导致保险实施过于僵化,还会导致财政负担过重、治理绩效不佳等问题。因此,在"转变政府职能"的政法话语引领下,政府借助保险人等私人力量,履行公共任务,与保险人等私主体进行协同治理(collaborative governance)成为必然。[①] 在此过程中,政府不再对私主体进行"命令式"干预,而是以平等商事主体的身份与私主体之间通过多种方式进行合作。但现有保险法规则体系主要围绕保险人与投保人(被保险人)构建,缺乏对政府与私主体之间新型协同治理行为的规范。甚至,现有的普惠保险专项立法并未地清楚意识到普惠保险中公私协同治理行为的存在,该行为所应适用的法律规范并不明确甚至缺位,由此引发的纠纷也层出不穷。

(1)协同治理的理论基础

一方面,协同治理(collaborative governance)基于公共服务提供方式的转变而产生;另一方面,协同治理还与普惠保险的准公共属性密切相关,更符合精细化的成本-效益衡量。因此,协同治理无论在行政法上还是在保险学、经济学的意义上,均有其正当性和合理性。

1. 协同治理的行政法基础

在福利国家兴起前,由于经济与社会发展等原因,国家行政事务较少且不复杂,行政机关自身足以应对和处理。但随着社会的不断发展和进步,人们对行政的要求逐渐提高,行政事务日益增多,并且变得日趋复杂。[②] 行政机关因其体制、专业性以及资金和经济效益等方面的局限,难以承担所有的行政职能或不便亲自履行行政职能;即便有所履行,其质量和效率也大打折扣。政府规模的增长并没有从根本上解决问题,反而使得政府组织机构因臃肿而效率低下、回应性弱、满意度降低等问题日益严重。

在内外压力交织的背景下,诸如新公共管理理论、公共选择理论、交易费用理论等新理论不断涌现。人们开始思考作为集体行动的重要机构而存在的政府及其组织,实际上并不必然是公共服务的唯一或最佳"生产者"。国内外的实践经验表明,以民营化或市场价值回归的形式来供给公共服务已经成了更为可行的或更优的途径,而将公共服务的提供方式交由社会公众——"消费者"自由选择,反过来又促使政府购买、公共服务外包等公私合作的发展。[③]

公私协同进行治理的概念应运而生。行政法学意义上的"合作治理"(collaborative governance)是指围绕着联合解决问题与弱化控制裁量权来重新定位管制企业,以回应

---

① 章之远:《迈向公私合作型行政法》,载《法学研究》2019年第2期。
② [美]朱迪·弗里曼:《合作治理与新行政法》,毕洪海、陈标冲译,商务印书馆2010年版,第5页。
③ 柳亦博:《合作治理——构想复杂性背景下社会治理模式》,中国社会科学出版社2018年版,第9页。

实践中对规则制定的质量、可实施性和合法性所提出的质疑的一种治理模式。① "超越治理中传统公私角色的责任"和"确保行政机关灵活且投入"是"合作治理"区别于传统行政命令式治理的两项重要特征。② 为满足前一项特征,政府与私营机构应相互依赖并对彼此负责,这也意味着新的制度安排或权利分配,如自我监督与披露、社会监督替代或补充传统的行政监督机制,公私主体的传统角色和功能也在发生转变。③ 而为满足后一项特征,政府应确保其不仅是最低行为标准的设定者,还应确保其是多方协商的召集者、助成者及能力的建设者,通过在必要时提供技术资源、资金及组织支持的方式,促成合作中的伙伴关系。④

普惠保险中的政府等行政主体与保险人等私营主体之间公私合作行为系行政法上的合作治理行为。因为,此时政府的职责不再局限于承担制度供给、政策支持等行政公法职责,或仅在保险市场存在严重失灵时承担强制推行保险之职责;而是积极地参与保险展业、经营、合同订立和履行的各个阶段,并在整个过程中建立与保险人等私主体的纽带,对其在财务、提升保险需求、信息分享、协助作业、共担风险与责任等方面进行全面支持与协助。

2. 协同治理的保险学基础

从保险学角度而言,普惠保险中公私合作进行协同治理的理论基础首先在于普惠保险具有一定的准公共物品属性。⑤ 即普惠保险既具有一定的排他性(如投保人必须符合一定资格条件才能投保),体现出一定程度的私人物品属性;也具有明晰的收益外溢型特征,没有购买普惠保险的社会群体也如同购买普惠保险的群体一样,可以享受普惠保险所带来的减贫、脱贫、增加劳动供给、促进投资就业、社会稳定等收益。这一特性决定了协同治理对于实现普惠保险的功能和价值不可或缺。一方面,仅依靠政府提供和发展普惠保险,无异于倒退回传统的"保姆式"全能式政府认知,忽视政府在人力、信息、技术资源等方面的局限性。⑥ 另一方面,仅依靠市场来提供和发展普惠保险,又会出现"供需双冷"的问题,导致保险运营成本高昂并难以形成规模效应,不利于公共服务可得

---

① [美]朱迪·弗里曼:《合作治理与新行政法》,毕洪海、陈标冲译,商务印书馆 2010 年版,第 22 页以下。
② [美]朱迪·弗里曼:《合作治理与新行政法》,毕洪海、陈标冲译,商务印书馆 2010 年版,第 22 页以下。
③ 何启豪:《国家治理现代化背景下的保险法理论新范式——以保险人作为私人监管者为中心的考察》,载《现代法学》2019 年第 4 期。
④ [美]朱迪·弗里曼:《合作治理与新行政法》,毕洪海、陈标冲译,商务印书馆 2010 年版,第 28 页。
⑤ 准公共物品介于私人物品与公共物品之间的"灰色"地带。参见庹国柱、王国军主编:《中国农业保险与农村社会保障制度研究》,首都经贸大学出版社 2002 年版,第 103~104 页。
⑥ 陈婉玲:《公私合作制的源流、价值与政府责任》,载《上海财经大学学报》2014 年第 5 期。

性的提升。① 因此,现代社会对资源的稀缺性、政府财力的有限性、公共服务的高效性的重视都决定了在普惠保险中引入协同治理极为必要。该行为不仅可促进保险市场的高效发展,实现普惠保险所强调的普惠性公正这一重要价值;也有益于完成普惠保险增进社会福祉的重要功能。

此外,普惠保险中协同治理的保险学理论基础还在于该行为有利于实现保险要素的最佳配置。② 对于政府而言,其不仅可利用保险人在人力资源、风险精算及信息平台搭建和维护等方面的技术优势,提升社会风险管控能力;还可借助保险人将权力分散,实现管办分离,减轻工作压力,提升社会保障的服务效率。③ 而对于保险人而言,其不仅可通过与政府的合作,接触到更多的保险消费者,充分开发保险市场;还可获得以往难以获得的风险信息,更好地进行风险测算和管控;④更享有了对政府资源进行依法配置和递送的权利,强化了合法性权威。⑤

最后,普惠保险中协同治理的保险学理论基础在于该行为有利于落实国家关于保险的宏观政策。我国政府目前正在倡导保险协同国家治理能力现代化,并明确提出不仅要"大幅度减少政府对资源的直接配置,推动资源配置依据市场规则、市场价格、市场竞争实现效益最大化和效率最大化";⑥还要"健全……国家基本公共服务制度体系……注重加强普惠性、基础性、兜底性民生建设,保障群众基本生活……满足人民多层次多样化需求,使改革发展成果更多地惠及全体人民"。⑦ 在政策层面,我国已经认可在将政府的部分职能下放给市场的同时,将市场机制引入公共事务处理的协同治理方式,该行为已具备合法性依据。

3. 协同治理的经济学基础

从经济学角度来看,相较于传统的干预型行政,在普惠保险中协同治理模式的理论基础在于以下三方面:

其一,从需求和供给角度而言,协同治理有助于实现普惠保险需求和供给的双重正

---

① 近年来保险法的发展及美国 2018 年颁布的《责任保险法重述》中,均开始强调保险法应确立最大限度上保障保险的可获得性(availability)这一立法原则。参见 George L. Priest, A Principled Approach Toward Insurance Law: The Economics of Insurance and the Current Restatement Project, *George Mason Law Review* 2016, Vol. 24, No. 3 p. 637.

② [美]E.S.萨瓦斯:《民营化与公私部门的伙伴关系》,周志忍等译,中国人民大学出版社 2003 年版,第 2~5 页。

③ 马颖颖:《社会保障公私合作的产生基础及中国的实践》,载《社会保障评论》2017 年第 3 期。

④ 基层政府常被认为是统计工作的重要组织者,也是众多源头数据的采集者,其对其管辖区域内的人口信息(如居民的健康和收入状况等)、农作物分布状况等与保险风险相关的信息比较了解。但根据《统计法》第 9 条的规定,统计机构应对其统计中知悉的个人信息负有保密义务。因此,若政府息于与保险人进行合作,保险人并无渠道可获得政府统计的与承保风险相关的信息。

⑤ Jeffery P. Pfeffer, Gerald R. Salancik, *The External Control of Organizations: A Resource Dependence Perspective* (*Stanford Business Classics*), California: Stanford University Press, 2003, p. 258.

⑥ 参见 2013 年《中共中央关于全面深化改革若干重大问题的决定》。

⑦ 参见 2019 年《中共中央关于坚持和完善中国特色社会主义制度推进国家治理体系和治理能力现代化若干重大问题的决定》。

外部效应。一方面,政府以协助宣传、为保险人进行信誉背书等方式进行合作治理,不仅可惠及投保普惠保险的社会弱势群体,提升该群体的投保率;还有助于维护社会经济的稳定发展,促进民生保障体系完善,惠及全体社会成员。此时,投保人的边际私人收益小于边际社会收益,产生了普惠保险需求方面的正外部效应,而公私合作治理行为显然有助于实现该种正外部效应。另一方面,政府以协助提供信息、核保、理赔等方式进行合作治理,还可以扩大保险供给,减轻承保普惠保险的保险人面临的系统性风险及信息不对称问题,分担普惠保险高赔付率和经营初期所产生的高昂成本,提升普惠保险的边际社会收益。此时,由于普惠保险的保险费率仍被控制在较低水平,公私协同治理行为确保了保险人的边际收益小于边际社会收益,有助于实现普惠保险供给方面的正外部效应。

其二,协同治理还可以矫正普惠保险中市场与政府的双重失灵。[①] 在自由资本时期,社会资源和公共服务的提供主要依靠市场,政府充当着"守夜人"的角色,其职能被严格地限定于保卫国家领土主权、防范个人和集体损害社会利益、保护私人财产和市场机制不受破坏上。但频频爆发的经济危机、社会矛盾尖锐等问题带来了诸多社会弊端,出现了市场失灵,其常体现为:第一,市场机制无法将社会资源予以有效配置;第二,市场无法解决效率以外的非经济目标为形式的市场失灵。市场失灵的出现为政府全面干预经济和社会公共事务提供了空间,但随着政府开始广泛地干预市场,行政事务不断增多,行政权和政府职能又过度膨胀,最终导致了政府财政赤字、行政效率低下、政府信任度降低等管理危机,出现政府失灵。[②]

在普惠保险市场上,既存在市场失灵,也存在政府失灵。一方面社会弱势群体的普惠保险需求较低,市场不会自发提供普惠保险这种具有一定公益特性的公共服务供给;此外,普惠保险存在较高的系统性风险问题,并且发生道德风险和逆向选择问题的概率较高,加剧了普惠保险"市场清冷"。[③] 另一方面,在社会福利和公共服务提供领域,我国政府长期存在"重城轻乡"的倾向,普惠保险服务供给被一度边缘化,政府一直未能充分承担起普惠性保险服务供给的基本职能;加之政府对于普惠保险市场的过度管控,以及其在进行干预时对公共资源浪费和滥用,致使公共支出规模过大、效率过低,甚至可能会出现被贿赂或屈服于利益集团压力导致监管结果偏离公共利益的政府俘获现象和政府寻租行为,导致政府失灵。[④] 在双重失灵同时存在的情况下,必须两者结合,取长补短,有效克服其各自失灵的一部分,攫取其各自"有效"的一部分。

其三,从风险防控角度而言,公私合作进行协同治理有助于实现普惠保险风险防控的复杂性和特殊性。相较于传统的商业保险,普惠保险的法律关系较为复杂,并会由于

---

① 陈军:《变化与回应:公私合作的行政法研究》,中国政法大学出版社2014年版,第31~34页。
② [美]E.S.萨瓦斯:《民营化与公私部门的伙伴关系》,周志忍等译,中国人民大学出版社2002年版,第163~164页。
③ 张跃华、庹国柱、符厚胜:《市场失灵、政府干预与政策性农业保险理论》,载《保险研究》2017年第7期。
④ 陈华、王玉红:《保险消费者保护:市场失灵、政府介入与道德风险防范》,载《保险研究》2012年第10期。

政府承担角色的不同而形成复杂的法律关系。这也导致普惠保险所面临的风险极具复杂性,不仅面临中观层面的市场风险(普惠保险运营中的风险事件及其后果造成的风险),还面临着微观层面的风险(因保险人逐利性与政府公益性冲突引发的立场差异而产生的合作矛盾风险),以及宏观层面的风险(如因政府不作为或负面作为、政治层面的不可抗力、政府违约、文件或合同适用法律存在歧义、通货膨胀等原因引发的政策、法律、政治、经济方面的风险)。

由于普惠保险面临的风险极具复杂性,仅依赖保险内部防控机制,已无法确保该保险的顺利推行。更为现实的做法是,依据风险的性质,以社会福利最大化为衡量尺度,找出适合负担该风险的"最优风险负担者"(cheapest cost avoider),并保证该方所负担的风险程度应和其所获得的回报成正比。① 一般而言,政府可被视为承担普惠保险宏观风险的最优风险负担者,因为其更接近风险源头,准确预测风险的信息成本更低。保险人则应主要负担中观风险,因为该层面的风险主要涉及保险运营的技术和管理。对于微观风险以及不可抗力造成的风险,出于公平原则,应由双方共担。因此,公司合作治理进行风险最优负担及共担,有助于实现普惠保险有效的风险防控。

综上,由于普惠保险中政府与保险人进行协同治理行为兼具行政法学、保险学及经济学意义上的必要性和优越性,为了更有效地实现该保险增进社会福利、完善民生保障体系、稳定经济发展等方面的功能与价值,亟须激励政府积极地与私主体进行协同。

但在现行的商业保险原则和保险法规则体系下,普惠保险中公私合作进行协同治理的行为并未得到应有的重视,针对该行为的保险法规范错用或缺位现象严重,不利于普惠保险的功能发挥与价值实现。

(二)协同治理潜在风险及应对

在协同治理的新视角下,商业保险的准公共属性得到重视,整个保险产业,尤其是商业保险行业参与公共风险治理也得到了更为广泛的社会认同。在此背景下,无论从保险行业自身而言,还是从政府等行政主体而言,均不再满足于普惠保险在一般意义上的参与社会治理,而是更为热切地期望普惠保险在全面健康风险管控、应急风险管控、农业农村和小微企业发展等经济风险管控、社会弱势群体的民生风险管控等更为具体、更为直观的治理活动中推动普惠保险协同社会治理现代化。但同时,这也意味着保险资金、保险产品及服务等实践的革新,普惠保险的发展因此而面临着协同治理所带来的新的挑战。

1. 运动型治理的风险及其应对

尽管在社会治理现代化的大背景下,普惠保险可以降低社会总体风险、深入参与社会治理的各个方面的社会治理功能备受重视。但从保险公司自身的角度而言,有效发挥社会治理功能将导致其陷入两难境地:②一方面,承保普惠保险的公司面临着社会治理的外部性导致的搭便车问题;另一方面,其还面临着因有效发挥社会治理功能后,社会风险降低导致的参保人数减少、保费额度增加的问题。

鉴于此,保险公司更乐意配合基层政府在社会治理的过程中采取间歇性、运动性的

---

① Cooter R., Ulen T., *Law and Economics*, Boston: Addison-Wesley, 2016, pp.352-353.
② 吴传俭:《我国保险业服务于国家社会治理能力现代化路径》,载《保险研究》2015年第4期。

风险治理模式。① 商事交易的不稳定性更是加剧了这一模式在实践中的运用。这也意味着普惠保险多辅助政府应对国家治理过程中紧急、重大、临时性的任务,基本围绕着县乡一级层面的"一时一事"零星展开,缺乏省市级、全局性、整体性、长效性的常态化协同治理创新举措。尽管科技的发展以及保险科技的应用,使得普惠保险在协同治理的过程中发展出了一些更契合治理目标的创新性保险类型,如普惠农产品价格及天气指数保险等。但这些新型保险普遍缺乏法律规制,对普惠保险协同社会治理的常态化实施构成了巨大挑战。除此之外,也导致普惠保险协同治理的主要领域较为集中且高度同质化,与风险治理的实际需求衔接不紧密,整体游离于政府风险治理和重大战略治理的需要,协同领域及模式比较单一。

为了扭转普惠保险仅参与和介入运动型治理所带来的不利局面,国家层面必须首先认识到普惠保险作为一种治理工具的有限性,树立"治理相对性"的观念。但目前对于普惠保险协同社会治理现代化的目标追求,尚未完全摆脱"刚性稳定"的束缚,将社会治理的现代化转型简单等同于技术手段的更新,即认为只要引入具有一定普惠性的保险参与社会治理,就实现了社会治理现代化的转型。从根源上讲,现代社会的各种风险均源于社会基本矛盾,是社会矛盾和社会结构中诸多因素综合作用的结果。因此,保险作为一种来自外部的调整力量,显然不能与促成风险的社会基本矛盾等深层次原因相抗衡。只有在消除或减少社会矛盾与社会及公众诸多导致风险因素作用的基础上,保险才能发生其管控风险和社会治理的基本功能。从此意义上讲,在整个社会风险治理系统中,普惠保险只能发挥有限、短促的作用,普惠保险项目开展的多与少和风险的高低不可能成简单的反比关系。促进社会治理现代化的核心在于国家和社会需着力改变催生社会矛盾的因素,若仅寄希望于运动式地普及和推广普惠保险来实现浮于表面的社会现代化治理,只能产生"割韭菜效应"的治理效果。

此外,还需明确认识到国家治理现代化的核心是治理观念的现代化,并非只是风险治理技术手段的现代化。② 换言之,并非引入普惠保险进行社会治理以及在普惠保险中运用现代化的技术手段就实现了社会治理的现代化。普惠保险及在该保险中现代化技术手段的应用,仅提升了社会整体对风险的管控能力,并未实现国家治理现代化的核心要求——对治理结构进行相应的调整,以适应治理变革的需要。实现社会治理现代化的核心要求,需要充分发挥社会治理的各方参与主体的主观能动性。作为治理最主要的行动者,地方政府及职能部门应具有充分的自主性,以便更好发挥其灵活性;作为治理最活跃的行动主体,公民群体尤其是社会弱势群体可以有序参与治理并不被压制,其合理诉求应有保障性渠道予以表达;作为治理最有潜力的行动者,保险公司以及相关社会组织应可以在合作性权力的框架下推动行政理性的价值复归,促进社会公共事务的协同共治。

最后,为了促使保险公司更乐于介入更多的社会治理领域,扩大普惠保险的深度和广度,政府可积极实施优惠政策、加大财政资金的投入,在养老、健康、农村农业等涉及社会治理现代化的重大领域出台针对承保普惠保险公司的优惠政策。2014 年《国务院

---

① 王海明:《保险协同治理研究》,社会科学文献出版社,第 159~163 页。
② 杨华锋:《协同治理》,经济科学出版社 2017 年版,第 123~127 页。

关于加快发展现代保险服务业的若干意见》中明确可采取给予保险公司优惠使用土地、延迟养老金税收等措施,以鼓励保险公司延伸养老保险业务和健康保险服务产业链。保险机构要积极利用政府这些政策,充分发挥风险管理的优势,真正实现保险业自身的提质增效,发挥在经济发展和民生事业中的保障功能,在协同社会治理的过程中做大做强自身业务,积极有效地推动国家社会治理现代化。

2. 治理欠缺法治化的风险及其应对

普惠保险还面临着协同社会治理缺乏常态化及法治化的挑战。在当代中国,随着社会价值的日益多元化,社会治理的要求越来越高。[1]但在普惠保险协同社会治理领域,既有法律体系的覆盖率仍然较低,普惠保险面临着立法滞后、无法可依的尴尬境地:

第一,新兴类别、兼具商业及政策特性的普惠保险究竟是应对标《保险法》等商业保险立法予以规范,还是应对标《农业保险条例》等政策性保险立法予以规范,并不明确,普惠保险法治化面临重重困难。此外,在仅有的针对个别类别普惠保险的零散化规范性文件中,还存在着逻辑冲突、视野错误等问题,"中间形态"普惠保险落地的强政策性与该保险运营和社会治理手段的商业性如何调试,面临诸多难题。这均导致当涉及普惠保险协同社会治理的具体模式和应用路径时,往往缺乏明确的立法指导,限制了普惠保险协同治理在具体语境下的应用。

第二,普惠保险协同治理优势伴随着难以法治化的灰色地带。随着市场经济和社会的发展,在繁荣的市场背后存在着各种灰色空间和灰色利益:如乡村区域、城中村区域,游离于现代城市管理之外,治理存在各种困难。由于执法能力有限,只能对这些地区加以密切监控、进行柔性执法,治理有时缺乏法律依据。[2]

第三,部门(法)壁垒是国家积极回应普惠保险法治化问题的制约因素之一。社会治理领域的问题多具有综合性,是多种不同性质的法律问题的交汇;有些则是极具专业性、精细化的,已经无法归类为某个传统的部门法,甚至不少新问题已对传统部门法的理念或规则形成冲击或颠覆。因此,以传统部门法为基础的法律视野、法学理论、法律架构和体系,已不能适应对普惠保险协同治理中的新型问题的认识,也无法覆盖或规范此过程中各种复杂的活动。

综上,首先需要针对普惠保险协同治理出台更为具体化、可操作化的法治化目标指引。其中,引导保险公司有序参与社会治理、调试基本公共服务资源的供求,是普惠保险法治化的重要目标。此目标的实现:一方面要求必须有政府信息公开制度、公众参与程序制度以及公众意见反馈制度的支撑,完善这三方面制度在权利赋予和义务设定中也尤为重要。[3]另一方面,应确保法律法规或其他规范建立以政府为主导,多元主体参与为补充的社会治理渠道网络体系。目前,我国普惠保险在协同社会治理的过程中,社会组织的作用并没有被充分发挥。对此,应明确要求基本公共服务资源的供求不再由政府包办,政府不仅要投入财政资源,更要动员社会资源,以调试基本公共服务资源的供求,确保政府、市场与社会组织的竞争与协作、政府部门之间的协作、民众的合作以及

---

[1] 陈柏峰:《中国法治社会的结构及其运行机制》,载《中国社会科学》2019年第1期。
[2] 吕德文:《灰色治理与城市暴力再生产》,载《开放时代》2015年第4期。
[3] 宋煜萍:《公众参与社会治理:基础、障碍与对策》,载《哲学研究》2014年第12期。

供给与需求的对接。

此外,还需着重完善普惠保险协同治理的驱动机制问题。协同治理需要内生机制和外生机制的双重驱动:①内生型动力是社会治理体系对系统环境的应急反馈与组织适应过程,其作用的发挥既取决于社会治理体系外部事件危害性与突发性的程度,又取决于社会治理体系内部组织架构的危机识别能力与治理能力的强度。而外生型动力是社会力量维护其合法权利和参与政治过程的共同行动能力,其作用的发挥有赖于对政府制度行为的有效监管,而其强弱决定了行政部门公共责任与义务的实现程度。目前普惠保险协同治理的驱动机制不足,需要加强利益驱动和命令驱动。利益驱动可以通过目标整合,即有效整合公共利益、部门利益与个体利益来实现;命令驱动则可以通过完善立法,即完善中央及地方涉及普惠保险协同治理的法律法规来实现。

(三)委托—代理问题的规避

普惠保险中的协同治理本质上为一种委托-代理关系:委托者即为政府等公权力主体,其为利益的提供方;代理人即为接受公权力委托进行普惠保险这一准公共物品经营的私营主体,它的主要任务在于满足委托者的利益。但普惠保险中的合作治理又不同于传统上的委托—代理关系,作为委托者的政府等公权力主体并不致力于对保险公司等私营主体施加严格的控制,而是心甘情愿地赋予代理者一定的裁量权,以期获得更好的治理绩效。② 正如有的学者所言,"共享裁量权是合作治理的标志,它能够增强政府完成公共任务的能力及增加完成任务的灵活性。但共享裁量权也会产生一定的代价,如权威会变得模糊、战略复杂性随之增加,且问责机制的失灵激增"③。如何共享裁量权则决定着确立和维系公私合作的有效性、合法性及管理难度。

理论上,普惠保险中共享裁量权可能在三个独立的领域,具体为生产、收益和偏好,而共享这三个领域的裁量权会分别产生不同的风险,也需作出不同的应对。④ 首先,共享生产裁量权意味着公权力要赋予保险公司等私营主体在提供普惠保险产品或技术等方面的重要裁量权。但为了保障合作产生更大的收益,政府需要对合作的目标进行列明,并在绩效评估、批准修改以及其他权威功能方面享有专有特权。其次,共享收益裁量权意味着政府要让渡一定的收益给保险公司。但这也导致保险公司可能出现自利的倾向,不利于普惠保险中公共利益目标的实现。

为了控制保险公司等私营主体的自利风险,一般会采取以下三种途径:一是制定完备的合作关系条款,并对保险公司提供普惠保险设置精确的衡量和评估标准,以确保保险公司将经营普惠保险的重点放在公共服务而非追求利润上。二是通过选择非营利性的合作者来规避公私合作中的自利风险,如将更多的公益性的组织(地方残联、农村专

---

① 杨华锋:《协同治理》,经济科学出版社2017年版,第95页以下。
② [美]约翰·D.多纳休、理查德·J.泽克豪林:《合作:激变时代的合作治理》,徐维译,中国政法大学出版社2015年版,第36页以下。
③ [美]约翰·D.多纳休、理查德·J.泽克豪林:《合作:激变时代的合作治理》,徐维译,中国政法大学出版社2015年版,第36页以下。
④ [美]约翰·D.多纳休、理查德·J.泽克豪林:《合作:激变时代的合作治理》,徐维译,中国政法大学出版社2015年版,第36页以下。

业合作组织等)纳入普惠保险中。三是共享偏好裁量权则意味着公私合作主体的偏好要整齐划一,但这往往是不可能的,因而会产生偏好分歧的风险。此时要由政府对合作的目标进行优先排序和权衡,并赋予不同的目标不同的权重,以避免双方偏好冲突所引发的风险。

普惠保险中政府与私主体间的协同治理行为应被定性为行政私法行为,并适用保险法等私法规则予以规范。但这一问题长期被保险法实务界和理论界所忽视,导致实践中政府的合作治理行为长期处于法外的"真空地带",保险法的具体规则在适用于不同的公私合作治理行为时面临着诸多困境,司法裁判中法院不当减轻或免除政府私法义务的倾向明显。

首先,普惠保险中政府在作为投保人的代理人进行协同合作时,可能出于其自身可利用的公共财政资金有限性以及政绩和行政效率的考虑,出现无视投保人权益保护、最大限度地压低保障额度以降低保费、缩减磋商时间甚至放弃磋商、不对公私合作协议中的保险条款进行细致评估等不充分履行其委托职责的委托—代理问题。[①] 实践中普遍存在的普惠保险公私合作协议中的保险条款大量完全照搬传统商业保险合同中相关条款的现象,就是这一问题的最好例证。

其次,委托—代理问题还可能出现于政府以保险人代理人的身份进行协同合作的情形中。此时,政府并非专业的保险代理人,其可能并无精力或无能力很好地处理保险人所委托的事项。另外,政府在完成委托事由时,其主要目的往往是订立普惠保险合同所带来的政绩,对合同能否有效履行漠不关心;而委托人(保险人)则更注重普惠保险合同的履行及持续履行后所带来的收益。因此,两方利益存在严重冲突,在缺乏规则规范下,政府的行为很可能会损害保险人的利益。

而在政府以保险人委托—代理人的身份参与普惠保险时,保险人应与政府签订委托—代理协议,对政府是否需要替代其履行保险法项下的义务进行明确授权。但实践中,一方面双方较少签订委托—代理协议,另一方面保险人也常忽视或出于对行政主体的畏惧而对政府的代理行为不进行明确授权,导致了相关纠纷的频发。如在一起案件中,法院一方面认为村委会接受保险人委托进行宣传动员、推广、指导村民购买保险,双方构成委托—代理;另一方面,却认为保险人仅向村委会尽到了说明义务是不够的,仍需向原告村民再次履行保险合同的说明义务。[②] 不难看出,法院存在强制保险人承担本不属于其承担的义务、减免政府委托—代理义务的偏误。

对此,保险法相关规则亟须在以下方面作出回应:第一,赋予政府明确的委托—代理权限,对其资质问题(尤其是作为保险人的代理人时的资质问题)予以合法化;第二,

---

① Gary J. Miller, The Political Evolution of Principal-Agent Models, *Annual Review of Political Science* 2005, Vol. 8, No. 1, p. 205.

② 如在有的案件中,法院一方面认为村委会接受保险人委托进行宣传动员、推广、指导村民购买保险;另一方面却认为保险人仅向村委会尽到了说明义务是不够的,仍需向原告村民再次履行保险合同的说明义务。参见"王洪林、张小红与中国人寿保险股份有限公司宣汉县支公司人身保险合同纠纷案",(2016)川1722民初1908号判决书;"吕吉明与中国人民财产保险股份有限公司武威市分公司财产损失保险合同纠纷案",(2017)甘7102民初305号判决书。

明晰政府未谨慎履行委托—代理权时的法律后果及私法责任,以此来有效遏制普惠保险中公私合作治理所带来的普遍存在的委托—代理问题,更好地实现普惠保险的功能和价值。

但实践中,仅有少数地区的普惠保险专项立法中意识到了政府以保险人代理人的身份进行协同合作时的资质和代理权限合法化问题。并通过特别规定的方式,如放宽普惠保险销售人员的资质限制或对政府相关部门的公职人员进行集中培训并赋予保险代理人资质的方式,对政府的行为予以承认和规范。此外,在司法实践中,法院也仅在部分案件中认可政府有权以投保人或保险人代理人的身份进行合作治理。① 但在作出上述认定之后,法院却不倾向于对委托—代理关系是否符合保险法规定、是否满足保险代理的要件作出进一步判断,更回避根据保险法上的委托—代理规则,认定政府在代理权限内以被代理人(保险人或投保人)名义实施的法律行为的法律效果应直接归属于被代理人。

(四)公权力主体私法义务的认定

学理上,普惠保险中政府等公权力主体与保险人等私人主体进行的协同合作行为应属于行政私法行为而非公法行政行为。② 因为,除存在法律有禁止性规定或与公共任务性质相抵触的情况外,基于合义务的裁量,行政主体原则上可决定采用多种形式建立合作关系;此时,行政主体的行为应被认定为行政私法行为,并适用私法(如保险法)而非公法的规定。③ 但实践中,对于此问题却缺乏重视,导致政府等公权力主体在进行协同合作行为时,其保险法上的义务难以认定。

1. 公权力主体的明确说明义务

在政府以投保人身份参与普惠保险合同履行时,政府应对被保险人负有一定的明确说明义务。④ 具言之:第一,在普惠保险为团单模式,并且政府以投保人的身份组织投保时,政府应对被保险人负有一定的明确说明义务。因为,根据《农业保险承保理赔管理暂行办法》(以下简称《农保暂行办法》)第3条的规定:由政府组织投保的普惠农业保险,保险合同说明义务的履行主体为政府,即由政府组织召开宣传说明会,并以现场讲解保险条款中的重点内容的方式进行说明。第二,政府保险合同说明义务的履行标准还应高于传统商业保险。因为,《农保暂行办法》第3条明确要求:对普惠农业保险的合

---

① 在部分普惠保险纠纷中,法院就认定政府协助将保险合同或宣传材料发放给投保人、代为收取保费及代卖保险产品、将投保人信息反馈给保险人等行为,与保险人或投保人构成事实上的委托—代理关系。分别参见"中国人寿保险股份有限公司中江县支公司、代香勤保险纠纷案",(2018)川06民终758号判决书;(2017)苏0681民初1906号、(2017)苏0681民初1906号判决书。

② 行政私法行为源于"服务行政"的理念。"服务行政"指代的是行政主体为追求公法上的任务所赋予的履行目的而选择私法行为,并与行政相对人成立私法上的法律关系。参见刘宗德:《行政私法》,载台湾行政法学会主编:《行政法争议问题研究(上)》,五南图书出版公司2000年版,第240页。

③ 张一雄:《论行政行为形式选择裁量及其界限——以公私合作为视角》,载《行政法学研究》2014年第1期。

④ 理论上还存在普惠保险并非为团单模式而是个人投保的情况下,政府以投保人参与普惠保险合同履行的情形,但此种情况在实践中较为罕见。

同内容应进行"明确说明",并对"保险责任、责任免除、合同双方权利义务、理赔标准和方式"等重要内容都应予以明确说明。而在传统的商业保险合同中,保险人仅需对免责条款进行说明。

要求政府对普惠团体保险的被保险人承担保险合同的说明义务具有一定的合理性。因为,普惠保险的核心功能是为社会弱势群体提供可负担并具备可持续性的保险产品和服务。若与传统商业保险相同,要求保险人向被保险人履行说明义务,无异于增加保险人的负担,保险人由此增加的经营成本最终仍会通过保费的上涨转嫁给投保人。被保险人也会因保费大幅上调而选择不去投保,尤其是不对保费进行补贴或部分补贴时,普惠保险的普惠性目标根本无从实现。

但遗憾的是,目前仅有普惠农业保险的专项立法明确规定了政府在保险法上的明确说明义务,其他类型的普惠保险专项立法中并未作此规定。此外,对于政府违反该义务的法律后果,现行保险法和普惠保险专项立法中均未作详细规定。这也导致即便政府未履行保险合同的明确说明义务,也并不会发生条款自始不产生效力的法律后果。[①] 实践中,法院不当认定保险人而非政府需要向投保人承担保险合同的说明义务的情况常有出现。[②]

2. 公权力主体的信息转告义务

在政府以投保人代理人的身份参与普惠保险时,政府应负有合同信息的转告义务。此时,保险人应首先根据《保险法》第17条及《最高人民法院关于适用〈中华人民共和国保险法〉若干问题的解释二》(以下简称《保险法司法解释二》)第11条之规定,向投保人的代理人(政府)履行保险合同的说明义务。根据委托—代理关系的法理要求,保险人向代理人承担说明义务的法律效果应及于委托人(投保人)。之后,政府则应将委托—代理中的重要信息及活动的最终结果转告于委托人(投保人),以完成委托—代理合同项下的信息转告义务。[③]

在普惠团体保险中,在投保人与被保险人为不同主体的情况下,政府信息转告义务的履行对象还应扩展为被保险人。之所以如此,是由普惠保险的特殊性所决定的:该保险的被保险人为社会弱势群体,其保险意识更为薄弱,对保险合同条款也存在更为严重的认知障碍,因此,若在投保人与被保险人为不同主体时,不将政府信息转告义务的履行对象加以扩展,对被保险人保护不周的问题会更加严峻。

由政府对被保险人履行转告义务,而非保险人直接向被保险人履行说明义务具有

---

① 在传统的商业保险合同中,根据《保险法》第17条第2款的规定,保险人若未对保险合同中的免责条款作出明确说明或提示的,该条款不发生效力。

② 参见"石明信与被告中国人寿保险股份有限公司铁岭分公司保险合同纠纷案",(2018)辽1202民初573号判决书;"张春、张鑫与中国人寿保险股份有限公司江苏省分公司意外伤害保险合同纠纷案",(2018)苏1281民初9030号判决书;"陈莉娜、费月楼等与中国人寿保险股份有限公司涟水支公司人身保险合同纠纷案",(2016)苏08民终3194号判决书。

③ 《合同法》第401条。

合理性。① 一方面,从文义解释上来讲,现行保险法仅要求保险人需要向投保人负担保险合同的说明义务,并未要求保险人需要向被保险人负担该义务。② 另一方面,从普惠保险的特殊性上分析,若要求保险人再向被保险人额外负有合同说明义务并不合理,且存在一定风险:其一,传统商业团体保险多由雇主作为投保人,支付的保险费实质上具有雇员福利的性质,费用的最终承担者是雇员,也就是被保险人。此时,出于权利义务对等的观念,令保险人向被保险人负有提示说明义务有一定的合理性。其二,普惠团体保险不同,其保费常存在政府补贴,补贴资金多来源于地方财政或公共基金,保险费用的最终承担者为纳税人群(中高收入群体)而非被保险人。此时,若再将被保险人列为保险人说明义务的履行对象,却由未投保群体承担保费,显然有失公允,产生更大的社会不公。

基于以上原因,在政府以投保人身份参与普惠保险时,由政府负担信息告知义务,对投保人或被保险人进行保险相关信息的转告,更为合理也更符合普惠保险中公私协同治理的特殊要求。但在司法实践中,法院却普遍忽视了此种情况下政府的义务和责任分配。常出现一方面承认政府与投保人之间成立委托—代理关系,一方面又错误判定保险人应向投保人而非政府承担说明义务,政府也无须负有将委托—代理活动中的重要信息转告给投保人的义务。③ 存在不当减免政府合同义务的倾向,长此以往,必将不利于激励政府积极参与普惠保险并进行协同合作。

3. 公权力主体的理赔协助义务

在保险事故发生后,政府需要对保险人负担一定的出险通知义务或保险理赔证明材料的提供义务。但实践中,法院对政府保险法义务予以减免甚至否认的裁判倾向明显,并常作出政府的保险法义务应由保险人承担的错误裁判。如在一起案件中,政府的规范性文件中明确表明:在发生保险事故后,投保人应及时报告给村委会,而村委会有通知保险人并向保险人提供证明及遭受损失清单的义务。④

---

① 有学者认为在团体保险中,保险人应向被保险人履行说明义务。参见涂咏松:《论团体保险之保险人说明义务的履行对象》,载《政治与法律》2007年第2期。

② 山东省高级人民法院2011年《关于审理保险合同纠纷案件若干问题的意见(试行)》第10条规定:保险人的提示和明确说明义务的对象是投保人,投保人与被保险人或受益人不一致的,被保险人或受益人主张保险人未向其履行说明义务的,人民法院不予支持。

③ 如在一起案件中,法院虽将基层政府认定为投保人的委托代理人,却认为在投保人缴纳保费之后,乡政府负责的工作人员并不负有相应的理赔协助义务,即"转告投保人应提供其承包地的流转合同"的义务,造成保险合同因缺乏材料而无法成立。参见"李延龙与中国人民财产保险股份有限公司伊犁哈萨克自治州分公司财产保险合同纠纷案",(2019)新4028民初587号判决书。在另一起案件中,法院认为保险人"虽就两份保险条款向隔河头镇政府出示过,但并无充分证据证明对相关险种的免责条款向常秀珍进行了明确说明和解释的义务"。参见"中国人寿保险股份有限公司青龙支公司与常秀珍保险合同纠纷案",(2018)冀03民终1765号判决书。类似的裁判还体现在"李勇与中国大地财产保险股份有限公司自贡中心支公司人身保险合同纠纷案",(2017)川0321民初1020号判决书中。

④ 参见"山东绿风农业集团有限公司与中华联合财产股份有限公司滨州中心支公司财产损失保险合同纠纷案",(2019)鲁1623民初139号判决书。

从法理上分析，由于政府是接触投保人报案的第一人，且基于普惠保险的特殊性及协同治理的理念要求，对保险人应负有协助义务。这也表明，若投保人的理赔申请不符合理赔程序，也应由村委会进行告知，或由保险人告知政府后再由村委会对投保人进行转告。但在此案中，法院却错误地认定由于保险人在接到投保人报案后，明知投保人理赔申请不符合理赔程序，且未按照保险条款向原告发出拒绝赔偿保险金通知书并说明理由。因此，保险人而非村委会存在一定的过错，保险人应在其过错范围内对原告的损失予以赔付。

由于政府保险法义务的不明确、违反义务的私法责任的缺位、司法裁判与理论的背离均导致政府怠于行使上述保险法义务的现象屡屡出现，协同保险人进行合作的热情大不如前。[①] 据本书统计，在近四成的商业性普惠小额人身保险纠纷中，政府与保险人等私主体间未进行任何形式的协同合作。而在绝大多数的案件中，协同合作行为也仅限于投保及产品宣传这两个领域。仅在极少数案件中，出现了其他形式的公私合作行为，如村集体组织协助农业专家在发生保险事故后对现场进行查勘；[②]由村委会对被保险人进行背书，提供被保险人的死亡确属于保险事故的证明；[③]或由当地政府牵头与保险机构和相关部门共同处理理赔。[④]

[①] 有学者指出，在普惠农业保险的推广中普遍存在"市级政府讲原则，不干预；县级政府将稳妥，不走样；乡级政府讲利益，不主动；村干部讲实惠，不自愿"的乱象。庹国柱主编：《中国农业保险研究2015》，中国农业出版社2015年版，第2页。

[②] 参见"王福印与中国人民财产保险股份有限公司义县支公司财产保险合同纠纷案"，(2019)辽0727民初829号判决书。

[③] 参见"郑秀华、赵维胜等与中国人寿保险股份有限公司梓潼县支公司意外伤害保险合同纠纷案"，(2017)川0725民初1291号判决书；"原告田显珍、底冬与被告中国人寿保险股份有限公司洪雅县支公司人身保险合同纠纷案"，(2016)川1423民初830号判决书。

[④] 参见"索某某与财产保险公司财产保险合同纠纷案"，(2015)贵民初字第16号判决书。

第四章

普惠保险融入社会治理现代化的现实困境

第一节 与国家宏观政策存在割裂

在普惠保险当前"碎片化"的立法模式下,商业性普惠保险的政策性与准公共物品属性常被忽视,而政策性普惠保险的公共属性又被过分强调,导致政府对后者保险关系的介入常超出了其应遵循的必要的规范和界限,行政主导的同时缺乏社会公众参与,并缺乏政府参与的评估与退出机制。

以上问题均导致,整体上我国普惠保险的制度设计与国家关于扶贫、惠农、普惠金融政策的结合并不紧密和顺畅。但基于普惠保险"准公共物品"的定性,其只有与国家宏观政策紧密衔接,才有助于其实现保障社会弱势群体的立法目的,才可以最大化地发挥其支农惠农助农、促进普惠金融发展的综合效应。

一、未与精准扶贫政策紧密衔接

自2013年以来,"精准扶贫"一直是当前我国一项极为重要的宏观政策,其核心指代的是国家扶贫政策要针对真正的贫困人群,通过精准识别、帮扶和管理使真正的贫困人群达到可持续的脱贫。[①] 普惠保险立法与国家精准扶贫政策有效衔接,则意味着相关立法需要对帮扶对象,即投保人或被保险人,予以精确识别,并引导保险人针对帮扶对象"量身定做"适合其保障需求的保险产品。之后,还需要确保扶贫效果评定的准确性,对普惠保险产品和服务进行定期检讨,并设置相应的政府退出机制。对于保险市场已经发育成熟,或者无须政府大力扶持的具有政策性的普惠保险,应引导其转化为商业性的普惠保险,以实现国家精准扶贫政策的核心要求。

我国目前的普惠保险市场,欠缺紧密契合社会弱势群体需求的保险产品。中国人寿保险公司的问卷调研结果显示,社会弱势群体偏好的保险产品依次为意外事故保险、

---

① 自2013年11月提出"精准扶贫"以来,国务院相继颁布了2013年《关于创新机制扎实推进农村扶贫开发工作的意见》、2016年《关于做好农村最低生活保障制度与扶贫开发政策有效衔接的指导意见》、2016年《关于进一步加强东西部扶贫协作工作的指导意见》、2016年《"十三五"脱贫攻坚规划》等规范性文件,对"精准扶贫"的内涵及要求予以说明。

定期寿险和重大疾病保险。① 但截至 2011 年年底,我国市场份额排名靠前的七家普惠保险承保公司共发行 51 款普惠保险产品,其中有近一半的产品(24 款)均为定期寿险附加意外伤害保险。② 社会弱势群体关于重大疾病保险的需求被严重忽视,普惠保险产品单一化问题也极为严重。此外,在普惠保险推行的过程中,缺乏对投保人或被保险人针对性的宣传和辅导,加之乡镇、农村等贫困地区保险基层服务体系匮乏,③普惠扶贫类保险与信贷扶贫、产业扶贫等政策缺乏联动和协调机制等问题,④导致普惠保险的精准扶贫效果大打折扣。

长远来看,"精准扶贫"实施效果的达成还意味着社会弱势群体对普惠保险建立普遍信任,保险的覆盖率和续保率达到理想水平。之后,还应引导政府实时、顺利地退出普惠保险,促使政策性保险向商业性普惠保险转化便成为"精准扶贫"政策实施中的重要一环。⑤ 但我国目前的普惠保险市场缺乏政府退出机制的建构,尤其是缺乏定期评估政府保险补贴实施效果、并根据评估结果调整补贴的规定,导致了普惠保险补贴数额逐年攀升,但投保率和续保率的增长水平却逐年下降的怪象。⑥ 目前的普惠保险立法根本无法达成"精准扶贫"的效果,不利于国家关于扶贫战略和目标的达成。

二、未体现"三农"政策的核心要义

2004 年以来,党中央一共发布了 17 个以"三农"为主题的中央一号文件来支持和引导我国强农、惠农、富农的体系建设。⑦ 此外,2016 年财政部颁布的《中央财政农业保险

---

① 此调研结果是中国人寿保险公司受原保监会所托,在我国中西部 8 个省区的 24 个县进行大规模问卷调查统计的结果。转引自姚奕:《小额保险理论前沿与实践初探》,北京大学出版社 2017 年版,第 141 页。

② Bester H., Smit H., Morgan L., et al, China Access to Insurance Diagnostic: A Market and Regulatory Analysis, AII (February, 2018), https://cenfri.org/wp-content/uploads/2018/03/China-Access-to-Insurance-Diagnostic-.pdf., p. 118.

③ 赵小鸣、徐文刚、徐颖青:《论农村保险中介服务体系建设》,载《保险研究》2007 年第 3 期。据统计,截止到 2015 年年末,全国共有保险专业中介机构 2530 家,保险营销员 600 万人左右。但这些中介机构和保险营销员绝大多数位于中大型城市,仅有中邮人寿在乡镇农村设有较多保险销售网点。参见周延礼主编:《2016 年中国保险年鉴》,中国保险年鉴委员会 2016 年版,第 21~23 页。

④ 谭正航:《精准扶贫视角下的我国农业保险扶贫困境与法律保障机制完善》,载《兰州学刊》2016 年第 9 期。

⑤ 国外学者普遍主张普惠保险的保险补贴制度应针对政府设置清晰的退出机制(clear exit strategy),并建立完善的评估审查体系,以确保补贴的实际效果。参见 Ruth V. Hill, Gajate-Garrido G., Phily C., et al, Using Subsidies for Inclusive Insurance: Lessons from Agriculture and Health, International Labour Office Microinsurance Paper No. 29 (February, 2014), pp. 10-12.

⑥ 据统计,自 2007—2017 年十年间,国家对普惠农业保险的补贴数额从 2010 年的 135.7 亿元增长至 2017 年的 477.7 亿元,增幅达 2.5 倍。但在此期间,普惠农业保险的保费收入仅从 115.4 亿元增长至 362.7 亿元,增幅只有 2.1 倍。参见庹国柱:《从 40 年政策变化喜看我国农业保险蓬勃发展》,载《保险研究》2018 年第 12 期。

⑦ 王文强:《21 世纪以来中国三农政策走向研究——对 14 个"中央一号文件"的回顾与展望》,载《江西社会科学》2017 年第 7 期。

保险费补贴管理办法》第 3 条和第 17 条中也特别提到,普惠农业保险的保费补贴规范要与农村支农惠农政策统筹衔接并有机结合。因此,普惠保险作为分散农村、农民、农业风险中的重要一环,理应与"三农"政策有效衔接,但实则不然,显现出以下问题:

首先,普惠保险立法与"三农"政策中关于农业补贴的倡导性规定衔接不畅。2004年的中央一号文件《关于促进农民增加收入若干政策的意见》及 2005 年的中央一号文件《关于进一步加强农村工作提高农业综合生产能力若干政策的意见》均明确表示:要通过有力的补贴举措,增加农民收入及提高农业综合生产能力。但目前我国普惠农业保险财政补贴相关的立法和规范仍有待优化,补贴品种较少、方式单一、层级过多、比例不合理等问题迭出。[①]

具言之:第一,目前我国中央财政补贴的政策性普惠农业保险险种仅包括 16 类农作物和牲畜,但我国的农作物品种高达数百类。大部分的农作物、地方高效经济作物及对国民生活影响较大的蔬菜、重要畜禽和水果均未列入补贴范围,补贴品种比较少。[②] 第二,我国目前对政策性普惠农业保险的财政支持极为单一,常体现为保费补贴和税收优惠。而其他国家对普惠农业保险的财政支持方式常较为多样化,主要包含保费补贴、保险公司的经营管理费用补贴、再保险支持、国有农业保险公司的资本金支持、农业巨灾风险基金和税收优惠等多种形式。[③] 第三,我国目前政策性普惠农业保险补贴的层级过多。以保费补贴为例,其主要采取的是"四级财政补贴联动"机制,即农民缴足保费、市县财政补贴到位之后,中央和省级财政补贴才会随之配套落实。[④] 这种制度设计的初衷,是为了鼓励地方政府投入资金发展普惠农业保险,同时防止地方政府侵吞保险补贴的道德风险。但这种制度设计也使得各地普惠农业保险的覆盖面直接与地方政府财力挂钩,贫困地区的地方政府无力按照自身实际需求进行补贴,该地区的农户也无力负担普惠农业保险,导致贫困地区农户获取补贴的权利被简洁地剥夺,但恰恰是这些地区的农户才应是"三农政策"重点保障的群体。第四,我国政策性普惠农业保险的补贴比例过于整齐划一,缺乏差异性,削减了普惠保险保费在风险提示方面的信号作用。[⑤] 政策性普惠农业保险相关立法规定,中央财政补贴应在东部和中西部地区设置不同的补贴

[①] 冯文丽、苏晓鹏:《农业保险助推乡村振兴战略实施的制度约束与改革》,载《农业经济问题》2020 年第 4 期。

[②] 《中央财政农业保险保险费补贴管理办法》第 5 条规定:中央财政补贴的普惠农业保险的险种标的主要包括玉米、水稻、小麦、棉花、马铃薯、油料作物、糖料作物、青稞、能繁母猪、奶牛、育肥猪、公益林、商品林、牦牛、藏系羊、天然橡胶 16 类。

[③] Dick, William J. A., Wang W., Government Interventions in Agricultural Insurance, *Agriculture and Agricultural Science Procedia*, 2010, Vol. 1, pp. 4-12.

[④] 冯文丽、苏晓鹏:《农业保险助推乡村振兴战略实施的制度约束与改革》,载《农业经济问题》2020 年第 4 期。

[⑤] Dick, William J. A., Wang W., Government Interventions in Agricultural Insurance, *Agriculture and Agricultural Science Procedia*, 2010, Vol. 1, pp. 4-12.

比例。① 但这种简单的区分并未充分考虑我国各省在农业生产方面的个体差异,不符合农业大省往往是财政弱省的现实情况,②影响了普惠农业保险覆盖率的提升和地区特色险种的开发。

其次,普惠保险立法与"三农政策"中有关农民专业合作组织的倡导性规定衔接不畅。2006年,国务院《关于积极发展现代农业扎实推进社会主义新农村建设的若干意见》明确指出,现代农业的推进离不开农民专业合作组织的发展。在普惠保险中农民专业合作组织也发挥着不可或缺的作用:第一,其与个体农民相比专业化程度更高,对保险的接受能力较强,可起到参保的示范效应,提升普惠保险的覆盖率。第二,农民专业合作组织还可发挥其熟知当地农民情况的信息优势,与保险公司合作,与其共享信息或助其优化服务网络。第三,农民专业合作组织还可基于其自身优势发展普惠互助保险,以有效降低组织成本和经营管理费用。③ 在互助保险中,道德风险和逆选择的概率可以被降到最低,原因在于:第一,保险的每一个投保人都兼有保险组织成员身份,投保人与保险组织具有经济利益上的一致性;第二,参加者都是本地农民,具有共同地缘和业缘的参加者相互之间比较熟悉和了解,容易产生共同的利益趋向进而实现彼此之间的相互监督和自我约束。④ 但目前仅有中邮集团公司开发了专属于农民专业合作社的普惠团体保险产品,并出台配套的综合金融服务配套措施,设立专门的促进农民专业合作社质量提升工作协同小组,以确保与农民专业合作社之间充分的协同合作。⑤ 普惠保险立法及除中邮集团以外的普惠保险经营机构尚未意识到农民专业合作组织对普惠保险发展的重要性,对农民专业合作组织积极参与普惠保险的激励不足。

最后,普惠保险立法与"三农政策"所支持发展的险种衔接不畅。2008年,国务院《关于切实加强农业基础设施建设进一步促进农业发展农民增收的若干意见》中明确提出,要建立起新型农村社会养老保险制度,这为普惠农村养老保险的发展提供了政策便利。2009年,国务院《关于2009年促进农业稳定发展农民持续增收的若干意见》中提出,要防止农民收入徘徊,将农村民生建设重点投向危房改造等领域,这为普惠农产品价格指数保险及普惠农房保险的发展提供了政策便利。2013年,国务院《关于加快发展

---

① 《中央财政农业保险保险费补贴管理办法》第7条规定:中央财政对中西部普惠种植业保险的保险补贴比例为40%,东部地区补贴35%;中央财政对中西部普惠养殖业保险的补贴比例为50%,东部地区为40%。

② 我国目前有13个粮食主产省,分别为辽宁、河北、山东、吉林、内蒙古、江西、湖南、四川、河南、湖北、江苏、安徽、黑龙江。但保费补贴并未完全向以上地区倾斜,导致部分省的省级财政保费补贴负担较重。

③ 由于农民专业组织可作为普惠互助保险的基层机构,一般委托社员代表担任相关工作,不需要全日制工作人员和专门办公场所,可以节省大笔开支。在理赔工作的进行过程中,由于保险的参与者都是农民,对农业生产规律和灾害损失的特点比较熟悉,因此可以便捷地承担小额保险理赔工作,缓解普惠保险理赔困难的问题。

④ 黄延信:《健全政策性农业保险制度》,载《中国金融》2013年第4期。

⑤ 参见2018年《农业农村部办公厅中国邮政集团公司共同促进农民专业合作社质量提升实施方案》。上海、苏州、浙江等地区的普惠农业保险仅将农业专业合作组织列为主要的保险对象,但并未出台针对该主体的团体性普惠保险。

现代农业进一步增强农村发展活力的若干意见》及 2017 年国务院《关于深入推进农业供给侧结构性改革加快培育农业农村发展新动能的若干意见》均提出,要建立流转顺畅的农村产权制度,盘活利用限制宅基地,这为土地承包权流转、林权流转、农房产权抵押等过程中可能涉及的普惠保证保险和信用保险的发展提供了政策便利。但我国的普惠保险立法尚未针对上述有利于"三农"建设和发展的普惠保险险种出台特别立法,导致上述险种在实际运行中法律规范缺位的现象极为严重。①

三、未实现普惠金融的主要诉求

普惠保险作为实现普惠金融的一项重要工具,其发展关系着金融服务可得性的提升。国务院 2015 年 12 月印发的《推进普惠金融发展规划(2016—2020 年)》中反复提及要支持小额信贷业务和组织的发展,引导金融机构扩大涉农、小微企业、社会弱势群体等金融薄弱群体的信贷投放,降低社会融资成本,提高金融服务的可获得性。同年 8 月,国务院还出台了《关于促进融资担保行业加快发展的意见》,提出加快发展小微企业、三农及关系经济社会发展大局的担保融资,并构建以政府支持的融资担保和再担保机构为基础的新型融资担保体系。之后,2017 年 10 月 1 日,国务院颁布实施了《融资担保机构监督管理条例》,对《关于促进融资担保行业加快发展的意见》中的改革思路进行了法定化。

作为回应,我国部分地区开始鼓励试点"政银保"模式,即由地方政府财政提供担保基金,银行提供贷款,保险公司提供小额贷款保证保险的方式,以促进社会弱势群体金融服务可获得性的提升。② 如广东省江门市即为"政银保"模式的首批试点地区。在该市的"政银保"项目,由市经济和信息化局牵头,吸纳财政局、金融局、合作银行、保险公司、融资担保机构共同设立中小企业"政银保"融资项目工作小组,负责风险担保金的设立、监管及风险代偿审核。经济和信息化局设立"政银保"风险担保资金,以质押担保的形式存入合作银行进行专户管理,由经济和信息化局、财政局与合作银行三方共同协议监管。当担保的债务人违约时,风险担保资金、合作银行和融资担保机构按 2∶1∶7 的比例分担,其中风险担保资金承担的风险补偿实行年度累计上限制,即不超过年度累积计算的存入单个合作银行的风险担保资金池余额。

但"政银保"模式在实践中均面临着诸多困境。首先,社会弱势群体在进行融资担保时,通常采用联保或质押贷款的方式。前者系贷款人自愿组成联保体以获得商业银行等信贷机构融资,而后者系贷款人按《担保法》规定的质押方式以借款人或第三人的动产或权利为质押物发放的贷款进行融资。这两种方式均存在一定问题:第一,联保要求参与联保的成员对借款人的债务承担连带保证责任,故社会弱势群体不会轻易参加,

---

① 仅有部分地方政府针对普惠农产品价格指数保险、普惠农房保险的实施出台了一些工作方案,如 2011 年《泸州市人民政府办公室关于开展泸州市政策性农房保险的通知》《定安县 2016 年农房保险工作实施方案》《2020—2022 年广西糖料蔗价格指数保险试点方案》《上海市绿叶菜成本价格指数保险实施方案(2019—2021 年)》。以上地方政府的工作文件,针对保险标的、被保险人、保险期间、保险责任等内容,作出了原则性的规定。

② 参见 2020 年《江门市中小企业"政银保"保费融资项目实施方案(2020 年修订)》。

降低了该群体的投保意愿;第二,社会弱势群体也普遍没有足额的存单可用于质押贷款,并且受法律限制难以提供理想的抵押物,①而普惠保险合同的保险金额较低,即使允许其进行担保,担保的金额也较小,故能获得的贷款金额也极为有限。

上述问题产生的根源在于,我国普惠保险现有立法并未设立统筹信贷和保险经营及监管的机构,信贷和保险分属信贷机构和保险机构两个不同的机构经营,并实行分业监管,导致二者缺乏协同机制,经常"单边作战",对普惠保险合同进行担保的规范设置并不统一,不利于社会弱势群体通过担保进行融资,影响了普惠金融政策提高金融服务可获得性这一重要目标的实现。

其次,现有的普惠保险立法并未对"政银保"模式中地方政府、银行、保险公司的协同合作进行明确引导和权责分配。这一方面导致由财政局、金融局等公主体与保险公司、银行、融资担保机构等私主体联合后所成立的"政银保"融资项目工作小组常实行松散化管理,缺乏法律规范,公私合作的可持续性不足。另一方面也导致在风险分担上,"政银保"模式仍采取类似于民事担保的方式分散化运作,缺乏体系性的分担;政府信用供给比例较小,相应地,合作银行承担的风险也较小,绝大部分的风险都推给了处于夹层的担保机构和保险机构分担。长此以往,必将对保险公司参与"政银保"模式下普惠保险运营的积极性造成不当减损。②

最后,目前"政银保"模式下贷款审核的手续仍然复杂、烦琐。以广东江门的"政银保"模式为例,一笔贷款审核需要准备六种材料,经过五道程序,并由基础信用社、镇农办、区"政银保"办公室、信用联社审批中心等政府机构重重审核,导致社会弱势群体不能在最佳的时间内拿到贷款,"政银保"提升金融服务可得性的实际效果被再次减损。③

第二节 立法规范视野错位

传统商业保险则指代的是投保人依其自由意志,与保险人订立保险契约,约定投保人交付保费作为保险人承担风险之对价,并以一定事故发生作为条件,条件成就时,保险人依约给付保险金之保险。其立法的主要目的是为了分摊危险共同团体之风险,虽也着眼于实现个人公平性,但最终是为了实现保险业的有序竞争,实现行业的可持续营利性。④

而普惠保险是介于商业保险和政策性保险之间的特殊商业保险,其立法应兼顾分

---

① 2015年《融资担保公司管理条例(征求意见稿)》第5条倡导"国家采取风险补偿等政策措施,鼓励、支持融资担保公司为小微企业和农业、农村、农民提供融资担保服务";2015年《国务院关于促进融资担保行业加快发展的意见》也明确要求国家要加快发展主要为小微企业和"三农"服务的新型融资担保行业。但针对小微企业、农民等社会弱势群体的融资担保规则迟迟未出台。

② 杨松、张建:《我国"政银担合作"模式的逻辑基础及制度完善》,载《辽宁大学学报(哲学社会科学版)》2018年第5期。

③ 姚奕:《小额保险理论前沿与实践初探》,北京大学出版社2017年版,第153页。

④ 江朝国:《社会保险、商业保险在福利社会中的角色——以健康安全及老年经济安全为中心》,载《月旦法学杂志》2010年第4期。

摊社会弱势群体之风险的首要目的,以及确保保险人适度竞争的次要目的,以实现普惠性公正及推进整个普惠保险行业以"保本微利"的方式可持续发展的终极目的,立法目的因此具有多重性。基于多重性的立法目的,普惠保险的规范体系也应与传统商业保险有所差异。

一、立法目的欠缺多维性

不同普惠保险的立法应设置不同的立法目的。政策性普惠保险系指政府为实现某种政策目的,强制或鼓励受有特殊风险之人投保,而保险人不得拒保之保险。因此,其立法的主要目的是为了分摊特定社会族群的风险,并不强调风险重分配(redistribution of risk),故保费仍依据被保险人个人风险高低计算,注重个人公平性。但唯基于核保方便,风险分级多半较粗略,甚至可能采用完全单一费率,以降低行政成本。① 强制者②如强制汽车责任保险,是为了落实使受害人损失迅速获得基本弥补或保障,能尽可能地恢复正常生活的政策目的;仅鼓励而非强制性者,如政府全额补贴的农业保险,则是为了落实促进农业发展和增加农民收入的政策目的。③

但我国目前的普惠保险立法常未明确商业性普惠保险与政策性普惠保险之间的共性与差异性,直接导致了现有普惠保险立法常将商业性普惠保险与政策性普惠保险的立法目的相混淆,立法目的过于片面的现象严重。一个显然的例证可见于《农保条例》第1条。该条款仅在《保险法》第1条规定的基础之上加入了"农业"二字,④使得整部立法的目的囿于规范和促进普惠农业保险业的发展,而忽略了社会弱势群体的风险分摊和保障。但与之相悖的是,涉及普惠农业保险的中央⑤或地方的规范性文件中却常提及"分摊社会弱势群体风险分散和转移能力,提高其保障水平"的立法目的。再如,原保监会出台的《小额保险方案》中虽明确表明普惠小额保险要遵循"适度竞争、适当保护、普

---

① 江朝国:《社会保险、商业保险在福利社会中的角色——以健康安全及老年经济安全为中心》,载《月旦法学杂志》2010年第4期。

② 应辨明"强制投保的政策性保险"与"强制投保的商业保险"有所不同。后者虽也具有强制性,但利用之保险制度仍系商业保险,只不过较一般情形多出以像强制投保之公法规定,并无强制保险人不得拒保,统一规定承保范围、费率标准之规定。例如,我国2001年《旅行社投保旅行社责任保险规定》(已失效)第2条曾规定,旅行社必须投保旅行社责任保险。此处的旅行社责任保险即为强制投保的商业保险,保险业者具有拒保之自由。

③ 从2004年至2013年,中共中央、国务院曾发布了十个关于我国农业和农村发展的"一号文件",根据这些"一号文件"的要求,政策性农业保险的主要目的是为了促进农民增加收入以及促进中国农业的稳定和可持续发展。

④ 《农保条例》第1条:为了规范农业保险活动,保护农业保险活动当事人的合法权益,提高农业生产抗风险能力,促进农业保险事业健康发展。《保险法》第1条:为了规范保险活动,保护保险活动当事人的合法权益,加强对保险业的监督管理,维护社会经济秩序和社会公共利益,促进保险事业的健康发展。

⑤ 如2016年《中华人民共和国国民经济和社会发展第十三个五年规划纲要》指出要"完善农业保险制度……扩大保险覆盖面,提高保障水平……";2019年《关于加快农业保险高质量发展的指导意见》中也指出要"(五)提高农业保险保障水平,建立农业保险保障水平动态调整机制……逐步提高保障水平"。

惠服务"等区别于政策性保险和传统商业保险的基本原则,①但在该方案出台的背景中,却片面强调普惠小额保险立法主要是为了"持续推进保险服务的普惠性目标,增强低收入群体的风险抵御能力",而忽视了确保保险人适度竞争、实现"保本微利"的立法目的。这也导致地方性的普惠小额人身保险立法中,未将普惠小额保险的多重立法目的予以统一贯彻,强调单一立法目的的现象时有出现。

现行立法模式下立法目的片面的现象,无形中也为我国普惠保险参与主体之间本就存在的巨大利益冲突起到了推波助澜的作用。在"促进保险业发展"的立法目的下,保险人秉承以营利为目的无可厚非;而在"推进保险服务普惠化"的立法目的下,对投保人或被保险人进行倾斜性保障,对保险人盈利和其权利进行适度限制,强化政府的适度干预义务与责任又实为必然。因此,在片面强调单一立法目的的情形下,普惠保险立法涉及对投保方、保险方、政府之间的关系注定无法理顺,加剧了三方之间的博弈与猜忌,导致了我国普惠保险发展中的诸多问题。

二、规范体系忽视差异性

商业性普惠保险的立法应着眼于其不同于传统商业保险的特殊性制定相应规则,与传统商业保险相似部分应明确可直接适用现有商业保险立法中的相关规定。而对于政策性普惠保险的规范,则更宜由法律或行政法规以特别立法的形式另行规定。②但由于我国现行的普惠保险立法中同一套保险法规则既适用于商业性普惠保险,又适用于政策性普惠保险,引发了保险法规范体系在诸多方面的制度性不适。

(一)市场主体经营规范

对于普惠保险市场主体经营规范而言,商业性普惠保险的此类规范应着眼于鼓励多元市场主体参与,并强调适度的市场竞争。③相反,政策性普惠保险的市场主体经营规范建构,则应着眼于严格限制市场准入和经营标准的审批,减少不必要的市场竞争,以期保险经营者不至于过度争夺保险市场,而不专注于服务品质的提升。④

但我国目前的普惠保险市场主体经营规范却出现了对商业性普惠保险经营主体设置较高限制的怪象,导致专业性经营普惠保险的保险公司难以入市,综合性保险公司对专业性保险公司的挤出效应严重。以农业保险为例,原保监会的批复中明确规定:专业农业保险公司的农业保险保费收入占全部保费收入的比例不得低于60%。⑤起初,该项"四六开"的规定仅适用于专业农业保险公司所经营的政策性农业保险。但之后,该

---

① 《小额保险方案》第1条第1款规定:小额人身保险推广过程中应坚持控制风险、鼓励创新、适度竞争、审慎监管、适当保护、持续发展、普惠服务的原则,使低收入群体买得起、买得到和愿意买小额人身保险,不断扩大保险覆盖面,让保险保障惠及最广大人民群众。

② 《保险法》第186条中虽规定"受国家政策支持的农业保险由法律、行政法规另行规定",但即便是商业性普惠保险与政策性普惠保险采取不同的立法模式,二者仍在一些方面(如保险的基本原则、保险人及被保险人权利义务规则)存在一些共性,对于这些方面可适用一套规则予以规范。

③ 冯文丽、苏晓鹏:《农业保险助推乡村振兴战略实施的制度约束与改革》,载《农业经济问题》2020年第4期;庹国柱:《论农业保险市场的有限竞争》,载《保险研究》2017年第2期。

④ 庹国柱:《论农业保险市场的有限竞争》,载《保险研究》2017年第2期。

⑤ 2015年《中国保监会关于中原农业保险股份有限公司开业的批复》第6条。

项规定扩展适用于其所经营的商业性的普惠农业保险及其他涉农保险。① 但是对综合性的保险公司,却没有保费收入比例的要求,其经营受到较少的限制。加之,与专业性农业保险公司相比,综合性保险公司更易符合普惠保险的补贴条件而取得政府补贴,②导致专业性农业保险公司失去了其本应具有的优势和功能,极大地损害了商业性普惠农业保险市场的竞争环境。近年来,专业性农业保险公司屡屡遭受净利润下降、农业保险业务占全线保险业务比例下降的悲惨境遇。③ 综合性保险公司的市场份额在普惠保险市场中的占比极高,商业性普惠保险市场主体的多样化根本无从实现。

此外,我国目前的普惠保险市场主体经营规范也不利于激励互助保险组织这一"草根"主体进入普惠保险市场、参与该保险的经营。④ 但基层自发形成的互助保险组织却可以有效地分散普惠保险产生的大量风险,并借助将保险人和投保人合为一体,将"低会费、广覆盖"的理念根植于社会弱势群体,避免信息偏在所引发的保险人和投保人之间的信任危机。⑤ 以普惠农业保险为例,《农保条例》第2条第2款虽然规定农业互助保险组织具备承保资格,但《相互保险组织监管试行办法》第9条却要求该组织在作为保险人时,应满足"初始运营资金不得低于100万元"的严格规定。而即便是100万元,一些贫困地区仍然很难筹措,导致对农业相互保险组织作为保险人时的限制过高。

现阶段我国仍存在大量以小农农业为主的地区,尤其是仍存在诸多贫困地区。正是这些地区才需要农业互助保险组织作为普惠农业保险的保险人。但在银保监会的现行规范体系之下,农业互助保险组织作为保险人时,有关其保险条款、费率、偿付能力及各种报表的要求,全部都要按照等同于传统商业保险经营主体(综合性商业保险公司)的标准执行,导致适合我国小农农业的农业保险互助组织难以生存。⑥ 实践证明农业保险互助组织对开展普惠保险,可起到一定的积极推进作用。如在四川省旺苍县的普惠小额扶贫团体借款人意外伤害保险的开展过程中,互助保险组织(如村互助社)由于熟悉当地情况,极大程度上便利了保险的宣传和服务,降低了保险的经营成本。此外,互助保险组织还有助于促进参保成员间的互相监督,预防被保险人出现道德风险,避免普

---

① 张超:《专业农险公司优势渐失》,载《农村金融时报》2013年8月26日第2版。
② 根据2017年《中央财政农业保险保险费补贴管理办法》第34条的规定:经营政策性农业保险的保险公司要按"优胜劣汰"评选确定。而综合性保险公司由于在人员、网点、资金条件上均具备优势,因此相较于专业农业保险公司更易获得政府补贴,也更易满足承保政策性农业保险和商业性的普惠农业保险的资质。
③ 数据显示2012年至2014年,安华农险的净利润连续同比减少48%、53%和16.21%;另外,三家专业农业保险公司(阳关农险、国元农险、安信农险)的农业保险业务占比也均呈现下滑状态。参见刘小薇:《专业农险公司盈利背后:农险业务占比全线下降》,https://www.financialnews.com.cn/bx/xw_99/201506/t20150624_78779.html,最后访问日期:2020年10月9日。
④ 印度、菲律宾等国家的普惠小额保险实践经验已证明,缓和相互保险组织的资质要求,有利于市场准入。参见 Biener C., Eling M., Joan T. Schmit, Regulation in Microinsurance Markets: Principles, Practice and Directions for Future Development, *World Development*, 2014, Vol. 58, No. 1, p.31.
⑤ 李媛媛:《我国农业保险立法模式重构困境及其突破路径》,载《法商研究》2017年第2期。
⑥ 《中国保监会关于加强农业保险条款和费率管理的通知》虽要求"农业互助保险等保险组织开发的农业保险产品管理办法"应另行规定,但另行规定迟迟未出台。

惠保险赔付率激增而造成的保险人大幅亏损。①

(二)承保和赔付规范

由于商业性的普惠保险本质上属于特殊的商业保险,其在承保和赔付规范的设置上仍应遵循商业保险的基本原则,仅需在具体规则设置上顾及被保险人系社会弱势群体的特殊性,对其予以适当程度的倾斜性保障。但政策性普惠保险却不然,其承保范围和给付标准的设定需要加入"比例原则"的考量,②以确保相关规范尤其是强制性的规范,可以体现和维护社会公益性,同时不构成对基本权利的过度限制。③基于此,政策性保险在承保和赔付规范设置上,常通过限制契约自由、直接请求权之赋予、保险人在保险关系不健全时的给付义务、解除契约之原则禁止乃至于特别补偿金之设立等规范的设置,以实现"比例原则"理念的要求。④

但反观现有的普惠保险承保和赔付规范,不仅忽视了对商业性普惠保险消费者予以倾斜性保障,也未对政策性普惠保险按照"比例原则"的要求进行实质审查,导致了以下一系列问题:

第一,在普惠保险设立之时,缺乏对该保险的社会公益性进行评估,导致保险中政府的参与和补贴程度长期错乱,减损了保险的可持续性。按照"比例原则"的要求,仅有在某一保险体现出相当的社会公益性,且通过市场调节无法达到政策性目的时,才需要将其纳入政策性保险,对其进行高额补贴和采用政府的强干预。⑤但我国目前的普惠保险在设立之初由于缺乏对该保险的社会公益性进行评估,亦缺乏对保险设立的必要性和可行性进行充分的论证,导致实践中大量本可以通过商业模式即可运营的普惠保险,被纳入政策性保险而进行大额补贴和大量的政府干预。而由于政府补贴常具有不可持续性和不确定性,大量补贴不仅造成了社会公共资源的浪费,也不利于普惠保险的可持续运营。⑥

第二,我国目前普惠保险合同双方的权责分配常缺乏公正。在商业性普惠保险合同中,保险人大量抄袭传统商业保险合同条款,并对条款作出有利于自身改造的现象严

---

① 村民加入互助社需要先缴纳互助金,存入互助金后,其最多可获得10倍于互助金的小额贷款;并且在其投保普惠小额扶贫团体借款人意外伤害保险时,可以享有保费总额一半的政府补贴。如果贷款逾期不能偿还,将由互助社的所有成员共同承担连带责任。参见姚奕:《小额保险理论前沿与实践初探》,北京大学出版社2017年版,第59~70页。

② 根据比例原则的基本理念,只有符合特定情况,才能对个人自由及私法自治进行干预。此外,此种干预相对于一个更高的利益而言是必要的,必须适合于达成其所欲求之目的,而且要采用最缓和的手段来实现此目的。Vgl. Karl Larenz and Manfred Wolf, Allgemeiner Teil des Bürgerlichen Rechts, 9. Aufls, Verlag C. H. Beck München 200, S. 2. 转引自郑晓剑:《比例原则在民法上的适用及展开》,载《中国法学》2016年第2期。

③ 有学者建议在政策性保险中可适用比例原则。参见王理万:《商业性强制保性制度的合宪性分析》,载《法学家》2017年第2期;江朝国:《社会保险、商业保险在福利社会中的角色——以健康安全及老年经济安全为中心》,载《月旦法学杂志》2010年第4期。

④ 陈俊元:《中国大陆〈机动车交通事故责任强制保险条例〉之评析》,载"立法院"院闻》2006年第11期。

⑤ 王理万:《商业性强制保险制度的合宪性分析》,载《法学家》2017年第2期。

⑥ 刘小红:《农业保险财政补贴法律制度研究》,法律出版社2017年版,第113~118页。

重。而在政策性普惠保险中,投保条件又常过于严苛,承保风险范围过小、免责范围过广、损失补偿范围过窄的现象普遍。① 可以说,在合同具体条款的设置上,商业性普惠保险普遍忽视了对社会弱势群体倾斜性保障的基本原则。在承保范围和给付标准的设定上,政策性普惠保险又缺乏遵照"比例原则",考察相应规范是否在实现对受害人及时救助、分担投保人风险、维护公共利益时,过度限制了公民的财产权和契约自由。②

第三,在商业性普惠保险中,对社会弱势群体进行倾斜性保障意味着需要适当地限制保险费率,但仍在一定程度上保留保险人和投保方的选择权,以确保保险的商业特性。而在政策性普惠保险中,根据"比例原则"的要求,为使保险对基本权利的侵害控制在合理范围内,应当强化保险机构的责任,并严格限制保险费率,促使其通过强制承保和低廉费率承担相应的社会义务和责任。并且,后者在实际运行的过程中,还应将保费的收取标准和使用信息主动公开,并面向被保险人建立更加便捷的求偿途径,以确保投保人和公共利益均可得到妥善保护,显示出国家对公共利益的理性规划能力。但在我国的普惠保险实践中,对商业性普惠保险及政策性普惠保险的保费均予以过度限制的现象普遍存在,商业性普惠保险中保险人和投保人的选择权受到过度限制,而政策性普惠保险中的信息公开机制又不够完善,导致对社会弱势群体的倾斜性保障难以达成。

最后,欠缺政府在普惠保险日常运作中需要承担保险法上责任的规定,不利于促成普惠保险达成立法目的、契合国家宏观政策。普惠保险的成功运行离不开政府的干预,商业性普惠保险需要政府的适度干预,在规范设置上需要对政府的妥适行为进行引导。相较而言,政策性普惠保险需要政府的强力干预,在规范设置上应强化政府的责任,并建立相应罚则,以激励政府积极承担责任,保证保险的公信力。但我国目前的普惠保险立法中,却未作出上述区分,泛泛要求政府应对普惠保险起到一定的"引导"或"协同推进"作用。③ 未具体化政策性普惠保险中政府在保险法项下的职责,违反职责时的责任也长期处于缺位状态,不利于普惠保险的立法目的的达成,更不利于国家宏观政策的落实。

(三) 监督及管理规范

商业性普惠保险与政策性普惠保险具有不同的监管要求和目标。对于前者的监管应参照《保险法》第134条的规定,以"维护市场秩序,保护投保人、被保险人和受益人的合法权益"为准则。而对于后者的监管,则宜建立专门的保险监管机构,并以"防止保险公司破产、保护公平和致力于保险的可获得性和充足性"为准则,④以确保普惠保险作为国家治理工具实现一定的政策目标。

---

① 李媛媛:《农业保险合同制度的反思与优化》,载《法商研究》2017年第5期。
② 比例原则有狭义和广义之分,这里主要体现了"狭义比例原则"的要求,即手段实现的目标价值是否过分高于因实现此目标所使用的手段对公民的人身财产等基本权利的损害价值。参见范剑虹:《欧盟与德国的比例原则》,载《浙江大学学报(人文社会科学版)》2000年第5期。
③ 如《农保条例》第3条第2款规定:"农业保险实行政府引导、市场运作、自主自愿和协同推进的原则。"
④ [美]埃米特·J.沃恩、特丽沙·M.沃恩:《危险原理与保险》,张洪涛译,中国政法大学出版社2002年版,第101页。

但无论是《农保条例》第4条第1款还是《小额保险方案》第5条,均未辨明商业性普惠保险与政策性普惠保险在监管上的不同,而是统一要求银保监会对二者实施相同的监督管理,并且在监督管理的目标和具体规则的设置上,与传统商业保险并无太大不同,造成两种普惠保险业务之间管理的冲突。鉴于此,有学者主张,需要针对政策性普惠保险,设立相对独立、具有充分职权的监管机构,并通过建立和实施差异化的监管规则,如提高监管规则的易读性、建立保险信息数据库、设定清晰的监管目标及建立监管人员运用监管权力的问责机制等,来实现政策性保险监管的内在目标(保险的可靠性、合理、公平和安全)及外在目标(国家用公共财政支持社会发展)。①

对于商业性普惠保险的监管,虽然在监管目标和实施路径的设置上可借鉴目前传统商业保险监管的做法,但实施主体也不宜由银保监会继续承担。这主要基于投保商业性普惠保险的社会弱势群体常分布在农村、乡镇地区。②但目前我国银保监会在全国范围内的分局均集中在地市级以上的地区。县、乡镇、村缺乏保险监督管理机构,而普惠保险从投保到理赔的整个过程常需要深入田间地头才能完成,与监管对象间的空间距离,导致了银保监注定无法较好地完成其监管目标。

一些地区虽然意识到了上述问题,并设立了独立的普惠保险工作小组,③但这些小组由于缺乏独立性,并欠缺明确赋权和清晰的监管目标,导致其对保险公司的监管往往流于形式,甚至一些工作小组为了完成参保任务与保险机构串通一气,骗保、擅自更改或变相更改备案的费率、虚构保险标的、编报虚假赔案、扩大保险事故损失程度、封顶赔付、平均赔付、少赔、拖赔、无理拒赔等问题经常出现,④极大地提升了商业性普惠保险的经营风险,破坏了市场秩序,也影响了行业信誉,甚至损害了投保方的合法权益。

三、语体与行文不规范

完善的立法技术,清晰、简洁、语法正确的行文,是法律规范有效适用的重要前提,这也与法律所要求的安全性及可预见性具有内在一致性。但我国目前的普惠保险立法在语体及行文规范方面却面临着诸多问题。

(一)规则存在冗余和矛盾

我国目前的政策性普惠保险立法的具体规则常简单重复传统商业保险立法具体规则的内容。例如《农保条例》第14条以及第15条第1款和第2款中,关于损失赔偿义务履行期限和履行方式的规定,就基本照搬了《保险法》第23条的核心内容,但删除了《保险法》第23条中关于保险人在履行损失赔偿义务时,对于保险标的的损失情况核定需

---

① 何文强:《论我国政策性农业保险的法律监管》,载《法学评论》2008年第3期。
② 张晓玲主编:《社会稳定与弱势群体权利保障研究》,中共中央党校出版社2015年版。
③ 例如,河南省曾成立保监局农村小额人身保险试点领导小组,并明确该工作小组的主要职责为:"落实试点领导小组确定的各项工作部署;制定保险试点工作方案、相关制度、办法和细则;协调落实试点县(市)、乡(镇)和行政村;授予小额保险代理人资格证书;受试点领导小组委托负责对外联系和协调事宜;组织指导试点工作;组织对新闻媒体等宣传工作等。"参见2008年《中国保险监督管理委员会河南监管局关于成立河南保监局农村小额人身保险试点领导小组及工作小组的通知》。
④ 参见《中国保监会关于进一步加强农业保险业务监管规范农业保险市场秩序的紧急通知》。

要及时作出的规定。①

此外,《农保条例》第 16 条明确指出,本条例对农业保险合同未作规定的,应参照适用《保险法》中保险合同的有关规定。尽管"参照适用"这一立法技术符合法律规范设置的精简科学,并黏合了立法的规范体系和部门体系,加之又保留相当的灵活性以应对未来经济社会的变迁,其被广泛地运用于行政立法②、刑事立法③及民商事立法中。④ 但在司法实践中,对于如何适用才可被视为"参照适用"仍存在争议。

从字面意思上来看,"参照适用"并不等同于"直接适用",而是具有超越法律解释和续造等独特功能。《最高人民法院关于执行〈中华人民共和国行政诉讼法〉若干问题的解释》和《关于审理行政案件适用法律规范问题的座谈纪要》赋予了法院对于拟参照规章进行合法审查的义务。并且,依据后者的规定:"根据行政诉讼法和立法法的有关规定,人民法院审理行政案件,依据法律、行政法规、地方性法规、自治条例和单行条例,参照规章……应当对规章的规定是否合法有效进行判断,对于合法有效的规章应当适用。"从效力级别上看,《保险法》是法律,《农保条例》是行政法规,并为在私法领域适用的行政法规。因此,按照法院审理民商事案件的实践经验,在没有其他强制性规定的情况下,所谓的"参照适用"其实就是"直接适用"。

据本书统计,在具体说明上,法院不仅会在判决的说理部分("本院认为"部分)写明参照《保险法》的哪一具体规定,并且会在判决的结论部分("综上,依照……判决如下……"部分)也引用具体的法条。因此,《农保条例》第 16 条中关于未规定的"参照适用"《保险法》,在没有相关法律法规明确指引的情况下,其意思基本等同于"直接适用"。鉴于此,普惠保险专项立法中,对于传统商业保险法立法中已有的规则进行重复立法的必要性不大。

我国目前的普惠保险具体规则中存在隐含矛盾的现象也极为普遍。一个最为明显的例证为《农保条例》第 11 条。⑤ 如前所述,该条文事实上限制了投保人或被保险人的合同解除权,其无法在保险标的危险程度降低时,根据自身的需求解除保险合同。但从保险法理上看,保险合同的本质是保障性合同或危险移受合同,在投保人的保障需求发生变化或危险不存在时,其应被赋予合同解除权。即便是对于传统的商业保险合同,《保险法》第 15 条也有明确规定:在没有另外规定或合同另有约定的情况下,保险合同成立后,投保人可以解除合同,保险人不得解除合同。由此可见,《农保条例》第 11 条的规定并不利于投保人或被保险人利益的保护,甚至等同于"变相强制"投保人不得退出普惠保险。这与《农保条例》第 3 条以及《农业法》第 46 条第 3 款中关于农业保险实行

---

① 虽然《农保条例》第 12 条规定:保险人接到发生保险事故的通知后,应当及时进行现场查勘,会同被保险人核定保险标的的受损情况。但"及时"的判断标准却不明确。而根据《保险法》第 23 条的规定:保险人收到被保险人或者受益人的赔偿或者给付保险金的请求后,最晚也必须在 30 日内作出核定,但合同另有约定的除外。
② 付国华、李向样:《规章在行政审判中的参照适用》,载《人民司法》2011 年第 24 期。
③ 邹晓瑜:《试论在刑事审判中以"参照"方式适用法律》,载《现代法学》2003 年第 5 期。
④ 张弓长:《〈民法典〉中的"参照适用"》,载《清华法学》2020 年第 4 期。
⑤ 《农保条例》第 11 条:在农业保险合同有效期内,合同当事人不得因保险标的的危险程度发生变化增加保险费或者解除农业保险合同。

"自主自愿"的原则性规定明显矛盾。

再者,现有的全国性普惠保险立法中,如《农保条例》第3条以及《小额保险方案》第3条第3款中,均普遍强调无论是商业性的普惠保险,还是政策性的普惠保险均应遵循自愿投保的原则,任何单位和个人不得利用行政权力、职务或者职业便利以及其他方式强迫或变现强迫社会弱势群体投保普惠保险。

但在地方性的普惠保险立法中,却出现一方面强调自愿投保原则,另一方面却鼓励强制投保或变相强制投保规则设置的矛盾现象。如2009年《绵阳市人民政府办公室转发中国人寿绵阳分公司关于开展小额人身保险工作方案的通知》及2008年《太原市人民政府办公厅关于推行中国人寿农村小额保险业务的通知》中均对商业性普惠小额人身保险的参保率设置了逐年递增,甚至于全面覆盖目标群体的目标。前者第4条明确规定:"力争2009年……12月底全市农村人口承保面达到30~50%……3年实现我市农村人口承保面全覆盖。"后者第2条则明确规定:"试点阶段……覆盖面达10%;……巩固提高阶段……覆盖面达30%;全面推广阶段……覆盖面达100%。"

一些地区的地方性普惠保险立法甚至将参保情况纳入了基础政府的年度工作考核事项,对于完成年度目标和任务的地区予以荣誉嘉奖和现金奖励。2013年《咸阳市人民政府办公室关于印发开展农村小额保险工作实施方案的通知》第6条及2013年《宝鸡市人民政府办公室关于印发宝鸡市进一步开展农村小额人身保险工作实施方案的通知》第6条均规定:对于完成年度目标任务的县(区),授予先进单位的奖牌,并奖励宣传费用1万~2万元。2011年《广元市人民政府办公室关于批转中国人寿保险股份有限公司广元市分公司扩大农村小额人身保险试点工作方案的通知》第7条,更是针对达成目标、超越目标设置了按照保费收入0.5%或1%给予不同级别的政府现金奖励。以上规定显然与自愿投保的规则相矛盾,变相鼓励基层政府"运动式推进""捆绑销售"等以行政命令、摊派任务等形式强制投保普惠保险的行为。

(二)规则间缺乏统筹规划

根据《立法法》第78条至第84条规定,上位法与下位法的规定发生冲突时,应适用上位法的规定。而对于同一机关制定的法律、行政法规、地方性法规、自治条例和单行条例、规章,特别规定与一般规定不一致的,应适用特别规定;新的规定与旧的规定不一致的,适用新的规定。但普惠保险立法中却常出现下位法与上位法规则缺乏统筹而相冲突的问题。

如2015年《农业保险承保理赔管理暂行办法》(以下简称《农保理赔暂行办法》)第3条规定:保险人应"严格履行说明义务",不仅需要在投保单、保险单上作出足以引起投保人注意的提示,还需要向投保人说明投保险种的保险责任、责任免除、合同双方权利义务、理赔标准和方式等条款的重要内容;由农业生产经营组织或村民委员会组织农户投保的,可组织投保人、被保险人集中召开宣传说明会,现场发放投保险种的保险条款,讲解保险条款中的重点内容。《暂行办法》与《保险法》中的规定存在冲突:

首先,该项规定实际上加重了保险人的说明义务,因为保险人对所有类别的保险合同条款(包含格式条款及非格式条款),一概负有说明义务;但根据《保险法》第17条的规定,仅在保险人采用格式条款订立保险合同的,保险人才需向投保人履行说明义务,对于非格式条款则并无此要求。

其次,《农保理赔暂行办法》第 3 条的规定扩大了保险人说明义务的履行范围。2013 年《保险法司法解释二》第 10 条及第 11 条规定,保险人主要对保险合同中有关免除保险人责任条款的概念、内容和法律后果作出解释和说明;若该免责事由属于法律、行政法规中的禁止性规定,保险人则无须作出说明,仅需予以提示。但《农保理赔暂行办法》第 3 条要求保险人对保险合同中的"重点内容",即保险责任、免责条款、合同当事人的权利义务、理赔标准和方式等非免责条款和免责条款均需作出提示和说明,这显然极大地扩展了保险人说明义务履行的范围。

但此时,《农保理赔暂行办法》中并未规定对非免责条款没有履行说明义务的法律后果,《农保条例》中更是未作出规定。因此,对于违反保险人说明义的法律后果的判定,应按照《农保条例》第 16 条的规定,"参照适用"《保险法》第 17 条的规定。此时,我们假设普惠农业保险合同的所有条款均为格式条款,对于其中的非免责条款,仅可按照《保险法》第 17 条第 1 款的规定,追究保险人未履行说明义务的缔约过失责任;而对于其中的免责条款,才可按照《保险法》第 17 条第 2 款的规定,判定保险人未履行说明义务的该条款为无效条款,自始不产生法律效力。

但普惠农业保险,尤其是政策性普惠农业保险,合同高度"格式化"的特征并不明显,现有立法亦常直接或间接地强调普惠保险合同具有"议商性""非格式化"的特殊性。例如,《农保条例》第 19 条强调:保险人应公平、合理地拟订农业保险条款和保险费率;属于财政给予保险费补贴的险种的保险条款和保险费率,保险人应当在充分听取省、自治区、直辖市人民政府财政、农业、林业部门和农民代表意见的基础上拟订。《小额保险方案》第 2 条第 2 款也强调:商业性小额人身保险条款的设计应结合低收入群体的实际情况而确定。

据此,对于大量存在非格式条款及个别协商条款的普惠保险合同而言,保险人并不需要履行说明义务。换言之,根据现有的普惠保险立法,保险人仅需对商业性的普惠保险合同负有说明义务;对于政策性的普惠保险合同,保险人则不需履行说明义务。但与商业性普惠保险的投保人相比,政策性普惠保险的投保人恰恰处于更为不利的地位,需要更加强力的保护。但由于具体规则存在立法技术问题,实践中对保险人未履行说明义务不利后果的判定极可能出现事与愿违的结果。

此外,现有的普惠保险立法对于一些问题,如保险人经营普惠保险业务是否需要审批等问题,常缺乏统筹规划。2012 年颁布的《农保条例》第 17 条规定了保险机构经营普惠农业保险业务,需要符合一定的条件,并经保险监督机构依法批准;第 19 条则要求,普惠农业保险条款和保险费率应当依法报保险监管机构审批或备案。此外,根据 2013 年《中国保监会关于加强农业保险业务经营资格管理的通知》第 5 条的规定:保险公司只能在保险监管机构批准的区域内经营农业保险业务。2013 年《中国保监会关于加强农业保险条款和费率管理的通知》第 4 条明确指出:保险公司必须向保监会报备普惠农业保险条款和费率。第 5 条则指出:保险机构除应提交 2010 年《财产保险公司保险条款和保险费率管理办法》规定的材料外,还应提交保监会批准在相应区域开办农业保险业务的文件复印件。违反上述规定,情节严重的,保险监管部门将采取限制保险机构业务、责令停止接受新业务或者取消保险业务经营资格等措施,对保险机构予以惩戒。

但之后,在 2015 年《国务院关于取消和调整一批行政审批项目等事项的决定》中,仅明确表明取消《农保条例》关于保险机构经营普惠保险业务需审批的规定,对于原保监会的上述两项通知中有关普惠保险审批的相关规定未作处理。这导致实践中,开展普惠农业保险业务仍需要审批,且保险人仍仅能在保险监管机构批准的范围内开办保险。①

普惠保险不仅包括政策性普惠保险,如政府参与度较高、保费补贴较高的农业保险;而且包括政府参与度较低、补贴较低甚至无任何补贴的商业性普惠保险,如大部分的小额人身保险。对于政策性普惠保险的经营确有必要仅需行政审批。此时,审批不仅可以发挥控制市场准入的重要功能,对投资与经营活动实行严格的进入限制,以达到控制自由市场,调控保费的目的;还可以确保基层政府合理地进行资源配置,根据地方实际情况进行保费补贴这一"公共资源"的分配。② 但对于商业性普惠保险的经营则无必要进行行政审批。对其经营进行严格的审批,一方面与该保险的商业性和商业保险经营的基本原则相矛盾,另一方面也与近年来强调的行政审批改革、简政放权力度的现代化行政目标相违背。

最后,我国目前的普惠保险具体规则缺乏统筹规划还体现在对于同一问题,存在多个规范性文件。一个最明显的例证就是对于政策性普惠保险的补贴规则。目前,财政部关于政策性普惠农业保险补贴共出台了 5 部规范性文件,分别是:《关于 2013 年度中央财政农业保险保费补贴有关事项的通知》、《关于 2013 年度农业保险保费补贴工作有关事项的通知》、《关于进一步加大支持力度做好农业保险保费补贴工作的通知》、2010 年《关于进一步做好农业保险保费补贴工作有关事项的通知》,以及《关于 2010 年度中央财政农业保险保费补贴工作有关事项的通知》。

另外,还存在大量针对某一特定保险标的的部门规范性文件,但各规范性文件中的规定却不尽相同。如对于能繁母猪的保费补贴这一问题,现行有效的部门规范性文件就多达 7 部。但这些规范性文件中,对于保费补贴却存在完全不同的规定:(1)根据财政部 2012 年发布的《关于进一步加大支持力度做好农业保险保费补贴工作的通知》第 1 条第 4 款规定:东部地区的能繁母猪保险,在地方财政至少补贴 30%的基础上,中央财政补贴 40%。(2)但农业部办公厅、财政部办公厅 2012 年联合发布的《2012 年能繁母猪饲养补贴实施指导意见》第 2 条第 2 款却规定:"每头能繁母猪补贴 100 元,补贴资金由国家承担。其中东部地区由地方财政负担;中西部地区由中央财政负担 60%,地方财政负担 40%。新疆生产建设兵团以及黑龙江省农垦总局、广东省农垦总局的补贴资金全部由中央财政负担。有条件的地方,地方财政部门可结合本地实际,适当提高补贴标准。"(3)财政部 2013 年发布的《关于 2013 年度中央财政农业保险保费补贴有关事项的通知》第 2 条第 2 款则规定:对于能繁母猪保险,在地方财政至少补贴 30%的基础上,中央财政对中西部地区的补贴比例为 50%,对东部地区的补贴比例为 40%,对中央单位的补贴比例为 80%。

---

① 原保监会在国发〔2015〕11 号之后发布的一系列批复中也可以印证关于开展普惠农业保险区域的审批仍然存在。例如,《中国保监会关于中国太平洋财产保险股份有限公司在河北省和贵州省经营农业保险业务的批复》(2015.06.04 发布)以及《中国保监会关于中国人寿财产保险股份有限公司在河北省和江苏省经营农业保险业务的批复》(2015.04.30 发布)。

② 王克稳:《论行政审批的分类改革与替代性制度建设》,载《中国法学》2015 年第 2 期。

不难看出,上述三个部门规范性文件对于普惠能繁母猪保险的保费补贴存在截然不同的规定。尤其是(1)和(2),尽管二者在同一年发布,但(1)中规定东部地区地方至少补贴30%,中央补贴40%;(2)中却规定东部地区的保费补贴完全由地方财政负担。有关普惠能繁母猪保险保费补贴的不同法律规则间虽互相抵触,但无法判断何种规则应优先适用:首先,虽然(2)晚于(1)颁布,但(2)是特殊规定,其是否应优先于(1)适用仍有争议;其次,(1)和(2)分别由不同机关制定,而根据《立法法》上关于法律规定层级效力的判断规则,仅在同一机关制定的规则相冲突的情况下,才适用"特别规定优先一般规定,新规定优于旧规定"的判断标准,故二者的适用顺序仍无法判定。

(三)规则用语模糊

我国现有的普惠保险立法规范还存在大量用语模糊的问题:

第一,部分用词含义模糊,缺乏权威解释。例如,《农保条例》第16条所规定的"参照适用",但如何适用才是"参照适用";其与"直接适用"究竟如何区分;"参照适用"究竟是"引致"还是"类推适用";具体参照的过程为何,目前均不明确。再如,对于政府应"协同推进"或"协助办理"普惠保险业务,究竟何为"协同",其内容为何,如何认定政府已经履行了"协同"或"协助"业务,亦不明确。最后,《农保条例》第17条第4款规定保险机构经营普惠农业保险业务,应具有"稳健的农业再保险和大灾风险安排以及风险应对预案";《小额保险方案》第5条第1项规定,申请开展普惠小额人身保险的保险公司,应具有"强烈的社会责任意识",但"稳健"和"强烈"[①]的判断标准却不明确。

第二,不能及时统一专业术语的内涵和外延。例如,2014年《国务院关于加快发展现代保险服务业的若干意见》第5条第12款的规定以及2015年《中国保监会、天津市人民政府关于加强保险业服务天津自贸试验区建设和京津冀协同发展等重大国家战略的意见》第3条"普惠保险主要为'三农'保险,包括农村小额信贷保险、农房保险、农机保险、农业基础设施保险、森林保险、以及农民养老健康保险、农村小额人身保险等保险"。

但在原保监会发布的一系列规范性文件中,却对普惠保险作出了截然不同的界定:(1)2020年《关于促进社会服务领域商业保险发展的意见》第9条认为:普惠保险不仅仅包括面向"农村居民"的保险,还包含面向"城镇低收入人群、残疾人的"的保险产品;(2)2016年《中国保险业发展"十三五"规划纲要》将普惠保险等同于小额保险;(3)2016年《关于金融支持养老服务业加快发展的指导意见》第6条第16款认为:普惠保险主要包括农民养老健康保险、农村小额人身保险。

再如,2007年《农业统计制度》所规定的"涉农保险"是指:除农业保险以外,其他为农业服务业、农村、农民直接提供保险保障的保险;包括涉及农用机械、农用设备、农用设施、农房等农业生产生活资料,农产品储藏和运输、农产品初级加工、农业信贷、农产

---

① 比如2021年发布的《企业社会责任蓝皮书(2020)》曾对保险公司的企业社会责任发展指数进行了统计,指数的分值越高,表明企业越具有社会责任意识及完备的社会责任管理体系。

品销售等活动的财产保险,以及涉及农民的寿命和身体等方面的人身保险。① 但《农保条例》第 31 条中却对除农业保险之外的"涉农保险"作出了较窄的限定,即该保险仅包含为农民提供保险保障的人身和财产保险,而不包含为农业服务业和农村提供保障的人身和财产保险。

四、司法适用虚置化问题

由于现行立法的不完善,普惠保险的专项规定在司法实践中不被法院单独援引,甚至完全被忽视的现象大量存在。

(一)商业性普惠保险法规的司法适用

据本书统计,在商业性普惠小额人身保险纠纷中,法院引用较多的实体法具体规则分别为(参见图 4-1):保险人说明义务履行规则(《保险法》第 17 条)、保险合同成立判断规则(《保险法》第 14 条)、保险合同定义和成立规则(《保险法》第 10 条及《合同法》第 8 条)、保险金继承问题规则(《保险法》第 42 条)、诚实信用原则(《合同法》第 60 条)、保险人损失赔偿义务履行规则(《保险法》第 23 条)、保险合同生效规则(《保险法》第 13 条)、保险利益判定规则(《保险法》第 12 条)、投保人或被保险人协助义务规则(《保险法》第 22 条)。

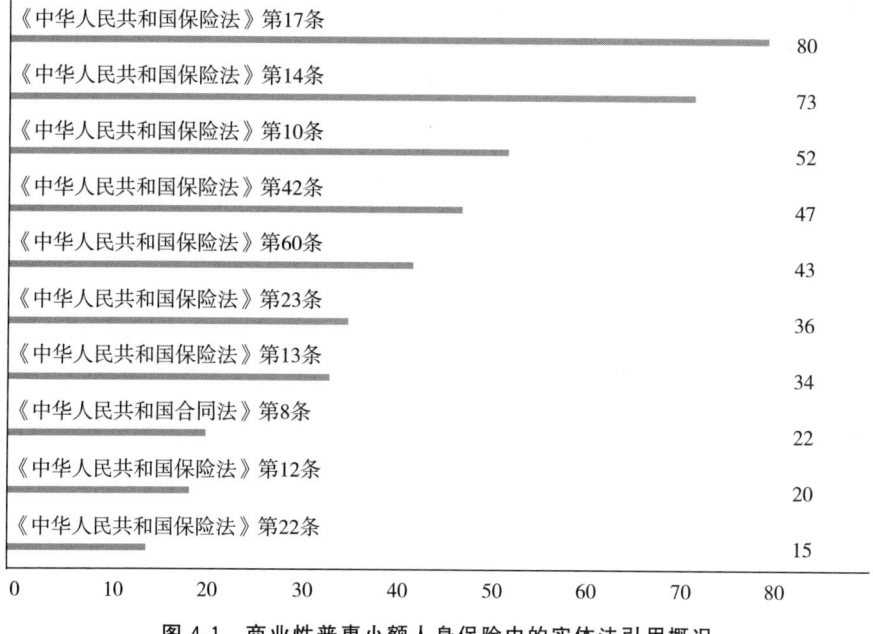

图 4-1 商业性普惠小额人身保险中的实体法引用概况

资料来源:威科先行数据库(图中显示的是截止到 2020 年 11 月 25 日,所有涉及商业性普惠小额人身保险纠纷,共计 190 件的实体法引用情况)。

---

① 但同时该文件也指出,由于"涉农保险包含的险种种类繁多且范围难以确定。在统计范围和方式上,涉农保险业务统计指标科目在保监会统计制度产险的各个险种分类中,增加'涉农'的修饰维,由保险公司以本制度中规定的口径为基础,结合实际情况确定是否为涉农业务,分别统计在各个险种中"。

银保监会于2012年出台的《小额保险方案》以及地方政府及其职能部门颁布的小额人身保险规范性文件,在司法实践中基本处于"虚置化"的状态。法院裁判时,大量适用《保险法》,甚至《合同法》的相关规定,忽视了商业性普惠保险在保险人说明义务履行、诚实信用原则适用、保险利益判定、保险人损失赔偿义务履行等方面的特殊性。

尽管仅在极少数的案件中,法院引用了关于商业性普惠小额人身保险专项立法的规定,但也仅限于在判决理由说明时进行引用,在裁判时,法院仍旧依照《保险法》的相关规定进行判决或裁定。如在一起案件中,一审法院按照徐州市丰县人民政府办公室颁发的《县政府办公室关于进一步做好农村小额人身保险工作的通知》第2项第4条(保险责任、保险金额、赔付标准)引用有关保险赔偿金额的规定,核定保险责任和赔偿数额①,尽管涉案的普惠保险合同条款对保险责任及赔偿数额存在不同的规定。②而在另一起案件中,法院则明确判定保险合同双方的权利义务,应以县人民政府及其办公室印发的小额人身保险工作实施方案而非保险法为准,进行确定。③

(二)政策性普惠保险法规的司法适用

对于政策性普惠农业保险中实体法的引用情况(参见图4-2),涉及争议较多的实体法规则分别为:保险合同成立规则(《保险法》第14条及《合同法》第8条)、保险人损失赔偿义务履行规则(《保险法》第23条和第24条)、诚实信用原则(《合同法》第60条)、保险利益原则(《保险法》第12条)、村民委员会是否应当召开村民代表大会讨论保险赔偿方案(村民利益的事项,《村民委员会组织法》第24条)、保险人的信息提供义务履行规则(《农保条例》第10条)、投保人重复保险的告知义务履行规则(《保险法》第56条)。

相较于商业性普惠保险而言,政策性普惠保险中普惠保险专项法规的"虚置化"现象并不严重。本书统计显示,《农保条例》在721个涉及政策性普惠农业保险纠纷中适用的概率约为78.3%。换言之,超过3/4的政策性普惠农业保险纠纷均将《农保条例》作为裁判的主要依据。少数案件还将《农业保险承保赔付管理暂行办法》以及地方保监会颁布的《农业保险理赔服务指引》作为裁判的主要依据。④

---

① 《县政府办公室关于进一步做好农村小额人身保险工作的通知》第2项第4条规定:人身意外伤害死亡、伤残保险金额,每份最高为2万元;因交通意外伤害发生的住院医疗费用而肇事方无力赔付或补偿不足的部分,提供交警、法院等部门的证明,按城乡居民医疗保险标准予以分级累进赔付,每份最高4万元。而涉案的《国寿小额团体意外伤害保险(2013版)》的保险条款则约定:保险的赔偿金额分别为18~45周岁意外保额为4万元,46~59周岁意外保额为2万元,60周岁以上意外保额为1万元。

② 参见"中国人寿保险股份有限公司徐州市分公司与赵冬冬、秦素梅等意外伤害保险合同纠纷案",(2019)苏03民终3863号判决书。但二审法院则认为,应当适用涉案普惠保险合同的具体条款,故对一审法院的判决予以了改判。

③ 参见"辛黑、温玉祥等与中国人寿保险股份有限公司内乡支公司人身保险合同纠纷案",(2018)豫1325民初1547号判决书。

④ 参见"宋星与中国人民财产保险股份有限公司松原市分公司农作物种植成本保险合同纠纷案",(2017)吉07民终514号判决书;"焦荣录与中国人民财产保险股份有限公司松原市分公司农作物种植成本保险合同纠纷案"(2017)吉07民终517号判决书;"张胜与中国人民财产保险股份有限公司松原市分公司农作物种植成本保险合同纠纷二审民事判决书",(2017)吉07民终518号判决书。

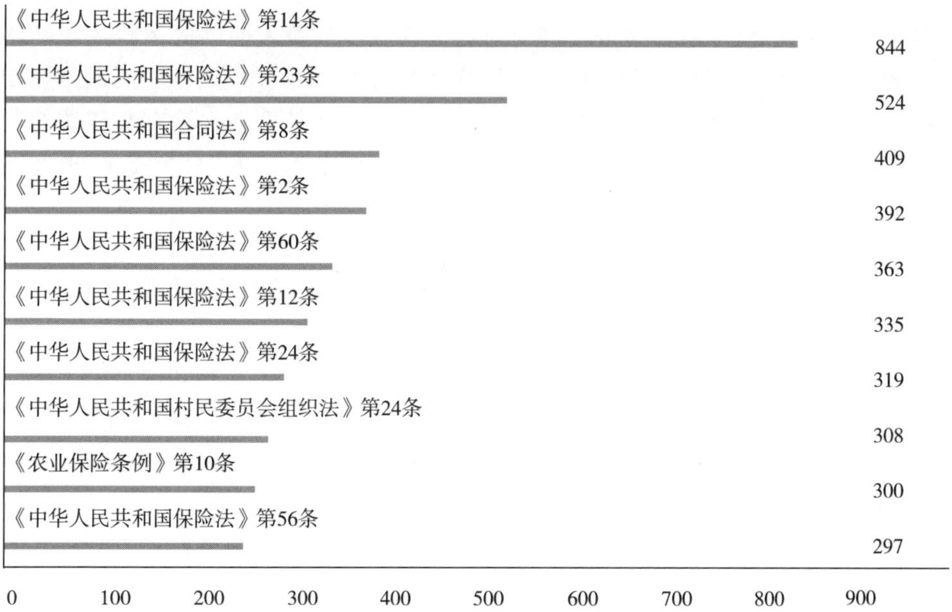
《中华人民共和国保险法》第14条
844
《中华人民共和国保险法》第23条
524
《中华人民共和国合同法》第8条
409
《中华人民共和国保险法》第2条
392
《中华人民共和国保险法》第60条
363
《中华人民共和国保险法》第12条
335
《中华人民共和国保险法》第24条
319
《中华人民共和国村民委员会组织法》第24条
308
《农业保险条例》第10条
300
《中华人民共和国保险法》第56条
297
0
100
200
300
400
500
600
700
800
900

图 4-2 政策性普惠农业保险中的实体法引用概况

资料来源：威科先行数据库（图中显示的是截止到 2020 年 11 月 25 日，所有涉及政策性普惠农业保险纠纷，共计 1621 件的实体法引用情况）。

尽管如此，政策性普惠保险专项立法的独立适用性仍旧不高：多数案件在引用该条例作出裁判的同时，也会引用《保险法》及其司法解释的相关规定；且仍有近 1/4 的案件并未引用《农保条例》中的任何规定。此外，《农保条例》中的“僵尸条款”较多。在本书统计的 721 个案件中，法院常用于作为裁判依据的《农保条例》具体条款绝大多数仅涉及《农保条例》第 2 章（第 10 条至第 16 条）有关“农业保险合同”的相关规定（但第 13 条及第 14 条除外）[①]；以及《农保条例》第 2 条（农业保险定义条款）、第 3 条至第 7 条（地方政府等行政主体协同推进及保险补贴相关职责条款）、第 10 条（保险人信息提供义务条款）、第 22 条（保险人保存资料义务条款）和第 23 条（骗取保险补贴罚则条款）的相关规定。《农保条例》的绝大多数条款在司法实践中很少运用，这在一定程度上证实了《农保条例》立法模式及整体规范设置的不科学性。

第三节 商业保险合同原则难以适用

传统商业保险合同的基本原则主要包含诚实信用原则、保险利益原则、损失补偿原

① 《农保条例》第 13 条规定了受损农业保险标的残余价值如何处理问题；第 14 条则规定了保险人的损失赔偿义务履行问题。其中，第 14 条的规定与《保险法》第 23 条的规定基本相同，因此法院常直接引用后者作出裁判。

则以及公平原则①(也有学者称其为对价平衡原则)。② 但随着现代保险的功能已从单纯转移商人交易的契约安排,转变为同时对商人和保险消费者面临的风险进行转移和社会治理的制度工具,保险合同的商法特性持续被削弱,确立消费者保护为基本原则的呼声越来越高。③ 此外,根据我国现行《保险法》的规定,传统商业保险在具体的经营过程中,还应遵循"保证保险人偿付能力"、"保障保险资金安全性"及"公平竞争"的基本原则;④在对传统商业保险业进行监管时,应遵循"依法、公开、公正"和"保护社会公众利益和防止不正当竞争"的基本原则。⑤ 而普惠保险系介于商业保险与社会保险之间的新型中间性保险,其是否能继续适用传统商业保险合同所确立的基本原则仍存有争议。

一、普惠保险合同原则的现行规定

普惠保险的基本原则是贯穿于整个普惠保险立法领域及人们在保险活动中必须遵守的根本性原则,也是普惠保险立法、司法实务及理论研究无法回避的一个重要问题。我国现有的普惠保险专项立法对普惠保险所应遵循的基本原则进行了概括性的总结,即商业性普惠保险应遵循"控制风险、鼓励创新、适度竞争、审慎监管、适当保护、持续发展、普惠服务"的基本原则;⑥而政策性普惠保险则应遵循"政府引导、市场运作、自主自愿和协同推进"的基本原则。⑦

普惠保险所遵循的基本原则与传统商业保险的基本原则存在较大不同:

对比传统商业保险立法所确定的基本原则,现有普惠保险立法所规定的基本原则除"适当保护"原则之外,其余的全部集中于普惠保险经营和监管这两大领域。普惠保险合同所应遵循的基本原则几乎空白,但普惠保险合同制度却是普惠保险制度中最为重要的一环。⑧ 普惠保险中保险合同所应遵循的基本原则的缺位,不仅导致普惠保险合同的诸项制度设计缺乏指导性的原理和准则,亦导致普惠保险法具体规范的解释和适用工具欠缺,更不利于调整保险人、投保人、被保险人或受益人之间的相互关系。

此外,不作特别规定,并非意味着普惠保险合同应当继续延用传统商业保险的基本原则。前文已反复强调,普惠保险(包括商业性普惠保险和政策性普惠保险)与传统的商业保险均存在较大不同。因此,对普惠保险需结合保险产品的不同,进一步确定是继续延用传统商业保险合同所确立的基本原则,或确立有别于传统商业保险合同的基本原则,以下将就此进行详述。

---

① 但也有少数学者认为公平原则与对价平衡原则虽有共性但并非同一原则,后者主要体现为交换公平,是保险法中特有的基本原则。参见武亦文、杨勇:《保险法对价平衡原则论》,载《华东政法大学学报》2018年第2期。

② 尽管传统商业保险合同的基本原则具体包含哪些内容一直存在争议,但在此我们无意于评价不同观点是否妥当,仅对现有学说所主张的基本原则进行归纳列举。

③ 马宁:《消费者保险立法的中国愿景》,载《中外法学》2019年第3期。

④ 《保险法》第98条、第108条及第115条。

⑤ 《保险法》第134条、第136条。

⑥ 《小额保险方案》第1条第1款。

⑦ 《农保条例》第3条第2款。

⑧ 普惠保险制度按照调整对象划分,应包括普惠保险经营制度和普惠保险监管制度。其中,普惠保险经营制度又包括普惠保险合同制度、普惠保险中介制度及普惠保险组织制度。

二、保险诚信原则的适用困境

诚实信用原则一直是民商法领域的基本原则,保险作为一种特殊的民商事活动,遵循诚实信用无疑也是基本要求。但由于普惠保险合同常以公私协商的形式签订,诚实信用原则的适用面临着困境。

(一)保险诚信原则的含义

我国现行《保险法》第5条规定:"保险活动当事人行使权利、履行义务应当遵循诚实信用原则。"对于该原则在保险合同中的地位和制度化体现,现有的保险法理论也进行了较为深入的研究。

现有学说普遍认为,与民法上的诚实信用原则相比,保险法上的诚实信用原则实为最大诚信原则,该原则贯穿于保险法的全部内容,统率着保险立法,具有根本性地位。[①] 根据保险诚信原则的要求,保险合同当事人在订立合同和履行合同时,必须以最大的诚意履行义务,互不欺骗和隐瞒,恪守合同约定,否则会影响合同的成立乃至效力延续。[②]

因此,保险法上的最大诚信原则与民商法上的诚信原则相比,由于保险合同具有射幸性、双方当事人信息不对称等特殊性,前者不仅对合同当事人的诚信要求更加严格,[③] 其运用范围也更加广泛。如合同订立前需要披露保险标的的相关情况,及对保险当事人尤其是被保险人的诚信要求要严格于一般的合同,才可防止逆向选择。[④] 诚信原则在保险合同中的贯彻和落实则主要体现在保险人条款说明义务、投保人如实告知义务、保证制度、弃权和禁止抗辩等制度的设置。[⑤]

(二)诚信原则在政策性普惠保险中的适用争议

商业性普惠保险在合同的订立和履行方面与传统商业保险并无根本不同,因此,传统商业保险法上的诚实信用原则也应适用于该合同。但对于政策性普惠保险合同,传统商业保险立法上的最大诚信原则是否适用则存在争议。这主要是因为,政策性普惠保险合同多为行政主体购买保险服务的行政合同。

有学者认为,行政合同无法适用私法上的诚实信用原则,因为公法与私法存在根本的不同,私法多为任意性规定,而公法多为强行性规定,私法上的意思自治原则,为公法上所不许,诚实信用原则在于补充法律的不足,如果适用于公法,势必会破坏公法的严格性。[⑥] 但也有学者认为,从发展的渊源来看,诚实信用原则是含有自然道德规范色彩的基本原则,属于超越成文法的上位法理,与公平、正义一样应通用于所有法的领域,而不因应私法和公法而有所区别。[⑦]

---

① 任自力:《保险最大诚信原则之审思》,载《法学家》2010年第3期;李玉泉:《保险法》,法律出版社2019年第3版,第62~63页。
② 韩长印、韩永强:《保险法新论》,中国政法大学出版社2010年版,第51页。
③ 韩长印、韩永强:《保险法新论》,中国政法大学出版社2010年版,第53页。
④ 徐蓉:《保险中的诚实信用原则对如实告知义务的要求》,载《社会科学研究》2003年第6期。
⑤ 邹海林:《保险法学的新发展》,中国社会科学出版社2015年版,第60~67页。
⑥ 林纪东:《行政法与诚实信用原则》,载《法令月刊》1990年第41卷第10期。
⑦ 吴庚:《行政法之理论与实用》,三民书局2014年版,第372~377页。

本书赞成第二种观点,认为实为行政合同的政策性普惠保险合同也应适用诚实信用原则。理由有二:

其一,政策性普惠保险合同仍具有契约性的本质特征。随着国家治理现代化、民主化的强调,行政主体的行为目前具有多样性的特征,行政主体与私人主体之间无法以对等身份缔结合同的说法已不成立,依法行政中所包含的羁束性与契约概念中所含的自由性,在理念和立法上也并非不可调和,因此,没有理由认为私法上的诚信原则无法适用于具有行政合同特性的政策性普惠保险合同。①

其二,政策性普惠保险合同履行公益目的以及当事人一方为行政主体的特征,也决定了其需要适用诚实信用原则,以对政府等行政机关在合同缔结和履行过程中极有可能压制行政相对人意思自由表达的特权,予以有效控制。就此而言,避免在政策性普惠保险合同中适用诚实信用原则,不仅可以避免该保险合同滑向行政命令的危险,还可以避免行政合同明显地利好于行政机关一方,出现行政主体可以单方面地变更合同标的、停止保险补贴甚至解除合同的规定,丧失政策性普惠保险合同原本的契约性。②

此外,据本书统计,司法实践中法院直接引用《保险法》第60条所规定的诚实信用原则进行裁判的案件数量分别为10件和253件。可以说在司法实践中,法院已经充分肯认了诚实信用原则在商业性普惠保险及政策性普惠保险中的适用性。

(三)普惠保险中诚信原则的内容重塑

在具体贯彻上,政策性普惠保险合同则应借鉴传统商业保险合同中落实诚实信用原则的做法,并顾及该保险合同在保险合同当事人系社会弱势群体、信息不对称问题更加突出等方面的特殊性,作出以下明确规定:

第一,明确合同订立过程中合同当事人的"先合同义务",如投保人的告知义务、合同当事人的协力义务等。而在告知义务的履行上,应明确规定需要告知的范围为其所知道的重要事实,并主要采取询问告知而非要求投保人主动告知的方式,引导投保人或被保险人告知。例如,在"安华农业保险股份有限公司济宁市泗水支公司与杨茂桂保险合同纠纷案"中,法院就明确指出:由于保险人不能证明其在签订合同时,已就涉案灾害风险是否已经发生及对保险标的的致害程度进行了询问且原告作出了不实的答复,故保险人以投保人未履行如实告知义务为由不予赔付的意见,不符合法律规定。

第二,明确合同在履行过程中,合同双方应根据合同性质、目的和交易习惯履行附随义务,如说明义务、通知义务和协助义务等。此时,对保险人说明义务的范围,应予以更为明确规定,并需注意在保险人向保险合同的投保人履行说明义务之后,若投保人为政府等行政机关而非社会弱势群体,其需要向社会弱势群体转告相关信息。司法实践中,保险人主张已向村民委员会等组织投保的行政主体履行了保险合同项下的提示和

---

① 赵宏:《试论行政合同中的诚实信用原则》,载《行政法学研究》2005年第2期。
② 司法实践中,法院虽认为政府等行政主体具有根据《农保条例》第5条的规定进行领导、组织、协调行政区域内普惠政策性农业保险的职责,但常认为该职责属于宏观管理的范畴,并不对社会弱势群体个人的具体保险权益产生实际影响,而判定行政主体的相应行为并非属于可诉行为,而属于《信访条例》所规范的信访事项。参见"王敏亮与盐城市大丰区人民政府行政纠纷案",江苏省高级人民法院(2018)苏行终1436号行政裁定书。

说明义务,而无须再向被保险人履行该项义务的纠纷时有发生。① 在这些案件中,法院常基于村民委员会等行政主体并非保险合同当事人,而错误认定行政主体仅需承担政策性文件中要求的组织投保职责,而无须将保险人告知其的相关信息转告被保险人。

第三,明确在合同终止后,双方当事人仍应遵循诚实信用原则履行"后合同义务",如通知义务、减损义务、保密义务等。例如,《农保条例》第 12 条就明确规定,若政策性普惠农业是由农业生产经营组织、村民委员会等单位组织农民投保的,保险人应及时将查勘定损结果予以公示,以实现对被保险人的通知义务。在司法实践中,也常出现法院基于保险人未就普惠保险的查勘定损履行通知义务或履行义务程序存在瑕疵为由,而判定保险人败诉的案件。②

第四,明确在对合同条款进行解释时,确保行政机关不会不当行使特权而对合同相对方权益进行侵害或限制,引导双方均善意地履行合同。此外,在出现争议时,必须针对个案进行必要的利益衡量,而非笼统地秉持"公益优于私益"的观念。若行政机关所欲追求的公益的确大于牺牲合同当事人私益所造成的权利损害,则该合同特权的行使就是正当的;反之,则不正当。并且,根据诚信原则,对于相对人为公益而遭受的私益损失,行政机关必须给予一定的补偿,方能达到衡平。

三、保险利益原则的适用困境

普惠保险合同中被保险人的特殊性,还体现在被保险人与投保人间有时并不存在紧密关系,尤其是传统商业保险合同所强调的亲属或劳动关系。普惠保险的投保人常为政府或公益性组织,被保险人与投保人间在投保之前并不熟识。鉴于此,保险法中基于投保人与被保险人间存在紧密关系而设定的规则,均需要被重新审视。

例如,现行保险法规定投保人享有合同解除权,但由于投保人与被保险人具有紧密关系,前者并不需要在解除保险合同时,对被保险人负有通知义务。再如,现行保险中,也欠缺在投保人与被保险人为不同主体时,禁止投保人将自己列为受益人,预防投保人与保险人互相勾结骗取普惠保险补贴的道德风险的相应规定。③ 最后,现行保险法中也并未在普惠团体保险中赋予被保险人合同转换权(conversion privilege)。④ 因此,无法很好地维护普惠保险合同项下被保险人的合法权益,确保普惠保险的稳定及可持续发展。

(一)保险利益原则内涵及功能演变

保险利益原则是传统商业保险合同所应遵循的另一项基本原则。该原则强调的是投保人或被保险人对保险标的应具有法律上承认的利益,否则保险人可据此拒绝承担

---

① 参见"卢琼艳与中国人寿保险股份有限公司扶绥支公司人身保险合同纠纷案",广西壮族自治区扶绥县人民法院(2017)桂 1421 民初 75 号民事判决书。
② 例如"中国人民财产保险股份有限公司济源支公司与李共和财产保险合同纠纷案",河南省济源市中级人民法院(2018)豫 96 民终 325 号民事判决书。
③ 庹国柱:《论政策性农业保险中的道德风险及其防范》,载陈秉正、[美]迈克尔·鲍尔斯主编:《2012 中国保险与风险管理国际年会论文集》,清华大学出版社 2012 年版,第 462 页以下。
④ 樊启荣、周志:《论团体保险中被保险人之合同转换权》,载《保险研究》2018 年第 3 期。

责任,法院也可由此判定合同无效。① 依据我国《保险法》第 12 条的规定,财产保险的被保险人需要在保险事故发生时,对保险标的具有保险利益。而根据《保险法》第 31 条的规定,人身保险的投保人,则需要在保险合同成立时,对被保险人具有保险利益。这也意味着,一般而言,投保人需要与被保险人之间具有特定的人身上的利害关系,如亲属关系或劳动合同关系;除此之外的人员是否具有保险利益,则由被保险人是否同意该人员为其投保来判断。②

长期以来,保险利益原则被视为传统商业保险合同中的一项重要原则,其既影响了保险合同的效力及保险请求权的行使,也与保险法上的其他诸多问题相关,是保险制度的重要基石,在禁止赌博、防范道德风险、确定给付范围等方面发挥了重要作用。

但近年来,由于公益性保险产品的涌现,③利益关联的形态不断丰富,④以及保险内部风控能力的不断增强,⑤保险利益原则的地位遭受了不断质疑。近年来,英格兰和苏格兰的法律委员已开始对保险利益原则进行大幅修改,扩展该原则的内涵,缓和违反该原则的法律后果;⑥澳大利亚和新西兰的保险立法改革中,甚至开始倡导彻底废除保险利益原则。

在本书统计的普惠保险裁判文书中,争议焦点为保险利益问题的保险纠纷的裁判

---

① 邹海林:《保险法学的新发展》,中国社会科学出版社 2015 年版,第 96~97 页;李玉泉:《保险法》,法律出版社 2019 年第 3 版,第 77 页。

② 《保险法》第 31 条规定:投保人对本人,其配偶、子女、父母和与其有抚养、赡养或扶养关系的家庭其他成员、近亲属,与其有劳动关系的劳动者,具有保险利益;但被保险人同意投保人为其订立合同的,视为投保人对被保险人具有保险利益。

③ 田玲、徐竞、许潆方:《基于权益视角的保险人契约责任探析》,载《保险研究》2012 年第 5 期。

④ 例如,纽约州的保险立法就已意识到投保人与被保险人之间的利益关联已不再仅基于自然情感利益和经济利益而产生,其将自然情感保险利益的范围扩展到基于血缘或法律规定而形成的家庭成员;并将经济利益扩展到实质性经济利益,即"当投保人可以合理预期被保险人的继续生存将给其带来经济利益之时,同样可以构成保险利益"。参见 Malcom A. Clarke, *The Law of Insurance Contracts*, London: Informa Law, 2006, pp.3-6. 澳大利亚《1984 年保险合同法》(Insurance Contracts Act 1984)亦作了类似规定。英格兰法律委员会与苏格兰法律委员会(简称 LC & SC)也建议英国应遵循多数普通法国家的做法,扩展其保险利益范畴。参见 The Law Commission & The Scottish Law Commission, *Insurance Contract Law: Post Contract Duties and Other Issues (A Joint Consultation Paper)*, The Law Commission Consultation Paper No. 201 and The Scottish Law Commission Discussion Paper No. 152, Law Commission (November, 2011), http://lawcom.gov.uk/app/uploads/2015/03/cp201_ICL_post_contract_duties.pdf, pp.117-118 and 147-150.

⑤ 现代社会中,保险人可通过设定自负额、保险金额、除外责任,特别是损失补偿原则的适用来削减道德风险,并且保险市场竞争度越高,保险人削减道德风险的能力也越强,因为削减道德风险能力较弱的保险人最终会被市场淘汰。马宁:《保险利益原则:从绝对走向缓和,抑或最终消解?》,载《华东政法大学学报》2015 年第 5 期。

⑥ The Law Commission & The Scottish Law Commission, *Insurance Contract Law: Post Contract Duties and Other Issues (A Joint Consultation Paper)*, The Law Commission Consultation Paper No. 201 and The Scottish Law Commission Discussion Paper No. 152, Law Commission (November, 2011), http://lawcom.gov.uk/app/uploads/2015/03/cp201_ICL_post_contract_duties.pdf, pp.117-118 and 147-150.

文书总共为309件,占整个统计裁判文书总量的34.1%。换言之,近三成以上的普惠保险案件均涉及保险利益的认定问题。且相较于商业性普惠保险(案件总数为8件,占比4.3%),涉及保险利益问题类的纠纷,在政策性普惠农业保险中更为普遍(案件总数为301件,占比41.7%)。但在普惠保险中是否应继续适用保险利益原则,应视不同的普惠保险合同类型而定。

(二)补偿性普惠保险中保险利益原则的去留

对于补偿性的普惠保险合同而言,保险利益原则不宜继续适用。传统补偿性的商业保险合同之所以需要规定保险利益原则,主要是为了防范道德风险及确认补偿的范围。① 但在补偿性的普惠保险合同中,这种强制性的法定利益规则,会造成投保人的索赔请求被法院以缺乏保险利益为由而驳回,妨碍实际耕种人、保管人等为其所合法占有的他人的财产购买补偿性普惠保险。

如在普惠农业保险合同中,强制要求被保险人在保险事故发生时对保险标的具有保险利益,会有悖于农村土地权属及耕种的现实复杂性。② 由于农村青壮年劳动力外出务工的普遍性,很多农村土地的真正权利人并非实际耕种人。此时,若土地所有权人为被保险人,发生保险事故后,实际耕种人无法获得保险补偿,对其不公;但若以实际耕种人为被保险人投保,又会面临实际耕种人对保险标的不具有保险利益,而无法投保或无法获得保险金赔偿的尴尬境地。例如,中国平安财产保险股份有限公司《四川省马铃薯种植保险条款》第20条规定:"保险事故发生时,被保险人对保险马铃薯不具有保险利益的,不得向保险人请求赔偿保险金。"但保险人和被保险人就该保险条款发生纠纷诉至法院时,法院却认为土地流转方虽"并非为农村土体上种植玉米的所有者或管理者……但作为实际耕种人,成为农业生产风险和责任的承担者",因此应享有保险利益。③

此外,在补偿性普惠保险合同中,由于保险利益原则与损失补偿原则的功能存在重合,前者可被后者所替代。保险利益原则仅强调投保人或被保险人对保险标的存在利害关系,而损失补偿原则的适用则意味着保险人不仅需要自行评估各种现实存在的利害关系的可保性,还应根据损失补偿原则确定补偿的范围。显然,损失补偿原则的内涵和外延要大于保险利益原则。并且,交由风险评估经验丰富的保险人来审查保险利益是否存在,也更为适宜。

再者,在防范道德风险和逆向道德风险的意义上,损失补偿原则也可完全替代保险利益原则。一方面,损失补偿原则可防范道德风险,因为若无损失,被保险人就不会得到赔付,因而也不会诱发道德风险。④ 另一方面,如果严格要求补偿性的普惠保险合同

---

① 梁宇贤:《保险法新论》,中国人民大学出版社2004年版,第58页。
② 李媛媛:《我国农业保险立法模式重构困境及其突破路径》,载《法商研究》2017年第2期。
③ 参见"肖义与赵兴全、阳光农业相互保险公司齐齐哈尔中心支公司保险纠纷案",(2015)垦商终字第16号判决书。
④ [美]小罗伯特·H.杰瑞、道格拉斯·R.里士满:《美国保险法精解》,李之彦译,北京大学出版社2009年版,第106页。

应适用保险利益原则,则会导致合同会在投保人或被保险人缺乏保险利益时被判定为无效,①保险人无须履行保险责任,保险合同的实际履行成本将永远小于保险人预期承担责任的成本,引发"法院对保险利益原则执行越是严格,保险人的不当收益也就越高"的逆向道德风险问题。② 反之,若允许保险人自行对投保申请进行保险利益评估,一旦评估通过就签发保单不得事后反悔,则可以有效克服保险利益原则引发的逆向道德问题和对保险市场效率的损害。因此,在补偿性的普惠保险合同中,废除保险利益原则是可行的选择。

(三)给付性普惠保险中保险利益原则的重构

对于一般给付性的普惠保险合同而言,保险利益原则更宜被同意原则替代;③而对于以被保险人死亡为标的的给付性普惠保险而言,则更宜适用"保险利益原则+同意原则"。具言之,对一般给付性的普惠保险合同之所以更宜采用同意原则而非保险利益原则,原因主要有二:

其一,一般给付性的普惠保险合同中保险利益常不仅基于投保人与被保险人之间存在人身上的利害关系而产生,而是基于普惠保险的公益性而产生的。如在一起案件中,法院就明确指出:案件所涉的"国寿农村小额团体意外伤害保险(2013版)"虽由县扶贫办、民政局投保,不满足《保险法》第31条规定的保险利益原则,但鉴于该保险具有一定的扶贫保障功能,应视为被保险人同意投保人为其订立合同。④ 因此,若在一般给付性的普惠保险合同中僵化适用保险利益原则,不仅会造成被保险人无法获得保险金补偿,长远来看,更会导致普惠保险的适用范围受到极大的限制,有损普惠服务的理念,也无益于国家扶贫战略以及其他惠及弱势群体措施的落实。⑤ 此时,更宜改而采用被保人同意原则。该原则不仅有助于激发政府等行政主体参与普惠保险的积极性,鼓励其为社会弱势群体购买保险的行为;还可更好地体现对被保险人利益的尊重,避免国家替代个体做出决策的"父爱主义作风"(paternalism),因为法律不可能作出比被保险人更好

---

① 如在一起普惠小额人身保险合同的纠纷中,保险公司明知村委会对原告的保险利益存疑,仍对原告投保,表现出明显逆向道德风险的倾向。参见"卢琼艳与中国人寿保险股份有限公司扶绥支公司人身保险合同纠纷案",(2017)桂1421民初75号判决书。

② 假定一个保险合同有50%的概率因缺乏保险利益被宣告无效,同时假定保险事故有20%发生的概率,此时保险人应支出保险金100元。若不适用保险利益原则,保险人预期支出的成本为20元(20%×100)。反之,这一成本将降为10元(20%×100×50%)。因此,只要宣告合同无效的可能性大于零,合同的实际履行成本将永远小于保险人预期承担责任的成本,二者的差额就是保险人因保险利益原则而获得的收益。Loshin J., Insurance Law's Hapless Busybody: A Case Against the Insurable Interest Requirement, *The Yale Law Journal*, 2007, Vol. 117, No. 3, p. 491.

③ 例如德国、日本等部分大陆法系国家已对所有的给付性保险改采同意原则。参见刘宗荣:《新保险法:保险契约法的理论和实务》,中国人民大学出版社2009年版,第83页。

④ 参见"中国人寿保险股份有限公司安阳分公司诉吴光枝人身保险合同纠纷案",(2018)豫05民终3406号判决书。

⑤ 在一起案件中,法院的判决就存在矛盾。一方面,法院认为投保普惠保险的村民与村居民委员会不存在劳动关系,因而投保的村民民委员会对被保险人不具有保险利益;另一方面却仍判定,由于已支付该保险的保费,且保险人已交付保险服务卡给被保险人,保险合同关系仍然成立。参见广西壮族自治区扶绥县人民法院(2017)桂1421民初75号民事判决书。

的受益人选择。①

其二,一般给付性的普惠保险合同常为公益性的团体保险合同,而我国现有立法已明确规定在保险本身具有较强的公益性和公共物品属性时,不宜再适用保险利益原则。例如,2015年《关于促进团体保险健康发展有关问题的通知》已表明(以下简称《团体保险通知》),团体保险合同应不再强调保险利益原则,甚至在保险合同具有较强的公益性时,也无须强制投保人提供被保险人同意为其投保的证明。②

而对以被保险人死亡为给付内容的普惠保险合同,由于其与一般给付性的普惠保险合同相比其风险更高、危害程度更大,因此保险利益附加被保险人同意的双重原则更为妥当。此时,通过规定保险利益的具体表现形式,可以有效地消除保险利益内涵的不确定性,进而控制逆向道德风险。同时应规定被保险人需要对投保人的投保行为进行书面同意,承担定量分析职能,有效地控制保险利益原则的不合理性。

四、损失补偿原则的适用困境

普惠保险中常通过保险科技的大量应用以控制保险成本,降低保险费率。但保险科技的应用,也对传统商业保险尤其是商业性财产保险所遵循的损失补偿原则带来了冲击。

(一)损失补偿原则的要义

损失补偿原则,又称损失填补原则,是传统商业保险合同中用于分散危险而评价被保险人所遭受的损失是否应由保险人予以补充的基本原则。③ 其主要包含三层含义:④第一,无损坏则无保险补偿,即只有在保险事故发生造成被保险人实际损失时,保险人才承担实际赔偿责任,并且补偿的程度要与实际损害的大小一致。第二,被保险人或受益人可获得的保险赔偿数额以保险标的遭受的实际损失为限。第三,对被保险人或受益人的保险赔偿,应受合同约定的保险金额及保险标的价值的限制,保险金额超过保险价值的,保险赔偿数额受到保险价值的限制。

从功能上分析,传统商业保险合同之所以会强调损失补偿原则:一方面是为了保障保险补偿损失的基本功能;另一方面也是为了抑制被保险人利用保险而不当得利的可能,减少道德风险的发生。

(二)损失补偿原则的僵化适用问题

但随着保险的不断发展,不基于损失发生的创新型普惠保险大量涌现。例如,普惠

---

① 马宁:《保险利益原则:从绝对走向缓和,抑或最终消解?》,载《华东政法大学学报》2015年第5期。

② 《团体保险通知》第3条规定:"保险公司承保团体保险合同,应要求投保人提供被保险人同意为其投保团体保险合同的有效证明和被保险人名单,但下列特殊情形除外:(一)政府作为投保人为城镇职工、城镇居民、新农合参保人群、计生家庭和老年人等特殊群体投保的具有公益性质的团体保险……"之所以有此特别规定,是因为立法者认为公益性的团体保险与个人保险存在巨大差异,因而应在许多法律制度上有所区别。参见最高人民法院民事审判二庭:《最高人民法院关于保险法司法解释(三)的理解与适用》,人民法院出版社2015年版,第472页。

③ 邹海林:《保险法学的新发展》,中国社会科学出版社2015年版,第76页。

④ 韩长印、韩永强:《保险法新论》,中国政法大学出版社2010年版,第38~50页。

天气指数保险、区域产量保险和价格指数保险等。在以上保险合同中，保险人的赔付并不基于被保险人的实际损失，而是基于预先设定的外在参数是否达到触发值，如果达到则保险人应进行赔偿；否则，被保险人将无法获得保险赔偿金。

比如，国元农业保险公司的《水稻种植天气指数保险条款》第3条及第16条规定：如果累积降雨量低于一定数额，或累计高温差高于指定摄氏度时，保险人就可获得按照其投保的水稻种植亩数获得一定金额的赔偿，而无须考虑其是否遭受损失。安华保险公司的《吉林省商业性玉米产量保险条款（2017版）》第3条及第4条规定：特定区域、符合特定条件的黄玉米在保险期间内，因本保险合同责任免除以外的自然灾害或意外事故造成保险标的实际产量低于保险产量（保险标的的历史平均产量×保险面积×保障比例）的损失部分，保险人按本保险合同的约定负责赔偿。安信农业保险公司的《江苏省商业性苹果价格指数保险条款》第4条则规定，当农户种植的苹果价格低于既定价格指数，即"保险当事人协商的下限价格－理赔结算价×保险数量时"，即对保险人给予赔偿。

僵化地对这类不基于损失发生而赔付的普惠指数保险合同适用损失补偿原则，会造成合同无效的法律后果。该结果不仅不利于促进普惠保险创新，也无益于保护投保人或被保险人。我国多个地区的普惠指数性保险试点实践已经证实，[①]普惠指数保险合同的引入不仅极为必要，还在促进普惠农业保险市场发展，保障低收入、小规模农户等方面具有独特的优势。[②]

具体而言，对保险公司，普惠指数保险的优势主要体现在：一是赔付标准相对客观。保险双方都不能影响赔付的客观信息，从而大大减少道德风险和逆向选择问题。二是理赔简单。在同一地区内，所有投保人获得赔付的标准都是以该地区当年的相关指标为依据，每保险单位获得的保险金额相同。因此，保险公司无须逐户核损，从而极大地降低了其运营成本。三是保单较为标准、透明，容易在二级市场进行再保险，有效分散和转移承保人的巨灾赔偿风险。

对于农户而言，普惠指数保险的优势则主要体现在：一是费率较低。普惠指数保险的低经营成本直接降低了保险费率，因而对低收入、小规模农户具有很大的吸引力。二是保单的合同结构与指数一致，使得农户等社会弱势群体更易理解保险合同的内容与术语。三是理赔速度较快。普惠指数保险不需要逐户核定损失，所以理赔速度较快，农户能及时获得赔偿金，有利于其及时安排或恢复生产生活。四是具有激励效应。由于最终赔付与实际损失没有关系，而只与指数有关，所以农户有更大的动力采取措施防范风险，以降低自己的实际损失，当客观指数达到赔付触发值后，农户就会获得更多收益。

---

① 在普惠指数保险方面，目前我国已开始试点普惠天气指数保险（保险标的涵盖涉及玉米、水稻、小麦、花卉、蔬菜、水产、果业、茶叶、橡胶等多类农产品），普惠价格指数保险及普惠巨灾指数保险。这类保险对快速查勘定损理赔发挥了重要作用。参见2019年《中国银保监会对政协十三届全国委员会第二次会议第0275号（农业水利类039号）提案的答复》。

② Jerry R. Skees, Challenges for Use of Index-based Weather Insurance in Lower Income Countries, *Agricultural Finance Review*, 2008, Vol. 68, No. 1, pp. 197-217.

因此,应在普惠保险合同的相关立法中明确规定,不基于损失发生而赔付的普惠保险合同为损失补偿原则适用的一个例外,此时的保险赔偿应主要适用保险合同的规定。

五、公平原则的适用困境

我国《保险法》第 11 条第 1 款明确规定,传统商业保险应遵循公平原则确定保险合同各方的权利和义务,即投保人和保险人订立保险合同应遵循公平合理的基本原则。在此意义上,公平原则可被认为是我国传统商业保险合同所应遵循的基本原则。但普惠保险的普惠特性决定了其无法完全遵循传统商业保险对价平衡的基本逻辑,因此公平原则的适用遭受了冲击。

(一)公平原则的内涵与功能

传统商业保险合同所强调的公平原则主要存在以下两方面的功能:

其一,该原则主要是为了确保保险人和投保人在订立保险合同时,合同的内容公平互利,不会因为保险人和投保人双方实际地位不平等、信息不对称而产生对一方不公平的结果。① 换言之,由于传统商业保险合同的基本形式和条款已高度格式化,因此公平原则的首要职能是控制保险合同的内容,避免交易一方当事人滥用格式条款,以保障投保人相对于保险人的弱势地位,维护交易的公平。②

其二,公平原则还具有确保交换公平或对价平衡的功能。③ 一方面,该原则可确保保险人的保险费之支出与收取合理,且保险人承担的风险与投保人交付的保险费之间应维持必要的平衡。另一方面,公平原则还可督促保险人在拟定保险条款和费率时,最大限度地考虑或顾及被保险人利益,并且确保尽可能地降低被保险人所面临的不对等风险,避免保险合同当事人的欺诈行为。

(二)公平原则在普惠保险中的适用"悖论"

相较于传统的商业保险合同,普惠保险合同尤其是政策性普惠保险合同的格式化程度较低。这是因为政策性普惠保险合同的保费常存在政府补贴,涉及公共资金的运用,合同也常通过政府采购的方式订立——政府通过招投标确定适格保险人,之后双方再协商订立公私合作协议的方式订立。基于此,政策性普惠保险合同的条款常无法满足传统商业保险合同格式条款"预先拟定""重复使用"及"未予合同相对方协商"的形式要件,④致使公平原则无法适用。这也进一步引发了相应条款在存在侵害投保人或被保险人权益时,无法被判定为无效。⑤

---

① 最高人民法院保险法司法解释起草小组编:《〈中华人民共和国保险法〉保险合同章条文理解与适用》,中国法制出版社 2010 年版,第 43 页。

② 邹海林:《保险法学的新发展》,中国社会科学出版社 2015 年版,第 96~97 页。

③ 温世扬主编:《保险法》,法律出版社 2016 年第 3 版,第 124 页;李玉泉:《保险法》,法律出版社 2019 年版,第 96~97 页;武亦文、杨勇:《保险法对价平衡原则论》,载《华东政法大学学报》2018 年第 2 期。

④ 《合同法》第 39 条第 2 款。

⑤ 《保险法》第 19 条规定:格式条款在免除保险人义务、加重投保人或被保险人责任及限制投保人/被保险人/受益人权利时,应被判定为无效。

但实践中普惠保险合同的协商制定常流于形式。除少数全新的普惠保险险种之外,多数普惠保险的合同条款仍大量套用同类商业保险合同的规定。因此,若完全否认公平原则在普惠保险中的适用,则不利于政策性普惠保险合同中格式条款的规制,更不利于比传统商业保险更处于弱势的普惠保险消费者的权益保障。

(三)普惠保险中公平原则与对价平衡的协调

此外,在费率设定上,有别于传统的商业保险,商业性普惠保险和政策性普惠保险的保费均需要被控制在较低水平。① 但传统商业保险的公平原则所强调的是,保险人可基于对价平衡设置风险区分的保险费率及拟定保险条款。② 具言之,传统商业保险的保险人可在保险合同中,基于对价平衡设置以下保险条款:第一,投保人如实告知义务条款。即投保人如实告知事项应与保险人危险承担的对价相关。③ 第二,投保人或被保险人安全维持义务条款。即投保人与保险人签订保险合同之后,被保险人会对保险标的物的安全状况持谨慎态度,履行一定的安全维护义务。第三,危险变更时的危险增加通知义务及危险减少时的保费返还义务条款。④ 第四,超额保险与重复保险的通知义务及保费返还义务条款。即投保人需告知超额保险或重复保险,并就保险金额总和超过保险价值的部分,请求各保险人按比例返还保险费,以避免保险金额的总和超过保险价值,确保投保人与保险人之间的对价平衡。第五,保险人合同解除权因果关系限制规则条款。即在投保人未履行约定义务,且约定义务同保险人对于危险的承担存在因果关系时,保险人才可行使法定解除权。⑤

但在保费低廉或可负担的强制性要求下,是否意味着普惠保险的保险人无法再继续使用风险区分的保费?⑥ 是否也意味着保险人可以基于对价平衡的考量,设置大量免责条款,限制保险合同的保障范围,对投保人的如实告知义务、安全维持义务、危险增加时的通知义务和超额保险及重复保险的通知义务作出较高标准的要求,并减免自身相应的保费返还义务?

对于前一问题,答案显然是肯定的。普惠保险合同尤其是政策性普惠保险合同,具有较强的社会福利性。这也意味着,需要容忍一定程度的交叉补贴,即低风险和高风险的投保人按照同样的费率或大致相同的费率支付保费,所导致的高风险投保人补贴低风险投保人的现象。并且,普惠保险合同尤其是政策性普惠保险合同的目标,在于运用公共资金,为社会中普遍存在的弱势群体提供一定限度的保障。其实质上是集合全社会成员的资力,构建分散风险的社会安全网络,因此交叉补贴的成本仅限于一部分社会成员承担,个体层面的对价均衡也不太会影响普惠保险的保费收入。

---

① 如《小额保险方案》第1条第1款明确强调普惠小额人身保险需符合"保费低廉"的特征。
② 武亦文、杨勇:《保险法对价平衡原则论》,载《华东政法大学学报》2018年第2期。
③ 李飞:《保险法上如实告知义务之新检视》,载《法学研究》2017年第1期。
④ Mark A. Geistfeld, Interpreting the Rules of Insurance Contract Interpretation, *Rutgers University Law Review*, 2015, Vol. 68, No. 1, pp. 371-414.
⑤ 武亦文、杨勇:《保险法对价平衡原则论》,载《华东政法大学学报》2018年第2期。
⑥ 根据危险类别进行保费的风险区分是现代商业保险公司常用的保险精算技术。参见周学峰:《论保险法上的风险分类:合理区分 V.歧视》,载《比较法研究》2014年第2期。

但对于后一疑问其实不然,甚至恰恰相反。首先,普惠保险合同需要适当减少免责条款的数量,以确保保险合同具有通俗性。其次,对投保人的各项合同义务,不宜作出高于传统商业保险标准的要求,甚至需要减免投保人的部分合同义务,或对投保人重大过失违反义务的责任判定采用比例原则,以满足普惠保险合同对社会弱势群体予以倾斜性保障的重要功能。如司法实践中,已出现法官选用比例原则进行裁判的案件,在保险事故发生后,即使法院认为政府虽未向保险人交纳剩余80%的保费补贴,但由于农户已交纳了自付的20%的保费,因而保险人仍需在农户交纳保费的比例范围内,根据公平原则和权利义务对等原则承担赔付义务。① 最后,普惠保险合同中,更需要对保险人的合同解除权予以严格限制和审查,以避免保险人利用其优势地位,不当规避保险责任。

综上,需要对公平原则在普惠保险合同中的适用作出更为细化的规定:一方面,确认公平原则在普惠保险合同是经由政府和保险人单独协商签订时仍应适用,并明晰协商所形成的非格式条款的效力审查要件及法律后果。另一方面,要明确在普惠保险合同中适用公平原则意味着需要放弃或限制保费区分的适用,并同时明确普惠保险合同中的公平原则并不等于对价平衡,不意味着保险人可援引对价平衡减免自身义务,并对投保人的义务履行提出过高标准。

第四节 权利义务分配体系逻辑混乱

权利义务的分配规则是普惠保险法律关系客体的核心内容,而确保权利义务分配的合理性和公平性则是保障普惠保险功能得以实现的重要前提之一。但目前我国的普惠保险专项立法中,对于普惠保险权利义务分配体系的设计并未顾及政府等公权力的主体地位,存在权利赋予未考虑团体保单的普遍性、权利行使忽视高效便捷、义务履行不够方便简化、权利限制未向弱势群体予以适当倾斜等问题。

一、权利义务主体与现实不符

相较于传统的商业保险,普惠保险的法律关系主体更具复杂性。但目前的普惠保险专项立法中,对于普惠保险法律关系主体的规定却忽视了这一重要事实,尤其是忽视了对保险组织者及其权利义务规则的构建。此外,对于普惠保险定价权的享有主体也存在误解。

(一)"保险组织者"及其权利义务的缺位

由于普惠保险保障群体特殊,通常需要政府或其职能部门、公益性的法人组织担任"保险组织者"的角色,即担任保险人与社会弱势群体之间的"媒介"或"桥梁",组织符合条件的社会弱势群体投保、保费集中收取、组织保险宣传、协助保险理赔等工作。尤其是在政策性普惠农业保险中,由于其所需的政府等行政主体的参与程度更高,保险组织

---

① 截止到2020年11月25日,威科先行数据库中涉及比例原则适用的普惠政策性农业保险纠纷案件数量高达144件。如"程炳运与中华联合财产保险股份有限公司沧州中心支公司保险纠纷案",(2017)冀0983民初773号判决书。

者这一概念的引入就变得越发的重要。

我国目前的普惠保险立法中,虽对政府或其职能部门、公益性法人组织等主体保险组织者的身份有所认知,但认识仍比较浅显,该身份所对应的权利和义务更不明确。例如,我国《农保条例》第5条虽规定"县级以上地方人民政府统一组织、协调本行政区域的政策性普惠农业保险工作",但之后第10条、第12条却认为,农业生产经营组织、村民委员会等单位的职责主要为组织投保,尽管农业生产经营组织、村民委员会等单位在查勘定损结果公示及统计投保信息等方面也实际负有一定的职责。再如,部分省市有关商业性普惠小额人身保险的地方规范性文件中,仅原则性地规定:在推广商业性普惠小额人身保险的过程中,要确立政府或有关职能部门对保险项目的"组织推动"或"组织领导"的地位,但对于组织工作的具体内容却语焉不详。①

但据本书统计,实践中政府或其职能部门、公益性法人组织确实以保险组织者的身份进行了相应的行为,并且法院也倾向于将其认定为保险组织者而非保险合同的当事人。②但此时,由于我国现有立法未确立保险组织者的概念,亦未明确该主体在保险法项下的权利和义务规则体系,导致保险组织者的行为长期缺乏规范,法院不当减轻保险组织者义务,加重保险人义务和责任的裁判倾向极为明显。长此以往,将不利于激励保险公司积极承保普惠保险,对普惠保险项目的可持续性造成不当减损。

在普惠保险中,尤其是政策性普惠保险中,有必要确立保险组织者的概念,并明确该主体的具体行为方式。此外,还需明确保险组织者在进行不同行为时的具体权利和义务,及不当行为的法律后果。

具体而言,在普惠保险合同订立前,保险组织者主要进行组织宣传和组织投保的行为。如收集投保人或被保险人信息、核查投保人是否具有投保资格、组织投保人或被保险人签订保险合同、分发保险凭证、举办保险宣讲会、收取保险费用等。而在普惠保险合同订立之后,保险组织者则主要进行组织查勘和组织核保的行为。如协助保险人进行现场查勘、会同被保险人核定保险标的受损情况、转交保险人的理赔清单并组织被保险人签字确认、收集保险人所需的补充证明材料等。此时,保险组织者权利义务规则体系的缺位会导致以下问题:

第一,保险人仅向保险组织者履行说明义务、通知义务(如通知补充证明材料即核定赔付的结果),③而保险组织者未将相关信息转告投保人或被保险人。例如,在"苏吉军、陆爱花等与中国人寿保险股份有限公司龙州支公司人身保险合同纠纷案"中,法院就依据《保险法》第17条的规定,认为由于保险人已向龙州县武德乡人民政府(投保人)履行了格式条款的说明义务,并经乡政府盖章确认,因此无须再向村民(被保险人)履行

---

① 参见2015年《来宾市人民政府办公室关于印发〈来宾市推广小额人身保险工作实施方案〉的通知》第5条,2015年《温州市人民政府办公室关于推广农村小额人身保险工作的实施意见》(2015修订)第2条第2款、第4条。

② 如在一起案件中,二审法院就基于虽保险合同的投保人为村委会,但"村委会并未缴纳保费且对村民不享有保险利益"为由,判定村委会仅为涉案惠农小额人身保险的组织者。参见"岳新云与中国人寿保险股份有限公司鹤壁分公司人身保险合同纠纷案",(2016)豫06民终1634号判决书。

③ 《保险法》第22条、第23条。

说明义务。① 但不同于传统商业保险合同,普惠保险合同中的投保人和被保险人通常不存在血缘上的亲密关系,因此投保人缺乏动机将保险人说明的内容转告给被保险人。

第二,投保人或被保险人仅向保险组织者履行如实告知义务、②出险通知义务③、证明材料的提供义务④及提出索赔申请,而保险组织者未将相关信息转告保险人。但在司法实践中,法院却潜在地认为保险组织者并不需要转告信息。例如,在"马连成、阳光农业相互保险公司齐齐哈尔中心支公司财产保险合同纠纷案"中,二审法院就认为投保人向村委会履行出险通知义务,并不能免除其应再向保险人履行出险通知义务。⑤ 再如,在"谢修泉与安华农业保险股份有限公司延边中心支公司财产损失保险合同纠纷案"中,法院则认为投保人向保险组织者履行索赔申请,由于保险组织者是经由保险人认可的联系人,因此向其履行索赔申请应视为向保险人履行。⑥ 以上裁判结果,不仅极大地加重了保险人的展业成本,上浮保险经营费用必将通过保费上涨转嫁于普惠保险的消费者。上述裁判结果也与普惠保险立法上要求政府等行政主体协同、组织普惠保险发展的理念相违背。

第三,保险组织者收取投保人的保险费后,延迟交付甚至未交付给保险人;或者在政策性普惠保险中,投保人交付了需要其自付的保费后,保险组织者未补足需要其承担的保费补贴,导致保险合同效力及保险期间难以确定。如在"李闯与中国人寿保险股份有限公司周口分公司人身保险合同纠纷案"中,投保人在保险组织者(镇人民政府)处购买了普惠团体保险,但在其交纳保险费用后,由于保险组织者的延迟交付,导致保险人在投保人交纳保费四个月后才登记入账。在此期间,投保人发生保险事故,导致保险合同的效力难以判定,保险人的损失赔偿义务的履行出现争议。⑦ 此外,在"中国人民财产保险股份有限公司洮南支公司与洮南市农村信用合作联社(以下简称洮南信用联社)人身保险合同纠纷案"中,保险人委托保险组织者(洮南信用联社)代收保费并进行转交。此后,投保人于2014年4月1日发生保险事故,但经查明保险组织者记载的投保时间为2014年3月1日,保险人记载的投保时间为2014年4月15日,导致保险期间难以确定。⑧ 在上述案例中,保险组织者显然具有一定过错,但在裁判时,法院却未对此作出认定,并错误认为保险人需要承担全部的不利后果。再如,在"袁守明与中华联合财产保

---

① 参见"苏吉军、陆爱花等与中国人寿保险股份有限公司龙州支公司人身保险合同纠纷案",(2017)桂1423民初431号判决书。
② 《保险法》第16条。
③ 《保险法》第21条。
④ 《保险法》第22条第2款。
⑤ 参见"马连成、阳光农业相互保险公司齐齐哈尔中心支公司财产保险合同纠纷二审民事判决书",(2020)黑02民终955号判决书。
⑥ 参见"谢修泉与安华农业保险股份有限公司延边中心支公司财产损失保险合同纠纷",(2018)吉2424民初1194号判决书。
⑦ 参见"李闯与中国人寿保险股份有限公司周口分公司人身保险合同纠纷案",(2017)豫1621民初121号判决书。
⑧ 参见"袁守明与中华联合财产保险股份有限公司沧州中心支公司保险纠纷案",(2018)吉08民终209号判决书。

险股份有限公司沧州中心支公司保险纠纷案"中,投保人已足额交付了应由其自付的保费,但由基层人民政府财政补贴部分的保费保险组织者却没有交纳,导致投保人和保险人就保险合同是否生效发生争议。

第四,保险人的保险条款与保险组织者印发的宣传材料、指定的保险条款不一致,导致保险责任的认定出现困难。例如,在"徐进盈与中国人民财产保险股份有限公司永康支公司财产损失保险合同纠纷案"中,投保人提供的《浙江省政策性农业保险共同体养殖业保险投保单》条款中约定保险责任包含"因高温干旱、连续的阴雨、雷阵雨等异常气候",而保险人提供的淡水养鱼保险条款中约定的保险责任则并不包含上述内容,导致投保人和保险人就前者遭受的损失是否属于保险责任的范围发生了争议。① 再如,在"固阳县蒙裕丰农牧业专业合作社与中国人民财产保险股份有限公司包头分公司保险纠纷案"中,保险人签发的保险单中载明保险期间从"2014 年 6 月 28 日零时起至 2014 年 9 月 20 日 24 时止",而保险组织者(包头市农业保险保费补贴工作领导小组办公室)制定的《包头市农牧业保险领导小组办公室关于做好 2013 年全市农牧业保险保费补贴工作有关事项的通知》这一规范性文件中,却载明涉案保险的截止日期为 2014 年 9 月 20 日,而并未注明当日 24 时截止。②

第五,保险组织者单方面作出的查勘或定损结果,能否作为保险人的理赔依据难以确定。例如,在"谢兆虎与中国人民财产保险股份有限公司启东支公司财产保险合同纠纷案"中,虽然保险组织者(村委会)针对被保险人的损失出具了损失证明,但保险人并不予以认可,最后法院则根据《启东市 2016 年度毛豆理赔方案》的相关规定对被保险人的损失数额作出了核定。③ 但在"海满福、柴生文等与中国人民财产保险股份有限公司庆阳市分公司财产保险合同纠纷案"中,由于《宁县 2018 年政策性农业保险工作实施方案》中明确要求保险组织者(县果业局)具有参与查勘、定损的职责,其会同保险人、村委会(保险组织者)、被保险人代表一起作出的抽样定损结果则得到了保险人和法院的认可。④

综上,普惠保险中保险组织者概念的缺位以及其享有权利及履行义务的不明确,导致了普惠保险在实践中出现诸多问题。这些问题不仅不利于解决被保险人可能遭遇的信息偏在,也无利于落实保障社会弱势群体的基本理念。

而引入保险组织者的概念,并明确其负有一定的信息转告义务和协同职责,无论在比较法上,还是在普惠保险的成本控制上,均具有积极意义:

首先,西班牙《保险合同法案》第 81 条、法国 2005 年修订后的《保险合同法案》第

---

① 参见"徐进盈与中国人民财产保险股份有限公司永康支公司财产损失保险合同纠纷案",(2016)浙 0784 民初 01218 号判决书。

② 参见"固阳县蒙裕丰农牧业专业合作社,中国人民财产保险股份有限公司包头分公司保险纠纷案",(2014)固民初字第 1062 号判决书。

③ 参见"谢兆虎与中国人民财产保险股份有限公司启东支公司财产保险合同纠纷案",(2017)苏 0681 民初 1906 号判决书。

④ 参见"海满福、柴生文等与中国人民财产保险股份有限公司庆阳市分公司财产保险合同纠纷案",(2019)甘 1026 民初 741 号判决书。

L141~1条至第L41~7条、芬兰《保险合同法案》第4条第76款至第80款、2005年修订后的瑞典《保险合同法案》第4章及2015年修订后的英国《保险法案》第13条和第18条,均规定了具有公益性质的保险组织者,需向投保人或被保险人负有一般注意义务和信息告知义务。

其次,在未来可能成为欧洲统一保险合同法蓝本的《欧洲保险合同法原则》(以下简称"PEICL")中,也引入了团体保险组织者(group organizer)的概念,来指代在团体保险中直接投保或辅助保险人及投保人签订和履行保险合同的第三方主体。PEICL还在第18章第1节第2条中明确规定,在保险的商洽与履行过程中,团体组织者不仅要尽职(act dutifully)并诚信地(act in good faith)考虑团体成员的合法利益,还应将保险人签发的任何通知转发给团体成员,并向其告知涉及合同的任何修订。① 若违反以上规定,团体保险的组织者应遵循诸成员国法律之共同一般规制予以惩罚(PECICL第1章第1节第5条)。PEICL还在第2章第2节第2条、第2章第2节第3条、第2章第7节第1条及第2章第7节第2条中,规定了保险人首先要向团体组织者负有就保险条款进行信息告知的义务;② 并在第18章第2节第1条中,针对团体保险组织者在作为投保人参与保险契约签订的情况,规定了团体组织者对保险成员的信息告知义务。③《山东省政策性农业保险试点险种条款》中也明确规定:投保人、被保险人发生灾害后,"投保人应在24小时内报告村委会,村委会在24小时内通知保险人,并向保险公司提供村委会证明及遭受损失清单"。可见我国在地方层面,已认可村委会作为普惠保险组织者时应负有一定的信息转告义务。

最后,引入保险组织者的概念,并要求其负有一定的协同职责和信息转告义务,这不仅有利于保险经营费用的有效缩减,更有利于普惠保险的普惠功能和价值的实现。但需特别注意的是,由于保险组织者的信息转告义务和协同职责是基于《保险法》而产生的,其本质为私法上的义务而非公法上的义务,因此即便该义务的履行主体是基层政府等公权力主体,对于违反该义务时的法律后果也应主要采用保险法上的处罚方法,如要求政府等公权力主体应当赔偿被保险人或受益人因此受到的损失,并授权上级行政机关或有关部门有权责令改正,并处一定数额的罚款,情节严重的,还应限制其对普惠保险的参与,停止中央财政保费补贴等。

(二)保险定价权的享有主体不合理

在保险费率的设置上,尤其是政策性普惠保险的费率设置,常出现因政府财力受限,要求保险人降低保险费率;或在保险人基于风险定价之后,地方政府不信任,要求保

---

① Jurgen B., John B., Malcolm C., et al, *Principles of European Insurance Contract Law (PEICL) 2nd Expanded Edition*, Cologe: Ottoschmidt, 2015, p. 355.

② Jurgen B., John B., Malcolm C., et al, *Principles of European Insurance Contract Law (PEICL) 2nd Expanded Edition*, Cologe: Ottoschmidt, 2015, pp. 122-128.

③ Jurgen B., John B., Malcolm C., et al, *Principles of European Insurance Contract Law (PEICL) 2nd Expanded Edition*, Cologe: Ottoschmidt, 2015, Basedow等书, p.358.

险人降价;或是地方政府根据自身的补贴财力情况来"倒推"保费定价等问题。①

但普惠保险作为风险控制机制,其风险控制和管理功效的发挥很大程度上依赖于保费的合理制定,而合理的保险费率也会为投保人或保险人传达正确的价格信号,引导其进行与其风险相匹配的规避行为。因此,地方政府如果过度干预尤其是不当干预保险人关于政策性普惠保险的定价权,则会导致普惠保险完全背离保险的风险运作机理,并违背政府与保险人协同风险治理的基本原则,使得政策性普惠保险错误地沦为保险人无偿做"慈善"的工具。

二、权利行使未以保险团体性及公益性为依据

由于团体保单在普惠保险中应用的普遍性,该保险的权利规则设置理应顾及保单的团体性,对投保人指定保险合同受益人的权利进行适当限制,并规定投保人在丧失团体资格时具有保险合同的转换权。此外,还应顾及普惠保险公益性的特征,在投保条件及保险金求偿权的问题上,对投保人或被保险人予以倾斜性的保护。

(一)受益人的指定权未受限制

我国现行《保险法》中并未设置对受益人的指定或变更应排斥团体保险的投保人的条款,导致投保普惠团体保险的地方政府或其职能部门、公益性法人组织,极易不当利用被保险人的弱势地位及其对保险知识的匮乏,以被保险人指定或经被保险人同意为借口,②不当侵占和剥夺本应当属于被保险人及其亲属的利益。③

限制投保人受益人的指定权,对普惠保险中被保险人利益的保护极为重要。例如,美国的普惠团体保险立法中就明确规定:保险人应当将保险赔偿金支付给投保人或被保险人指定的受益人,但若投保人或被保险人未指定受益人,保险金将作为被保险人的遗产进行继承,而通常购买团体保险的主体不可被指定为团体保险的受益人。④

此外,在具有担保功能的普惠保险合同中,限制投保人受益人的指定权,并对受益人进行明确规定,也具有现实意义。如在普惠小额信贷保险中,由于该保险的本质是将保险与小额贷款相结合,确保贷款人在发生意外身故或伤残时,信贷提供方可以获取保险赔偿,弥补投保人未偿还贷款的损失。此时,由于普惠保险合同起到了一定的担保功

---

① 例如某种作物的保险费率是5%,保费15元,每亩需要省级政府补贴25%,即每亩需要补贴3.75元,全省2000万亩该种作物投保,需要省政府补贴7500万元。此时,由于政府财政只有能力支持6000万元,就会强制要求保险公司将费率降到4%。

② 传统商业保险合同中的投保人指定受益人时须要经被保险人同意,参见《保险法》第39条第2款。

③ 由于政府大量参与普惠保险的宣传、组织、定损和理赔工作,其会出现强迫保险人签订不合规范的保单、克扣或截留保险补贴款项、与保险公司合谋"假保假赔"、不当索取手续费和佣金等道德风险行为。参见庹国柱:《论政策性农业保险中的道德风险及其防范》,载陈秉正、[美]迈克尔·鲍尔斯主编:《2012中国保险与风险管理国际年会论文集》,清华大学出版社2012年版,第462页。

④ 陈文辉主编:《团体保险发展研究》,中央编译出版社2005年版,第202页。

能,第一受益人更宜明确规定为信贷提供方,即便保险合同对此并未进行特别约定。①因为,若不作如此规定,信贷提供方出现呆账、坏账的风险将急剧增加,小额信贷的交易量也会有所下降,不利于普惠保险促进资金融通功能的发挥。

(二)被保险人欠缺合同转换权

我国现行《保险法》中并未赋予被保险人合同转换权,即当团体保险合同的被保险人与投保人之间的紧密关系终止后,被保险人有权将团体保险转换为个人保险。② 因为被保险人合同转换权有效地体现了对社会弱势群体倾斜性保护的理念。其对于普惠团体保险合同尤为重要,尤其是对合同中被保险人的利益保护极为重要。

在普惠团体保险中赋予被保险人合同转换权符合域外保险法的趋势。例如,美国许多州的保险立法③、《团体人寿保险定义与标准条款示范法案》第五节第 H 条、《团体个人财产保险和意外保险示范法案》第 8 条第 A 款,我国台湾地区《团体一年期人寿保险单示范条款》第 12 条及《团体伤害保险单示范条款》第 15 条均设有被保险人合同转换权的条款。该项权利的规定,有利于被保险人在退出相关团体后(如户口迁至其他村、脱贫等)转换团体保单,转换后的保单金额最高为其在团体保险中损失的保障,费率为按转换时年龄计算的标准个人保单费率。④

(三)弱势群体的保险获得权受损

普惠理念是普惠保险制度所追求的首要价值,因此,即便社会弱势群体在保险学意义上具有较高的风险,承保条件也不宜设置得过于严格,以确保社会弱势群体保险服务可得性的提升。

但普惠保险的承保条件往往过于严苛,尤其是具有补贴的政策性普惠保险,为了控制骗取保费补贴等行为,其承保条件往往较为苛刻。比如,《永安财产保险股份有限公司陕西省政策性奶牛养殖保险(2015 版)条款》第 3 条中就明确要求:投保政策性普惠奶牛养殖保险的奶牛品种必须在当地饲养 1 年以上,且奶牛畜龄在 14 个月以上 72 个月以下。⑤ 再如,《人保财险广西分公司林木火灾保险条款》第 2 条第(2)款明确规定:投保政策性普惠林木火灾保险的林木,必须定植满两年。《安华农险山东省桃种植保险条款》第 2 条更是明确规定:投保政策性普惠桃种植保险的套数必须种植在低风险区域内(非蓄洪区、非行洪区、非泄洪区),且果树的品种是经推广成熟的优质高产品种,并处于盛果期。但实践中恰恰是畜龄较小、定植年限较短的种植物会面临更大的风险,更需要

---

① 如在一起案件中,涉案的普惠信贷保险中就未对受益人予以特别规定,导致法院最终使用了《保险法》第 42 条第 1 款中关于保险合同没有指定受益人或者受益人指定不明,应将保险金作为被保险人的遗产进行继承的规定,导致农村信用合作联社的利益受损。
② 樊启荣、周志:《论团体保险中被保险人之合同转换权》,载《保险研究》2018 年第 3 期。
③ 如美国阿拉斯加州 2015 年法令第 21 章 48 节第 180 条(AS 21.48.180)、华盛顿州 2019 年法令第 48 章第 24 节第 180 条(RCW 48.24.180)、马里兰州 2013 年《保险法案》第 17 条至第 309 条均规定了团体保险中被保险人的合同转换权。
④ 陈文辉主编:《团体保险发展研究》,中央编译出版社 2005 年版,第 199~210 页。
⑤ 类似的规定还可见于《永安财产保险股份有限公司河南省政策性奶牛养殖保险条款》第 3 条、《2014 年中国大地财产保险股份有限公司奶牛养殖条款》第 2 条、《河南省政策性能繁母猪养殖保险(2015 版)条款》第 3 条。

得到保障。此外,农户往往在引进新品种或不成熟的品种时面临的风险更大,也更需要通过保险得到保障。因此,限制投保标的必须在指定地区、达到一定的饲养和种植年限,或限制仅有推广成熟的优质高产品种才可以成为保险标的,无疑不利于支持农户进行生产创新。

(四) 被保险人求偿权标准过高

在赔偿标准的确定上,保险人常违背地方现实情况而设置较高的起赔标准,或对被保险人施加其难以履行的证明资料提供义务,或是设置较多的除外责任条款,导致被保险人的损失赔偿请求难以成立,普惠保险合同的保障功能难以达成。

例如,在政策性普惠香蕉树种植保险条款中,保险人常将赔偿定点在指定的温度区间内,即投保的香蕉只有在遇到"0℃以下或长期持续在 0℃以下的温度,引起作物冰冻或是丧失一切生理活力,造成作物死亡或部分死亡的",保险人才承担保险责任。[①] 但投保标的所在地自 2000 年至 2016 年 16 年来的最低温度及平均最低温度均未出现零度或低于零度的现象;加之,投保标的属于热带作物,生长期间遭遇 12℃以下的低温天气就会发生寒害,如果气温降到 4℃以下,就会导致香蕉遭受严重冻灾寒害,大部分香蕉生长点停止或死亡。显然,保险人设定的赔偿标准并不符合现实情况,若按照此标准进行赔付,就会出现保险人只收取保费而不承担保险责任的后果,违背普惠保险合同应有的射幸功能。再如,实践中还出现将政策性普惠农业保险的赔偿标准依据国际惯例"标准亩"确定(1 亩等于 0.067 公顷),但在保险标的所在地存在将 1 亩地等于 0.1 公顷的习惯。这导致发生保险事故后,保险人和被保险人之间就赔偿标准产生争议。[②]

此外,在人保财险常用的普惠保险条款中,保险人常会要求被保险人在治疗结束后,由"二级以上(含二级)医院或鉴定机构出具能够证明被保险人伤残程度的资料"。[③] 但普惠保险的被保险人常处在农村等偏远地区,医疗资源常年失衡,二级以上(含二级)的医院或鉴定机构几乎没有,被保险人履行证明材料提供义务的难度较大,导致被保险人极易遭受无法获得保险赔偿的不利后果。[④]

最后,普惠保险合同尽管保险费率较低,但并不意味着保险人可以基于低水平的保险费率,设置较窄的保险责任范围及订立大量的免责条款。《小额保险方案》第 2 条第 3

---

① 参见"中国人民财产保险股份有限公司田东支公司与熊实兰财产损失保险合同纠纷案",(2017)桂 10 民终 330 号判决书。

② 参见"中航安盟财产保险有限公司农安营销服务部与初百林保险纠纷案",(2017)吉 01 民终 468 号判决书。

③ 《人保财险农村小额意外伤害保险条款》第 4.1.1 条。

④ 仅有极为少数地方性普惠保险立法指出应适度放宽对医疗机构的认定标准,如将获得社保定点医院资格的乡镇卫生院也纳入保险人认定的医疗机构范围之内的方式,以方便被保险人。参见 2008 年《定西市人民政府办公室批转中国人寿保险股份有限公司定西分公司关于开展农村小额人身保险试点工作意见的通知》以及 2014 年《融水苗族自治县人民政府办公室转发中国人寿保险有限公司融水支公司关于开展融水县国寿农村小额人身保险试点工作实施方案的通知》。

款及多数地区的普惠小额人身保险专项立法中，①均已明确提出普惠小额人身保险的保险合同需要满足"除外责任尽量少"的特征要求。但对于政策性普惠保险，却缺乏要求类似的明确规定。这也导致，对商业性色彩较浓的商业性普惠保险尚且有减少除外责任的要求，而对政策性色彩较浓的政策性普惠保险却无法适用该要求，这一不公平的现象。此外，《小额保险方案》中强制性要求保险人应减少除外责任条款的根本目的在于削减保险人的信息优势，对处于弱势地位的投保人或被保险人的权益予以保障，但该要求的实际运行情况却背离了上述根本目的。

一方面，由于"除外责任尽量少"的规定较为原则化，免责条款减少的判定标准并不明确，保险人单纯减少除外责任条款的数量而非简化其内容的现象极为普遍。例如，实践中高频使用的《国寿农村小额团体意外伤害保险（2013版）条款》，虽将同类型的传统商业保险合同中的除外责任条款从13项删减为8项。其中，删除的除外责任条款均是在农村不太可能发生的免责事由，即由于"美容、整容、整形手术在内的任何医疗行为""受毒品、管制药物的影响""恐怖袭击""参加潜水、跳伞、攀岩、探险、武术比赛、摔跤比赛、特技表演、赛马、赛车等高风险运动"等原因造成的保险事故。与此同时，又新增一项除外责任条款，即由于"被保险人的精神和行为障碍导致被保险人身故或伤残的"，保险人可以免责。更有甚者，保险人通过在"责任免除"部分中删减部分除外责任条款，再将删减的除外责任条款转移到"保险条文释义"部分这一技术性的方式，实现除外责任条款数量上而非实质意义上的简化。②

另一方面，现有普惠保险立法中对于保险人违反"除外责任尽量少"这一要求的法律后果并未作详细说明，导致相关条款是属于违反法律法规强制性规定自始无效的合同条款，还是应适用《保险法》第17条（保险人说明义务）、第19条（不公平条款内容控制）及第30条（不利解释）关于除外责任这一格式条款的内容控制体系，即基于相关的除外责任条款为格式条款，且保险人未履行说明义务为由，判断该条款无效，并不明确。

在普惠保险合同中，由于除外责任未进行实质简化，导致保险责任范围极为有限的现象时有发生。比如，有的普惠保险合同条款就规定：没有配有保险人指定的承保标识；投保人（被保险人）及其家庭成员、投保人（被保险人）雇员的违法行为、故意行为、重大过失、管理不善；保险标的在运输、养殖地点以外所发生的保险事故；保险标的在疾病观察期内患有保险责任范围内的疾病；保险标的冻、饿、中暑、中毒、互斗、走失、被盗、摔跌和电击；保险标的年老体弱、无繁殖能力、产奶量低造成的自然死亡、被淘汰和宰杀。③而传统商业保险合同则一般仅规定，投保人（被保险人）及其代表的故意、重大过失行

---

① 2009年《重庆市永川区人民政府办公室关于贯彻落实重庆市人民政府办公厅关于重庆市农村小额人身保险试点工作的实施意见的通知》第2条明确指出，普惠小额人身保险应"尽最大可能减少除外责任……确保赔付及时"。

② 如《中国人民财产保险股份有限公司农村小额意外伤害保险条款》第2.2条将商业保险合同中的免责条款由18项缩减为10项，但其中有3项并未实质删除，而是嵌套在第8.1条对"意外伤害"的释义中。

③ 如《中国大地财产保险股份有限公司奶牛养殖保险条款》第4条，《永安财产保险股份有限公司河南省政策性育肥猪养殖保险（2015版）条款》第6条。

为,保险标的内在或潜在缺陷、自然磨损、自然损耗,以及盗窃、抢劫造成的损失和费用,保险人才不负责赔偿。此外,根据《保险法》第57条第2款的规定,保险事故发生后,被保险人为防止或者减少保险标的的损失所支付的必要的、合理的费用,应由保险人承担。但有的普惠保险合同中,却将投保人或被保险人为救治保险标的等原因而发生的损失和费用,列为除外责任条款。

综上,现行普惠保险合同中的规定除外责任条款甚至比传统商业保险还要严苛。保险人不仅对弱势群体缺乏保护,还对其施加了更严格的施救义务:保险人一方面要求被保险人"尽力采取必要、合理的措施防止或减少损失"的施救义务;①另一方面又明确指出对于被保险人为救治保险标的而发生的所有费用都不负责赔偿。② 被保险人无疑被置于两难境地,若其实施防止或减少损失的行为,费用则需自理;但若其不实施救治行为而导致保险标的死亡,则又会遭受保险人援引除外责任条款而不予赔付的风险。加之此时合同若再对受损标的的残余价值另有规定,如规定残余价值"如折归被保险人的,由双方协商确定其价值,并在保险损失金额中扣除",③则投保人或被保险人获得赔偿的数额又会被再次减少。

三、权利限制未以弱势群体保护为依据

在普惠保险合同中,还应对保险人及投保人(当其与被保险人间不存在家庭关系或其他类似关系的情况下)的合同解除权、代位求偿权进行适当的限制,以实现对社会弱势群体的倾斜性保护。

(一)保险人合同解除权的限制

在传统的商业保险合同中,保险人享有要求投保人或被保险人维护保险标的安全的权利;并在保险标的危险显著增加时,享有要求被保险人进行通知的权利。④ 此时,若被保险人未履行相应义务,保险人则有权拒绝赔偿。

但在普惠保险合同中,社会弱势群体由于保险知识匮乏,常难以判断何种行为是不利于维护保险标的安全的行为,也很难判断何时需要向保险人通知保险标的危险已显著增加。因此,若继续沿用保险人上述权利的相关规定,则无异于承认保险人可基于绝对的信息优势,肆意行使合同的解除权,这显然不利于保护社会弱势群体,也不利于普惠保险的普惠性功能和价值的实现。⑤ 对此,《农保条例》第11条和第13条虽然作出了一定回应,如规定保险当事人不得因保险标的危险程度的变化而增加保费或解除合同,并不得主张对受损保险标的参与价值的权利。但该规定却仅适用于普惠农业保险,对于其他普惠保险并不适用。此外,该规定也未顾及保险标的还会出现危险程度显著下降的情形。对此,根据合同法上的情势变更原则,投保人或被保险人应享有申请减少保费甚至解除合同的权利。但《农保条例》第11条及第13条却剥夺了投保人或被保险人

---

① 《中国大地财产保险股份有限公司奶牛养殖保险条款》第23条。
② 《中国大地财产保险股份有限公司奶牛养殖保险条款》第23条。
③ 《中国大地财产保险股份有限公司奶牛养殖保险条款》第26条。
④ 《保险法》第52条。
⑤ 李媛媛:《我国农业保险合同制度的反思与优化》,载《保险研究》2017年第5期。

的合同变更权及解除权,违背了对社会弱势群体予以倾斜性保护的立法理念。

(二)投保人合同解除权的限制

我国目前的普惠保险立法中,也未对投保人对保险合同的任意解除权予以限制。[①] 此规定在投保人和被保险人为同一主体,或投保人和被保险人间存在紧密关系时,当然不存在问题。但当投保人与被保险人分别为不同主体,且二者不存在家庭关系或其他类似的紧密关系时,尤其是当投保人为政府等公权力机构,被保险人为社会弱势群体时,如果投保人可以不通知被保险人而任意行使保险合同的解除权,会使被保险人对保险合同的合理期待落空,这显然会对被保险人利益造成严重侵害,也会有碍普惠保险的长远发展。[②]

2015年最高人民法院《关于适用〈中华人民共和国保险法〉若干问题的解释(三)》以下简称为《保险法司法解释三》第17条对此作出回应。该条文赋予了被保险人与投保人进行磋商的权利,并在一定程度上保障了被保险人有机会继续履行保险合同。[③] 然而,该条文依然只是在将被保险人定位为保险合同关系人的基础上,稍微增加了对被保险人的保护力度,并不能从根本上解决被保险人合同利益受损的问题。基于此,应在普惠保险立法中设立投保人解除保险合同的通知义务;同时,赋予被保险人介入权,即被保险人在接到投保人欲解除合同的通知后,有权自行决定是否加入原保险合同关系,取代投保人而与保险人形成保险合同关系的权利。以此,来充分保障被保险的利益不因投保人行使合同解除权而落空,维护投保人和保险人的利益,推进普惠保险的可持续性发展。

(三)保险人代位求偿权的限制

在普惠保险合同中,还应对保险人的代位求偿权作特殊规定。在传统商业保险合同中,若因第三人的原因,导致保险标的发生保险责任范围内的损失,在保险人向被保险人赔付之后,可以代位行使被保险人对第三人的请求权。[④] 但在普惠保险合同中,"他人的恶意破坏行为"常被列为保险人的免责条款。[⑤] 此时,由于与被保险人请求具有过失的第三人赔付相比,其请求具有故意的第三人进行赔付的难度更大。因此,若允许保险人行使代位求偿权,则会导致第三人故意造成保险事故的情形保险人不予以赔偿,但

---

① 《保险法》第15条规定:"除本法另有规定或者保险合同另有约定外,保险合同成立后,投保人可以解除合同。"此规定赋予了投保人对保险合同的任意解除权。

② 普惠保险的投保人任意行使解除权,极有可能出现在地方政府换届、经办的公益性组织人员变更、政府或公益性组织财力状况下降等情形。此时,投保人未必愿意,也未必有能力让被保险人继续享有普惠保险合同的保障。

③ 2015年《保险法司法解释三》第17条规定:"投保人解除保险合同,当事人以其解除合同未经被保险人或者受益人同意为由主张解除行为无效的,人民法院不予支持,但被保险人或者受益人已向投保人支付相当于保险单现金价值的款项并通知保险人的除外。"

④ 《保险法》第60条、第61条。

⑤ 安信农业保险《上海市嘉定区地方财政稻田生态养殖(小龙虾)保险条款》第5条第1款规定:他人的恶意破坏行为所造成的损失,保险人不负责赔偿。国元农业保险《能繁母猪养殖保险条款》第4条中亦规定:他人的恶意破坏行为造成保险母猪死亡的,保险人不负责赔偿。在以上两家保险公司承保的其他类别普惠政策性农业保险中也普遍存在类似规定。

第三人过失造成保险事故的情形保险人可予以赔偿,并且在赔偿之后还可以向第三人代位追偿的结果,这样的结果显然不利于社会弱势群体的倾斜性保护。换言之,在后种情形下,更应由具有优势地位的保险人代为行使追偿权,以确保被保险人可以迅速地获得保险赔偿。

此外,在传统商业保险合同中,通常规定对于被保险人家庭人员或组成人员过失(包含一般过失和重大过失)造成的保险标的损失,保险人不能代位求偿;反之,若上述人员系故意造成保险事故,保险人仍享有代位求偿权。① 之所以会存在这样的规定,原因在于传统商业保险合同中,被保险人的家庭人员或组成人员与被保险人对保险标的常具有共同利益。因此,在后者过失的情况下,若允许保险人赔偿被保险人后享有代位求偿权,那还不如直接由家庭人员或组成人员赔偿被保险人。但在普惠保险合同中,若继续沿用此规定,②对于被保险人的家庭或组织整体来说,其所受损失仍然没有得到弥补,显然不利于社会弱势群体的保护。

因此在普惠保险合同中,一方面应明确一般情况下,对于第三人故意或过失造成的损害,保险人均可行使代位求偿权,并严禁保险人将"他人的恶意破坏行为"列入免责事由。另一方面,还应明确对于第三人为被保险人家庭人员或组成人员这一特殊情况,无论其为故意或过失造成的保险标的损失,保险人均不能代位求偿,以确保社会弱势群体的损失能得到及时填补。

四、义务履行未以高效便捷为依据

在普惠保险合同中,保险人损失赔偿义务的履行应进行有别于传统商业保险的规定,如规定较短的履行期限及较简便的履行程序,以体现对社会弱势群体的倾斜性保护和特殊关照。此外,还应考虑到投保人系弱势群体的特殊性,对其应履行的保费给付义务分不同情况予以灵活考虑。

(一)保险人损失赔偿义务的履行

目前我国常见的普惠保险合同中,对保险人损失赔偿义务的履行期限和程序的规定,仍旧完全照搬传统商业保险。如中国人寿《国寿农村小额团体意外伤害保险(2013版)条款》第13条就与《保险法》第23条中关于保险金给付时间和程序的规定基本相同。因此,在未来的普惠保险专项立法中,应对保险人的损失赔偿义务予以修改。

在修改路径上:第一,应明确保险人对于该义务的履行期限应短于传统商业保险。《保险法》第23条第1款规定,保险人的损失赔偿义务的履行一般需要40日的时间,即保险人首先在30日内核定被保险人或受益人的赔偿请求;对属于保险责任的,其在与被保险人或者受益人达成赔偿协议后10日内履行赔偿义务。普惠保险中被保险人或受益人属于社会弱势群体,其赔偿需求相较于其他群体也更为迫切,因此应对保险损失

---

① 《保险法》第62条。
② 《国元农险安徽省大棚蔬菜种植保险(B款)条款》第6条第6款规定:被保险人或其雇佣人员、其家属的故意或重大过失行为所造成的损失、费用和责任,保险人不负责赔偿。太平洋财险《宁夏回族自治区地方财政压砂西瓜种植保险条款》第4条第3款也明确指出:投保人、被保险人及其家庭成员或雇用人员故意行为、管理不善造成的损失、费用,保险人不负责赔偿。

赔偿义务的履行期间予以缩短，规定保险人需及时解决普惠保险损失赔偿纠纷，如在10日内核定被保险人或受益人的赔偿请求，对于属于保险责任的应立即予以赔付；而对于不属于保险责任的也应立即告知，并告知被保险人或受益人损失赔偿权利救济的具体方式。① 此外，为了有效督促保险人及时履行损失赔偿义务，除支付保险金外和赔偿被保险人或受益人因此受到的损失之外，可对保险人的不当行为规定一定的罚则，如予以警告或处适当罚金。

第二，应适当简化保险人履行损失赔偿义务的程序和所需材料。比如，推广我国部分地区的常用做法，对普惠保险的出险报案和理赔采用"一站式服务"、②开通"绿色通道"，③以简化保险人赔偿义务的履行程序。

(二)投保人保费给付义务的履行

我国目前的普惠保险立法还普遍存在对团体保险投保人的保费给付义务仍旧过高、损失赔偿请求权行使障碍较多且不够灵活等弊病。对此，可参照美国普惠团体保险立法的做法，如通过引入特殊保险条款，适当减免被保险人在特定情况下的保费给付义务，充分保障被保险人的损失赔偿请求权。④

首先，可引入"残疾条款"，规定若被保险人完全残疾且小于60岁或65岁，无须再支付保费仍继续保险。此规定可极大地减轻被保险人的经济负担，有利于建立社会弱势群体对保险产品的信任。

其次，还可引入"死亡给付条款"，即如果保障终止且被保险人在终止日期之后一年内死亡，且之前处于连续的、完全残疾状态，保险人也应当支付保险赔偿金。这一规定可简化被保险人请求保险赔偿时的举证责任，充分地保障了被保险人的保险金赔偿请求权。

最后，对于保险金的支付方式，可赋予受益人充分的选择权，即规定受益人有权以一次性支付、按月支付或是货币市场账户等多种方式获取保险金赔偿。此外，还可引入"生前预付条款"，即若被保险人身患不治之症，极有可能在固定期间内死亡，允许被保险人提前支取部分保险金，通常为保险面额的25%～50%，一般不超过一定的数量。

---

① 但菲律宾、印度、巴西等地的商业性普惠小额保险立法中，均对保险人的损害赔偿义务的履行规定了短于传统商业保险的履行期限。参见王向楠：《普惠保险》，中国社会科学出版社2020年版，第15～30页。

② 2015年《汉中市人民政府办公室关于进一步推进农村小额人身保险工作的通知》第3条第4款规定：人寿汉中分公司要进一步建立健全保险服务网络……在每个行政村派驻1名驻村服务员，负责建立村民保险档案和保险报案、理赔等服务工作，实现以村为单位的承保、报案、理赔一条龙服务体系，确保在接到报案后10日内完成理赔工作。2014年《铜陵市人民政府办公室关于进一步推进全市农村小额人身保险工作的通知》第5条第4款也有类似规定。

③ 2016年《中国保监会、国务院扶贫开发领导小组办公室关于做好保险业助推脱贫攻坚工作的意见》第2条第6项明确指出：应"精准对接民生保险服务需求……对农村外出务工人员开辟异地理赔绿色通道。2018年《重庆市南川区人民政府办公室关于印发南川区2018年度农村小额人身保险工作实施方案的通知》第5条第4款中也曾要求"安排专人做好承保理赔等服务项目，进一步加强农村服务网点和网络建设，开辟'绿色通道'，提供快捷、便利、周到的服务"。

④ 陈文辉主编：《团体保险发展研究》，中央编译出版社2005年版，第199～210页。

第五章
普惠保险推进社会治理现代化的优化路径

第一节　明确界分商业性与政策性普惠保险

普惠保险融入社会治理现代化中的诸多问题均由商业性及政策性普惠保险的混同所引发,因此为确保普惠保险有效发挥其进一步推进社会治理现代化的功能和作用,其未来立法应遵循一个大的框架,即区分不同类别的普惠保险来进行制度设计;之后,再允许各地根据实际情况进行有差异的、多元化的设计,而不是粗糙的"一刀切"。

一、构建差异化立法体系

首先,应明确区分相关的普惠保险险种属于以下哪种:(1)"社会弱势群体根本无法负担"的保险;(2)由于"保险的特殊性"而无法商业化经营的保险;(3)抑或是由于"产业的特殊性+社会弱势群体无力负担"的保险。

若为第(1)种情况,则该保险本质上是我国工业靠农业供给而发展的结果,是世代"失血过多"最终造成的社会弱势群体禀赋上的差异,而非其后天不努力的结果。[①] 因此,从社会弱势群体权益保护的角度来看,这些保险项目需要政府补贴,以矫正不公,但仍然可以采用商业模式运作,属于商业性普惠保险的范畴。

若为第(2)种和第(3)种情况,则属于政策性普惠保险的范畴,需要设置区别于传统商业保险的特殊规则,并细化补贴的具体规则。其中,对于第(2)种政策性普惠保险的补贴程度一般要高于第(3)种;在制度和具体规则设置上,二者也要区别对待,第(3)种政策性普惠保险更要确保与我国有关社会弱势群体保障制度,如精准扶贫制度、农业优惠贷款制度的有效对接。

不论是上述何种情况,均应明确普惠保险并非传统的商业保险,并不适用商业保险法上的具体规则。之所以还将普惠保险称作保险,主要是基于该保险仍运用了"我为人人,人人为我"的保险风险分散原理。因此,对于普惠保险立法体系及规则的建构,并非一定要完全按照商业保险的立法模式,即便是参照适用也应是选择性、改良性的适用。

---

① 邓大才:《论我国"三农问题"的特殊性》,载《中州学刊》2003年第1期。

尊重社会弱势群体的权利,注意制度和规则设计的多元化、差异化,在普惠保险立法中也极为重要。在此基础上,应对政策性普惠保险单独进行规范,此类保险合同也应单独适用一套规则,并与其他国家的宏观政策制度配合(如与支农惠农政策、扶贫政策)形成一揽子制度方案。此外,针对政策性普惠保险还应建立更为完备的立法体系,针对保险的基本原则、运营主体、保险费率、投保、合同解除、赔偿、监管、共保、公共赔偿基金及其他风险分担机制的运用等多个方面均应设置区别于传统商业保险的规范,以保证政策性普惠保险的立法模式不会对该保险的发展造成不必要的障碍。

对于商业性普惠保险,虽然可以参照适用传统商业保险的规定不进行单独规范,但应明确,参照适用并不意味着直接适用,在适用的过程中,应以保障社会弱势群体为理念,并顾及商业性普惠保险的特殊性,对传统商业保险的相关规则进行适当的调试。如在现有立法的基础之上,着重针对商业性普惠保险在保险费率、赔偿限额、保险代理人规范、承保方式(鼓励团单)、保险赔付等方面的特殊性进行立法,对于其他与传统商业保险的共性之处,则明确应参照适用保险法的现有规定。此外,还应重视基层金融服务建设,出台保障社会弱势群体金融自治服务的制度框架,包括普惠保险的自治服务框架,并充分发挥相关群体软法自治规则的有益作用。

综上,应以普惠保险法的立法模式引领我国普惠金融法治框架,以普惠保险为抓手服务公共服务获取不足的社会弱势群体,构建新常态下的新金融法治体系,实现保险公平和金融公平。普惠保险不仅是发展中国家保护社会弱势群体、稳定社会经济的重要工具,还是普惠金融法治框架的重要组成部分,是保险和金融服务下沉到偏远地区及金融不发达地区的关键。以普惠保险的立法模式为基础和样板,搭建我国的普惠金融法治框架,贯通国家各项关于普惠的宏观政策,以普惠保险助推经济发展,构建新常态下的新金融法治体系,不仅有利于保险业和国家治理的现代化,是我国实现金融公平、实质正义、经济社会和谐发展的必由之路,更是新常态下发展经济的本质要求。

二、明确共性及差异性的基本原则

现有的普惠保险立法针对普惠保险的基本原则已作出了较为明确的规定。根据其规定,商业性普惠保险(如普惠小额保险)应遵循"控制风险、鼓励创新、适度竞争、持续发展、普惠服务"的基本原则;[①]政策性普惠保险(如政策性普惠农业保险)则应遵循"自愿投保、市场运作、政府引导和协同推进"的基本原则。[②]

不难看出,在基本原则的设置上,目前我国的普惠保险立法已充分认识到了商业性和政策性普惠保险的差别,并对二者确立了截然不同的基本原则。但事实上,二者还存在诸多共同之处:

首先,鼓励创新、持续发展、普惠服务这三项基本原则不仅适用于商业性的普惠保险,亦适用于政策性普惠保险,是普惠保险业所应遵循的共性原则。鼓励创新原则的设置可确保普惠保险灵活运用保险科技进行市场定价和产品创新,借助大数据、云计算等技术,利用移动终端和大数据分析支持保险决策,通过降低获客成本和帮助风险控制,

---

① 《小额保险方案》第 1 条第 1 款。
② 《农保条例》第 3 条第 2 款。

降低保险服务成本。普惠服务原则的设置,可确保普惠保险实现一定的政策需要,让保险服务惠及更多地区和覆盖更多群体,使得更多的主体可以享受国家改革和社会发展的成果,实现社会弱势群体的全面、和谐发展。可持续发展原则的设置则能确保普惠保险产品和服务供给的可持续性,一方面防止保险公司为实现利润随便撤销险种、抬高费率,造成市场供给短缺,需求不足;另一方面可防止政府对普惠保险发展支持的随意性,杜绝许多地方政府基于自身财政能力,取消普惠保险补贴,甚至反过来任意侵占保险利益,从而加剧涉农保险经营的不稳定性。

其次,商业普惠保险中的适度竞争原则也应适用于政策性普惠保险。因为现阶段的我国,无论是商业性普惠保险还是政策性普惠保险,其需求目前均较低,市场失灵风险较大,整个保险市场呈现出缺乏投保人的自主需求和需要政府补贴予以推动的不完全市场的特点。因而难以完全采用完全市场竞争原则,只能进行有限、适度的竞争。再者,比较法上的实践证明,普惠保险的价格形成也具有特殊性,需要予以限制以确保普惠性,因此过分的竞争甚至恶性竞争,会造成保险业经营管理费用的提高,既损害国家利益也损害投保的社会弱势群体的利益。① 因此,适度竞争原则的设置可避免保险市场的过度竞争,避免不当竞争对社会弱势群体利益的损害、侵蚀政府公共资金以及降低普惠保险供给的效率。2020年6月,保监会办公厅最新发布的《关于进一步明确农业保险业务经营条件的通知》中,首次重点强调了政策性普惠保险要"坚持适度竞争原则"。该原则也应被适用于商业性普惠保险经营之中。

但同时,由于商业性普惠保险与政策性普惠保险存在一定区别,如后者的社会公益性与前者相比较强,因而更宜强制投保、政府强力干预经营。因此,需同时对商业性普惠保险及政策性普惠保险在某些方面确立不同的基本原则,尤其是在投保方面、政府参与方面,二者需确立不同的原则:

首先,对于投保而言,自愿原则是商业性普惠保险所应遵循的一项基本原则;但政策性普惠保险却由于具有更强的公益性,可在一定程度上背离该原则,鼓励强制投保甚至以"半强制"的方式(如对投保进行合理嘉奖)进行经营。通过政府自上而下组织推行强制保险,不仅可形成规模经济效益,促使政策性普惠保险的承保和投保规模扩大,运行成本下降,提升保险风险池的运行效率;强制政策性普惠保险的推行,还可促使政府与保险公司共享风险信息,提升保险公司的风险管控能力。②

但遗憾的是,无论对商业性普惠保险的投保,还是政策性普惠保险经营的投保,我国现有的普惠保险立法均规定了自愿原则,明确禁止以"行政命令、摊派任务等形式强制投保",在推广中也不应采取"运动式推进"和"捆绑式销售"。③ 但与此同时,许多普惠保险的地方性法规却对参保率作出了"变相强制"的要求。如绵阳市及太原市的普惠保险地方性立法中,对参保率设置了逐年递增的目标,甚至要求在一定年限内实现保险的

---

① 庹国柱:《论农业保险市场的有限竞争》,载《保险研究》2017年第2期。

② Michael G. Faure, Economic Criteria for Compulsory Insurance, *The Geneva Papers on Risk and Insurance-Issue and Practice*, 2007, Vol. 31, No. 1, pp. 160-161.

③ 如《农保条例》第3条、《小额保险方案》第3条及诸多普惠保险地方规范性文件中均有此要求。

全面覆盖。① 咸阳市的普惠保险地方性立法中,则将参保状况纳入年度工作考核事项。② 宝鸡市、广元市、旺苍县的普惠保险地方性立法更明确规定,对于完成年度目标任务的地区应予以荣誉嘉奖和现金奖励。③ 显然,普惠保险的实践已背离了自愿原则。

而对于政策性普惠保险而言,这种背离却存在一定的合理性,也更符合社会现实。④ 因为,相较于传统商业保险,政策性普惠保险的目标群体对保险的了解更不充分,保险市场也存在更严重的信息偏在。此时,若政府起到了充分的协同作用,不仅有助于提升保险的覆盖率,还可在一定程度上杜绝保险只吸引高风险投保人,减少高风险投保人"驱逐"低风险投保人的逆向选择问题的出现,确保保险的可持续性发展。因此,对于政策性普惠保险需要灵活适用自愿投保原则,以便激励政府等行政主体更多地参与普惠保险,对其合理地鼓励社会弱势群体投保的行为予以肯认。

其次,对于政府参与而言,虽然政府的参与对于商业性普惠保险及政策性普惠保险均必不可少,但二者对于政府的参与程度却存在不同要求,因而无法对两种保险统一适用"政府引导、协同推进"的基本原则。对于商业性普惠保险而言,政府更多的是起到引导作用,保险的展业和经营主要还是依赖保险人来完成。因为,自愿原则有利于赋予保险人和投保人更多的自主决定权,激励双方根据自身特点选择更适宜其需求的保险产品和服务;而政府引导原则有利于杜绝政府对保险市场的过度干预,通过政府引导监管机构与被监管者之间的沟通及协作,来降低双方的信息偏在。

但对于政策性普惠保险而言,需要政府大量介入,甚至起主导作用,通过提供必要的补贴、进行税收减免或其他优惠政策、设立公共赔偿基金承担兜底责任、建立政策性的再保险机构等方式,扶持政策性普惠保险的经营,提高保险的社会效益。因此,政策性普惠保险的经营则不应再强调自愿原则,应允许合理的强制或半强制投保行为,以提升普惠保险的规模效应,实现保险的社会公益性。此外,政策性普惠保险的经营还应设置更适用"政府主导、协同推进"的基本原则。确保政府对保险经营和未来发展的主导作用,并确立相应的问责机制。如此,政府才能充分地利用其自愿和职权,与保险公司建立直接联系,增强普惠保险的经营效率,更好地激励政府向社会弱势群体宣传普惠保险,协同不同的主体发展普惠保险,推进普惠保险的良性发展。

三、设立不同的市场准入规则

传统商业保险中的保险人通常是指依法成立经营保险事业的组织,其在与投保人订立保险合同时,有权收取保费,并于保险事故发生时,按照法律规定和合同约定承担

---

① 参见《绵阳市人民政府办公室转发中国人寿绵阳分公司关于开展小额人身保险工作方案的通知》及《太原市人民政府办公厅关于推行中国人寿农村小额保险业务的通知》。

② 《咸阳市人民政府办公室关于印发开展农村小额保险工作实施方案的通知》。

③ 《宝鸡市人民政府办公室关于印发宝鸡市进一步开展农村小额人身保险工作实施方案的通知》《广元市人民政府办公室关于批转中国人寿保险股份有限公司广元市分公司扩大农村小额人身保险试点工作方案的通知》。

④ 由于四川旺苍县政府设置了明确的奖惩机制,并将普惠保险的参保人数列入各乡镇干部的考核指标,普惠保险的投保人数实现了飞速增长,一度从2011年的2万人增长至2013年的20.6万人。参见姚奕:《小额保险理论前沿与实践初探》,北京大学出版社2017年版,第63页。

赔偿责任。① 但普惠保险市场具有一定的特殊性,相应地,该保险市场上的保险人应满足一定的特殊要求。

首先,传统商业保险市场奉行"完全竞争高效论",即保险市场应保障充分的市场竞争,否则市场将无法高效运行。但不同于传统的商业保险市场,普惠保险市场通常要符合"政府引导、市场运作、自主自愿和协同推进"的基本运作原则。② 从实践的角度而言,传统商业保险市场所强调的"完全竞争高效论"并不适用于普惠保险市场,因而在普惠保险的保险人市场准入和资质审核标准的设定上,需要区别于传统的商业保险。

实践中,我国对承保普惠保险合同的保险人的资质问题,目前仍主要适用《保险法》第三章的规定,仅有少数部门规范性文件对此予以特别规定。③ 如我国《农保条例》第17条要求,普惠农业保险合同的保险人需要具备完善的基层服务网络、有专门的经营部门并配备相应的专业人员、有稳健的农业再保险和大灾风险安排以及风险应对预案等特殊要求。《小额保险方案》第5条则要求,承保普惠小额人身保险的保险人需要具备较强的社会责任意识,且业务模式合理、服务能力充足、风险控制有效,能提供便捷的保险服务等特殊要求。

其次,我国的普惠保险市场仍处于起步阶段,如不对保险人的准入和资质进行限制,则弊大于利。主要的弊端在于:第一,保险人可能过度争夺保险市场,这不仅容易引发普惠保险市场的寻租现象,还容易造成保险人重复建设基层网点,浪费社会资源。④ 第二,普惠保险的经营难度较大,公益性较强而营利性较低,轻率准入对保险人而言也极不负责。第三,国内外关于普惠保险的实践也证实,控制普惠保险的保险人资质极为必要。有学者统计,美国有700多家财产保险公司,但具有经营政策性农业保险资质的保险公司仅有16家,加拿大10个省也各仅有一家政府设立的经营政策性农业保险的保险公司。⑤ 而在我国,《小额保险方案》第1条更是将"适度竞争"明确列为该类普惠保险的基本推广原则。

但对普惠保险合同的保险人进行准入和资质上严格限制也无法一概而论,仍要顾及商业性的普惠保险与具有一定普惠特性的政策性保险的区别。对于前者,适当放宽保险人条件,促进保险市场"适度竞争"有助于形成良好的市场环境,优化普惠保险发展。而对于后者,严格限制保险人准入,并对其经营进行严格审批和监管则极为必要,否则保险人会过度竞争,并出现寻租现象,不利于保险服务品质的提升。

---

① 《保险法》第10条第3款。
② 《农业保险条例》第3条规定:农业保险实行政府引导、市场运作、自主自愿和协同推进的原则。
③ 参见《农保条例》第17条、《小额保险方案》第5条、2009年《中国保险监督管理委员会关于规范政策性农业保险业务管理的通知》第1条及2013年《中国保监会关于加强农业保险业务经营资格管理的通知》第1条至第10条的规定。
④ 冯文丽:《制约我国农业保险可持续发展的制度缺陷及完善对策》,载庹国柱主编、谢小亮副主编:《中国农业保险研究2015》,中国农业出版社2015年版,第120~121页。
⑤ 刘小红:《农业保险法律制度研究》,中国法制出版社2014年版,第42页。

第二节　逐步实现普惠保险立法模式改革

基于以上分析，我国普惠保险的立法模式须予以重构，针对商业性的普惠保险仅需根据其特殊性制定相应的规范，其余规定应参照适用现有的商业保险立法，即《保险法》及其司法解释中的相关规定；而针对政策性普惠保险，则应单独适用一套规则。但如此颠覆性的立法模式变革无法一蹴而就，仍面临着诸多困境。

一、我国普惠保险立法的改革现状

实质上，关于普惠保险性质的讨论及在此基础之上普惠保险立法模式的争议，从《农保条例》起草开始就一直不绝于耳。① 从认识论的角度来看，对普惠保险性质的认识不清是导致普惠保险立法不当的主要原因。而更深层次的原因，则是长期以来，我国社会弱势群体话语权的不足及对社会弱势群体金融权的忽视。此外，从制度经济学的视角而言，现有的立法一旦确立，其下设立的法律制度和规范便会不断自我强化产生制度变迁的路径依赖，使得重构更加困难。因此，如何提升社会弱势群体的话语权，摆脱现行普惠保险立法的路径依赖，便成了我国普惠保险立法未来改革进程中面临的主要问题和困境。

（一）立法改革认识的转变

上文已反复强调广义上的普惠保险既包含商业性的普惠保险，又包含政策性的普惠保险。前者仍应采取商业性保险的基本原则经营，政府仅在市场失灵时进行适度的干预。而后者则需要政府充分介入，进行政策性的经营。换言之，并非所有的普惠保险均需要政策性经营和政府的充分介入，只有那些在宏观上关系国计民生，在微观上成本过高以至于在保险市场上难以自发发展，从而导致商业保险无力或不愿经营的保险产品才需要被纳入政策性保险的范畴。② 因此，有关普惠保险立法改革的讨论，首先应明确讨论的范畴是政策性的普惠保险还是商业性的普惠保险。

但目前我国的普惠保险立法中对普惠保险的性质认识存在偏差，对商业性普惠保险的立法规范设置忽视了其与传统商业保险的区别，对政策性普惠保险立法又缺乏另行规定，立法"碎片化"严重，缺乏体系性。此外，立法还将两种保险不当混同，对二者的共性和差异性缺乏辨析，武断对二者适用同一套规则予以规范的现象普遍存在，影响了两种保险功能的有效发挥。

---

① 李媛媛：《我国农业保险立法模式重构困境及其突破路径》，载《法商研究》2017年第2期；邓齐滨：《我国农业保险立法的变革之路》，载《人民论坛》2017年第31期；张涛：《我国农业保险立法的制度构建》，载《西北农业科技大学学报（社会科学版）》2016年第2期。

② 庹国柱、朱骏生：《关于我国农业保险制度建设几个重要问题的探讨》，载《中国农村经济》2005年第6期。

此外，普惠保险的本质属性是以风险管理为纽带，通过市场化的制度安排，以经济补偿为手段，使整个社会将风险损失的成本最小化，对社会弱势群体给予社会保险、公共救济之外的补充性保障。在此过程中，社会弱势群体同传统商业保险保障对象一样，是保险这一金融产品的消费者，而不仅仅是帮扶对象。相应地，其理应享有普通金融消费者所应享有的诸项权利，如消费者的知情权、自主选择权、公平交易权、依法求偿权、监督权和金融隐私权等。① 并在此基础上，额外确保社会弱势群体在作为金融产品消费者时，享有金融参与权和受教育权。② 前者是社会弱势群体所有权利的前置性权利，构成该群体享受金融服务的基础，也是其成为金融消费者的前提；而后者可以切实保障社会弱势群体免遭不公平和欺诈对待，充分理解金融机构披露的信息，评估金融服务或产品带来的风险和收益，从而作出决策。

但长期以来，我国的社会弱势群体缺乏权利主体地位，该群体的各项权利目前仍存在不同程度的虚化和缺失。同时，社会弱势群体常具有数量众多、高度分散的特点，这也导致即使是在法律或政策上为该群体设置了与其他社会群体相同的利益表达渠道（如投保普惠保险），也仅仅为该群体创造了一种机会上的平等，受竞争能力的制约和其他因素的阻碍，社会弱势群体根本无法真正享有相应的权利。③

因此，普惠保险立法还应转变社会弱势群体的保护理念，通过对社会弱势群体实行倾斜性保护的方式来促成普惠性公正目标的实现，即以形式上的倾斜保护为手段，以实质上的平等为目标，赋予社会弱势群体独立自主的主体地位及其作为金融消费者所应享有的诸项权利，逐步实现社会弱势群体与其他社会群体在金融服务享有上的平等。

(二)立法改革技术的优化

立法和法律制度本身是各种利益博弈的结果已成为一个不争的事实，普惠保险立法亦是如此。④ 有学者估算，我国的社会弱势群体虽约有1.8亿人，占全国人口总数的13%左右。⑤ 但这部分群体却常没有统一的代表自身利益的组织，争取和维护自身权益的工会、社团或协会，使得社会弱势群体利益代表者话语权分散且较弱，甚至存在失语、无话语权的现象。⑥ 这导致社会弱势群体不拥有向社会倾诉自身窘迫困境的组织渠道，其真实的保险需求和保险服务需要难以获得普惠保险立法的关注。加之各项金融消费者权利又存在不同程度的虚化和缺失，导致社会弱势群体作为普惠保险的投保方时，利

---

① 董媛、毛道维：《金融消费者权益保护研究》，载《山东社会科学》2011年第7期。
② 胡文涛：《普惠金融发展研究：以金融消费者保护为视角》，载《经济社会体制比较》2015年第1期。
③ 赵万一：《中国农民权利的制度重构及其实现途径》，载《中国法学》2012年第3期。
④ 从公共选择理论来看，法律制度本身即为利益集团博弈的产物。参见包万超：《平衡立法与公共选择》，载《学习与探索》2013年第3期。
⑤ 郑功成：《中国社会保障制度变革40年：1978—2018》，中国劳动社会保障出版社2020年版，第87页。
⑥ 李长建：《论农民权益的经济法保护——以利益与利益机制为视角》，载《中国法学》2005年第3期。

益无人代表或无有利代表。

虽然近年来,我国社会弱势群体的地位已得到了较大改善,但无论从个人能力角度还是从市场机会角度来看,社会弱势群体仍处于社会底层。尤其是在社会结构转型时期,从传统差序格局中解体出来的社会弱势群体个体化和分散化,不仅大大增加了社会弱势群体在保险等经济活动中的交易成本,而且严重削弱了该群体在政治生活中的博弈能力。① 上述问题交织在一起,导致短期内很难改变普惠保险立法对社会弱势群体保障不周的立法现状。

普惠保险立法改革在技术上所面临的第二重变革困境体现在现有立法模式的路径依赖(path dependence)与锁定上。路径依赖原本是西方新制度经济学中的一个概念,其指代的是一个具有正反馈机制(positive feedback system)的体系一旦在外部偶然事件的影响下被系统所采纳,便会沿着一定的路径发展演进,很难被其他更优的体系所取代。② 我国现有的普惠保险的立法模式在发展演变过程中,明显具有路径依赖的特征。一旦选择了此种立法模式,就好比走上了一条"不归之路",惯性的力量会使这一模式不断自我强化,很难对此作出改变。

之所以会存在普惠保险立法模式的路径依赖现象,主要是由于自我强化机制(self-reinforce)在起作用,③该机制具体包含以下四个方面的主要内容:④

第一,巨额初始或固定成本(large set-up or fixed costs)。确立和推行现行普惠保险的"碎片化"的立法模式及其中的规范和制度已投入了大量的初始资本,而随着该立法模式和制度、规范的推广,单位成本和追加成本都会下降。第二,学习效应(learning effects)。在现有普惠保险立法所确立的普惠保险法律制度框架中,所提供的机会集合会产生显著的参与主体学习效应,适合于这一制度框架的主体会逐步建立,并在历史的进程中积累经验。其结果是各种组织必将利用制度框架下所提供的各种机会,同时反过来强化了制度本身。但这并不意味着制度本身的强化会导致经济绩效的增加。第三,协作效应(coordination effects)。在现行既定普惠保险立法模式下不同主体之间会产生显著的协作效应,使人们习惯于既定的立法模式和制度框架。第四,适应性预期(adaptive expectations)。现行的普惠保险立法中正式规则的确立还将导致大量与之相适应的非正式规则的产生,从而形成对正式规则的补充,并且延伸到具体的应用中,使人们产生适应性预期。因为,某一制度的确立和居于支配地位,必将诱致人们产生对该制度的永久性预期。当人们预期这一规则将延续,预期他人将会按照这一制度下的规则行事时,自己就会首先按照这一规则行事,其结果必然是强化了制度自身。

---

① 张晓玲:《社会稳定与弱势群体权利保障研究》,中共中央党校出版社2015年版,第42页。
② 卢现祥:《新制度经济学》,武汉大学出版社2011年第2版,第187页。
③ Arthur W. Brian, Self-Reinforcing Mechanisms in Economics, in Philip W. Anderson, Kenneth J. Arrow, and David Pines eds., *The Economy as an Evolving Complex System*, Boston: Addison-Wesley, 1988, p. 10.
④ Douglass C. North, *Institutions, institutional Change and Economic Performance*, Cambridge: Cambridge University Press, 1990, pp. 92-94.

综上,由于目前我国的普惠保险立法和其所确立的制度及规范具有明显的报酬递增和路径依赖的特征,在推行过程中,已产生了学习效应、协作效应和适应性,使得立法变革和制度重构难上加难。长此以往,一旦路径依赖发展的路径达到一定的制度均衡,立法便进入锁定状态,变革会变得更加困难。少数学者虽意识到了我国目前普惠保险立法的路径依赖问题,但不赞成进行立法变革。如曾有学者明确反对全面推翻《农保条例》等普惠农业保险立法的顶层制度设计,认为虽然普惠农业保险立法还需要在实践中不断完善,但并没有必要另行选择其他模式,更不能重新进行顶层设计,如果推倒重来只能引起更大混乱,极大影响普惠农业保险的健康发展进程。[①]

二、不同立法改革路径的比较

未来我国普惠保险立法模式的改革,应以综合定义普惠保险为基础,以构建科学的普惠保险立法为导向,限制保险管理费并制定立体和科学的补贴规范,鼓励多方主体参与普惠保险并进行协同合作,建立体系化社会弱势群体保障制度,以确保普惠保险的发展在更契合国家宏观政策的基础之上,也更加契合社会弱势群体的保障需求。但由于现行立法模式和体系的路径依赖及锁定效应很难摆脱,相关立法规范在实践过程中逐渐形成了暂时性稳定状态。因此,需要通过内生和外生力量的配合,避免外生力量的偏执、弥补内生力量的不足来解除锁定、突破立法的路径依赖。而具体的改革路径各有优势和劣势,以下将就此进行详述。

(一)不同改革路径的优劣

从制度经济学的角度而言,未来普惠保险的立法改革存在两种路径:第一种立法改革路径是进行路径创造,即立法主体通过有意识的行动,借助广泛的社会动力机制,主动偏离既有立法模式来摆脱路径依赖的制度变迁方式。其强调的是依靠主体的主观能动性而不是外生力量,由内向外,先改变基础性的制度安排(fundamental institutional arrangement),如合同的订立和履行、费率的厘定、补贴的筹集和运作等方面的基本规则,通过局部制度的改变,来影响整体制度环境,具有诱致性。第二种立法改革路径是进行路径替代。即打破路径依赖的惯性特征,通过制定新的制度规则(替代路径),并依靠国家强制力量推行制度规则的制度变迁方式。其强调的是由外向内,先改变制度环境,即次级制度安排(secondary institutional arrangement),利用宏观制度背景的改变,促使各种制度变迁交叉进行,具有强制性。[②]

两种改革路径因制度变迁主体、速度的不同可进一步划分为诱致性和强制性制度变迁,以及渐进式与激进式制度变迁,它们随机组合便出现以下四种不同的普惠保险立法改革路径(参见表5-1)。

[①] 庹国柱、朱俊生:《完善我国农业保险制度需要解决的几个重要问题》,载《保险研究》2014年第2期。

[②] 卢现祥:《新制度经济学》,武汉大学出版社2011年第2版,第192~204页。

表 5-1 普惠保险立法改革不同路径间的比较

组合方式	特点	优点	缺点	备注
激进式＋强制性	政府主导,自上而下;变迁时间较短;变迁力度大	(1)快速实现制度变迁,节约变迁时间;(2)减少利益集团制度寻租机会,节约制度实施成本;(3)核心制度易于被摧毁而让位于新制度。	(1)破坏性大,一旦前一制度的法理基础被破坏,而新制度却因制度环境不成熟和执行者经验不足等因素难以发挥作用,就可能引起大型社会震荡;(2)具有不可逆性,缺乏弹性修正的合理时滞;(3)切断了与原有制度的联系,造成信息存量损失。	关键在于:准确锚定新的核心制度。
渐进式＋强制性	政府主导的强制性变迁为主,但是有渐进因素。如在变迁轨迹上具有一定的渐进性质,或是核心和配套制度的安排上有先有后,或是注意交替使用强制性制度供给以满足制度累增的需要。	(1)相对温和,给制度需求主体一定的内生需求空间;(2)制度安排有一定的调整余地,避免制度动荡和产生破坏性;(3)留给制度作用对象一定的适应时间,减少其对新制度的抵制,制度安排的摩擦成本较上一组合低。	(1)作用时间比较长,提升利益集团寻租的可能性,发生搭便车现象;(2)可能出现制度变迁强度不够的现象;(3)可能出现内生诱导不够的问题。	关键在于:(1)确定制度变迁的强度;(2)及时根据制度需求的累积情况,确立强制性供给的时机。
激进式＋诱致性	制度变迁的方式是诱致性的,但单个核心制度的安排具有激进的性质。	(1)具有充足的内生需求,制度安排易于符合社会发展的规律;(2)实施阻力小、成本低,成功的概率较高;(3)制度供给及时,可较大地缩小制度供需缺口;(4)制度安排的可逆性大,便于制度修正和调整。	(1)容易忽视核心制度的再创新而导致与核心制度更替脱节,使制度跌入供给陷阱;(2)制度变迁时间较长;(3)制度变迁成本向后累计推移,造成矛盾和问题的累积。	关键在于:处理好制度强度问题,确保核心制度按时出台。
渐进式＋诱致性	以市场微观主体为制度变迁的主体,通过微观主体的内生制度需求来渐进地、缓慢地推动制度变迁。	(1)社会震荡小;(2)制度内生需求充分,能够较准确地把握制度变迁的方向;(3)制度安排成功率高。	(1)变迁时间长,搭便车的多,利益集团寻租多;(2)变迁强度不够,不能较好地把握制度变迁的时机;(3)制度供需缺口大,制度陷入供给陷阱的概率高;(4)制度变迁成本高,而且越往后成本越高。	关键在于:第一,确立制度变迁的强度;第二,尽量培养内生诱导性制度需求;第三,把握好制度累积的临界点,达到临界点之后,要及时调整制度变迁模式。

资料来源:卢现祥:《新制度经济学》,武汉大学出版社 2011 年第 2 版,第 192～204 页。

我国目前的普惠保险立法主要是通过"渐进式＋强制性"的改革方式确立下来的。① 通过表 5-1 不难看出,这种改革方式不仅会导致制度的供给是根据决策者经验而非现实需要,造成制度供给的低效性;也违背了一致同意的原则,造成利益相关者可能抵触制度的变迁,导致内生诱导无法出现;更由于缺乏制度需求集团的参与,所以缺乏监督机制,导致制度需求供给者、安排者和制度的作用对象之间的信息偏在无法消解。此外,我国普惠保险立法实践已证明,制度的强度问题一直没有很好解决,普惠保险立法长期存在效力层级较低、政策替代法律、缺乏约束力和权威性等问题,导致普惠保险立法改革难以达到预期效果。

未来如何选择更适合我国普惠保险发展的立法模式则主要取决于实际需要以及立法改革的目标。首先,"激进式＋强制性"的立法改革方式并不适用于我国。科学化的立法通常是各方博弈的结果,"自上而下"的强制性方式基本不利于各方达成一致意见。我国普惠保险的立法改革只能通过先易后难、从外围向核心突破的方式进行。此外,"渐进式＋强制性"的立法改革方式也不可行。这主要是因为,目前我国社会弱势群体的话语权不足,政府被利益集团俘获几乎不可避免。最后,"渐进式＋诱致性"的立法改革模式也不适合于我国。普惠保险在我国虽具有内生需求但仍不充足,社会弱势群体能力普遍不足,依赖其作为制度改革的推进主体不太可行。

因此,我国普惠保险立法的未来改革路径更宜采用"激进式＋诱致性"的方式。"激进式＋诱致性"的立法改革方式成功的关键在于以下两点(见表 5-1):第一,由于社会弱势群体的保险需求是该方式下,改革内生诱导的关键。如何通过恰当的制度设计,促进该群体对普惠保险的需求,便成为制度成功的关键。第二,需要确保核心制度的供给。如确立互保组织的主体地位、各主体间的协同方式、政府的保险法权利义务责任体系、再保险体系、更为立体化的补贴安排、比例化监管原则等规范,极为关键。

(二)立法改革的路径创造

我国的普惠保险立法改革的路径创造至少可以从以下两方面进行:

第一,塑造以金融自治权为核心的普惠保险自治服务体系。社会弱势群体金融权是一项主体特定的人权,更是一项应归属于社会弱势群体的金融利益。其主要内容包括:金融发展的平等权、自由进行合作金融权及获得国家金融资源的供给权。② 而随着普惠保险的推行,社会弱势群体的金融权中还应包括自助权;自助权以一定形式组织起来,便构成金融自治权。而金融自治权既是一种权利,更是一种社会权力,其指代的是社会主体所拥有的社会资源对社会和国家的支配力。③ 这表明,在采取"激进式＋诱致性"的改革模型时,可以社会弱势群体的金融自治权为核心,从基层培育"自下而上"的诱致性力量进行路径创造,逐步提升社会弱势群体的权利意识,赋予其话语权,使之能与利益集团抗衡。

从实践层面来看,该种路径创造方式也具有一定的可行性:首先,我国的社会弱势

---

① 刘小红:《农业保险法律制度研究》,中国法制出版社 2014 年版,第 73 页。
② 张燕、杜国宏、吴正刚:《农民金融权:一个农村民间金融理论研究的新视角》,载《农村经济》2010 年第 9 期。
③ 郭道晖:《权力的多元化与社会化》,载《法学研究》2001 年第 1 期。

群体常集中于乡镇等基层,导致"自上而下"的保险立法制度设置不能深入基层社会内部;此外,传统商业保险的工作人员常不了解农村等偏远基层地区的情况,并且基层保险服务网络并不健全,加之内生于这些地区的基层社会力量,如村委会、村卫生所、合作社、计生办、地方残联等,没有被有效地运用起来,从而造成社会弱势群体无法理解普惠保险、不愿意投保或被迫投保后索赔困难等难题。长期以来,我国普惠保险的深度和密度都较低,普惠保险有很大的潜在需求空间没有被释放出来。①

因此,无论从理论层面还是从实践层面来看,我国的普惠保险立法制度的完善都必须从基层入手。例如,在普惠保险合同订立、履行及赔付时,激励熟识基层的人员参与,并要求保险公司对其进行相应的事前培训,并允许发放少量佣金;并在费率的厘定、补贴的筹集上,要求基层工作人员配合收集相应的风险信息。以灵活多元、简单易懂的方式服务于社会弱势群体,综合运用基层社会的各种力量,在尊重、实现社会弱势群体自主权的基础上,培育熟悉社会弱势群体情况的基层组织进行普惠保险自治服务。通过这些局部制度的改变,来影响整体立法环境,逐步完成充分的制度需求累积。

第二,提升普惠保险的自治服务组织的协同性。我国目前普惠保险的自治服务组织主要存在三种形式:一是综合性基层合作协会,如集农民专业合作、供销合作、信用合作"三位一体"的新型农村合作组织、居委会等。二是专业技术合作组织,如农户自发创办为主导形式,以农业大户等关键性生产要素所有者为主要参与者,面向"三农"提供社会化、专业化技术服务,开展技术合作、科技咨询、信息服务,自愿联合、民主控制的互助性关系结构。② 三是基层金融自治组织,如农村信用合作社。但实践中,这三类普惠保险自治服务组织的运行常面临多重障碍:专业技术合作组织不仅常面临资金短缺、扩大再生产乏力等问题,还面临扶持力度和政策倾斜度不够的问题;③基层的金融自治组织,面临着合作性质模糊、农户与信用社之间联系割裂等问题。④ 此外,目前三类普惠保险自治服务组织联合推进乏力,缺乏协同的现象普遍存在,而造成这一问题的原因则是多方面的:第一,政府的政绩评估常更注重龙头带头作用,片面强调规模,导致少数人控制的局面,使得处于权力外围的社会弱势群体无法参与,造成了权力的集中。第二,政府政绩的评估方式大多在行政体系内完成,且更注重财务和绩效层次的指标。这意味着社区、公众、多元利益方代表在社会组织"落地"提供服务环节都处于一种无关紧要的制度性位置,这进一步导致了社会组织与社区社会性要素之间的脱节,加之制度保障的欠缺,导致社会组织的"社会"属性难以进一步深化。⑤ 第三,普惠保险的现有自治组织在进行保险相关服务的过程中,与社区治理多方主体间的关系缺乏一种有效的制度性确

---

① 孙蓉、吴剑、崔微微:《普惠保险及其发展水平测度》,载《保险研究》2019年第1期。
② 《农保条例》第21条明确提出:保险机构可与基层农业技术推广机构签订合同委托其协助办理普惠政策性农业保险。
③ 陈诗波、李崇光:《我国农民专业合作组织的"能人效应"解析》,载《学术交流》2008年第8期。
④ 李似鸿:《金融需求、金融供给与乡村自治——基于贫困地区农户金融行为的考察与分析》,载《管理世界》2010年第1期。
⑤ 黄晓春:《政府购买社会组织服务的实践逻辑与制度效应》,载《国家行政学院学报》2017年第4期。

认。虽国家有关职能部门一再强调"三社联动",①但在治理实践中,基层并未形成相应的制度安排,这导致基层社会组织、居委会等其他治理主体大多各行其是,难以形成协同治理格局。

因此,亟须提升普惠保险现有自治服务组织的协同性,转变基层自治组织体系建设的目标取向,明确以提升公共服务为核心的治理责任体系建设的重要性,并建立细化的协同规则。此外,还应更加谨慎地开展基层行政化改革,与其输入大量资源用于建立不完备的组织体系,不如直接将公共资源用于基层公共服务建设,并进一步探索公共服务责任与基层成员深度结合的有效实现形式,在自治制度的框架下,建立更为灵活的满足地方性公共服务需求的服务体系,从而有效地推动基层组织的公共转型,提升基层治理能力,保障社会弱势群体享受普惠保险等公共服务的权利。②

(三)立法改革的路径替代

我国普惠保险立法改革的路径替代可主要通过出台普惠保险自治服务组织体系核心制度,并保证其实施强度的方式来实现。但现阶段,我国普惠保险的发展一直存在一个悖论:一方面,我国的普惠保险的发展需要"草根化"的基层自治服务组织等社会中间层组织;另一方面,社会弱势群体处于弱势地位的观念又深入人心,政府又不放心其进行完全的自治服务。因此,根据"激进式+诱致性"的改革路径要求,那些由外向内的突破仍然需要个别有利的制度安排,即替代路径。

具体来说,就是对基层自治服务组织的建设提供制度保障,把握好制度的强度,保证核心制度和规则可以及时出台。此外,根据我国的具体情况,社会弱势群体自行组织起来的自治服务组织最终往往会沦为政府的派出机构(如农村信用社),也就失去了前述各种社会资源带来的优势,社会动力机制难以发挥作用。

普惠保险自治服务体系需通过内生力量实现路径创造,而政府干预应抓大放小从"授之以鱼"转向"授之以渔"的力量培育阶段。政府作为社会弱势群体金融自助权的义务主体,应出台保障自治服务体系的法律制度框架并稳定制度。要求承保普惠保险的机构对相关人员进行普惠保险专业辅导,进行包片业务员的保障,赋予农村基层社会中间层组织自治权限,贯通信贷、扶贫等政策。而基层社会中间层组织则应主要运用软法进行自治,如运用自律规范、公共政策、行业标准等进行自治,因为软法自治的产生程序较为简易、灵活、高效。这也正是路径创造建构性的体现,从而形成自律和他律相结合、社会组织干预与政府干预相互补的新型干预机制。③

从短期来看,普惠保险自治服务体系的完善可以在一定程度上实现矫正现行普惠保险立法模式弊端的目的:首先,普惠保险自治服务体系的主体是社会弱势群体本身,保障弱势群体权益、解决弱势群体所面临的主要问题是其根本目的,促进保险业发展是

---

① 党的十八届三中全会报告中曾明确指出:"重点培育和优先发展行业协会商会类、科技类、公益慈善类、城乡社区服务类社会组织,成立时直接依法申请登记。"

② 仇叶:《行政公共性:理解村级治理行政化的一个新视角》,载《探索》2020年第5期。

③ 翟小波:《软法及其概念之证成——以公共治理为背景》,载《法律科学》2007年第2期;李长建、李曦:《乡村多元治理的规制困境与机制化弥合——基于软法治理方式》,载《西北农林科技大学学报(社会科学版)》2019年第1期。

手段。这是由普惠保险自治服务的本质所决定的,无疑对我国现有普惠保险立法中本末倒置的"促进保险事业发展"的立法目的起到了很好的矫正作用。

其次,普惠保险自治服务组织来自内生主体,可以很好地代表社会弱势群体的意见,还能够改变该群体在保险机构及政府面前的弱质地位,更有利于集合力量与保险机构及政府的保险服务对接,并在保险产品开发、保险条款制定及保险费率设定上与保险机构谈判,对保险机构进行监督,缩小甚至消除保险机构的套利空间,与政府进行商谈,协调三方,提高投保、勘损、赔付的质量,对现行普惠保险立法模式下的不公起到一定的矫正作用。

复次,利用普惠保险自治服务体系,各地可以出台相应的规章进行制度创新,从而改变现有普惠保险立法中对普惠保险互助服务组织的规定效力等级过低且"不接地气"的情况。①

再次,对于普惠保险的监管应秉持监管要与相关主体风险相符的比例原则,并按监管目标和监管权来源的不同,进行内部监管与外部监管。我国银保监会是法定监管部门,但一般地市级是没有保险监管部门的,而普惠保险恰恰是最需要基层监管的保险。对此,普惠保险自治服务体系有足够空间施展自己信息透明、共享、自律等监管优势,通过内部监管实现"安全、公平"等内在目标,同时也切实贯彻扶贫、"三农"、促进普惠金融发展等宏观政策目标,并为国家利用保险提升社会治理现代化打下良好顺畅的基础,使政府补贴真正起到提升公共保险服务的作用,减少保险机构骗补等行为。

最后,基层普惠保险自治服务体系还能很好地弥补现行普惠保险制度缺乏基层服务网络的不足。

三、国际普惠保险的核心原则及指导性框架

2010年5月,在多伦多举行的二十国集团(G20)峰会上通过了《G20创新性普惠金融原则》(G20 Principles for Innovative Financial Inclusion)。该原则为改善普惠金融的监管环境,鼓励金融创新,扩展金融服务并使其惠及世界范围内20亿的中低收入社会弱势群体提供了指导性框架。

《G20创新性普惠金融原则》主要包含以下9项原则,这些原则同样适用于作为普惠金融中重要一环的普惠保险,成为指导普惠保险立法的有力工具:第一,统筹(leadership)原则。鼓励各国加强领导,通过普惠金融实现减贫目标。第二,多样化原则。通过政策设计鼓励多样化的主体竞争,并通过市场手段提供包含储蓄、贷款、转移支付、保险在内的具有可持续性和可负担性的各类金融产品和服务。第三,创新原则。促进技术和机构革新,加强基础设施建设,以提高金融服务系统的可及性和普及度。第四,保障原则。建立全方位的消费者权益保障机制,并明确政府、保险机构和消费者的权责。第五,赋权(empowerment)原则。提高金融消费者的财商(financial literacy)及经济能力,以促进其对金融产品和服务的理解,选择更适配的金融产品。第六,协作原则。营造清晰的制度环境,加强政府内部的问责机制和协调机制,以及鼓励加强政府与业界及其他

---

① 如2015年《相互保险组织监管试行办法》只是规范性文件,法律位阶较低。

利益相关者的合作与沟通。第七,学习原则。通过数据分析制定合理政策,鼓励推行渐进式改革,以便给予监管者和金融服务提供方改进空间。第八,比例原则。推行比例监管原则,要求具体政策和监管框架与创新普惠金融产品和服务的风险相适配,且可以有效弥补现有立法的空缺。第九,框架性原则。考虑国际标准和具体国情,构建金融"一揽子框架"。

针对整个保险行业(包含普惠保险业),国际保险监督官协会(International Association of Insurance Supervisors,以下简称IAIS)曾在2011年10月颁布了一系列的保险核心原则(Insurance Core Principles,以下简称ICP)。目前,ICP已被全球保险行业普遍接受,为保险业监管提供了统一的标准。近年来,为适应保险行业和市场的变化,满足最新的监管需要,IAIS分别在2015年、2017年、2018年和2019年更新了ICP。到目前为止,ICP共包含24条核心原则,这24条原则为各国的保险立法、监管、信息共享和保密需求、保险执照、人员配置、产品控制、公司治理、风险管理和内部控制、监管审核和汇报、罚则、退出机制、再保险和风险转移、保险中介等提出了框架性的要求。[①]

在发布ICP后,IAIS还于2012年10月发布了《支持普惠保险市场监督和管理指导意见》(Application Paper on Regulation and Supervision supporting Inclusive Insurance Markets)。该指导意见结合了《G20创新性普惠金融原则》的要求,并参照ICP的规定,对普惠保险的市场监督和管理制定了纲领性的要求。概言之,这些要求主要包含以下14个方面:[②]

(1)在普惠保险监督和管理的目标设置上,应确保ICP适用于普惠保险市场的监督和管理,但需在原有的监管体系之外确立适当的过渡性安排。

(2)普惠保险的所有承保机构必须在获得运营资质的前提下进行经营活动,以确保普惠保险产品和服务的质量。

(3)在对普惠保险进行监督和管理时,虽然需要考虑并兼顾普惠保险提供主体的性质、规模、复杂性及其风险集合,但普惠保险的保险人必须符合一定的绝对资质下线(absolute minimum requirement)。当其资质无法达到这一最低要求时,相关主体不得提供普惠保险产品,但可被允许协助提供其他保险服务;

(4)普惠保险的提供方不应同时经营其他业务,或提供其他金融服务。如果提供方规模较小(small entities)且进行混业经营,应要求其进行业务分割,由独立的法律实体承担普惠保险业务。

(5)普惠保险试点项目至少应在监管部门注册备案,或取得正式许可后才可以经营,需要保障被保险人在项目试点期间以及项目结束之后的合法权益。

---

① IAIS, Insurance core principles and common framework for the supervision of internationally active insurance groups", https://www.iaisweb.org/page/supervisory-material/insurance-core-principles,最后访问日期:2021年11月30日。

② IAIS, *Application paper on regulation and supervision supporting inclusive insurance markets*, international association of insurance supervisors (October, 2012), http://www.microinsurancecentre.org/resources/documents/market-development/regulations/application-paper-on-regulation-and-supervision-supporting-inclusive-insurance-markets.html, pp. 5-7.

(6)如果保险市场中原本存在非正式的普惠保险承保主体,应促使这一主体通过清晰、透明的程序向正式主体进行转化,并应制定相应的规则以预防其在转化为正式主体过程中所可能产生的风险。

(7)无论是使用产品特性或机构特性来定义普惠保险,都应防范定义可能带来的监管套利(regulatory arbitrage)行为。如果是根据普惠保险产品的特殊性界定普惠保险,应保证现有的保险公司均可提供普惠保险产品,以防止监管套利;而如果是以机构特性来定义普惠保险,即以一类特殊机构为主体,允许其提供普惠保险产品并享有特殊的监督和管理,则应限制其产品数量,并确保其产品严格符合特定的限定标准。

(8)对普惠保险市场的规范要具备一定的灵活性和可操作性,以适应普惠保险在提供主体、营销渠道、服务方式、技术使用方面的创新。监管者应以确保更多的主体可以参与普惠保险的承保和分销为导向,在承保资质、监管方式上对普惠保险的提供主体予以区别对待,并明确其转入资质、日常监管要求和退出机制。

(9)普惠保险的监管机构要求其他机构积极的协调配合,这也意味着其他机构可能需要变更他们的保密和信息保护规定,以确保合作的完成。

(10)对于普惠保险的特殊监管不应体现在其具有监管"豁免"(exemptions)上,而应根据保险人的性质、规模、复杂性及其风险集合进行区别对待。其中,尤其需要强调对于被保险人利益的保护不应随着监管标准的放松而有所懈怠。

(11)在根据普惠保险的保险人的性质、规模、复杂性和风险集合进行特殊监管时,还应特别注意防范由特别监管导致的普惠保险的保险人出现"故步自封"的倾向。合理的监管框架应鼓励并且引导普惠保险的保险人发展壮大,提供更加复杂的保险产品,并逐步脱离特殊监管所提供的保护伞。

(12)虽然在普惠保险设立之初,普惠保险的保险人必须符合一定的绝对资质下线(absolute minimum requirement),但随着普惠保险的保险人承保的风险集合规模和复杂程度的升高,关于其资质的最低要求也应予以提升。

(13)在发展普惠保险市场的过程中,监管机构应引领市场的发展,并积极承担责任。

(14)在制定普惠保险立法,进行市场监管时,除非定量标准(quantitative definition)具有不可替代的作用,否则应尽量使用定性标准(qualitative definition)进行定义,以明确特定概念的具体内容。

四、域外普惠保险专项立法的概况及启示

在G20普惠金融的9项指导性原则及IAIS提出的关于普惠保险监督和管理的14项纲领性指导意见发布之前,域外诸多国家和地区已针对其自身的实际情况,并结合保险市场的真实条件和发展要求,制定了普惠保险专项立法。从此意义上讲,上述原则和纲领性的指导意见,可被视为各国普惠保险专项立法的概括性总结。

总体而言,域外普惠保险立法常对商业性普惠保险和政策性普惠保险采取区分立法的方式。对于前者,目前的立法主要集中在小额保险这一领域,已颁布针对普惠小额保险的专项立法的国家和地区主要集中在经济不发达地区,如印度、菲律宾、秘鲁、墨西哥、我国台湾地区、巴西、巴基斯坦、南非和尼日利亚。其中,印度、菲律宾、巴西、我国台

湾地区的商业性普惠保险立法在世界范围内较具代表性。① 对于后者,目前的立法主要集中在农业保险这一领域。已颁布针对政策性普惠农业保险专项立法的国家主要集中于经济较为发达的地区,主要有美国、加拿大、法国和日本。这主要是因为政策性普惠农业保险需要政府的强力干预和大量补贴,对于一国的经济发展水平及政府财力有着较高的要求。②

(一)商业性普惠保险的域外立法概况

域外商业性普惠保险的专项立法主要集中在商业性的小额保险领域。印度是在商业性普惠保险立法方面表现较为积极甚至激进的一个典型国家。印度保险监管和发展局(以下简称 IRDA)在 2005 年 11 月颁布了《小额保险条例》(IRDA Micro-Insurance Regulations,2005)。该条例包含 18 个条款和两个附录,两个附录主要对普惠小额保险的赔偿最低及最高限额、承保期限和投保人年龄限制进行了规定。而 18 个条款则主要针对普惠小额保险的承保主体及其权利与义务(第 3 条)、保险分销的特殊性(第 4 条)、保险经纪人的指定(第 5 条)、保险经纪人的再委托权(第 6 条)、保险经纪人的权利及义务(第 7 条)、保险产品的设计(第 8 条)、保险合同及保单的签订(第 9 条)、承保(第 10 条)、保险经纪人能力建设与保障(第 11 条)、报酬或佣金支付(第 12 条)、合规性确保(第 13 条)、保险人的信息上报义务(第 14 条)、保险人对农村及社会发展的义务(第 15 条)、理赔(第 16 条)、监管机构的定期检查权力(第 17 条)、监管机构确保保险推行不受阻碍的义务(第 18 条)。

在实施了 10 年之后,IRDA 于 2015 年 3 月对《小额保险条例》进行了修订,以弥补先前立法存在的缺陷,进一步促进商业性普惠小额保险的有效运行。修订后的条例取消了普惠小额保险赔偿的最低限额要求,并修改了最高限额,授权了更多主体参与保险的销售,细化了普惠小额保险经纪人的具体要求,将对投保人年龄进行限制的权利下放给了保险人。此外,修订后的条例还细化了保险人的行为规范,并引入了一种新型的普惠小额保险,即小额可变寿险(micro variable life insurance)。③ IRDA 的最新数据显示,目前印度的保险市场一共发行了 26 种普惠小额保险产品。截止到 2016 年年底,这些产品共为约 3017 万人提供了保障。④

菲律宾是商业性普惠小额保险立法发展较为迅猛的一个国家。自 2006 年起,该国的保险监管机构,即财政部下属的保险委员会(Insurance Commission)就针对商业性普惠小额保险的监管颁布了一系列的"保险备忘通函"(Insurance Memorandum Circular,

---

① Biener C., Eling M., Schmit J., Regulation in Microinsurance Markets: Principles, Practice and Directions for Future Development. *World Development*, 2014, Vol. 58, No.1, pp. 31-33.

② 庹国柱、李军、王国军:《外国农业保险立法的比较与借鉴》,载《中国农村经济》2001 年第 1 期;陈运来:《域外农业保险立法及其启示》,载《法商研究》2010 年第 3 期。

③ 小额可变寿险是一种固定的支付产品,类似于小额终身寿险,两者都是终生的政策,以其面额发行。但又有别于小额终身寿险投资回报的最低保证,小额可变寿险现金价值并不固定。此外,小额终身寿险的身故保险金固定,而小额变额寿险身故保险金之给付会因投资绩效的好坏而变动。

④ Singh A., *A Decade Since the First Microinsurance Regulations in India*, Bimaquest (January, 2018), http://www.bimaquest.niapune.org.in/index.php/bimaquest/article/view/19,最后访问日期:2021 年 11 月 30 日。

IMC),以规范普惠保险的运营,促进普惠保险最大限度地发挥减少贫困、促进社会发展的作用。目前,菲律宾的商业性普惠小额保险主要受 2006 年《小额保险条例和政策目标声明》(Microinsurance Regulation and Declaration of Policy Objectives, IMC No. 9-2006)及 2010 年《小额保险产品和服务规范条例》(Regulation for Provision of Microinsurance Products and Services, IMC No. 1-2010)的规制。

《小额保险条例和政策目标声明》根据 1978 年菲律宾《保险法典》(The Insurance Code)第 414 款的要求,共制定了 6 个条文,分别针对普惠小额保险的定义(第Ⅰ条)和特点(第Ⅱ条)、保险合同和具体条文的清晰度(第Ⅲ条)、互保协会(Mutual Benefits Association, MBA)的资质和运行规则(第Ⅳ条和第Ⅴ条)、保险销售和服务提供的规范(第Ⅵ条)制定了原则性的规定。后者则在这些原则性规定的基础上进行了细化,并增加了两个附录,以统一商业性普惠保险的标识(附录2),并为商业性普惠小额保险的保险合同的保障范围、保险期间、保险条款、免责条款、争议处理等(附录1)提供了更为细致的规则。

2011 年,针对商业性普惠小额保险的 SEGURO 监管标准正式颁布,该标准明确了保险委员会对商业性普惠小额保险的保险人在偿付能力、运行效率、治理结构、产品理解、风险资本金(risk-based capital)及服务范围(outreach)这六个方面进行监管的核心指标。2012 年,保险委员会又颁布了《小额保险争议解决框架》(ADRFM),明确要求商业性普惠小额保险的当事人及其代理人应按照 LAPET 原则进行活动,即以成本最小化(least cost)、易理解(accessible)、可操作(practical)、有效(effective)、及时(timely)为原则设计保险争议的解决和调解机制。

在菲律宾 2013 年新修订的《保险法典》第 187 条和第 188 条中,首次明确规定了商业性普惠小额保险的定义、保费及赔偿限额,并授权保险委员会之后根据具体情况出台详细的保险规范和监管细则。这也导致 2015—2016 年间,保险委员会先后出台了 6 部框架性法律文件,分别对商业性普惠小额农业保险和健康保险的产品设计、保险经纪人的权责分配和再保险的开展、保险如何确保精确匹配低收入群体的需求、保险的分销及消费者权益的保障以及保险的监管作出了细化规定。① 截止到 2019 年年底,菲律宾商业性普惠小额保险已覆盖了全国约 41.7% 的人口,主要为自雇和失业人口提供了保障。②

近年来,巴西也开始越来越重视商业性普惠保险立法。巴西的商业性普惠小额保险立法主要由当地的商业保险监管机构,即巴西私人保险监督局(Superindendência de Seguros Privados,以下简称 SUSEP)制定。2008 年 4 月 SUSEP 单独设立了小额保险咨询委员会(Microinsurance Consultative Commission,以下简称 MCC),该委员会的主

---

① Insurance Commission, *A Glimpse on Microinsurance in the Philippines* (*Primer*), Insurance Commission (December, 2020), https://micorner.insurance.gov.ph/microinsurance/index.php/primer-eng/,最后访问日期:2021 年 11 月 30 日。

② Insurance Commission, *A Glimpse on Microinsurance in the Philippines* (*Primer*), Insurance Commission (December, 2020), https://micorner.insurance.gov.ph/microinsurance/index.php/primer-eng/,最后访问日期:2021 年 11 月 30 日。

要成员由SUSEP、财务部、中央银行和社会保障部、保险业及保险经纪人行业协会的代表构成,主要负责商业性普惠小额保险的立法和监管工作。此外,为了确保该委员会工作的顺利推进,SUSEP内部还成立了专门工作小组,负责协调MCC的日常工作。

之后,在议员阿迪尔森·苏亚雷斯(Adilson Soares)的推动下,巴西的商业性普惠小额保险草案(Microinsurance Draft Bill 3.266)在2008年年中出台。虽然该法案之后并未正式通过,但其中的大部分条文均被SUSEP于2012年6月27日出台的一项部门法规,即《关于建立小额保险计划的强制参数和定义保险合同若干问题的规定》(Establishes Mandatory Parameters for Microinsurance Plans, Defines Forms of Contracts, Including the Use of Remote Means, and Determines Other Provisions,以下简称《SUSEP第440号通函》)所吸收。

《SUSEP第440号通函》内含12章78个条文,12个章节分别对商业性普惠小额保险的强制参数(第1条至第4条);保险的目标群体(第5条至第6条),保险赔付(第7条),保险最高担保、资本、赔偿限额、除外责任、免赔额度及等待期(第8条至第17条),保险合同及当事人的权利义务(第18条至第45条),远程信息及数据获取的方式(第46条至第50条),保险期间(第51条至第53条),保险费用(第54条至第59条),理赔及保险文件(第60条至第65条),提供协助服务和终止服务及资本化债券的权利(第66条至第69条),注册及小额保险计划的商业化(第70条至第71条),定义(第72条),以及保险争议的解决(第73条至第78条)进行了极为细致的规范。据SUSEP统计,截止到2013年,商业性普惠小额保险在巴西已覆盖了20030万人,这部分人群占全国贫困人口的8.9%。[①]

我国台湾地区是少有的在经济较为发达的背景下,推出商业性普惠小额保险专项立法的地区。目前,台湾地区的商业性普惠小额保险主要由"行政院"的金融监督管理委员会于2009年颁布的《保险业办理微型保险业务注意事项》规制。该注意事项于2009年10月颁布,包含15个条文,分别对商业性普惠小额保险的定义(第1条)、目标群体(第2条)、保险期限(第3条)、保险人送审文件(第4条)、费率结构(第5条)、准备金提存(第6条)、产品设计(第7条)、保险销售(第8条)、受益人(第9条)、投保方式(第10条)、保险业绩效评估(第11条)、赔偿限额(第12条)、专职机构安排(第13条)、信息统计(第14条)、罚则(第15条)作出了较为细致的规定。

该注意事项于2018年6月予以修正,修正后的注意事项主要对经济弱势群体的范围进行了扩充,并对经济弱势者的家庭成员进行了明确规定,明定家庭成员范围为本人、配偶、直系血亲或家属。此外,我国台湾地区还通过金融监督管理委员会保险局及保险商业同业公会网站设置商业性普惠小额保险专区,进行产品的信息公示和产品介绍,以提高社会弱势群体对保险产品的了解,提高保险的覆盖率。

(二)政策性普惠保险的域外立法概况

域外的政策性普惠保险立法主要集中在政策性普惠农业保险领域。美国在19世

[①] Microinsurance Network, *World Map of Microinsurance*, Microinsurance Network (September, 2020), https://microinsurancenetwork.org/sites/default/files/Country%20profile_Brazil_jpegs.pdf.,最后访问日期:2021年11月30日。

纪末20世纪初就开始探索发展政策性普惠农业保险,并确立了该保险需要政府国民经济部门强力干预的发展方针。1938年2月16日《联邦农作物保险法》(Federal Crop Insurance Act)获国会通过并在全国施行。该法案的实施虽直接推动了政策性普惠农业保险的试点工作,但其总体影响不大,导致政策性普惠保险在全国范围内广泛开展起来。①

之后,美国国会从1938年到1980年对《联邦农作物保险法》修订了12次,并于1980年结束了政策性普惠农业保险的试点,开始在全国范围内全面推行该保险。在1994年和2011年,美国国会又根据《联邦农作物保险法》存在的问题,尤其是赔付率较高的问题,再次对该法进行了大幅修订。目前的《联邦农作物保险法》共包含两个子编,子编A针对政策性普惠农业保险的立法目的、保险公司的设立、保险的征税及免税、保险人权利、保险活动的规范、保险计划的合规性、风险管理等事由进行了详细的规定(第501条至第524条);子编B则对农业灾害援助补贴的使用制定了具体的细则(第531条)。

在《联邦农作物保险法》的推动下,美国的政策性普惠农作物保险有了迅猛的发展,加入保险的州、县及承保农作物的种类均显著提升。② 为进一步巩固政策性普惠农业保险改革的成果,美国于2000年颁布《农业风险保护法》(The Agricultural Risk Protection Act)。该法的第I编(第101条至第173条)大幅提高了农作物保险的保费补贴标准,并允许购买多年性保单的农户提高其保障水平,还设置规制鼓励新保险产品的开发。《农业风险保护法》的实施使农作物保险的良好发展势头得以保持下来。③ 体例上,《农业风险保护法》第I篇总共包含6个子篇,子编A对政策性普惠农业保险的覆盖范围作出了详细规定(第101条至第109条);子编B规定了保险的信息报备制度(第121条至第124条);子编C规范了保险研发和试点开展(第131条至第134条);子编D规定了保险监管制度(第141条至第148条);子编E和F对立法相关的其他事宜,如生效日期等作出了诠释(第161条至第173条)。

为强化旧法中关于政策性普惠农业保险的商品方案,进一步辅导农民做好风险管理,美国联邦政府颁布了《2014年农业法》(Agriculture Act of 2014)。该法第I编对政策性普惠农业保险的产品设计、补贴、风险管理等内容作出了细致安排(第1101条至第1615条)。总体而言,《2014年农业法》大幅改变了政策性普惠农业保险的补贴方式,取消直接给付型补贴,转为奖励型补贴,以节省政府预算。据统计,美国农业风险管理局通过政策性普惠农业保险给大约370种农产品提供了近499亿美元的支持,覆盖了美

---

① Susan A. Schneider, A Reconsideration of Agricultural Law: A Call for The Law of Food, Farming, And Sustainability, *William & Mary Enviornmental Law and Policy Review*, 2009, Vol. 34, No.3, pp. 935-964.

② Dennis A. Shields, *Federal Crop Insurance: Background*, Congressional Research Report (August, 2015), http://nationalaglawcenter.org/wp-content/uploads/assets/crs/R40532.pdf., 最后访问日期:2021年11月30日。

③ Dennis A. Shields, *Federal Crop Insurance: Background*, Congressional Research Report (August, 2015), http://nationalaglawcenter.org/wp-content/uploads/assets/crs/R40532.pdf., 最后访问日期:2021年11月30日。

国可保地区几乎80%的主要农作物,取得了较为理想的成绩。①

法国是一个自然灾害频发的国家,其关于政策性普惠农业保险的专项立法最早可追溯至1900年的《农业互助保险法》,该法界定了农业互助保险社的法律地位、权益和风险责任范围,为法国普惠政策农业保险的发展奠定了法律基础。② 在该法的有力推动下,农业互助保险得到了蓬勃发展。从1900年到1936年,在不到40年的时间里,有4万家以上的相互保险公司成立;农业相互保险公司主要为农业提供牲畜死亡、火灾、冰雹和意外事故等风险的保险保障,政府负责对商业保险所无法承保的巨灾风险进行必要干预。③

之后,为了加大对农业保险的干预和支持力度,法国相继颁布了一系列法律。其于1960年颁布《农业指导法》,对政策性普惠农业保险的经营与发展作出了较为明确的规定;1964年颁布《农业灾害法》,建立了国家农业灾害保证基金,扩大了保险公司的经营范围;1976年编纂《保险法典》,对农业互助保险进行了较为详细的规定;1982年制定《农业保险法》,明确规定了政策性普惠农业保险项目、保险责任、再保险、保险费率、理赔计算等须由法律或法规确定,并对关系国计民生的主要农作物(如水稻、小麦、大麦、果树等)和主要饲养动物(牛、羊、马、猪、蚕等)实行强制保险。这些法律的出台极大地促进了法国政策性普惠农业保险的发展,并有力地推动了法国农业的现代化。近年来,随着时代的进步和农村经济社会的变化,法国农业保险的市场环境呈现出若干新特征:一是农业生产经营向专业化和集约化发展;二是农民从农业生产领域向农产品加工和商业流通领域发展;三是农民从农村流向城市,农业人口锐减;四是农民逐步老龄化;五是新一代农民受教育程度提高,他们的观念发生了一些根本变化。以上这些因素导致法国农业保险市场逐渐走向饱和。④ 面对这些变化,法国政府在2006年推出新的农业指导法案,并采取了一系列措施,目的在于使政策性普惠农业保险更加市场化和减少对政府补贴的依赖。例如,规定主要农作物遭遇自然灾害不再由国家农业灾害保证基金负责赔偿,而是由保险公司赔付;国家推出新的多险种、多品种的保险产品,并由政府给予财政支持;取消《农业互助保险法》中对互助保险机构的税收优惠政策等,成立农业保险全国委员会,负责协调政府、农业就业人员和保险公司之间的关系。⑤

日本最早的政策性普惠农业保险专项立法《农业保险法》制定于1938年,在该法中普惠农业保险的政策性体现得并不明显,政府给予的保费补贴仅占15%,并且仅对水稻、小麦、桑树三类农作物开展保险的试点。由于财政支持力度不大,且该法也未对农业保险经营模式作出合理选择,再加上不断扩大的战争对农业的巨大破坏,故该法实施效果仍十分有限。

第二次世界大战战败后的日本是严重缺粮国之一,1945年大米产量只有580万吨,

---

① Dennis A. Shields, *Federal Crop Insurance: Background*, Congressional Research Report (August, 2015), http://nationalaglawcenter.org/wp-content/uploads/assets/crs/R40532.pdf., 最后访问日期:2021年11月30日。
② 田野、胡迁、马明华:《法国农业互助保险及对中国的启示》,载《农村经济》2005年第10期。
③ 龙文军:《法国农业保险制度及经验》,载《世界农业》2003年第5期。
④ 龙文军:《法国农业保险制度及经验》,载《世界农业》2003年第5期。
⑤ 杨明柱:《法国农业互助保险贴近农户》,载《农村财政与财务》2009年第3期。

农业基础薄弱,农民生产生活情绪不稳定。① 为有效分散农业风险,日本议会在1947年将《国家总动员法》和《农业保险法》两法合并,并加以修正,颁布了适用于种、养两业保险的《农业灾害补偿法》。此后,为适应农业保险发展的需要,日本议会在1957年至2003年对农业保险法律制度进行了七次修订。与之前的《农业保险法》相比,2003年《农业灾害补偿法》扩大了政策性普惠农业保险的业务范围,增加了农作物保险和牲畜保险的种类,还增加了冻害和病虫保险等险种,并将农作物保险保费补贴率由15%增加到50%以上。② 因此该法实施后,日本政策性普惠农业保险一直保持稳健发展。目前,日本农业保险面积占总耕地面积的比例高达90%左右,对稳定农民收入、增加农民福利、改善农民贷款条件、提高全国粮食产量产生了十分积极的影响。③

(三)立法的主要内容比较

通过对域外较具代表性的普惠保险立法进行剖析,本书发现这些立法规范较为体系化,主要内容集中在保险界定、市场经营主体规范、保险承保和赔付、政府职责四个方面。但由于具体情况及国情不同,各国或地区的立法在呈现一定共性的同时,也具有各自的特点。

1. 普惠保险的界定

商业性普惠保险系面向社会弱势群体,以商业模式运营的特殊商业保险这一特性,已得到域外普惠保险立法的普遍认同。但各个国家或地区的具体界定方式却不尽相同,主要存在单一定义和综合定义两种方式。前者是针对普惠保险的某一重要特性进行定义,而后者是结合普惠保险的多项特征进行综合定义。

采取单一定义方式的地区和国家主要有我国台湾地区和巴西。我国台湾地区《保险业办理微型保险业务注意事项》(以下简称《微型保险注意事项》)第2条第2款中对普惠小额保险所保障的弱势群体范围进行了明确规定。根据该条文,弱势群体需要符合一定收入要求(如个人全年综合所得为35万新台币以下)、身份要求(如原住民、渔民、农民、身心障碍者)才可被认定为《微型保险注意事项》所称的经济弱势者或特定身份者。此外,为了保证弱势群体范围认定兼具合理性和灵活性,该注意事项第2条第3款中还明确规定,对于普惠小额保险所保障的弱势群体范围"得视国民所得、城乡发展、实际经济状况及安全制度、现有承保客户所得分布及核保作业等因素增订之。"巴西商业性普惠小额保险的专项立法《SUSEP第440号通函》第7条、第8条中,则通过对普惠保险的赔偿限额作出明确规定的方式对普惠保险予以定义。④ 根据其规定,普惠小额保险的人身损失赔偿和财产损失赔偿,均需要满足法定的限额要求;并且针对各个分项赔偿,如死亡、丧葬费用、住院费用、伤残损失、教育费用、失业、设备等赔偿,设置了极为详细的赔偿限额要求。

---

① 陈运来:《域外农业保险立法及其启示》,载《法商研究》2010年第3期。
② 刘小红:《农业保险法律制度研究》,中国法制出版社2014年版,第47页。
③ 刘小红:《农业保险法律制度研究》,中国法制出版社2014年版,第47页。
④ 《SUSEP第440号通函》第5条虽然也对普惠小额保险所保障的弱势群体的认定方式作出了规定,但该规定较为原则化,仅要求结合人口信息(如年龄、收入、职业)、地理信息(如所在地是否为自然风险高发区)、社会信息(如是否参与了社会福利项目)、经济信息、行为信息(如消费习惯)中的两项或多项指标判断某一群体或个人是否为普惠小额保险的目标群体。因此,巴西仍可被认为是采取单一定义模式的国家。

采取综合定义的国家主要有印度和菲律宾,但二者的侧重点有所不同。印度采取的是对保障群体、赔偿限额予以明确规定的综合定义方式:

根据印度 IRDA 颁布的《小额保险条例》第 2 条的规定,普惠小额保险指代的是面向农村地区居民的各类健康、人身、财产个人和团体保险的统称。根据该条例第 18 条的规定,印度的普惠小额保险不仅需要满足一定的赔偿限额、保险期限要求,如普惠小额财产保险的赔偿限额、个人普惠小额健康保险及个人普惠小额意外伤害保险的赔偿限额不得超过 10 万卢比(约 9116 元),团体普惠小额健康保险的赔偿限额不得超过 25 万卢比(约 22790 元),且保险期间不得低于 1 年;该保险的保险人还需要满足一定的年龄要求,一般为 18 周岁以上、60 周岁以下。

菲律宾采取的是对赔偿限额、保费数额及保险提供方予以明确规定的综合定义方式。菲律宾 2010 年《小额保险产品和服务规范条例》第 2 条及第 4 条中明确规定:普惠小额保险的保费、赔偿限额规定普惠小额保险的保费数额不得超过非农业从业者日均最低工资的 5%;赔偿限额则不得超过非农业从业者日均最低工资的 500 倍;而保险公司、合作保险协会(Cooperative Insurance Societies)及互助协会(MBA)均可经保险委员会批准而提供普惠小额保险产品,但于承保传统商业保险的保险公司相比,互助协会仅能够提供有限种类的普惠小额保险产品。

政策性普惠农业保险的界定通常也采用综合界定的方式,对承保保险标的范围、保障水平、保费补贴水平作出明确界定。例如,根据美国 2000 年《农业风险保护法》(Agriculture Risk Protection Act of 2000)的规定,政策性普惠农业保险的保险标的包含 35 类农作物或农产品;保障水平为农作物评定平均产量的 50%～70%(无政府补贴)或 65%(有政府补贴);而政府保费补贴的标准为投保人应付保费的 30%。根据日本《农业灾害补偿法》的规定,日本政策性普惠农业保险的保险标的主要包含三大类农作物或农产品,其中农作物的投保为强制性的,果树、畜禽、蔬菜的投保为自愿的;保障水平也分为不同的计算标准,为标准产量的 70%、80% 或 90%;而政府的保费补贴一般为 50% 以上,根据保险费率而有所不同,费率越高补贴的程度也越高。①

2. 市场经营主体规范

选择适合的市场经营主体是普惠保险成功运营的关键,也是普惠保险立法得以有效实施的前提。因此,域外的普惠保险立法几乎均明确规定了普惠保险市场主体制度。依据市场主体性质的不同,其主要分为商业型、合作型及政策型三种样态。

印度与我国台湾地区的普惠保险立法中就主要针对商业型的市场主体作出了相应规范。根据其规范的要求,商业型的市场主体需要满足一定的初始注册资本要求和具备较高的偿付能力。例如,印度保险监管和发展局(IRDA)颁布的《小额保险条例》第 3 条明确规定,经营商业性普惠小额保险的保险公司的初始注册资本不得低于 10 亿卢比(约 9000 万人民币)的要求。此外,印度保险监督和发展局(IRDA)在 2000 年颁布的另一条例中还特别规定,所有承保普惠小额保险的商业型保险经营机构还需满足一定的最低销量要求,这样才可以获得经营资格。② 我国台湾地区的《微型保险业务注意事项》

---

① 庹国柱、李军、王国军:《外国农业保险立法的比较与借鉴》,载《中国农村经济》2001 年第 1 期。
② 2003 年,IRDA 要求财公司在农村地区的保单销售比例需超过 5%。而在 2005 年,这一比例被提升至 16%。参见杜庆鑫:《小额保险及其监管创新》,载《中国金融》2009 年第 4 期。

第11条则规定,经营商业性普惠小额保险的总保费收入需要占其总保费收入之比率于全业界75%以上者,或其总保费收入达新台币500万元以上者。此外,该法第6条还要求,我国台湾地区本地保险公司经营商业性普惠小额保险需满足与传统商业保险公司相同的准备金提存要求,团体性普惠小额保险除外。

菲律宾、法国及日本的普惠保险立法中则针对合作型市场主体作出了相应规范。菲律宾2006年《小额保险条例和政策目标声明》中特别提出允许设立互助协会(MBA)这一特殊种类的合作型市场主体,并在第Ⅴ条及第Ⅵ条中较为原则性地规定了该主体的经营规范,以促进商业性普惠小额保险承保主体的多元发展。根据其要求,互助保险协会首先需要至少具有5000人以上的成员,由其成员所有并由成员管理,通过定期缴纳会费的方式,会员可以在疾病或身故时从互助协会的保障基金中获得赔偿。① 其次,互助协会还享受一定的优惠待遇,如远低于商业性保险公司的初始注册资本要求。但同时,互助协会仍需满足商业性普惠小额保SEGURO监管标准的核心要求,如同商业性保险公司一样,满足一定的偿付能力及风险资本金要求。

日本的合作型市场主体被称为农业共济组织,该组织通过农户缴纳保费,积累共同准备财产的方式建立,当灾害发生时,参保政策性普惠农业保险的农户可获赔保险赔偿。此外,日本现行《农业保险法》规定,在加入保险连续几期不出险的情况下共济金返还给参保方,以规避参保方的道德风险。可以说,现行的日本政策性普惠农业保险主要依托于农业共济组合、农业共济组合联合会和政府三级组织机构,形成了互助共济、保险、再保险的三阶保障,维护了农业的稳定发展(参见图5-1)。

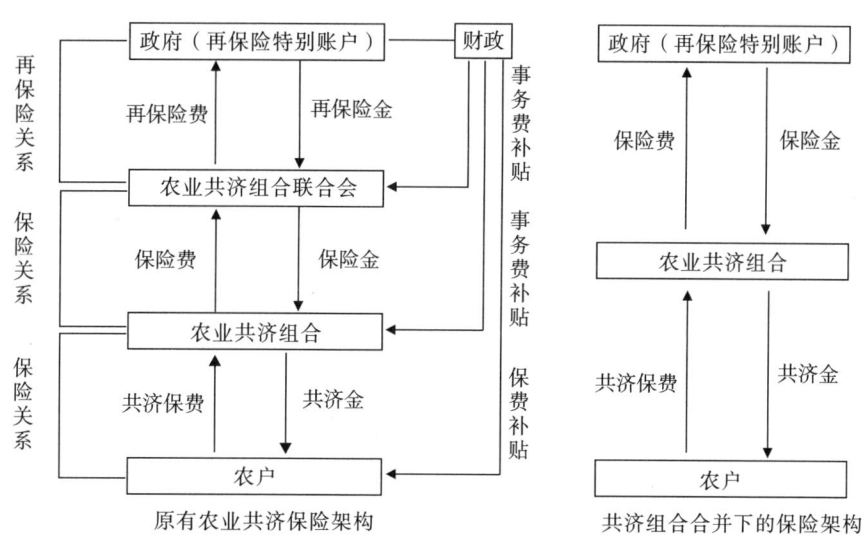

图5-1 日本政策性普惠农业保险农业共济制度结构

资料来源:日本农业共济组合,http://nosai.or.jp/.

---

① 互助协会的保障基金主要由会员所缴纳的会费构成,互助协会保费收入的一半均用于保障基金,这部分保费收入,会在会员退出互助协会时予以退还。

但近年来,随着日本人口老龄化、过疏化等问题的出现,为提高农业共济组合的运营效率,出现了农业共济组合合并的现象,导致农业共济组合数量减少。其中,既包括共济组合之间的合并,也包括共济组合与组合联合会的合并。[①] 在农业共济组织发生新变化的背景下,农业共济体系也随之发生变化——在原有农业共济制保险三节体系的基础上,产生了新的二阶体系(见图5-1右侧),目前两者呈并行状态。最后,日本的《农业协同组织法》还规定了农业协同组合也可以开展普惠农业保险业务,但其开展的普惠保险业务仅限于生命保险、建筑物保险(长期保险)和自动车保险三大类,并只能开展商业性的普惠保险业务,并无法享有政府的保费补贴。[②]

法国的合作型的市场主体为农业互相保险集团,其中,农业相互保险公司是该集团的重要组成部分,主要承保被保险人财产、疾病和意外伤害所遭受的损失。此外,根据法国《农业互助保险法》的规定,农业相互保险公司也建立了三层次的内部架构(见图5-2)。

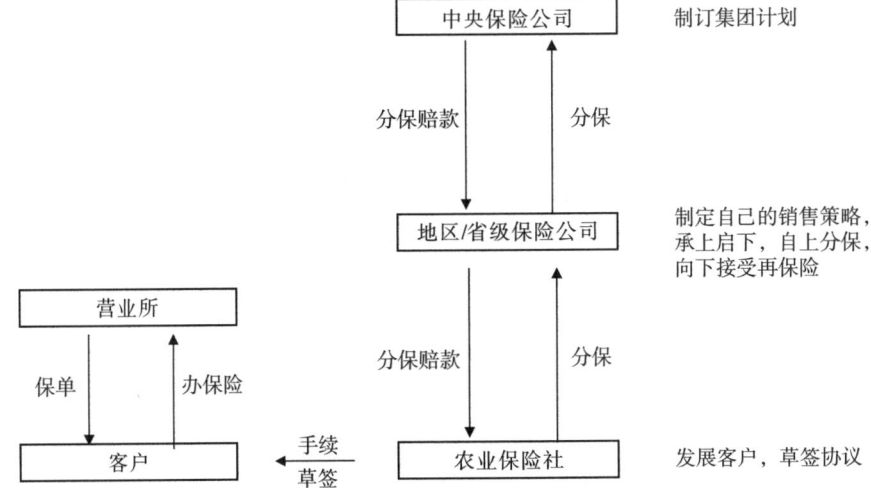

图 5-2 法国政策性普惠农业相互保险公司的体系架构

资料来源:郑军、文毅:《法国农业互助保险运行机制对我国的启示》,载《价格理论与实践》2016年第4期。

在这种组织架构下,中央保险公司居于首要位置,负责制定整个互助农业保险集团的经营方针,同时也为省级保险公司提供再保险服务;省级保险公司则负责制定自己的销售策略,并负责基层农业互助保险社(caisse mutuellelocale)的再保险。农业保险社,则基于自愿而建立,其为民间性保险合作基金组织,以互助共济为原则,以实现成员间的互助救济、金融需求和生活福利。此外,为了保障农业互助保险社与政策性普惠农业

---

① 2013年到2017年,农业共济联合会的数量从38个减少到17个,农业共济组合的数量从241个减少到141个;在农业共济组织的合并中,出现了"1县1组合",只有1个组合的县的数量从9个迅速增加到30个。穆月英、赵沛如:《日本农业共济制度及农业收入保险的实施》,载《世界农业》2019年第3期。

② 江生忠、费清:《日本共济制农业保险制度探析》,载《现代日本经济》2018年第4期。

保险的其他经营主体,即中央保险公司及省级保险公司相协调,其主要遍布于法国的各个农村,负责按照中央保险公司制订的集团计划发展客户、接受投保、草签协议等保险业务,并配合地区/省级保险公司的销售策略,进行分保赔款。① 通过这样的三层体系架构,法国政策性普惠农业保险业务的风险被层层分摊,有效地降低了该保险的经营风险。

对普惠再保险主体的选择各国普遍倾向于政策型的市场主体。例如,美国、法国、日本的普惠政策型农业保险立法均确立了政策型的再保险机构,并对该机构的权利义务作出了详细规定,以激励政府直接或通过由其独资或控股的国有保险公司经营业务较为单一和集中的再保险业务,分散巨灾风险,将政府与市场的双重力量有机结合起来,构建普惠保险发展的长效机制。

3. 承保和赔付规范

域外普惠保险立法的另一项核心内容是针对普惠保险的承保和赔付确立区别于传统商业保险的规范。第一,域外普惠保险立法中普遍要求商业性普惠保险的保单或保险合同需要满足简单化的要求,但具体实践路径有所不同。印度《小额保险条例》第9条第(1)款、菲律宾《小额保险产品和服务规范条例》第5条和《小额保险条例和政策目标声明》第3条、巴西《SUSEP第440号通函》第72条均通过明确要求合同应使用简单且易于被保险人理解的语言的方式来实现普惠保险合同的简化。

此外,印度《小额保险条例》第18条还明确规定,保险人不应对保险合同条款的理解及应用设置困难或障碍。我国台湾地区《微型保险注意事项》第7条则主要通过要求商业性普惠小额保险的保险合同条款内容用语应口语化且仅承保单一保险事故的方式实现普惠保险合同的简化;并同时规定,对存有异义的保险条款,应作有利于被保险人解释的方式。

第二,域外普惠保险立法普遍要求普惠保险具备易识别性。例如,印度《小额保险条例》第9条及菲律宾2010年《小额保险产品和服务规范条例》第5条第1款中规定,商业性普惠小额保险需具备一定的易识别性,即需要在保险合同中注明是小额保险,或使用统一特定的标识在保单首页右侧进行注明。我国台湾地区则在金融监督管理委员会保险局以及保险商业同业公会网站设置微型保险专区,进行信息公示和产品介绍,以确保商业性普惠小额保险具备易识别性。

第三,域外普惠保险立法还针对保险代理人作出了区别于传统商业保险的特殊规定,以确保更多的保险代理人可"下沉"到偏远或不发达地区,为社会弱势群体提供保险服务。印度《小额保险条例》第5条规定商业性普惠小额保险代理人需与保险人之间签订书面代理合同,并明确代理权限的范围及代理人的具体义务,如投保材料收集义务、保费收取义务、保单分发义务、信息汇总义务、协助理赔义务等;并在第6条和第7条中,明确禁止保险代理人进行多重代理,即规定了保险代理人不当行为时的法律责任和法律后果,以确保服务质量;此外,还在第11条中规定保险人需要确保对商业性普惠小额保险的代理人进行至少25个小时的培训后,代理人才可进行代理行为。菲律宾《小

---

① 郑军、文毅:《法国农业互助保险运行机制对我国的启示》,载《价格理论与实践》2016年第4期。

额保险产品和服务规范条例》第6条中规定,商业性普惠小额保险的代理人或经纪人在参与特定培训后,无须传统商业保险的资质认证,即可获得代理资质,并且其注册资本限额仅需传统商业保险代理机构的一半;但其仅能销售普惠小额保险,禁止销售传统的商业保险。

第四,域外普惠保险立法通常将保险核保及理赔大幅简化,以确保社会弱势群体可及时地获得保险赔偿,但具体的实施方式有所区别。印度和菲律宾主要通过规定较为原则化的核保及理赔原则,以确保商业性普惠小额保险核保及理赔的简化。① 巴西则主要通过简化免责条款内容、限制免赔和等待期条款适用、缩短保险人赔付时间的方式实现普惠保险核保和理赔的简化。如《SUSEP第440号通函》规定,仅有在被保险人或受益人故意造成损失、未如实履行告知义务、不可抗力的情形下才可免于向被保险人承担赔偿责任;②一般情况下,保险人不得超出上述明确规定的范围,增加免责条款,除非增加的免责条款是为了预防人身伤害及意外事故或防止财产损失的进一步扩大;③保险人仅有针对长期残疾进行赔付的保险(DIT)才可规定免赔额;④等待期也仅在首次投保时适用,并且除非被保险人有自杀的倾向,否则等待期不得超过合同有效期的一半,且最长不得超过2年;⑤普惠小额财产保险的赔付期限不得超过10天,丧葬费的赔付期限则不得超过24小时。⑥ 我国台湾地区则主要通过降低投保门槛,如规定投保人在投保人身保险时无须进行体检的方式,简化普惠保险的核保程序。⑦

第五,需再次明确的是相较于域外的商业性普惠保险立法,域外政策性普惠保险的立法中常未对保险合同的简化、保险代理人及保险理赔的简化作出特殊要求。这一方面是因为与商业性普惠保险相比,在政策性普惠保险中,政府已通过高额补贴,甚至实行强制保险等措施,提高了社会弱势群体的保险需求和信息偏在,无须再通过强制保险合同简化或放宽保险代理人资质来减少信息偏在,提高普惠保险的覆盖率。另一方面也是为了预防保险大幅补贴所造成的被保险人的道德风险。

4. 政府职能规范

域外普惠保险立法中,尤其是政策性普惠保险立法中,常明确规定了政府等其他公权力主体在普惠保险中的作用,以激励政府等公权力主体积极参与保险,充分发挥协助职能。这些规定主要表现为以下几个方面:

第一,明确规定政府对政策性普惠农业保险的补贴职责。法国《农业互助保险法》规定政府给予农业互助保险社以税收优惠待遇,对其收入和财产免征赋税。美国《联邦农作物保险法》中,规定政府给予联邦农作物保险公司以经营管理费用补贴。世界范围

---

① 印度《小额保险条例》第15条规定,保险人处理保险理赔要遵循迅速、及时的原则,并每间隔四个月定期向监管机构报告理赔情况;菲律宾《小额保险条例和政策目标声明》第7条。
② 巴西《SUSEP第440号通函》第12条第1款。
③ 巴西《SUSEP第440号通函》第13条。
④ 巴西《SUSEP第440号通函》第14条。
⑤ 巴西《SUSEP第440号通函》第15条至第17条。
⑥ 巴西《SUSEP第440号通函》第63条。
⑦ 我国台湾地区《微型保险注意事项》第9条。

内,政策性普惠农业保险的法定补贴方式更为多样化,主要有保费补贴、经营管理费用补贴、再保险补贴、基金亏损补贴和税收优惠等。[①]

第二,明确规定政府在再保险中的角色。日本的政策性普惠农业保险立法直接规定,政府应为相关的农业原保险人提供再保险。美国的农业保险立法,虽未直接规定政府应担任再保险人的角色,但规定由政府全资或控股的全国性专门国有保险公司负责提供再保险。

第三,明确政府保险的监管职责。政策性普惠农业保险政策性强、影响面广,市场主体的运作是否规范,既关系政府惠农政策能否得到真正的落实,也关系投保农民权益能否得到有力保障及农业风险能否得到有效防范。为此,美国、日本等多数国家政策性普惠农业保险立法一般均对保险监管的体制、主要内容甚至相关法律责任等作出严格于传统商业保险的规定,以强化政府对农业保险的监管。

(四)对我国立法的启示

为了确保普惠保险立法的有效实施,应首先确立综合性且可操作性的普惠保险概念。之后,在依针对商业性普惠保险及政策性普惠保险的不同特征,构建具有差异化但同时也兼具体系化的专项立法。最后,还应在保险费率及补贴、市场主体、信息共享等方面出台更为细化的规范,以实现对弱势群体的倾斜性保护。

1. 对普惠保险进行综合界定

如前所述,越来越多的国家或地区倾向于在相关立法中对普惠保险进行综合界定,即明确保险的目标群体、产品特色(如保费及赔偿限额、保险期限)、保险提供方及保险销售方,并规定监管机构负有根据保险的实际运行情况,及时更新和调整普惠保险界定的义务。

实践证明,单一定义方式存在诸多问题:仅阐明普惠保险的产品特色不利于保险产品的创新;仅阐明保险的提供方,又不利于多元主体的参与。而综合界定的方式,不仅可有效规避单一界定所带来的保险产品缺乏创新、保险服务方匮乏等弊端;还可确保普惠保险的概念具备可操作性,为其他普惠保险立法规范的制定奠定基础。[②]

在对普惠保险予以综合界定的同时,还需要合理取舍普惠保险的立法价值。域外普惠保险立法的价值取向主要可分为偏重公平、偏重效率、注重公平与效率两者的结合三类。总体趋势是,越来越多的国家倾向于第三种折中性质的价值定位,既追求更大程度的公平,又日益重视效率。因此,我国普惠保险立法价值取向的取舍应力求公平与效率的有机结合。商业性普惠保险的立法价值取向应着重效率,力求公平。这表明,立法需要有效遏制逆选择、道德风险和不正当竞争等问题的发生,并大胆进行制度创新,以提升商业性普惠保险的运行效率。而政策性普惠保险的立法价值取向应着重公平,力求效率。这意味着,立法需要确保政府进行适当及正确的干预,以确保保险关系的公平性。

[①] Olivier M., Charles J. Stutley, *Government Support to Agricultural Insurance: Challenges and Options for Developing Counties*, Washington: World Bank Publications, 2010, p.44.

[②] Churchill C., Michael J. McCord, Current Trends in Microinsurance, in Craig Churchill & Michal Matul eds., *Protecting the Poor: A Microinsurance Compendium Volume II*, Geneva: International Labour Office (ILO), 2016, pp. 9-11.

2. 体系化立法的实施路径

普惠保险立法的颁布为有效调整普惠保险法律关系提供了可能性。但若仅有单个法律规范而未形成规范体系,普惠保险立法就无法被全面理解,其效力或实施效果也必然会受到不同程度的消极影响。域外的普惠保险立法均十分关注保险法律规范的体系化,通过充分的立法可行性论证与严格的立法程序,来确保各国内部农业保险诸法律规范在价值层面和形式逻辑层面的有机统一。因此,构建体系化的普惠保险立法也应成为我国普惠保险立法所追求的重要目标。在具体实施路径上应从以下两方面着手:

第一,明确普惠保险立法所含内容的范围。由于商业性普惠保险与传统商业保险具有较多的共性特征,因此域外的立法常仅针对其相对传统商业保险的特殊性作出规定,如明确适格的投保主体、保险赔偿限额、对降低保险代理人标准以便保险服务下沉、要求保险合同及赔付程序简单化等;并在其他方面注重传统商业保险法的应用关联,即应合理规定诸法之间法律规范的相互援引,特别应对授权立法持积极而谨慎的态度。

但政策性普惠保险具有完全不同于传统商业保险的特征,因此需要建立更为完整的规范体系。当下,我国学界有关政策性普惠保险立法内容的论述主要有"五分说""七分说""九分说""十三分说"等数种观点。[①] 这些观点虽表述不一,但内容大同小异。例如,"七分说"主张,政策性普惠保险立法应包括七个部分的内容,即保险模式、承保范围、国家支持措施的基本类型、基本险种及相应费率的厘定等权利(力)的归属及行使程序、理赔、监管与法律责任;[②] "十三分说"则称,政策性普惠保险立法至少应包括十三个部分的内容,即保险的经营目标、性质、经营原则、组织形式、承保范围、保险种类、保险责任、再保险基金、补贴方式、理赔计算、费率厘定、损失评估及监管。[③] 根据这些观点及域外政策性普惠保险立法的实践经验,未来我国政策性普惠保险立法的内容,应大致包括立法目的和立法依据、基本原则、适用范围、用语定义、合同、保险经营主体、再保险、中介、基金、费率、优惠贷款、补贴、监督管理、争议的解决、法律责任、立法性授权等。

第二,科学构建普惠保险立法的价值秩序。我国未来的普惠保险立法规范体系必定是一个以普惠保险基本法为核心、以单行法为主要补充的法律规范体系。由于立法机关、立法背景、立法目的、适用范围等不尽相同,诸法的价值取向必然存在程度不一的差异,从而形成一定的价值秩序。从域外经验来看,将公平与效率两大价值并重且作为核心价值,并以自由与安全等价值作为必要补充,已成为构建普惠保险立法价值秩序的基本范式。我国应充分发挥结合自身保险市场的特色,对普惠保险立法价值秩序的构建提出公平、正义、效率等价值的多重要求,并引导各地方政府根据自身保险市场和经济的实际状况,进行衡平。

---

① 冯文丽:《中国农业保险制度变迁研究》,中国金融出版社2004年版,第229~235页。
② 黄河、李军波:《修改与完善〈农业法〉若干法律制度的思考》,载《河北法学》2007年第2期。
③ 刘云琳、干天:《浅谈我国农业保险法的立法构想》,载《甘肃农业》2006年第9期。

3. 优化保险费率及补贴立法

目前的商业性普惠保险立法,普遍对保险费率和赔偿限额进行武断的、不加科学论证的限制。这主要是确保普惠保险具备可负担性,但该种缺乏科学性的限制却不利于普惠保险产品创新。因此,针对商业性普惠保险保费厘定的相关立法规范,应在确保商业性普惠保险具备可负担性及创新性间作出谨慎的权衡,鼓励差别费率的使用,以保证限制保险费率并不会对保险市场的发展造成严重障碍。

域外商业性普惠保险的立法实践证明,对保险费率予以直接的限制,并不进行适时的调整,会导致普惠保险无法持续发展。更为恰当的方式,是通过立法对普惠保险管理费用(administrative costs)予以控制。如简化索赔程序等,以间接地降低保费,确保承保的保险人可以"保本微利"。在我国的普惠保险项目中,保费中的管理费用所占比例较高,各项经营成本,如保单成本、查勘理赔和工作福利约占保费的10%,税约占8%,销售成本(如给基层政府的工作经费和年终奖励)约占15%;同时,赔付率常常也较高,通常会超过50%。① 加之普惠保险通常已在最大限度上利用了基层政府的人力进行推广和销售,在宣传、销售环节并没有占用保险公司太多的人力,但管理费用仍旧较高,这反映了保险人在理赔环节的运行效率还有待进一步提升。因此,放松对保险费率进行僵化的限制,对费率的厘定可确立"政府主导、民主参与、差别费率和可负担"四项基本原则,并以此为基础创设相关法律规则。通过立法对保险的管理费用予以适当控制,提升保险人的理赔效率,最终实现普惠保险费率的厘定符合公平性和效率性的双重要求。

政策性普惠保险的可负担性主要通过保险补贴立法来实现。域外的立法实践证明,过于简单的政策性普惠保险补贴立法并不利于补贴效用的发挥。相关的法律规范需要明确政策性普惠保险补贴的基本原则(如合理分担原则、普遍性和选择性相结合的原则等)以及补贴的目标群体,并在此基础上对保险补贴的方式、范围、规模、标准和权利义务主体等作出更为立体的制度安排。而更为立体和科学的政策性普惠保险补贴制度安排需要具备以下特征:②

第一,制定长期的财政规划安排,确保补贴的可持续性。同时,设置相应的政府退出机制,以确保补贴减少甚至停止后,即在政策性普惠保险转变为商业性普惠保险的过程中,保险需求及保险的覆盖率无显著降低。此外,还应确保存在保险补贴使用监管及评价机制,实时监督补贴的应用。

第二,在资源和地方财政水平有限的情况下,应鼓励更具有针对性的导向型补贴(targeting subsidy),而非整齐划一的普遍型补贴(universal subsidy);但在补贴受众无法确定,或补贴的目标人口数量较多的情况下,普遍型补贴则会发挥更好的效果。因为保险补贴本质上是一项公共投资,与较贫穷的社会弱势群体相比,较富裕的社会群体获得的收益更多。但普遍型保险补贴所造成的补贴受众判断错误所引发的成本,可能会超过确定补贴目标群体的行政成本及保险覆盖率不足所导致的道德和福利成本。此

---

① 姚奕:《小额保险理论前沿与实践初探》,北京大学出版社2017年版,第69页。
② Ruth V. Hill, Gajate-Garrido G., Phily C., Dalal A., *Using Subsidies for Inclusive Insurance: Lessons from Agriculture and Health*, International Labour Office Microinsurance Paper No. 29 (February, 2014),第10页以下。

外,如果补贴数额足够高,则针对性的措施都可能导致恶意骗取保险补贴的不正当行为。因此,如果是使用普遍型补贴,在相关立法中应沿革限制购买普惠保险数量的上限。

第三,在实行保险补贴立法的同时,不应再过度限制保险费率,以确保保险费率可以正常反映保险所承保的风险水平,并通过风险费率的设定,对投保人或被保险人释放正确的价格信号。

第四,不仅应鼓励保费补贴的使用,还应不断拓展补贴的其他用途,如保险销售补贴、保险教育补贴等等。

4. 推进市场多元主体立法

普惠保险的发展离不开多元市场主体的参与。域外普惠保险立法常会确立商业保险公司之外的其他市场主体的保险人地位,为普惠保险的发展提供更有效的承保及再保险服务。基于此,我国的普惠保险立法应确立商业型、合作型及政策型的普惠保险市场主体的法律地位,并确立各个主体的经营范围。由于三类市场主体在组织建构和经营上各有优势,故对公平性和效率性的体现会相得益彰。

首先,可在政府的推动下建立一个由一般商业保险公司、专业性普惠保险公司、保险合作社、联合共保体、再保险公司等构成的,但以商业保险公司为主经营普惠原保险,以专业性普惠再保险公司为主的,经营普惠再保险的多元化保险市场经营组织体系。并适当放宽专业性普惠保险市场主体、保险合作社、联保共同体的资质要求,适当减免其税务。在监管时,需要秉持比例原则的基本要求,确保对普惠保险中特色市场经营主体的监管应与这些主体自身的风险相符。

此外,还应加强多元主体间的沟通、信息共享与合作。必要时,应设立单独的工作协调小组,促进各部门间的沟通与协作,强化对市场主体在合同的订立和履行、费率的厘定、基金的筹集和运作、补贴等方面的监管,以建立激励和制约机制来维护普惠保险关系的公平性和效率性。

最后,还需明确政府等公权力主体在协助保险人进行保险销售、宣传、投保人信息采集、代理、核保及理赔等保险活动时的权利、义务、责任体系。域外的普惠保险立法普遍确立了政府需要与其他保险主体积极协同配合的原则。我国的普惠保险立法也应确立这一原则,并对政府保险法上的权利、义务、责任,尤其是政策性普惠保险中政府保险法上的权利、义务和责任予以进一步细化。因为,与其他国家相比,实践中我国地方政府的保险活动参与程度更广泛,也更为多样化。若不对政府的行为予以规范化,不仅不利于规制政府的不当行为,还不利于激励政府积极地参与普惠保险活动,促进普惠保险的可持续发展。

(5)建立信息共享及弱势群体保护机制

域外普惠保险立法多设置相关规范鼓励各分管机构的信息共享,支持保险人进行产品和服务创新,以满足社会弱势群体的实际需求。例如,诸多域外普惠保险立法鼓励政府各部门之间进行信息共享,以精准确认社会弱势群体的保险需求。此外,部分域外普惠保险立法还鼓励保险科技的应用,引入区域产量保险和气象指数等新型普惠保险,并修改可能对新型普惠保险发展造成不利影响的保险法基本原则(如损失补偿原则),以促进普惠保险的产品和服务创新。

此外，域外普惠保险立法还通常着力于建构全方位的社会弱势群体权益保障机制，通过简化商业性普惠保险合同（如保单通俗化、限制承保单一事故），创设合理及适当的免赔额、开设理赔绿色通道、简化赔付材料、缩短赔付周期、确保公允条件下的合同解除等制度，以防治逆选择、道德风险、其他恶意违约、不正当竞争等方面的问题，保证普惠保险合同关系的公平性和效率性。

第三节 重塑普惠保险的基本原则

总体而言，普惠保险的基本原则主要包含：普惠保险合同制度的基本原则、普惠保险经营制度的基本原则以及普惠保险监管制度的基本原则。因此，对原则性规范的优化路径，应主要从以下方面展开。

一、完善现有的原则性规范

第一，对普惠保险合同不应再僵化沿用传统商业保险合同的基本原则，应结合普惠保险在承保风险、信息不对称问题上的特殊性，并顾及该保险的正外部性、准公共物品属性，对相关的原则进行适当调试以更适配普惠保险合同的特殊性之后再进行适用。

应确保政策性普惠保险也应适用诚实信用原则，引导政府诚信地参与普惠保险的相关活动。对于保险利益原则，在补偿性的普惠保险合同中，由于法定的保险利益并非区分保险与赌博的必要条件，加之损失补偿可以替代保险利益原则实现道德风险防范功能，以及对该原则的强调不利于确认政府基于国家亲权、监护权、兜底责任等合理缘由享有保险利益。因此，在补偿新的普惠保险合同中，不应再继续沿用保险利益原则。而对于一般给付性的普惠保险合同，则应保留保险利益原则，但应明确被保险人同意可以替代保险利益原则，以体现和强化对人格利益的尊重和保护。对于道德风险极为严重的死亡给付普惠保险合同，可通过被保险人同意与保险利益原则的双重要件来限制道德风险。

应明确损失补偿原则对于不以损害发生为赔付要件的新型普惠保险并不适用，以鼓励保险创新和保险科技在普惠保险中的应用。还应对公平原则予以更为细致的规定。明确即便普惠保险的保险合同是以政府与保险人单独磋商的方式制定，公平原则也应予以适用。同时也应明确，公平原则在普惠保险中并不意味着"对价平衡"，并在公平原则的基础上，对投保人或被保险人非故意和重大过失的违约行为，根据其过错程度对保险人的损失赔偿义务进行适当减免，以确保投保人或被保险人可以获得部分赔偿，更好地落实对弱势群体的倾斜性保护。

第二，优化普惠保险经营所应遵循的原则性规范。为实现对商业性普惠保险和政策性普惠保险经营的外部保障，应统一确立适度竞争、鼓励创新、普惠服务、可持续发展的基本原则。而为实现对商业性普惠保险和政策性普惠保险经营的内部保障，则应分别对二者的经营单独确立自愿及政府引导的基本原则和政府主导的基本原则。最后，在商业性普惠保险和政策性普惠保险经营中还应统一引入比例风险控制原则，以确保保险经营机构的设置和监管有别于传统商业保险，以鼓励普惠保险经营主体的多元化，确保保险服务的下沉。

第三,优化普惠保险监管所应遵循的原则性规范。明确普惠保险的监管应遵循适度平衡的基本原则,即一方面确保普惠保险作为"金融扶贫"工具的公益特性,另一方面也有适度鼓励普惠保险商业性和营利性,并基于此设立普惠保险监管主体、对象和责任的具体规则。此外,还应确立创新性监管的基本原则,并引入监管沙盒机制,并由国务院金融稳定发展委员会(以下简称"金委会")统筹协调,由中国人民银行、银保监会、证监会联合出台统一的监管沙盒部门规章,制定完整的监管沙盒规则,从法律法规层面对申请监管沙盒机制测试的主体、监管豁免、测试程度、消费者权益保护及退出机制方面进行立法,并确保监管沙盒机制与普惠保险监管的基本原则可有效衔接。

二、引入社会弱势群体保护原则

普惠保险合同中的投保人或被保险人主要为社会弱势群体,其在保险交易中较传统商业保险合同的被保险人处于更为弱势的地位。这也导致:一方面,普惠保险合同的投保人或被保险人更宜出现认知障碍,而难以理解保险合同晦涩难懂的专业术语。退一步讲,即便其可以理解,但由于保险合同系典型的格式合同,其仍缺乏充分的动机去充分地阅读保险合同,因为他们知道他们只享有接受或不接受的权利,而无权对合同条款进行实质性改变。另一方面,普惠保险合同的投保人或被保险人常为低收入群体,其更常表现出损失厌恶(loss-averse)而非风险厌恶(risk-averse)。[①] 换言之,低收入的被保险人更关注在遭受损失之后是否能够顺利获得赔偿,而不太关注保险合同的具体内容。[②] 基于上述缘由,对普惠保险合同中被保险人权利和义务的争议,仅依赖传统商业保险所强调的保险诚信原则已无法很好地实现被保险人保障的理念。[③] 因此,引入社会弱势群体倾斜性保护原则具有正当性和必要性。

(一)回应保险消费者保护的现实需要

近年来,消费者保护主义的兴起使得传统商业保险合同立法越来越强调保险消费者保护的理念。对保险消费者进行保护,已然成了现代保险立法改革的方向之一。[④] 普惠保险的消费者为社会弱势群体,其相较于传统商业保险的消费者处于更为弱势的地位,因此更需要予以保护。2010年6月通过的《G20创新普惠金融原则》及2015年国际保险监督官协会(IAIS)颁布的《支持普惠保险市场监督管理指导意见》中,均明确要求

[①] Yesuf, M., Randall A. Bluffstone, Poverty, Risk Aversion, and Path Dependence in Low-Income Countries: Experimental Evidence from Ethiopia, *American Journal of Agricultural Economics*, 2009, Vol. 91, No. 4, pp. 1022-1037.

[②] Slawson W. David, Mass Contracts: Lawful Fraud in California, *Southern California Law Review*, 1974, Vol. 48, No. 1, p. 13.

[③] 有学者认为,诚实信用原则对被保险人的保护仅起到了一定的指引作用,无法直观地体现出立法者倾斜性保护被保险人的意图及被保险为保险合同实际当事人的法律地位,极易使被保险人成为合同约定内容的牺牲品。参见吴涵昱:《被保险人法律地位的反思与重构》,载《浙江大学学报(人文社会科学版)》2019年第4期。

[④] 关于比较法上保险消费者保护的探讨,参见马宁:《消费者保险立法的中国愿景》,载《中外法学》2019年第3期。

各国的普惠金融或普惠保险立法建立全方位的消费者权益保护机制。

在普惠保险合同立法中引入社会弱势群体保护的原则符合比较法上强调金融或保险消费者保护的理念。在世界金融危机之后,对金融消费者进行倾斜性保护成为热门议题。许多国际组织,典型的有二十国集团、经合组织、世界银行、国际消费者联盟等,都针对金融消费者的保护制定了原则性的规定。① 比如,二十国集团2011年的《金融消费者保护高层原则》(G20 High-level Principles on Financial Consumer Protection)规定要公平对待消费者,保护消费者资产免受欺诈和滥用及保护消费者数据和隐私。此外,美国、我国台湾地区均通过了关于金融消费者保护的专项法案,以落实金融消费者保护的理念。比如,2008年美国通过的《多德-弗兰克华尔街改革与消费者保护法案》(Dodd-Frank Wall Street Reform and Consumer Protection Act)从市场行为风险、偿付能力风险以及系统性风险角度协调整合对金融消费者保护,并成立了专门的金融消费者保护署(CFPB)专司其职。2011年我国台湾地区通过的《金融消费者保险法》详细规定了金融机构在金融消费者保护方面的基本义务,并设置专业和独立的金融消费争议处理机构,还针对金融消费争议处理程序和赔偿问题作出了详细的法律规范。具体到保险领域,近年来一些国家开始进行保险消费者保护的专项立法,如英国《2012年消费者保险法》;或以保险消费者保护为主线,在保险合同解释、不实陈述、抗辩义务、强制执行与救济等方面对具体规则进行了澄清和总结,如美国2018年通过的《责任保险法重述》。

因此,对比金融消费者或保险消费者处于更为弱势地位的普惠保险消费者(社会弱势群体)进行保护,引入社会弱势群体保护原则,可顺应比较法上对金融消费者保护的强调,推动普惠保险业发展向保护保险消费者的利益转变,体现了从"契约自由"到"契约正义"的转变,引导保险人向社会提供更多符合公共利益的普惠保险产品。

(二)弥补司法中弱势群体的保障困境

在普惠保险合同中引入社会弱势群体保护原则,还有助于规避司法实践中由于缺乏该原则而出现的传统商业保险规则的适用困境,具有一定的必要性及合理性。

第一,由于普惠保险中缺乏社会弱势群体保护原则,保险合同中保险人与投保人、被保险人间的权责分配仅有限地体现了保护社会弱势群体的理念,对社会弱势群体保护不周的现行普遍存在。在《农保条例》中对社会弱势群体的保护仅体现在两个条文之中,分别为第11条所规定的"合同当事人不得因保险标的危险程度发生变化增加保费或解除保险合同"及第13条第2款所规定的"保险机构不得主张对受损的保险标的残余价值的权利"。② 保险人甚至会出现大量"抄袭"传统商业保险合同中的保险条款,并同时对该条款作出有利于其自身改造的行为。实践中,普惠保险合同尤其是涉及补贴的政策性普惠保险合同常规定较为严苛的投保条件,免责事由更广且更为严苛,损失赔偿范围极窄等怪象经常出现。③ 导致普惠保险合同为社会弱势群体提供保障的重要功

---

① 郑伟:《保险消费者权益保护:机制框架、国际经验与政策建议》,载《保险研究》2012年第3期。

② 庹国柱:《我国农业保险发展的里程碑——论〈农业保险条例〉的特点与贡献》,载《中国保险》2013年第2期。

③ 李媛媛:《我国农业保险合同制度的反思与优化》,载《保险研究》2017年第5期。

能无从实现。

若欲对此作出改变,势必需要在普惠保险中引入社会弱势群体保护的基本原则,明确要求普惠保险合同的条款符合一定的最低保障标准,禁止保险人背离立法的最低标准,损害社会弱势群体的利益。并引导监管机构根据该原则对保险合同的核心条款进行审查,以保障保险合同中权利义务分配的衡平。同时,还应留给普惠保险合同当事人一定的自治空间,以免政府过度干预损害保险市场的自由性。为此,可允许保险合同当事人可为任何一方的利益,协议变更立法规定,只要在变更前,该方已经采取足够的措施提醒投保人注意可能对其不利的条款,并且该条款对其效力的表述是明确无误的。

第二,社会弱势群体保护原则的缺位还导致司法实践中对普惠保险的内容控制乏力。目前,对普惠保险合同的内容控制仍主要参照《保险法》第19条的规定,认为学理上所谓的"不公平条款",即免除保险人依法应承担的义务,加重投保人或被保险人责任及排除投保人依法享有的权利的保险合同条款无效。该规定只是简单复制了难谓完备的《合同法》第40条的规定,①并未考虑到普惠保险合同的特性,导致司法实践中对普惠保险合同中"不公平条款"的判断较为随意。

但"不公平条款"的效力认定却涉及保险合同权利义务的平衡问题,更涉及社会弱势群体能否在某一条款切实侵害到其利益时能否得到救济的问题。因此,应在积极层面给出清晰的"不公平条款"判断阶梯。在普惠保险中确立社会弱势群体保护原则,首先有助于为普惠保险合同中"不公平条款"的效力判断提供指导性的原则。可规定:若保险合同条款有悖于该原则,且依据其所属的保险合同之特征、该合同中其他条款以及合同订立时的情形而对投保人、被保险人或受益人的权利义务造成显著失衡,条款无效。在此之后,可明确列举普惠保险合同中具有代表性的不公平条款类型,并确保列举应具有一定的开放性,允许后续进行补充完善。②

第三,社会弱势群体保护原则的缺位,还导致普惠保险中投保人违反其告知义务的责任过重。目前,关于普惠保险的投保人告知义务的履行及不当履行时的法律责任,仍参照适用传统商业保险合同的相关规定,即《保险法》第16条及《保险法司法解释(二)》第6条的规定。根据该规定,投保人的告知义务仅限于保险人书面询问的范围和内容。这一规定在投保人并不具有信息优势的背景下是可行的,且被认为有利于削减不必要的交易成本,减少后续纠纷,③因而在普惠保险立法中应予以沿用。

但在投保人违反告知义务的责任设置上,普惠保险立法却需作出修正。依据现行的《保险法》第16条的规定:投保人故意或者因重大过失未履行前款规定的如实告知义务,足以影响保险人决定是否同意承保或者提高保险费率的,保险人有权解除合同,免除保险责任,并不退还保费。其中,对于投保人重大过失违反如实告知义务,也施加与

---

① 范雪飞:《论不公平条款制度——兼论我国显失公平制度之于格式条款》,载《法律科学》2014年第6期。

② 例如欧洲著名保险法学者共同起草的拟作为未来统一欧洲保险合同法蓝本的《欧洲保险合同法原则》(PEICL)第2章第3节第4条中,就作出了类似规定。

③ Project Group Restatement Of European Insurance Contract Law, *The Principles of European Insurance Contract Law (Peicl)*, Munich: European Law Publishing, 2009, p. 78.

其故意违反如实告知义务同等的责任有失公允。

普惠保险中的投保人常为财商水平较低的社会弱势群体,其并不了解保险的作用机理,因而也不太了解如何履行如实告知义务,甚至在政府统一投保的政策性普惠合同中,投保人根本无从履行如实告知义务。因此,继续沿用传统商业保险中关于投保人重大过失违反义务时的责任设定,使得保险人在整个风险共同体层面攫取了不当利益,打破了普惠保险交易中的给付均衡。此时,应引入社会弱势群体保护原则,并在该原则的指导下对投保人因重大过失违反如实告知义务的责任设定予以更为合理的规定:如规定对其适用比例责任;①或是将举证责任转移至保险人,即要求保险人证明自己若知道投保人会不实告知的情形不会与投保人签订合同。

第四,普惠保险合同中缺乏社会弱势群体保护原则,还会导致保险人理赔义务履行不及时,以及违反诚实理赔义务时的法律责任缺位。在传统的商业保险合同中,根据《保险法》第23条的规定,对被保险人的合法索赔,保险人必须在法定或约定时间内赔付。比较法上普遍要求普惠保险的赔付期间应短于传统商业保险,但我国却无此规定,其根本原因就在于社会弱势群体保护原则的缺位。由于缺乏指导性规定,保险人的赔付期间仍沿用不利于社会弱势群体保护的规定方式,因而应作出改变。

第五,我国的普惠保险合同立法中,也未明确规定保险人在迟延支付时,若给被保险人造成损失是否应当承担赔偿责任。此时,若引入社会弱势群体保护原则,并根据该原则对保险人违反诚实理赔义务的行为施加惩罚性的赔偿责任,具有合理性。

理由有二:其一,根据合同法的基本原理,此时被保险人等的损失应被界定为在合同缔结之时,保险人预见或能够预见的其违约行为会给被保险人造成的期待利益的损失,②对此各国立法也几无分歧。③ 其二,与传统商业保险合同投保人相比,普惠保险合同的投保人更不会关心保险合同的具体条款,仅期望在自己出现保险事故时能够获得赔偿。因此,有学者认为投保人此时购买的保单更像是购买规模化生产的商品,而非具有意思自治成分的合同;相应地,在风险现实化之后,保险人不当拒赔或延迟拒赔应承担类似产品侵权中的惩罚性的赔偿责任。④

(三)以保护弱势群体金融权为出发点

从社会弱势群体权利的高度把握普惠保险具有重大意义。相应地,普惠保险立法

---

① 如英国《2012年消费者保险(披露与陈述)法案》[The Consumer Insurance (Disclosure and Representations) Act 2012]第4条第3款就规定了投保人因重大过失违反如实告知义务时的比例责任。

② 黄丽娟:《保险人恶意不当理赔的法律规制——从违约责任到侵权责任》,载《法商研究》2016年第5期。

③ Project Group Restatement Of European Insurance Contract Law, *The Principles of European Insurance Contract Law (Peicl)*, Munich: European Law Publishing, 2009, p. 221.

④ Schwarcz D., A Products Liability Theory for the Judicial Regulation of Insurance Policies, 48 *Willian and Mary Law Review*, 2007, Vol. 48, No. 4, pp. 1405-1406. 例如《法国保险法》第242-1条规定,汽车事故责任保险的保险人未能善尽诚实理赔义务时,须承担延迟支付保险金的利息,该利息的利率为法定利率的两倍。英国法律委员会也曾主张,在普通法之外规定独立的违反诚实信用义务的侵权诉因,进而使保险人承担惩罚性赔偿。参见黄丽娟:《保险人恶意不当理赔的法律规制——从违约责任到侵权责任》,载《法商研究》2016年第5期。

应从保护社会弱势群体金融权的高度来设计整个法律框架,只有这样才能够真正做到立法向社会弱势群体的倾斜性保护,并厘清整个法律体系的层次和关系。

但由此引发的一个问题是:在传统商业保险法通过弃权、禁反言、减轻投保方注意义务等规则设置,向投保人或被保险人倾斜性保护的基础上,是否需要再次向社会弱势群体进行倾斜性保护,以提升立法理念引领整个制度体系的设计?换言之,是否所有的社会弱势群体在各种法律关系中,都需要不加差别地倾斜性保护?答案显然是否定的,倾斜性保护的极致就是歧视,也可能因为这种无微不至的保护而使所谓的"弱势"群体成为温室里的花朵,失去了该有的生存和竞争能力,或是成为权利的"霸主",造成反向的不公平。①

基于此,应明确社会弱势群体的权利都是有维度的,而不是无限的,对所有社会弱势群体在各种法律关系中都予以倾斜性保护也是不现实的。对一方的倾斜性保护往往意味着他方权利的让渡,理论上,这种让渡只有在自然法的"公平"之下才可堂而皇之地进行,否则将造成新的不公平。只有那些形式上的公平不足以达到公平的领域,才需要对受到不公的社会弱势群体进行倾斜性保护,并且这种不公是禀赋的差异造成的,而非后天不努力所造成的。只有这样,社会弱势群体的赋权方可作为由于禀赋的差异而造成的不公平的矫正方法,完成保护、提高目标主体自尊和社会安全感的立法功能。

因此,从社会弱势权利的角度来倾斜性保护,是尊重社会弱势群体的目的价值;从国计民生的角度来倾斜性保护,体现得更多的是社会弱势群体的使用价值。尊重社会弱势群体权利,注意制度和规则设计的多元化。在此基础上,对政策性普惠保险单独进行规范,政策性普惠保险合同也应单独适用一套规则、拟定政策性普惠保险合同专用条款,并与其他国家的宏观政策制度配合(如与支农惠农政策、扶贫政策)形成一揽子制度方案。重视基层金融服务建设,出台保障社会弱势群体金融自治服务的制度框架,包括普惠保险的自治服务框架,并充分发挥相关群体软法自治规则的有益作用。

三、确立比例风险控制原则

在商业性普惠保险及政策性普惠保险中,还应统一引入比例风险控制原则而非简单的风险控制原则。即根据保险人的实际风险水平实施适合其风险的资本金、保证金提取、各项责任准备金的提存、最低偿付能力、当年自留保险费的限额以及再保险等保证保险人偿付能力的专门措施。②

(一)比例风险控制原则的合理性阐释

之所以需要引入比例风险控制是由普惠保险的特殊性所决定的。首先,与传统商业保险经营不同,普惠保险离不开多元主体参与,尤其是合作保险组织等小规模保险经

---

① 实践中,一些贫困县以贫为荣,当地媒体将被纳入"国定贫困县"当作特大喜讯发布;或以贫为谋生手段,如有些贫困县财政收入已经几个亿甚至十几个亿了,仍然不想摘掉贫困县的"帽子"。参见王辉:《让习近平愤怒的贫困县是哪个?》,http://news.sina.com.cn/c/zg/2015-08-28/doc-ifxhkpcu4818349.shtml,最后访问日期:2020年12月7日。

② Biener C., Eling M., Joan T. Schmit, Regulation in Microinsurance Markets: Principles, Practice and Directions for Future Development, *World Development*, 2014, Vol. 58, No. 1, pp. 30-31.

营者的参与。对这些"草根"的保险经营者采用与传统商业保险相同的风险控制原则,则不利于小规模保险经营机构进入保险市场,为保险服务下沉设置了不必要的障碍。因此,更适宜的做法是针对小规模普惠保险经营者的风险采用符合其风险水平的比例风险控制原则,并对保证保险人偿付能力的各项措施设置有别于传统商业保险的差异化的标准,以鼓励普惠保险经营主体的多元化,确保保险服务的下沉和普惠性。

此外,比例风险控制原则还有助于实现普惠保险产品服务的多元化,提升保险经营机构的服务水平。这是因为,比例风险控制原则强调保险服务与承保风险之间应符合恰当的比例,也称为适合度准则(suitability doctrine),即该原则应当确保社会弱势群体可以通过参保或购买保险得到与自身风险水平最成比例、最为适合的保险产品或服务。①

(二)比例风险控制原则的功能分析

2014年《国务院关于加快发展现代保险服务业的若干意见》明确指出:现代保险服务业的发展,要以满足社会日益增长的多元化保险服务需求为出发点。我国社会弱势群体的分布具有很强的地域性,因而各地区也存在着不同的普惠保险产品设计需求。

但实践中,普惠保险经营机构为了节省经营成本,常设计保险条款统一的普惠保险险种,忽视不同地区社会弱势群体的"个性化"需求。② 然而,从行政法理角度分析,即使是保险公司接受政府等行政主体委托设定其权益或免除其义务的授益行政行为,也应做到授益方式的个性化。而保险公共政策能否考虑地方性特色,则对产品设计的适合度有重要的影响。

因此,普惠保险引入比例风险控制原则,首先能够引导普惠保险经营机构以提供更契合投保人风险的个性化服务为目标,提升保险服务措施的针对性。对此,葡萄牙的普惠保险立法值得我国借鉴。葡萄牙《农业保险实施细则》规定:对于不同区域的普惠农业保险产品,推行不一样的法律政策,鼓励保险产品根据区域的具体需求而多元化。葡萄牙《农业保险条例》第一章的第二部分规定A、B、C、D、E五类不同的风险区域以及该风险区域涵盖的具体地域,普惠农业保险产品必须根据五类不同风险区域的具体风险需求来认定,保险法律政策也应根据当地的特点制定。为保险公司分类费率厘定与再保险业务的拓展,以及保险监管机构参考(示范)费率的确定、政府农业补贴的发放标准提供参照。③

其次,比例风险控制原则也可引导保险经营机构强化普惠保险产品设计的内部监

---

① Pearson G., Reading Suitability Against Fitness for Purpose: The Evolution of a Rule, *Sydney Law Review*, 2010, Vol 32, No. 2, pp. 272-289.适合度准则起源于英美保险法,但近年来逐步被引入大陆法系的德国和日本。关于适合度准则能否引入我国普惠保险领域的思考,参见谢小弓:《论保险监管法律中的"适合度准则"对农业保险的作用》,载《暨南大学学报(哲学社会科学版)》2015年第2期。

② 如江苏某地的小猪价格较便宜,但保险公司为该地设计的普惠保险与其他地区的同类保险产品基本一样。在农民质疑时,就以"政策性保险不宜个性化"为由拒绝。参见王伟健:《江苏农业保险被指险种不合理》,http://js.people.com.cn/2013/12/08/273763.html,最后访问日期:2019年4月2日。

③ 张长利:《葡萄牙农业保险制度研究》,载《西南金融》2014年第1期。

督机制。目前,普惠保险的审查主要依赖于银保监会的外部审查,银保监会也仅对产品设计进行一般的形式审查,①实质审查仍由保险公司完成。因此,普惠保险产品的设计主要依靠保险经营机构的内部监督。比例风险原则的引入可以引导保险经营机构按照承保风险与保险需求、保障额度之间是否成比例为参照,对保险产品设计首先进行内部评估,并将评估的结果提交银保监会作为其审查普惠保险目标群体需求的证据。②

最后,比例风险控制原则更有助于确保优化普惠保险的经营。当前,政府对普惠保险尤其是政策性普惠保险的不当干预行为时有出现。部分地区的地方政府或其他行政主体在推广普惠保险时,并未充分评估承保风险的现实情况和保险的可负担性,为完成推广任务,会先帮参保人垫付保费。当损失发生时,如果参保人仍无法把费用返还给行政主体,赔偿金给付就难免会发生争议。此外,实践中甚至出现保险公司与地方政府等行政主体串通骗保牟利,以行政主体名义借用社会弱势群体信息投保,编造虚假保险事故骗取保险赔偿金的案例。③而依据比例风险控制原则的理念,衡量普惠保险法律政策实施效果的标准并非参保的规模,而应是保险是否与参保人的实际风险成比例,是否符合参保人的需求,能否最大限度地在分散参保人风险和规避保险经营风险之间取得平衡。因此,该原则的引入可以有效地防止政府等行政主体的不当干预行为,优化普惠保险尤其是引导商业性普惠保险遵循商业化、可持续化的思维运营。

(三)试点监管沙盒机制

普惠保险创新离不开保险科技的运用,网络技术和大数据技术的大量应用在很大程度上可以重塑保险产品的研发、定价和销售,有效降低保险经营机构的业务成本,提升保险服务质效及普惠保险的深度和广度。然而,保险科技在普惠保险中的广泛应用,也可能造成传统风险演变并产生新的风险,为比例风险控制原则的适用提出新的挑战,带来一系列新的监管难题。

一方面,保险科技的应用使得政府"强干预"的监管理念受到挑战。保险科技的应用使得监管者与被监管者之间的资源不对称和信息不对称问题更加突出,监管机构较难在科技水平上与保险科技的发展保持同步,并且鉴于保险科技背后技术的复杂性,监管者必须具备相应的技能和知识储备才可充分理解监管对象,并指定科学的监管策略。否则,贸然对普惠保险及其创新手段进行强干预,极有可能造成经济效率低下和社会福利损失,出现政府失灵。④

另一方面,随着普惠保险中保险科技的应用场景越来越丰富,监管真空和监管滞后的问题也越发突出。比如,在普惠保险中运用人工智能技术可在产品营销方面为客户

---

① 《农保条例》第19条第2款规定,农业保险条款和保险费率应当依法报保险监督管理机构审批或者备案。《小额保险方案》第4条要求,普惠小额人身保险备案后即可销售。

② 2015年《中国保监会关于加强农业保险条款和费率管理的通知》规定:开发普惠农业保险险种必须提交反映参保农户代表意见的"书面材料"。据此,保险经营机构按照比例风险原则对普惠保险产品的评估结果,可作为普惠农业保险设计实质审查中衡量农户需求的证据。

③ 笑菲:《谁拿走了"惠农"奶酪》,载《民主与法制》(半月刊)2013年第16期。

④ 沈伟、张焱:《普惠金融视域下的金融科技监管悖论及其克服进路》,载《比较法研究》2020年第5期。

提供个性化服务,实现精准营销,降低退保率;在核保与承保方面,可提高运行效率,降低运营成本;在保险产品理赔方面,通过图片识别技术,减少保险欺诈,大幅度提高从报案到理赔的保险流程效率。但同时,其广泛运用也带来了诸如调查追踪难、风险管控难、个人隐私保护难、监管对象复杂化、主体责任界定难、违法违规行为认定难等问题。这类新型问题常处于监管的真空地带或监管对其存在滞后,衍生出了新的风险。

从保险发展规律来看,保险创新、保险风险与保险监管三者之间是一个动态的发展过程。保险创新,如普惠保险及普惠保险中保险科技的大量运用,在变革保险业的同时也孕育着风险,保险监管必须及时跟进,基于安全优先或效率优先的不同监管目标,监管制度设计也会有所不同。监管沙盒(regulatory sandbox)机制旨在由监管机构提供一个安全空间,使得应用创新性的保险经营机构可以在符合特定条件的前提下,申请突破一定的规则限制在该空间内进行保险科技创新测试。① 该机制有助于平衡保险创新与保险风险,兼顾普惠保险监管安全和效率的双重目标设置,在普惠保险领域等金融创新领域具有适用性。②

作为一项平衡保险科技创新与风险的制度设计,"监管沙盒"机制已在英国、澳大利亚、新加坡等国以及我国香港地区的金融科技创新领域建立并实施。其核心主要包括监管测试主体、监管豁免、测试程序、消费者利益保护、沙盒退出等内容。③ 比如,英国金融行为管理局(以下简称 FCA)发布的监管沙盒指引文件中就明确规定:金融科技企业申请进入沙盒测试必须符合一定的条件,监管机构将从市场范围、创新情况、是否真正有利于消费者及测试准备等方面进行较为严格的事前审查。之后,监管机构还会对创新金融产品的运行动态进行全程跟踪,对于损害消费者利益的行为,监管机构会要求金融机构进行补充并提供解决纠纷的途径。④

实践证明,监管沙盒机制是能够实现试错、查错、纠错的包容性创新规制和管理体系,可在风险可控的前提下开展应用试点、产品和技术验证,规范颇具创新性普惠保险的发展。因此,可在确立比例风险控制原则的同时,引入监管沙盒机制,具体展开路径

---

① HM Treasury, HM Treasury regulatory innovation plan, UK Government (April, 2017), http://www.gov.uk/government/publications/hm-treasury-regulatory-innovationplan.,最后访问日期:2021 年 11 月 30 日。
② 陈佩、孙祁祥:《多元共治:创新与监管的平衡——基于"监管沙盒"理论依据与国际实践的思考》,载《保险研究》2019 年第 3 期。
③ 陈佩、孙祁祥:《多元共治:创新与监管的平衡——基于"监管沙盒"理论依据与国际实践的思考》,载《保险研究》2019 年第 3 期。
④ 为了鼓励金融科技(Fintech)领域的创新和竞争,英国金融行为管理局(FCA)于 2015 年 11 月发布了监管沙盒指引文件。该指引的主要内容包括:(1)申请条件。企业计划申请测试的产品或服务应符合真正创新的要求、为金融行业设计并且创新可以为消费者带来可预见的收益。(2)监管创新措施。在公司同意遵守监管沙盒机制的前提下,FCA 将会采取无强制措施信件(No enforcement action letters,NALs)、私人指南和豁免等三种监管创新措施,以确保自己以后不会对测试活动采取执法行动。(3)消费者权益保护机制。FCA 拟采取多种措施来保护客户,且倾向于建立个性化的适用于测试活动的保护和补偿机制。参见 FCA 官方网站,https://www.fca.org.uk/firms/innovation/regulatory-sandbox,最后访问日期:2020 年 11 月 10 日。

可以参照其他国家的经验,从以下几个方面进行:

第一,通过法律制度体系建设规范化监管沙盒机制的运行。监管沙盒机制作为一种创新监管方法,需对其进行法律授权,为其提供合法性基础。法律和行政法规的修改、制定程序复杂,需要耗费较长时间,无法满足金融科技快速发展的需求。更适宜的方式是先由金委会统筹协调,由中国人民银行、银保监会、证监会联合出台统一的监管沙盒部门规章,制定完整的监管沙盒规则。待监管沙盒制度试点运行一段时间后,在总结实践经验的基础上,再从法律、法规层面进行立法。

依据国际经验和监管沙盒机制的核心要求,在制定相关规则时至少应包括以下五个方面的内容:一是申请测试主体资格。对申请沙盒测试的主体,可以限定为正规保险机构为主、准保险机构(如互相保险组织)为辅。二是监管豁免。对符合沙盒测试条件的企业给予适当监管豁免,鼓励其在"安全空间"内充分创新。三是测试程序。完整的流程包括"测试申请—审核—建立测试路径—方案实施—测试和监测—评估—决定是否推广"。四是对消费者的利益保护。包括事先的风险告知,保障消费者可以自由选择是否加入监管沙盒测试,企业需制定消费者补偿方案等。五是退出机制。"沙盒退出"有完成后退出和中途退出两种情形。退出时,保险经营机构将面临或继续开展创新业务或不得继续实施创新业务两种情况,为此需要进行一定的准备工作。

第二,建立监管沙盒机制与现有监管制度的衔接机制。监管沙盒机制是在一个特定的范围内为保险经营机构提供创新环境,是一种暂时性的监管豁免。因此,当保险经营机构退出沙盒后,可能会面临创新产品无法继续的可能,这不仅会给其自身带来损失也不利于消费者利益的保护。由此可见,做好监管沙盒机制与保险监管制度的衔接是一个非常重要的环节。针对沙盒测试结果,在科学评估后,监管机构应及时修改相关监管政策或制定新的监管政策。监管沙盒机制的积极作用之一是提高普惠保险创新监管政策的科学性,政策的制定不能脱离社会发展实际,监管者通过全程参与创新的全过程,更加了解一项科技在普惠保险运用中可能存在的风险点,因此,制定出来的政策更加具有科学性和可行性。

第三,完善监管沙盒机制的风险防范途径。虽然在普惠保险中引入监管沙盒机制具有一定的合理性,但目前在我国推行监管沙盒机制面临三项风险:一是监管沙盒机制对监管者的技术水平、数据依赖程度、监管部门统筹协调要求较高。二是监管沙盒机制作为一种弹性的监管架构,体现了实验主义治理理念,需要解决与刚性行政法体系的兼容问题。[①] 三是统筹金委会下设的创新中心与现有的微观监管主体之间的关系,创新中心与行业自律机构、申请进入监管沙盒的各类机构之间的关系。对此,一是可通过强制要求再保险进行风险分散;二是应明确要求金委会起到充分的协调作用,增强监管的统一性和专业性;三是,可通过设定一定的限制条件,如明确规定创新性普惠保险产品服务的范围、参与沙盒测试的客户数量上限、限制保险业务的交易金额等控制风险。

---

① 张红:《监管沙盒及与我国行政法体系的兼容》,载《浙江学刊》2018年第1期。

第四节　优化普惠保险的具体规范

我国目前的普惠保险具体规范,仅在具体经营规则的设置上对商业性普惠保险和政策性普惠保险有所区别,对于保险合同相关规范的设置,两者均无太大区别。如在普惠农业保险立法中,除针对政策性普惠农业保险另有两项特别规定之外,即保险人不得主张保险标的残余价值(《农保条例》第13条)、当事人不得因保险标的危险程度的变化而解除合同或增加保费(《农保条例》第11条),对于商业性普惠农业保险合同和政策性普惠农业保险合同基本适用同一套保险合同规则,差别仅在于前者的保费没有补贴,而后者的保费存在补贴。加之上述两项特别规定还存在一定的问题,导致普惠保险具体规范之间的关系无法理顺、现有立法规定与《保险法》高度重合、专项立法中的大量条款沦为"僵尸条款"而无法在实践中有效适用等问题。

此外,在司法实践中普惠保险基本被等同于传统商业保险。这也导致政策性普惠保险具体规范的设置与国家为了实现社会治理现代化而出台的相关政策之间未进行有效衔接,二者的理念和出发点出现较大不同。比如,《农业法》项下的制度和规则的根本出发点是为了农业、农村和农民"持续、稳定、健康发展";[1]但目前《农保条例》项下的制度和规则安排则主要延续了《保险法》中的规定,其根本出发点是为了保险业的发展。[2]

因此,在普惠保险具体规范的设置方面,首先,应从该保险法律关系主体入手,明确在普惠保险中新型主体的法律地位。其次,应根据不同的主体,扩充传统商业保险原有的权利义务规范体系,以更好地适配普惠保险的特殊性。最后,应对普惠保险的监管、经营、再保险等问题进行细化规定,以实现普惠保险具体规范的全面优化。

一、保险主体规范的完善路径

普惠保险的法律关系主体较传统商业保险更为复杂。除保险人、投保人或被保险人、受益人之外,政府及其职能部门、具有一定公益性的法人组织也可能基于保险组织者的身份而在普惠保险中享有主体性地位。因此,保险主体规范完善的关键在于肯认普惠保险中新型主体的法律地位。

(一)构建多元化的保险经营主体规范

普惠保险的保险人是普惠保险的经营主体,即依法经营普惠保险业务的组织机构。但目前我国的普惠保险法律制度对普惠保险经营主体的多元性重视不足。对比其他国家或地区的普惠保险经营主体,我国的普惠保险经营主体仍比较单一。例如,国际上较

---

[1]　《农业法》第1条规定:为了巩固和加强农业在国民经济中的基础地位,深化农村改革,发展农业生产力,推进农业现代化,维护农民和农业生产经营组织的合法权益,增加农民收入,提高农民科学文化素质,促进农业和农村经济的持续、稳定、健康发展,实现全面建设小康社会的目标,制定本法。

[2]　《保险法》第1条规定:为了规范保险活动,保护保险活动当事人的合法权益,加强对保险业的监督管理,维护社会经济秩序和社会公共利益,促进保险事业的健康发展,制定本法。"《条例》第1条则基本照搬了上述规定。

为普遍的能够调动社会弱势群体、社区甚至非政府机构的"底层经营主体""社区经营主体"在我国鲜有所闻。因此,对普惠保险法律关系主体规范的优化,需要重视社会弱势群体对多元化保险经营主体的需求。

首先,对于专业性的普惠保险经营机构,如专业性的农业保险经营机构,应降低甚至取消现有规则中关于专业农业保险的保费收入需要达到一定比例(不得低于全部保费收入的60%)的限制,鼓励专业性的普惠保险经营机构发挥其优势和功能经营普惠保险。此外,还需要继续探索专业性的普惠保险经营机构和综合性的普惠保险经营机构合作和竞争机制,以确保普惠保险的市场出现适度的"服务竞争",且市场竞争可维持在"适度"而非"充分"的合理水准。否则,普惠保险的利益必然因为无谓的竞争而流失,成本也只会不断提高。

其次,对于传统商业保险的经营机构,即综合性的商业保险公司,则需着重完善其规范经营的问题。如前所述,普惠保险系准公共物品的定位和我国社会弱势群体的实际状况,给我国的普惠保险经营业务带来了一些不同于其他国家普惠保险经营的特点。传统商业保险的经营机构在展业、防灾、定损、理赔等多个环节都需要依靠县、乡、村的行政机构或其职能部门的大力协助。在这种情况下,传统商业保险经营机构普惠保险业务经营的成败在很大程度上取决于这些部门的支持和合作力度,甚至于普惠保险微观经营能否合法合规,也与这些部门的行为紧密联系在一起。因此,要树立传统保险经营机构长期可持续经营的服务意识,并设立正向激励制度,鼓励政府等行政主体与传统商业保险经营机构间合法合规地进行合作。

最后,对于相互保险组织、微型金融机构(如农村信用社、中小商业银行、农村小额贷款机构、村镇银行)等"草根"组织,我国普惠保险市场经营主体规范设置应鼓励其提供普惠保险,并对不同类别的保险经营主体进行分类规范。根据主体的性质、产品类型、风险程度,在经营牌照、资质和偿付能力方面细化规范标准,并使规范标准更贴合主体的实际风险水平。此外,对于不同类别的"草根"经营机构,应考虑使用风险水平调整后的资本金水平作为考核偿付能力的依据。

(二)肯认公权力主体的保险组织者地位

普惠保险的政策性、公益性和高风险性均决定了该保险必须得到政府的大力支持,更需要政府各职能部门、具有一定公益性的法人组织之间的配合,如村民委员会、民政局、街道办事处、居民委员会、气象局、农业技术部门、金融办、妇联、残联等机构或组织进行密切配合。基于此,我国普惠保险的法规规范设置应明确规定上述主体系普惠保险的保险组织者,在保险投保至赔付的各个阶段均需对保险人、投保人或监管主体负有一定的协同职责。

该协同职责具体可表现为:协助保险人收集保险风险相关的统计数据;协助保险人推广和宣传保险,并明确在此过程中保险组织者应协助或替代保险人履行保险法上的具体义务,如明确说明义务;协同投保的社会弱势群体进行投保、理赔等保险活动,并明确在此过程中保险组织者对社会弱势群体负有一般注意义务和信息转告义务;协同保险监管机构对保险合同内容进行事实审查等等。

(三)完善监管及再保险主体规范

目前我国主要有传统商业保险的监管机构,即银保监会,担任普惠保险的外部监管主体。但由于普惠保险经营的复杂性(广泛涉及农业、金融、投资、税务、气象等领域)，以及银保监会与被监管对象间存在一定的空间距离，加之普惠保险在监管性质、内容、规则等方面与传统商业保险监管存在较大差异，导致银保监会无法有效地完成普惠保险的监管目标。

因此，一方面应尽快建立普惠保险独立的外部监管主体及完善普惠保险的监管规范体系，避免由于各自为政、分割管理而导致的资源配置不合理、高成本、低效率的问题。另一方面，还需要逐步设立普惠保险的内部监管规范，鼓励社会弱势群体自行组织起来的保险自治服务组织参与普惠保险的监管，弥补普惠保险的外部监管主体在进行监管工作时的不足。普惠保险监管主体除应履行传统商业保险监管主体所应履行的职责之外，如监管保险经营主体活动、监管投保和履约情况等，还应履行以下两项职责：第一，监管各级政府及其职能部门的政策落实情况，确保各级政府依法合规进行合作治理。第二，监管各级政府及其职能部门的配合情况，提高行政主体在进行公私合作治理时的工作效率。

此外，如果没有完善的再保险体系，我国的普惠保险就难以在更大的范围内分散普惠保险中的系统性风险，尤其对于大型灾害难以起到充分的保障作用。考虑到我国现实保险市场的水平和能力，目前可规定政府在普惠保险，尤其是普惠巨灾保险的承保体系中主要承担再保险的担保职责。并逐步鼓励建立多元化的再保险体系，鼓励多元主体，如商业保险经营机构、外资保险经营机构承担普惠保险的再保险业务，担任普惠保险再保险主体的角色。成立国家普惠保险再保险公司，如中国农业再保险公司，并明确该公司和地方政府均应承担为普惠保险的保险经营主体提供再保险业务的义务。国家农业保险公司的分公司和地方政府为各自区域内的保险经营主体提供再保险业务，国家农业保险的总公司为其在各省的分公司提供再保险业务，而其他非经营普惠保险的商业保险公司、外资保险公司也可以成为再保险的保险主体。为普惠保险提供再保险，从而进一步扩展和延伸再保险业务主体的范围。

二、权利义务规范的扩充路径

在明确了普惠保险中相关主体在保险法上的地位之后，还应对这些主体的权利义务予以明确规范。

(一)明确公权力主体的保险法义务

普惠保险是一项关乎国计民生的系统性工程，其健康、可持续发展需要政府等公权力的协调、配合与支持。政府等公权力主体的介入和参与是普惠保险可持续发展的重要保障，其在参与的过程中与保险人或被保险人合作，所进行的公私合作治理行为则是普惠保险推进社会治理现代化的关键所在，也是普惠保险法律关系区别于传统商业保险法律关系的重要特征之一。

应明确规定政府等公权力主体不仅要在保险合同订立和履行的过程中，与投保人或保险人进行充分合作，负有一定的协同职责，对保险合同当事人合同权利和义务的履行起到充分的协同作用。此时，为更好地激励政府等公权力主体与保险人等私人主体进行合作治理，实现普惠保险的功能与价值，还应对政府的保险法义务及违反相应义务时的法律后果进行细化：

第一,明确政府在保险法上的明确说明义务,并确立较高的说明义务履行标准;明确政府的信息转告义务,即及时向投保人及被保险人告知保险合同的存在、保险的承保范围、除外责任的内容和法律后果以及索赔程序,并确立政府对其已履行信息告知义务负有举证责任,以确保政府与保险人间不会因义务的履行而相互推诿,造成投保人(或被保险人)的利益减损;以及明确政府在保险事故发生后的出险通知义务和材料提供义务的履行对象与义务内容,及违反上述义务的保险法后果。

第二,明确政府(通过招投标采购普惠保险服务时)或保险监管机构(其他情形时)对普惠保险合同内容的事实审查义务。并规定监管机构应细致审查政府与保险人单独协商的条款是否实际构成"个别协商条款",并以条款内容是否可以切实倾斜性保障社会弱势群体为导向,实质审查和监管普惠保险合同的内容。

第三,明确政府及保险人违反普惠保险合同法定要件(如除外责任并未实质减少、合同并不通俗易懂)的法律后果。即一方面该条款不对被保险人发生效力;另一方面,应参照《保险法》第116条、第162条以及原保监会《保险公司管理规定》第43条、第69条的规定,要求银保监会对保险公司进行警告、罚款、限制其业务或吊销其业务许可等行政处罚。①

第四,为激励政府与保险人持续合作,应要求政府在作为保险人的代理人参与普惠保险时,保险人须与政府签订委托—代理协议,并作出明确的代理授权。但本书认为此时,更为现实的做法是认定政府是保险人的履行辅助人而非代理人。此时,对于政府承担保险合同履行辅助人职责时的保险规则构建,宜在普惠保险专项立法中予以特别规定——首先应明确政府的合理注意义务,以及其已尽合理注意义务仍不能避免的事件,影响合同继续履行的,合同当事人享有解除或在合理的范围内变更合同的权利;之后,再明确规定由于政府不当履行导致的违约责任的责任承担主体应为保险人;但在保险人承担责任后,规定其可享有向政府(履行辅助人)追偿的权利;而出现政府的原因导致侵权情形时,受害人可自由要求政府或保险人承担赔偿责任,但在保险人承担责任后,亦可向政府追偿。

第五,普惠保险相关立法中还应明确规定,参与和组织普惠保险的政府对投保人或被保险人负有一般注意义务。由于此时政府进行的是行政私法行为,因此在政府违反一般注意义务时,更宜规定政府未作提示或者明确说明的,该条款不产生效力的明确规定,以示对政府不当行为的惩罚。此外,还需明确规定政府负有积极的履行职责。

---

① 《保险法》第116条规定:"保险公司及其工作人员在保险业务活动中不得有下列行为……(十三)违反法律、行政法规和国务院保险监督管理机构规定的其他行为。"《保险法》第162条规定:"保险公司有本法第一百一十六条规定行为之一的,由保险监督管理机构责令改正,处……罚款;情节严重的,限制其业务范围、责令停止接受新业务或者吊销业务许可证。"2015年修订后的《保险公司管理规定》第43条规定:"保险机构应当公平、合理拟订保险条款和保险费率,不得损害投保人、被保险人和受益人的合法权益。"《保险公司管理规定》第69条规定:"保险机构或者其从业人员违反本规定,由中国保监会依照法律、行政法规进行处罚;法律、行政法规没有规定的,由中国保监会责令改正,给予警告,对有违法所得的处以违法所得1倍以上3倍以下罚款,但最高不得超过3万元,对没有违法所得的处以1万元以下罚款;涉嫌犯罪的,依法移交司法机关追究其刑事责任。"

(二)细化保险组织者的协同职责

需要特别注意的是,政府等公权力主体在保险提供、保险人赔付能力保障、保险补贴方面与保险进行充分合作,并同时负有担保职责和监管职责。而若政府等公权力主体违反协同职责,由于其履行该职责系行政私法行为,其应主要承担违约或侵权等民事责任。但若政府等公权力主体违反担保和监管职责,则其应主要承担行政责任或刑事责任。

引入保险组织者的概念,并归纳实践中其行为的方式,对主要方式进行概括式列举,是实现政府协同职责细化的关键。普惠保险中保险组织者的权利主要包括两方面的内容:其一,对保险人进行监管的权利。其二,有权要求保险人根据当地实际情况个别协商设计保险险种和制定普惠保险合同条款的权利。需要明确的是,虽然保险组织者有时并非保险合同的当事人,但要对保险合同的履行负有一般注意义务和协同职责。

保险组织者协同职责的主要内容包括:协助保险人、投保人、被保险人进行信息的转告(信息转告义务);替代或协助保险履行保险合同的明确说明义务;与保险人或投保人签订明确的委托—代理协议,并作出明确的代理授权的义务。由于上述义务是私法上的义务,因此在保险组织者违反义务时,更宜规定其应主要承担私法上的不利后果,如保险合同条款不生效、承担违约责任、进行民事赔偿等不利后果。

此外,由于在普惠保险中公私合作通常通过保险组织者向保险经营机构购买普惠保险服务的方式进行,保险组织者角色因此具有多维性:其不再是公共服务的直接"提供者",对公共服务的国家任务不再承担总体性责任,而是扮演着合同主体、监管者、担保者等多重角色。① 而角色的转变必然引起权利义务(权力与责任)的调整和重构。②

1. 作为合同主体及其契约责任

在普惠保险中,保险组织者的首要角色是作为公私合作协议的合同主体参与普惠保险项目的运营。此时,为了尽可能地减少合同风险,政府应承担契约责任,并且该责任应贯穿于合同的订立和履行的全过程。

首先,保险组织者的契约责任体现在挑选适格的合作对象。一方面,保险组织者需要提供公平竞争的环境。这是政府契约责任私法属性的要求。根据我国《政府采购法》及相关法规、规章,政府选择合作对象主要有公开招标、竞争性谈判、邀请招标、竞争性磋商和单一来源采购五种方式。其中,公开招标和竞争性谈判最能体现市场精神,有利于促进竞争、节约费用、提高效率,政府在进行合作治理中要尽可能地采用这两种方式确定合作对象。另一方面,保险组织者应事先设定合作条件与标准。这是政府契约责任之公法属性的要求。政府与私人主体合作的客体是提供公共服务,因而要根据公共服务需求及合作目的,事先设定合作条件与标准。私人主体只有符合这些条件与标准,才能获得参与竞争、成为合作者的资格。

其次,保险组织者的契约责任体现在订立合作协议上。在进行普惠保险中的合作

---

① 邓塞:《论政府在购买公共服务中的角色定位及其法律责任——以法律关系基本构造为分析框架》,载《行政法学研究》2018年第6期。

② 邹焕聪:《政府购买公共服务的责任分配与行政实体规制——基于公私协力视角的探究》,载《行政论坛》2017年第6期。

治理行为时,政府及其职能部门应当与私人主体协商确定合作的内容并签订协议,同时承担一些特殊的责任和义务。前者是政府契约责任之私法属性的要求,也是合作协议得以顺利实施的关键。试想,如果合作协议的内容由政府单方决定,那么合作治理与政府亲自提供公共服务就无任何区别。后者则是政府契约责任之公法属性的要求。为了尽可能地平衡政府与私人主体在合作协议中的地位,合作协议的签订要遵循"风险由最有控制力的一方承担"的原则,通常规定由政府承担一些特殊的风险,如政治风险、政策风险等。这样,既能减小风险发生的概率和风险造成的损失,又能降低控制风险的成本。此外,合作协议一般还要规定政府承担一些特殊的责任,如提供普惠保险宣传所必需的基础设施,协助私人主体获得相关批准,监督保险的运营,保证不随意干预私人主体的行为等。

最后,保险组织者的契约责任还体现在履行合作协议上。在合作治理中,政府应当严格按照合作协议的内容行使权利(力)、履行义务,并应对其为了公共利益单方变更或者解除协议的权利进行限制。私人主体之所以愿意在公共服务的提供上同政府进行合作,主要原因是有利可图,如可以获得税收减免、贷款优惠、良好的企业形象等直接或间接利益。但如果合作协议的内容得不到履行,私人主体参与合作治理的目的就会落空,公私关系就会恶化。因此,政府应当以最大诚信履行合作协议,除了出现不可抗力等免责情况,其他情况下违反合作协议都要承担相应的私法责任,如支付违约金、赔偿损失。政府按照合作协议的内容行使权利(力)、履行义务是一种常态,但有时会出现一些难以预料的情况,如宏观政策调整、政府财力水平下降等。此时,政府享有行政优益权,即不经私人主体同意而单方变更或者解除合作协议,这实际上是私人主体对必须由政府代表和维护的公共利益的承认。但这种行政优益权的行使条件应严格限制,以防行政特权与契约合意相冲突。

2. 作为监管主体及其监管职责

在普惠保险中,保险组织者与保险人之间还同时形成行政管理关系,此时保险组织者作为监管主体,应负有监管责任。

一方面,履行合同的过程中私营主体可能会出现很多风险,保险组织者需要对私营主体履行公共服务的行为实施必要的监管,督促其全面履约,并确保私营主体的行为符合公共性价值的标准,防止、规避履约中的各种负面因素和风险,以确保政府购买公共服务目的的有效实现。另一方面,从法律逻辑上看,私营主体交付公共服务行为所产生的法律效果归于保险组织者,根据代理制度原理,政府享有监管权。

但不同于传统意义上保险监督管理机构的监管,普惠保险中保险组织者的监管职责需具有开放性、多元性和流动性的特征,体现出普惠保险中公私合作所倡导的平等协商精神。在具体监管规则的构建上应遵循以下要点:

首先,要建立"全程问责"的监管规则。行政法上,常将问责理解为对后果的追究,但实际上问责并不仅局限于合作治理活动出现危害后果对责任人的追惩,也包括在合作治理的整个过程中对公共任务承担者随时进行监督和质询,从而实现协商民主。因此,"全程问责"的本质是一种公共任务承担者对相关部门就行政任务的承担进行实质理由陈述的"论坛"。① 因此,在普惠保险中,保险组织者应发挥全程问责的作用,在立项、任务执行(变更)、完成交付与使用整个过程中议会应该以财政预算划拨手段为核心随时对合作治理行为的财政支出、任务推进效果进行监督和问责,及时纠正、及时防止风险。此外,全程问责还适用于公众对普惠保险的监督。公众包括传媒应该建立在搜集信息更加灵敏的优势基础上,对于违背公共性和侵犯第三人权利的协作、参与行为通过曝光、抗议、提出检举等手段进行问责。

其次,还要建立"多元问责"的监管规则。与传统的行政问责主要针对由公权力一方对私人主体进行问责的方式不同,普惠保险中保险组织者的监管应确立互相问责、第三方问责、自我问责等多元问责监管规则。其中,互相问责的基础在于普惠保险合同或公私合作治理本身就是一种问责的架构。它确立了一方需要负责的对象以及承担责任的过程。因此,保险组织者在履行监管职责时的问责必然是一种互相问责,而不是传统行政法学强调的单方问责。在合作治理模式中,基于理性人的基本假设,政府等公权力主体和保险人等私人主体均有可能出现道德风险和契约失灵的情况。因此,应该建立互相问责的程序,包括事由、启动、质询、谈判、追责、纠纷解决等。换言之,不仅应强调保险组织者基于行政优益和强权色彩对参与合作治理的私人主体进行问责,还应允许私人主体反制公共部门,形成某种权利—权力的制衡。同时,对于私人主体,还应该考虑其"聚合责任"规则体系的建立,也就是"有来自独立的第三方、私人主体本身的监督及自律(或者可以称为私人主体的行政法义务与责任机制)",②从而建立一套完整、多元、无缝隙的问责体系。

3. 作为担保主体及其担保责任

在普惠保险中,保险组织者还担任着担保人的角色,其与保险人进行合作治理可被视为担保国家的展现形式。③ 此时,保险组织者担保职责的依据主要来源于宪法的规定,即国家承担着对公民基本权利的保护与实现义务。我国政府对公共保险服务建设和社会弱势群体保护承担着重要责任,这种职责既可以以国家直接提供给付的形式出现(如社会保险),也可以由国家委由私人提供,同时对私人进行规制与监督的形式出现(如普惠保险)。

此外,国家对人权的保障义务也同样构成其在合作治理中承担担保职责的宪法基础。④ 我国 2004 年的《宪法修正案》中明确规定,"国家尊重和保障人权",其中的"保障"是对国家提出的积极要求,它既要求国家承担人权的保护义务,即采取有效的组织与程序上的措施保护公民不受他人侵犯,或者在公民权利遭到侵犯时为其提供有效的救济途径,也要求国家承担对人权的"实现"义务,即采取有效措施帮助公民拥有实现其人权的基本条件。这种国家的保护与实现义务就具体落实为保险组织者的担保职责。

---

① Bovens M., Analyzing and Addressing Accountability: A Conceptual Framework, *European Law Journal*, 2007, Vol. 13, No. 4, p. 450.
② 高秦伟:《私人主体的行政法义务?》,载《中国法学》2011 年第 1 期。
③ 担保国家作为一种国家模型,是指国家自己不直接向私人提供服务,而是担保其他人(主要是私人企业)履行适当地公共任务。高秦伟:《私人主体的行政法义务?》,载《中国法学》2011 年第 1 期。
④ 黄锦堂:《行政组织法》,翰芦图书出版有限公司 2005 年版,第 173 页。

但与私法上的瑕疵担保责任相比较,普惠保险中保险组织者的担保责任的主要目的并不在于排除瑕疵状态,以及在瑕疵出现后承担一定的法律责任,其职责还应扩展到"预防"瑕疵的出现。① 具体而言,保险组织者的担保职责应包括以下四个方面的内容②:其一,维持给付不中断的担保义务。即保险组织者有预防保险给付、保险费用补贴给付稳定提供、不随意中断的担保义务;当特定情形发生时,其有必要介入和补位,履行接管责任和代履行责任。其二,维持与促进竞争的担保义务。即保险组织者需要维持与促进保险人间的相互竞争,确保普惠保险市场健康发展的担保义务。其三,维持持续性的合理价格与一定给付质量的担保义务。保险组织者需要将普惠保险的费率水平控制在可负担的范围内,并且确保保险人的保险服务质量不由于低廉的保费而有所下降。其四,人权保障义务与国家赔偿义务。保险组织者应对社会弱势群体的人权予以保障,并在其基本权利受到国家侵害时,承担国家赔偿责任。

4. 保险组织者职责重塑的合理性

在普惠保险中确立保险组织者的合同、监管、担保职责具有合理性。

首先,引入保险组织者合同职责可降低保险的经营成本,也契合精细化的效率意识。③ 以保险组织者的保险合同说明义务为例:在投保前,保险组织者就与保险人就保险合同进行了商洽,已充分了解了合同内容及合同可能存在的风险,具有信息上的优势,这种优势也会随着投保人持续续保而得到强化;并且,与保险人相比,保险组织者对其管辖范围内的保险参与成员更为熟悉,在义务履行上遭受严重信息偏在的概率较低。最后,由于私人商事主体常对交易对象存有天然的不信任,若要求保险人承担说明义务,说明提示的最终效果往往不佳;但若由保险组织者履行说明义务,则投保人很可能出于对公权力的信任,更易接受和理解保险合同的内容。

其次,引入保险组织者的监管和担保职责,可为普惠保险中"个别协商条款"的效力认定提供依据。虽然在普惠保险合同签订时,与保险人进行磋商的相对方为保险组织者,而非传统商业保险合同中的个人投保人。保险组织者可能会配备熟识保险的专业知识人员,或保险人出于对公权力的敬畏,保险人的信息优势将得到大幅消减。但这并不意味着,无须对普惠保险中的"个别协商条款"的实际法律效果进行细致审查之必要。对普惠保险中的"个别协商条款"进行审查的法理依据,并非在于防止保险经营者基于其信息及谈判上的优势而作出对投保人不利之行为,④而是在于避免普惠保险合同谈判中政府可能会出现委托—代理问题。而引入保险组织者的监管职责,要求其对合同的缔结负有一般注意义务,可在"个别协商条款"的效力审查时,引导法院以诚实信用以及公平交易原则为导向,在充分考虑该条款所属的保险合同的特征、该条款订立时的情形

---

① 李霞:《公私合作合同:法律性质与权责配置——以基础设施与公用事业领域为中心》,载《华东政法大学学报》2015 年第 3 期。

② [德]施密特·阿斯曼:《秩序理念下的行政法秩序建构》,林明锵等译,北京大学出版社 2012 年版,第 165 页。

③ 正如有学者所提倡的,在法律规则制度建构中有必要秉持精细化的效率意识而作出最有效率的制度选择。参见熊丙万:《中国民法学的效率意识》,载《中国法学》2018 年第 5 期。

④ 解亘:《论格式条款内容规制的规范体系》,载《法学研究》2013 年第 2 期。

及该条款是否对被保险人的合同权利义务造成显著失衡（如是否与任意法规范相悖并造成重大利益减损、是否对相对人的利益构成不合理的减损，该减损是否对合同目的和利益的实现至关重要；是否可以实质保障给付均衡并兼顾投保人的合理期待等）的基础之上，对"个别协商"条款的效力作出综合性的利益权衡判断。

（三）优化弱势群体的权利义务规范

普惠保险中投保人、被保险人及受益人的权利和义务的种类与传统商业保险的规定基本一致，但应特别明确其权利行使和义务履行需具备方便性、简易性，不应面临过多障碍。

首先，在普惠保险中，应特别赋予投保人、被保险人或受益人请求保险组织者予以协助的权利。其次，需明确投保人、被保险人或受益人享有知情权和监督权，以消除其可能面临的保险人或保险组织者故意或重大过失向其隐瞒投保、理赔等信息的问题。最后，还应明确投保人享有获得保费补贴的权利。尤其是政策性普惠保险的保险人或保险组织者不得基于不当理由，过分限制普惠保险的承保范围或对投保人的适格标准设置较高要求。

此外，随着经济社会转型的深入，我国社会弱势群体的数量和其所面临的风险也呈现逐渐增加之势。普惠保险可预防并分散社会弱势群体所面临的灾害风险、经济风险、健康风险和生命周期风险。社会弱势群体作为普惠保险的需求主体，自然就成了普惠保险的投保人或被保险人。但有别于传统商业保险，社会弱势群体在普惠保险中不仅是保险合同法律关系的主体，其还会由于接受政府保费补贴、与政府在保险活动中进行合作而形成补贴、公私合作等法律关系。因此，投保人、被保险人规范的内容不仅应包含其在保险合同法律关系中的权利和义务，还应包含其在补贴及公私合作法律关系中的权利和义务。

（4）确认并限制保险人的权利和义务

应明确普惠保险的保险人享有以下权利：第一，自主经营权。该项权利也是商业性普惠保险经营主体所特有的权利，其有权自主决定经营方针和营销方法；但对于政策性普惠保险，基于保险较强的公益特性和公共任务履行职能，保险经营主体的自主经营权应受到适度的限制。第二，享有国家补贴和支持的权利。商业性普惠保险和政策性普惠保险的经营主体均享有该项权利，只是二者权利的具体内容和"强度"有所不同，前者可享有国家提供的少量补贴和支持；但后者不仅可享有更高数额的补贴，还应享有管理费用和税赋方面的优惠，并且也有权获得国家在再保险和救助基金等方面的担保支持。第三，建立社会弱势群体征信数据库的权利。普惠保险的经营主体有权收集保险目标群体（社会弱势群体）的风险信息，如其生产态度、习惯、经营状况、文化程度、收入状况、健康状况、年龄等信息，建立社会弱势群体的征信数据库，对社会弱势群体进行风险细分，以便增强普惠保险的内部风险管控能力，减少社会弱势群体的道德风险和逆向选择问题。第四，创新和发展权。普惠保险在经营过程中存在较高的风险，因此需要保险经营主体进行不断的创新和发展，以解决普惠保险普遍面临的赔付率、经营管理成本过高的问题。只有确立保险经营主体的创新和发展权，才能吸引更多的主体参与普惠保险的经营。

同时，应对保险人在普惠保险中的保险合同解除权和代位求偿权予以一定的限制：

一方面,需要对其合同解除权的行使承担较高的因果关系证明标准;另一方面,对于第三人为被保险人家庭人员或组成人员故意或过失造成的保险标的损失这一特殊情形,保险人不得行使代位求偿权,以确保社会弱势群体的损失可以得到赔偿,风险得以分散。

在享有权利的同时,还应明确规定普惠保险的保险人应履行以下义务:第一,贯彻国家宏观政策的义务。该项义务对于政策性普惠保险的经营主体尤为重要。第二,确保及时履行保险合同的各项义务,主要包括签发保险单证、损失赔偿通知、给付赔偿金、明确说明等义务,但相对于传统商业保险,普惠保险的保险人该项义务的履行期限应较短,以满足社会弱势群体更为迫切的保险金赔偿需求。第三,接受保险监管机构、其派出机构以及其委托的行政机关监管和检查的义务。由于普惠保险的监管主体除保险监管机构之外,还包含其在乡镇、村级地区设置的派出机构,以及保险监管机构委托的专业性的行政机关,普惠保险的保险人因此也应同时接受上述主体的监督和检查。

三、经营及监管规范的整改路径

除普惠保险法律关系主体规范及权利义务规范之外,还应对保险的承保条件、保单的通俗化等经营和监管规范进行技术性整改。

首先,应明确规定普惠保险的承保条件不宜过于严格,而对于不涉及公共资金运用的商业性普惠保险的承保条件设置尤是如此。对于有资格投保普惠人身保险的社会弱势群体的具体范围不宜作出过窄的限定;同理,对于普惠财产保险承保的保险标的也不应作出过于严格的限定,否则,将有悖于普惠理念的达成。

其次,应明确规定各级政府或公益性的法人组织在进行普惠保险保费补贴时,无正当理由,不得无故限制保险人基于风险测算而确定的保险费率;并明确,各级政府或公益性的法人组织无正当理由,亦无权限制或自行更改保险合同的内部风险防控工具,如免责条款、自担额设置、差异化保费、赔偿限额等。这些规定虽对于提高保障保险人的风险控制能力、确保普惠保险的可持续运营具有重大意义,但同时亦需注意,对保险人的风险控制能力也需要适当的限制。如应明确保险人关于自担额或起赔额,不应设置过高标准;免责条款或除外责任条款不应设置过多,以在确保普惠保险在可进行一定的风险控制和无害于社会弱势群体保障基本理念的实现之间,作出恰当的权衡。

再次,应明确规定普惠保险合同或其他保险凭证需要满足通俗化、简易化的强制性标准。而保单通俗化并不完全等同于除外责任条款的减少,应针对保单通俗化的判断设立较为客观的认定标准。例如,美国保险监督官协会(NAIC)就曾于1993年和1995年先后制定了《财产保险保单简化示范法案》(Property and Casualty Insurance Policy Simplification Model Act)以及《人寿健康保险保单语言简化示范法案》(Life and Health Insurance Policy Language Simplification Model Act)。这些示范性法案,为了保证保险条款的易读性,对人身保险、财产保险保单的简化及语言的适用设置了明确的最低标准。此外,后一法案更是明确要求,[①]保单中保险条款的文本需要经过"弗莱施易

---

① 参见《人寿健康保险保单语言简化示范法案》第5条第A款至第C款的规定,以及《财产保险保单简化示范法案》。

读性测试"(Flesch reading ease test)①的评定后才可适用(参见表 5-2)。

表 5-2 "弗莱施易读性测试"的评价表

弗莱施测试分数	学校的年级*	易读性的特征
90～100	4 年级	非常容易
80～90	5 年级	容易
70～80	6 年级	比较容易
60～70	7 年级或 8 年级	标准
50～60	某些高中	比较困难
30～50	高中、某些大学	困难
0～30	大学	非常困难

* "学校的年级"代表了被测试文本能够被读懂的人群的教育背景。

资料来源:马宜斐:《美国保险消费者保护机制研究》,对外经济贸易大学 2014 年博士论文,第 121 页以下。

保单的文本或具体的保险条款经"弗莱施易读性测试"后,至少应该达到 40 分或其他同类测试大致相等的分数,才可被认定为完成了保单的简化。此外,这些示范性法案中,对于保单的字体(字号最少设置为 10 磅或更大)、②保单的页数和字数(如果保单查过 3 页或 3000 字,应有目录或索引),③均作出了极为细致的规定。对我国普惠保险立法的启示,是要求保单语言的可读性达到高中教育的阅读水平。因此,我国的普惠保险立法在具体规则设置上,也应建立较为客观化、系统化的保单通俗化认定标准,如引入"弗莱施易读性测试"评价标准,而非简单地要求保险人减少除外责任。

最后,在对普惠保险具体规则进行改革时,还需对规则进行技术性整改,以实现对普惠保险的制度体系进行清理。而整改和清理可通过以下方式得以实现:其一,去除规则之间不必要的重复;其二,对个别条款进行修改,消除法之间的相互矛盾、法与部门规范性文件之间的矛盾;其三,对整个普惠保险立法规则体系进行周密的统筹规划;其四,及时对其中的老旧、不适用的制度文件或其中的单项规定进行废止,避免同一问题由多个规范性文件规范、涉及的规定不统一的情况的出现;其五,对具体规则中的法律用语以司法解释或细则的形式加以明确。

---

① 马宜斐:《美国保险消费者保护机制研究》,对外经济贸易大学 2014 年博士论文。
② 《人寿健康保险保单语言简化示范法案》第 5 条第 A 款第(2)项。
③ 《人寿健康保险保单语言简化示范法案》第 5 条第 A 款第(4)项。

结语

保险作为一种重要且成熟的风险治理手段,是现代治理结构中的重要一环,近年来普惠保险的蓬勃发展更是反复证实了这一论断。但我国目前的普惠保险协同社会治理现代化的实践仍处于探索阶段,缺乏体系化和规范化。在此环境中,普惠保险很难有效地实现推进社会治理体系和能力现代化的战略目标,加快我国普惠保险立法和规范建构的步伐因此而具有重要的现实意义。

由于普惠保险在定位上具有特殊性,其功能与价值的实现均仰赖于政府等公权力主体的积极参与。而其中政府的介入模式已逐步从传统的"命令型"转变为"合作型",后者强调的是政府积极的合作治理行为。政府在普惠保险中的合作治理行为,以风险管理为纽带,通过市场化的制度安排,以经济补偿为手段,使整个社会将风险损失的成本最小化。这不仅促进了社会治理能力和治理体系的现代化,还有效地增进了人民福祉。因此,在普惠保险立法规范建构中,明确政府合作治理行为的法律定性和法律适用,细化政府的担保、履行职责和不当行为时的保险法责任,可在一定程度上消除政府合作治理行为引发的一系列问题,推动政府治理向服务型、合作型转化,促进政府与保险人间实现实质意义上的合作治理及风险共治,促使普惠保险更好地发挥其功能和价值,实现拓展传统商业保险服务功能、增强全社会风险抵御能力、推进国家治理能力现代化的重大使命。

但遗憾的是,我国目前普惠保险立法规范及体系对商业性普惠保险和政策性普惠保险不加区分,加之对社会弱势群体的权利认知的高度不够、对保险经营主体的多元性重视不足,导致该保险在实践中面临着一系列的问题。若想充分发挥普惠保险分散损失、实现国家宏观调控政策等重要功能,势必要对普惠保险中的原则性规范予以调试,对具体的内容规范予以完善。从现实所展现出的弊端的根源来看,应以社会弱势群体权利保护为立法理念对普惠保险进行细分,在尊重实践多样性、制度多元化的基础上,改变商业性普惠保险和政策性普惠保险不分的现行立法体系设计,对政策性普惠保险进行单独的规范和制度设计,才能解决我国普惠保险中的根本问题。但由于立法改革难以一蹴而就,针对现有的主要争议问题对所涉规范进行部分"修缮"不失为一种有效的进路。

本书主要在立足保险法的视域下,对我国普惠保险融入社会治理现代化中产生的法律问题进行提炼,就如何通过法律法规的供给和完善,以保障普惠保险有效并可持续地融入社会治理现代化进行了系统化的研究。但同时,本书也意识到促进普惠保险推进社会治理的进一步现代化除了依赖于普惠保险立法规范内部的优化之外,还有赖于若干外部辅助机制的建构。但受制于篇幅关系,本书对这些外部辅助机制的建构未作详尽论述。

附 录

附录1 普惠农业保险案件统计

案号	涉案保险公司	涉案保险	所涉地方政府	所涉地方政府的保险行为	保险公司是否胜诉	争议焦点	实体法引用
(2013)辽合法民二初字第305号	阳光财产保险	森林综合保险	无	无	否	诉讼主体资格认定问题，保险人施救义务履行问题，承保损失认定问题，赔偿金额核算问题	《中华人民共和国保险法》第10条、第16条第3款、第30条、第57条第2款
(2014)沧民终字第00202号	中华联合财产保险	玉米种植综合险	无	无	否	保险人说明义务履行问题、免责条款适用问题	《中华人民共和国保险法》第13条、第17条、第23条第1款、第64条，最高人民法院关于适用〈中华人民共和国保险法〉若干问题的解释》第9条，《农业保险条例》
(2014)沧民终字第203号	某财产保险	棉花种植综合险	无	无	是	保险人说明义务履行问题、免责条款适用问题	《中华人民共和国保险法》第17条，《农业保险条例》
(2014)赤商终字第93号	中国人民财产保险	赤峰市松山区政策性农业保险	镇政府、村民委员会	宣传、代收保费	是	保险合同是否成立问题	《中华人民共和国保险法》第13条

续表

案号	涉案保险公司	涉案保险	所涉地方政府	所涉地方政府的保险行为	保险公司是否胜诉	争议焦点	实体法引用
（2014）固民初字第1062号	中国人民财产保险	内蒙古自治区固阳县种植业保险	市农牧业保险保费领导小组、农牧业合作社	投保、制定保险条款	是	保险期间认定问题	《中华人民共和国保险法》第13条、第18条、第186条，《农业保险条例》第2条、第3条、第5条、第16条
（2014）杭民二初字第268号	中国人民财产保险	种植农业保险	村民委员会、镇政府	投保、开具出险证明	部分胜诉	承保损失认定问题、赔偿金额核算问题	《中华人民共和国合同法》第8条，第60条，《中华人民共和国保险法》第10条，《农业保险条例》第12条
（2014）乌民终字第472号	中华联合财产保险	种植业保险	镇农业保险领导小组、镇政府、行政村、气象局、城建局	查勘、定损、理赔、开具出险证明	是	保险利益问题、损失认定问题、核算问题	无
（2014）一中民（商）终字第9856号 （2014）一中民（商）终字第9857号 （2014）一中民（商）终字第9860号 （2014）一中民（商）终字第9861号 （2014）一中民（商）终字第9862号	中国人民财产保险	种植业保险投保单——樱桃种植保险条款（小型团单）	区农委、区园林绿化局果树科、镇林业工作站、保险协保员	查勘、定损	部分胜诉	举证责任承担问题、承保损认定问题	《中华人民共和国合同法》第60条，《中华人民共和国保险法》第23条
（2015）滨中商终字第179号	中华联合财产保险	山东省政策性棉花保险	农业生产经营组织、村民委员会	理赔	是	承保损失认定问题、理赔金额核算问题	《中华人民共和国保险法》第22条、第23条

附录

续表

案号	涉案保险公司	涉案保险	所涉地方政府	所涉地方政府的保险行为	保险公司是否胜诉	争议焦点	实体法引用
(2015)鄂民初字第1272号	中国人民财产保险	种植业（大豆）保险	村民委员会	投保、确认查勘定损结果	是	赔偿责任范围认定问题	《农业保险条例》第12条
(2014)洪孙商初字第0011号 (2015)洪孙商初字第00057号 (2015)洪孙商初字第00058号 (2015)洪孙商初字第00059号 (2015)洪孙商初字第00060号 (2015)洪孙商初字第10152号	紫金财产保险	江苏省政策性农业保险杂交水稻制种保险	气象局、农场气象站、农业委员会	联办共保、分摊保费和赔案	部分胜诉	诉讼主体资格问题、免责条款适用问题、保险人说明义务履行问题	《中华人民共和国合同法》第8条、《中华人民共和国保险法》第55条第1款、《农业保险条例》第2条、第15条第1款、第16条
(2015)吉0721民初547号	安华农业保险	农作物种植成本保险（团单）	村民委员会	投保	是	保险利益问题、赔偿金额核算问题	《中华人民共和国保险法》第22条、《农业保险条例》第3条第2款
(2015)金黎北商初字第754号	中国人民财产保险	政策性农业保险（团单）	区林业种苗管理站	向被告追偿、公示赔偿情况	是	保险利益问题、保险代位求偿权履行问题	《中华人民共和国保险法》第10条、第11条、第60条、第61条
(2015)金永商初字第2763号	中国人民财产保险	浙江省永康市政策性农业保险	水库管理所、气象管理局、市场监督管理局	开具出险证明、证明本案被告的主体适格	否	保险人损失赔偿义务履行问题、赔偿金额核算问题	《中华人民共和国保险法》第5条、第24条、第55条第1款

续表

案号	涉案保险公司	涉案保险	所涉地方政府	所涉地方政府的保险行为	保险公司是否胜诉	争议焦点	实体法引用
(2015)柯民初字第239号	中国人民财产保险	柯坪县政策性(棉花)保险	无	无	否	赔偿金额核算问题	《中华人民共和国合同法》第61条第1款、《中华人民共和国保险法》第5条、《农业保险条例》第15条
(2015)垦商终字第16号	阳光农业相互保险	玉米种植相互保险	无	无	是	保险利益问题	《中华人民共和国保险法》第48条、第49条第1款
(2015)海商初字第00201号	中国人民财产保险	蔬菜大棚保险	各级财政、云台山风景名胜区管理委员、连云港市阿香蔬菜专业合作社	合作社组织集体投保、保费补贴、共担赔付责任	部分胜诉	赔偿金额核算问题、投保人施救义务履行问题	《中华人民共和国合同法》第8条、《中华人民共和国保险法》第10条、第55条第1款、第186条、《农业保险条例》第2款第15条第1款、第16条
(2015)连商终字第00269号							
(2015)内民申字第1068号	中华联合财产保险	种植业保险	县保险领导小组、县政府、村民委员会	理赔	是	赔偿金额核算问题、保险人损失赔偿义务履行问题	无
(2015)平民(商)初字第00675号	中华联合财产保险	种植业保险投保单(国单)	村民委员会	投保	部分胜诉	保险合同条款解释问题、举证责任承担问题	《中华人民共和国合同法》第61条、《中华人民共和国保险法》第14条、《中华人民共和国合同法》第62条第2款

续表

案号	涉案保险公司	涉案保险	所涉地方政府	所涉地方政府的保险行为	保险公司是否胜诉	争议焦点	实体法引用
(2015)平民(商)初字第135号	中华联合财产保险	桃种植保险	村民委员会	财政保费补贴、通知定损结果	是	理赔协议的效力认定问题、举证责任承担问题	无
(2015)上民初字第164号	中国人民财产保险	森林综合保险	无	无	部分胜诉	赔偿责任范围认定问题、保险人说明义务履行问题	《中华人民共和国保险法》第55条
(2015)田民二初字第36号	北部湾财产保险	政策性森林综合保险	乡林业工作站	查勘、出具定损证明	部分胜诉	赔偿金额核算问题	《中华人民共和国保险法》第55条、《中华人民共和国合同法》第60条第1款
(2015)田民二初字第75号	紫金财产保险	江苏省政策性农业保险杂交水稻制种保险	县农业委员会	出具定损报告	部分胜诉	诉讼主体资格问题、理赔协议的效力认定问题、赔偿金额核算问题、免责条款适用问题	《中华人民共和国合同法》第8条、《中华人民共和国保险法》第10条、第55条、《农业保险条例》第2条、第15条第1款、第16条
(2015)宿中民终字第0271号							
(2015)宿中民终字第0376号							

续表

案号	涉案保险公司	涉案保险	所涉地方政府	所涉地方政府的保险行为	保险公司是否胜诉	争议焦点	实体法引用
(2015)延民(商)初字第01079号							
(2015)延民(商)初字第01921号							
(2015)延民(商)初字第01923号							
(2015)延民(商)初字第01924号							
(2015)延民(商)初字第01929号							
(2015)延民(商)初字第01930号							
(2015)延民(商)初字第01931号							
(2015)延民(商)初字第01932号	安华农业保险	北京市政策性农业保险杏种植保险	县政策性农业保险专家鉴定小组、村委会、农林技术部门和气象部门	查勘、定损、理赔公示	是	举证责任承担问题、理赔金额核算问题	《中华人民共和国民法通则》第57条
(2015)延民(商)初字第01933号							
(2015)延民(商)初字第01935号							
(2015)延民(商)初字第01952号							
(2015)延民(商)初字第01959号							
(2015)延民(商)初字第01966号							
(2015)延民(商)初字第01970号							
(2015)延民(商)初字第01975号							
(2015)延民(商)初字第02012号							
(2015)延民(商)初字第02129号							

续表

案号	涉案保险公司	涉案保险	所涉地方政府	所涉地方政府的保险行为	保险公司是否胜诉	争议焦点	实体法引用
(2015)延民(商)初字第03581号 (2015)延民(商)初字第03598号 (2015)延民(商)初字第03601号 (2015)延民(商)初字第03602号	中国人民财产保险	北京市政策性玉米种植保险（团单）	村民委员会、农林部门和气象部门	投保、查勘、出具损害鉴定意见	是	举证责任承担问题，承保损失认定问题	《中华人民共和国保险法》第2条、第17条
(2016)川08民终814号	中华联合财产保险	魔芋种植保险条款（适用于四川省广元市）	无	无	部分胜诉	保险期间认定问题，赔偿金额核算问题	《中华人民共和国保险法》第17条第2款、《最高人民法院关于适用〈中华人民共和国保险法〉若干问题的解释（二）》第14条
(2016)吉0721民初1299号 (2016)吉0721民初375号	安华农业保险	农作物种植本保险	村民委员会	投保	是	保险利益问题，赔偿金额核算问题	《中华人民共和国保险法》第22条、《农业保险条例》第3条第2款
(2016)辽0727民初398号	中国人民财产保险	粮油作物种植成本（水稻、玉米、小麦）的保险	村民委员会	投保	是	保险利益问题，理赔核算问题	《中华人民共和国合同法》第8条、第60条，《农业保险条例》第10条、第15条
(2016)鲁0831民初1674号	安华农业保险	苗木种植保险	自治区司法鉴定科学技术研究所、农林牧司法鉴定中心	定损	否	免责条款适用问题	《中华人民共和国保险法》第16条、第17条、第23条、第30条

续表

案号	涉案保险公司	涉案保险	所涉地方政府	所涉地方政府的保险行为	保险公司是否胜诉	争议焦点	实体法引用
(2016)内0723民初485号	中国人民财产保险	农作物种植保险条款	镇政府、镇财政所、镇统计局、县农牧局	开具出险证明、投保情况证明	部分胜诉	赔偿金额核算问题	《中华人民共和国保险法》第10条、第13条、第14条、第55条第1款
(2016)苏0509民初838号	中国太平洋财产保险	水稻种植(中央政策性)保险	村民委员会	投保	部分胜诉	承保损失认定问题、赔偿金额核算问题	《中华人民共和国保险法》第14条、第21条、第23条第1款
(2016)苏06民终2182号	中国人民财产保险	江苏省政策性小麦种植保险	镇政府	投保	是	承保损失认定问题、赔偿责任范围认定问题	无
(2016)皖06民初2043号	国元农业保险	安徽省大棚蔬菜种植合同(B款)	无	无	部分胜诉	赔偿金额核算问题、赔偿责任范围认定问题	《中华人民共和国合同法》第60条第1款、《中华人民共和国保险法》第14条、第24条
(2016)新4223民初1650号	中国人民财产保险	种植业(农作物)保险	村民委员会、镇村级财务管理中心(镇农经站)、气象站、气象局	开具出险证明、查勘	部分胜诉	保险人损失赔偿义务履行问题、承保损失认定问题、理赔协议的效力认定问题	《中华人民共和国保险法》第10条、第13条、第14条、第23条、第55条、《农业保险条例》第3条、第10条、第12条
(2016)浙0784民初01218号	中国人民财产保险	淡水鱼保险条款	防汛指挥部办公室、水库管理所、气象管理局	开具出险证明	否	赔偿金额核算问题	《中华人民共和国保险法》第5条、第24条、第55条第1款

续表

案号	涉案保险公司	涉案保险	所涉地方政府	所涉地方政府的保险行为	保险公司是否胜诉	争议焦点	实体法引用
(2016)浙07民终150号	中国人民财产保险	浙江省政策性农业保险共体养殖业保险投保单	水库管理所、气象管理局	开具出险证明	否	保险人损失赔偿义务履行问题、举证责任履行问题、赔偿金额核算问题	《中华人民共和国保险法》第5条、第24条、第55条第1款
(2017)兵0103民初430号	中华联合财产保险	棉花种植产量保险	无	无	是	免责条款适用问题、赔偿协议效力认定问题	无
(2017)桂1002民初3620号	北部湾财产保险	政策性保险（商品林）（财政补贴型适用）保险	无	无	是	合同效力认定问题	《农业保险条例》第23条、《中华人民共和国合同法》第52条第1款第5项
(2017)桂10民终330号	中国人民财产保险	香蕉树种植保险	各级财政、农业厅、保险监督管理局	保费补贴，协商制定保险条款	否	政策性法律文件的适用问题、承保损失核算问题、赔偿协议效力适用问题、免责条款适用问题、投保人如实告知义务履行问题	《中华人民共和国保险法》第2条
(2017)吉01民申144号	安华农业保险	农家乐农村家庭风险保险	村民委员会	代签订保险合同	否	理赔协议效力认定问题、免责条款适用问题、投保人如实告知义务履行问题	《中华人民共和国保险法》第56条第4款
(2017)吉07民终343—1468号等74案件	中航安盟财产保险	农作物种植成本保险	村民委员会	投保、协商定损	否	理赔协商问题	《中华人民共和国保险法》第22条；《中华人民共和国合同法》第6条、第44条、第52条第1款第2项、第60条、第107条；《农业保险条例》第23条第2款

续表

案号	涉案保险公司	涉案保险	所涉地方政府	所涉地方政府的保险行为	保险公司是否胜诉	争议焦点	实体法引用
(2017)吉07民终514号	中国人民财产保险	农作物种植成本保险	县政策性种植业保险领导小组、县农经局组织技术小组、乡政府、村民委员会	投保、定损、开具出险证明、投保与理赔情况证明	否	举证责任承担问题,保险人损失赔偿义务履行问题,赔偿金额核算问题	《中华人民共和国保险法》第22条;《中华人民共和国合同法》第6条、第44条、第52条第1款第2项、第107条;《农业保险条例》第23条第2款
(2017)吉07民终517号							
(2017)吉07民终518号							
(2017)吉07民终599号	中航安盟财产保险	农作物种植成本保险	村民委员会	投保、协商定损	否	理赔协议的效力认定问题	《中华人民共和国保险法》第22条;《中华人民共和国合同法》第6条、第44条、第52条第1款第2项、第107条;《农业保险条例》第23条第2款
(2017)吉07民终600号							
(2017)吉07民终601号							
(2017)吉07民终602号							
(2017)吉07民终603号							
(2017)吉07民终605号							
(2017)吉07民终606号							
(2017)吉07民终609号							
(2017)吉07民终769号							
(2017)吉07民终770号							

续表

案号	涉案保险公司	涉案保险	所涉地方政府	所涉地方政府的保险行为	保险公司是否胜诉	争议焦点	实体法引用
(2017)吉0822民初1137号	中国人民财产保险	农作物种植成本保险	县农业科学技术推广站、村民委员会	出具农业保险测产报告、出具查勘定损报告,进行公示和协助理赔	是	保险人通知义务履行问题、赔偿责任范围认定问题	《农业保险条例》第12条
(2017)吉0822民初1150号	安华农业保险	吉林省农作物种植成本保险	县农业科学技术推广站、村民委员会	出具农业保险测产报告	是	保险人通知义务履行问题、赔偿责任范围认定问题	《农业保险条例》第12条、《中华人民共和国保险法》第2条
(2017)吉0822民初1469号	中国人民财产保险	育肥猪养殖保险	无	无	是	免责条款适用问题	《中华人民共和国合同法》第3条、第44条、第52条、《中华人民共和国保险法》第17条、第19条、《农业保险条例》第11条
(2017)冀0609民初1361号							
(2017)冀0983民初763—1019号等145案件	中华联合财产保险	政策性玉米种植保险	气象局、统计局、村民委员会、各级财政	核查灾情、开具出险证明、投保和理赔情况说明、投保、保费补贴	是	赔偿责任范围认定问题	《中华人民共和国保险法》第11条第1款、第13条、第14条、第44条第1款、《农业保险条例》第4条、第7条、第16条

续表

案号	涉案保险公司	涉案保险	所涉地方政府	所涉地方政府的保险行为	保险公司是否胜诉	争议焦点	实体法引用
(2017)晋0181民初206号	中国太平洋财产保险	玉米种植保险	市农业技术推广中心	投保	部分胜诉	承保损失认定问题	《中华人民共和国合同法》第60条、《中华人民共和国保险法》第23条
(2017)京0113民初8530号	安华农业保险	梨种植保险条款	村民委员会	投保、出险报案、出险出具证明和定损证明,负有一定施救义务(保险合同中注明)	部分胜诉	投保人出险通知义务履行问题、承保损害范围认定问题、赔偿责任承担问题、举证问题、赔偿金额核算问题	《中华人民共和国合同法》第60条、《中华人民共和国保险法》第23条、第30条、第57条
(2017)京0113民初8532号	安华农业保险	北京市政策性农业保险梨种植保险条款	村民委员会	投保、出险报案、出险出具证明和定损证明,负有一定施救义务	部分胜诉	投保人出险通知义务履行问题、承保损害范围认定问题、赔偿责任承担问题、举证问题、赔偿金额核算问题	《中华人民共和国合同法》第60条、《中华人民共和国保险法》第23条、第30条、第57条
(2017)京0113民初8534号	安华农业保险	北京市政策性农业保险梨种植保险条款	村民委员会	投保、出险报案、出险出具证明和定损证明,负有一定施救义务	否	投保人出险通知义务履行问题、承保损害范围认定问题、赔偿责任承担问题、举证问题、赔偿金额核算问题	《中华人民共和国合同法》第60条、《中华人民共和国保险法》第23条、第30条、第57条
(2017)京03民终13088号							
(2017)京03民终13154号							
(2017)京03民终13155号							

续表

案号	涉案保险公司	涉案保险	所涉地方政府	所涉地方政府的保险行为	保险公司是否胜诉	争议焦点	实体法引用
(2017)鲁0211民初7578号 (2017)鲁0211民初7580号	中国人民财产保险	政策性秋玉米种植保险	区农业服务中心、农机专业合作社、区农村经济发展局、各乡镇街道办农业中心部门和村委会、各级财政	投保、定损、宣传、代缴保费、确定理赔标准、保费补贴	否	保险合同效力问题、保险利益问题、赔偿责任范围认定问题	《中华人民共和国合同法》第 8 条、《中华人民共和国保险法》第 2 条、第 12 条、第 14 条、第 23 条、第 24 条、第 56 条、《农业保险条例》第 10 条、第 2 款
(2017)鲁08民终2486号	安华农业保险	苗木种植险	自治区司法鉴定科学技术研究所、农林牧司法鉴定中心	开具出险证明	否	投保人如实告知义务履行问题、保险合同条款解释问题	《中华人民共和国保险法》第 16 条、第 17 条、第 23 条、第 30 条
(2017)内02民终636号 (2017)内02民终637号	中国人民财产保险	农作物种植(油料作物)保险	村民委员会	代收保险费、组织投保	部分胜诉	保险合同成立问题、赔偿金额核算问题	《中华人民共和国保险法》第 13 条、第 14 条、《中华人民共和国民法通则》第 84 条
(2017)内0624民初3522号	中国人民财产保险	苜蓿种植保险条款	县农牧业局	鉴定受损情况	否	保险合同条款解释问题、承保损失认定问题	《中华人民共和国保险法》第 14 条、第 23 条、第 30 条、第 55 条

续表

案号	涉案保险公司	涉案保险	所涉地方政府	所涉地方政府的保险行为	保险公司是否胜诉	争议焦点	实体法引用
（2017）内0627民初4788号	安华农业保险	内蒙古自治区农作物种植保险单	县农牧业局、县气象局、价格认定局	开具出险证明	是	意外事故认定问题、理赔金额核算问题、投保人告知义务履行问题、免责条款适用问题	《中华人民共和国合同法》第44条第1款、《中华人民共和国保险法》第11条、第13条、第14条、《农业保险条例》第7条、第16条
（2017）内08民终1480号	安华保险	农作物种植保险单	无	无	是	保险人通知义务履行问题、理赔金额核算问题	《中华人民共和国保险法》第13条、第14条、第21条、第22条、第23条、第25条、第57条第1款、《农业保险条例》第10条、第12条、第15条第1款
（2017）苏0681民初1906号	中国人民财产保险	黄豆种植保险单	村委会	收取保费、提供承保清单、出险通知	否	诉讼主体资格问题、赔偿责任范围问题	《中华人民共和国保险法》第14条、第23条
（2017）新4028民初919号	中国人民财产保险	小麦种植保险条款	村民委员会	保费收取	是	举证责任承担问题	无
（2018）鄂0607民初1696号	中国人民财产保险	芦笋种植保险合同	无	无	部分胜诉	投保人出险通知义务履行问题、投保人协助义务核定的效力认定问题、赔付协议的效力认定问题	《中华人民共和国合同法》第8条、《中华人民共和国保险法》第21条、第22条、第23条

续表

案号	涉案保险公司	涉案保险	所涉地方政府	所涉地方政府的保险行为	保险公司是否胜诉	争议焦点	实体法引用
(2018)鄂1381民初96号	中国人民财产保险	中央财政补贴型水稻种植保险	各级财政、省减灾办公室、市减灾办公室	保费补贴、查勘	是	保险合同性质问题、保险利益问题、投保人出险通知义务履行问题、投保人证明材料提供义务履行问题、理赔协议的效力认定问题	《中华人民共和国保险法》第12条第2款、第21条、第22条
(2018)鄂13民终796号	中国人民财产保险	中央财政补贴型水稻种植保险	市农业技术推广中心	查勘、定损	是	保险利益问题、赔偿责任范围认定问题	《中华人民共和国保险法》第12条第2款、第21条、第22条、第23条
(2018)鄂9006民初1190号	国元农业保险	湖北省地方政策性淡水养殖（鱼）保险	无	无	是	免责条款适用问题、赔偿金额核算问题	《中华人民共和国保险法》第2条
(2018)吉0122民初247号	安华农业保险	喜乐农家一农村家庭财产保险与农村人身意外伤害保险组合	县公安局派出所、县消防中队、村民委员会、规划建设管理办公室	事故原因证明、查勘和定损	否	投保人施救义务履行问题	《中华人民共和国合同法》第60条、《中华人民共和国保险法》第5条、第10条、第12条、第14条、第17条
(2018)吉0122民初819号	中航安盟财产保险	农作物保险	村民委员会	投保	是	赔偿责任范围认定问题	《农业保险条例》第12条、第15条第3款、《中华人民共和国保险法》第10条
(2018)吉01民终3595号	中航安盟财产保险	农作物保险	村民委员会	投保、代签订保险合同	是	赔偿金额核算问题	无

续表

案号	涉案保险公司	涉案保险	所涉地方政府	所涉地方政府的保险行为	保险公司是否胜诉	争议焦点	实体法引用
（2018）吉 0721 民初 5381 号							
（2018）吉 0721 民初 5382 号							
（2018）吉 0721 民初 5383 号	中航安盟财产保险	农作物种植成本保险	村民委员会	投保，协商定损	否	诉讼主体资格问题，理赔协议的效力认定问题，理赔金额核算问题	《农业保险条例》第 23 条第 2 款；《中华人民共和国保险法》第 23 条；《中华人民共和国合同法》第 6 条、第 52 条第 1 款第 2 项、第 5 项、第 60 条、第 107 条；《中华人民共和国民法总则》第 195 条
（2018）吉 0721 民初 5384 号							
（2018）吉 0721 民初 5385 号							
（2018）吉 07 民终 30 号	中航安盟财产保险	农作物种植成本保险	村民委员会	投保，协商定损	否	理赔协议的效力认定问题	《中华人民共和国保险法》第 22 条；《中华人民共和国合同法》第 44 条、第 52 条第 1 款第 2 项、第 5 项、第 60 条、第 107 条；《农业保险条例》第 23 条第 2 款
（2018）吉 07 民终 54 号							
（2018）吉 08 民终 153 号	中国人民财产保险	农作物种植成本保险（葵花籽）合同	村民委员会、县农业科学技术推广站、农技站、农经站	投保，现场勘查，提供保险凭证和测产报告	是	保险人通知义务履行问题，赔偿责任范围认定问题，投保人证明材料提供义务履行问题	《农业保险条例》第 12 条
（2018）吉 08 民终 154 号							

续表

案号	涉案保险公司	涉案保险	所涉地方政府	所涉地方政府的保险行为	保险公司是否胜诉	争议焦点	实体法引用
(2018)吉2424民初1183号	安华农业保险	食用菌种植成本保险	各级财政、州政府办公室	保费补贴、制定成本保险实施方案	部分胜诉	保险性质认定问题、免责条款适用问题、保险人说明义务履行问题、承保损失认定问题、投保人出险通知义务履行问题	《中华人民共和国合同法》第107条,《中华人民共和国保险法》第13条、第17条、第23条第1款、第24条
(2018)吉2424民初1192号							
(2018)吉2424民初1193号							
(2018)吉2424民初1194号							
(2018)吉2424民初1195号							
(2018)吉2424民初1196号							
(2018)吉民申185号	中航安盟财产保险	农业保险	村民委员会	投保	否	保险人说明义务履行问题	《中华人民共和国保险法》第30条
(2018)吉民申192号	中华联合财产保险	温室大棚保险条款	无	无	部分胜诉	保险人说明义务履行问题、免责条款适用问题	《中华人民共和国保险法》第14条、第17条
(2018)冀0126民初34号	中国太平洋财产保险	玉米种植保险（中央政策性）	无	无	部分胜诉	理赔金额核算问题	《中华人民共和国保险法》第14条、第23条
(2018)冀0283民初5180号	中航安盟财产保险	辽宁省中央财政农业大灾保险条款	村民委员会、农经局、镇政府农业站	投保、开具出险证明、投保与理赔情况证明	是	理赔金额核算问题、免责条款适用问题	《中华人民共和国合同法》第60条,《中华人民共和国保险法》第22条第1款,《农业保险条例》第2条第1款
(2018)辽1322民初2797号							
(2018)辽1322民初2802号							
(2018)辽13民终2891号	中航安盟财产保险	辽宁省中央财政农业大灾保险	村民委员会、镇政府组织农户、各村委会、各级财政	投保、定损、保费补贴	是	免赔额条款效力认定问题、保险人按照保险合同约定负责赔偿问题	无
(2018)辽13民终2894号							

续表

案号	涉案保险公司	涉案保险	所涉地方政府	所涉地方政府的保险行为	保险公司是否胜诉	争议焦点	实体法引用
(2018)鲁0211民初15659—17336号等312案件	中国人民财产保险	政策性秋玉米种植保险	区农业服务中心、农机专业合作社、农村经济发展局、区乡镇街道办农业中心部门和村委会、各级财政	投保、定损、宣传、代缴保费、确定理赔标准、保费补贴	否	保险合同效力问题、保险利益认定问题、赔偿责任范围、投保人如实告知义务履行问题、保险人损失赔偿金额义务履行问题、赔偿金额核算问题	《中华人民共和国合同法》第8条、《中华人民共和国保险法》第2条、第12条、第14条、第23条、第24条、第56条、《农业保险条例》第10条第2款
(2018)鲁1302民初10970号	中国人民财产保险	政策性秋玉米种植保险	区农业服务中心、农机专业合作社、农村经济发展局、区乡镇街道办农业中心部门和村委会、各级财政	投保、定损、宣传、代缴保费、确定理赔标准、保费补贴	否	保险合同效力问题、保险利益认定问题、赔偿责任范围、投保人如实告知义务履行问题、保险人损失赔偿金额义务履行问题、赔偿金额核算问题	《中华人民共和国合同法》第8条、《中华人民共和国保险法》第2条、第12条、第14条、第23条、第24条、第56条、《农业保险条例》第10条第2款
(2018)内08民终1731号	安华农业保险	渔业养殖保险合同	县农业保险领导小组	理赔	是	保险条款显失公平问题、理赔险金数额核算问题、保险人说明义务履行问题	《农业保险条例》第3条、《中华人民共和国保险法》第17条、第49条、《最高人民法院关于适用〈中华人民共和国保险法〉若干问题的解释(二)》第9条第1款、第11条、第13条

续表

案号	涉案保险公司	涉案保险	所涉地方政府	所涉地方政府的保险行为	保险公司是否胜诉	争议焦点	实体法引用
(2018)宁0425民初1214号	中国人民财产保险	苜蓿种植保险合同	联农饲草种植合作社、彭阳县草原工作站	理赔	部分胜诉	理赔协议的效力认定问题、承保损失认定问题、出险通知义务履行问题	《中华人民共和国合同法》第60条第1款、《中华人民共和国保险法》第14条、第55条
(2018)宁04民终677号	中国人民财产保险	苜蓿种植保险合同	联农饲草种植合作社、彭阳县草原工作站	理赔	否	承保损失认定问题、赔偿责任范围认定问题	《中华人民共和国合同法》第60条第1款、《中华人民共和国保险法》第14条、第55条
(2018)宁05民终288号	中国人民财产保险	西瓜种植保险（团单）	村民委员会、区农业技术推广服务中心	组织投保和协调、损失难以确定时予以鉴定	否	诉讼主体资格问题、保险人告知义务履行问题	《中华人民共和国合同法》第60条第1款、《中华人民共和国保险法》第14条第1款、第23条、第24条
(2018)宁05民终289号							
(2018)宁05民终290号							
(2018)宁05民终291号							
(2018)宁05民终292号							
(2018)宁05民终293号							

续表

案号	涉案保险公司	涉案保险	所涉地方政府	所涉地方政府的保险行为	保险公司是否胜诉	争议焦点	实体法引用
(2018)黔0402民初2770号							
(2018)黔0402民初2771号							
(2018)黔04民终1165号	中国太平洋财产保险	贵州省"黔惠保"地方财政茶叶低温白雨灾害者保险	县茶叶专业合作社、气象局	投保,提供气象数据用以定损	是	格式条款效力认定问题,保险人说明义务履行问题,承保损失认定问题	《中华人民共和国保险法》第13条、第17条,《最高人民法院关于适用〈中华人民共和国保险法〉若干问题的解释(二)》第13条,《中华人民共和国合同法》第8条、第44条
(2018)黔04民终1166号							
(2018)黔04民终1167号							
(2018)黔04民终1168号							
(2018)黔04民终1169号							
(2018)黔04民终1170号							
(2018)黔04民终1171号							
(2018)苏0312民初7631号	中国人民财产保险	江苏省政策性农业保险合同	无	无	部分胜诉	理赔金额核算问题	《中华人民共和国保险法》第5条、第14条,《中华人民共和国合同法》第8条、第60条
(2018)苏1203民初324号	中国人民财产保险	江苏省政策性农业保险内塘螃蟹水文指数保险	村民委员会	投保	是	承保损失认定问题,赔偿金额核算问题,免责条款适用问题	中华人民共和国保险法》第10条、第14条、第19条、第30条

续表

案号	涉案保险公司	涉案保险	所涉地方政府	所涉地方政府的保险行为	保险公司是否胜诉	争议焦点	实体法引用
(2018)皖0826民初2504号	国元农业保险	种植业保险（自然灾害险）	镇政府、种植业保险联合查勘理赔小组、镇社区居民委员会、社区支部委员会	宣传、查勘、定损、理赔	是	投保人协助义务履行问题，赔偿金额核算问题，赔偿责任范围认定问题	无
(2018)皖0826民初2506号							
(2018)皖0826民初2507号							
(2018)皖1723民初1643号	国元农业保险	财产综合保险条款	无	无	否	赔偿责任范围认定问题	《中华人民共和国合同法》第60条第1款、第107条、《中华人民共和国保险法》第14条、第23条、第25条、《最高人民法院关于审理民间借贷案件适用法律若干问题的规定》第29条第2款第1项
(2018)豫1525民初4397号	中国人寿财产保险	水稻自然灾害保险	村民委员会	收转保费，提供损失证明	是	保险合同成立问题，赔偿责任范围认定问题	《中华人民共和国保险法》第14条
(2018)豫96民终325号	中国人民财产保险	小麦种植险	镇财政所、市农牧局种植业损查勘定损工作领导小组办公室	收取保费、组织投保、定损、报险	否	保险人通知义务履行问题，赔偿责任范围认定问题	《农业保险条例》第12条第1款、第22条、《中华人民共和国保险法》第14条

续表

案号	涉案保险公司	涉案保险	所涉地方政府	所涉地方政府的保险行为	保险公司是否胜诉	争议焦点	实体法引用
(2018)粤20民终6166号	中国太平洋财产保险	岭南特色水果种植保险	镇农业和农村工作局	投保	否	赔付责任范围认定问题	《中华人民共和国保险法》第30条、《中华人民共和国保险法》第23条、《最高人民法院关于适用〈中华人民共和国保险法〉若干问题的解释（二）》第17条
(2019)甘0725民初242号	中华联合财产保险	种养产业综合保险	镇政府	宣传、保费补贴	否	免责条款认定问题、保险人说明义务履行问题	《中华人民共和国合同法》第6条、第60条、《中华人民共和国保险法》第17条、第23条
(2019)甘1026民初741号	中国人民财产保险	政策性农业保险	县政府、村民委员会、县果业局	宣传、投保、审核、参与查勘、定损理赔等工作	是	赔偿责任范围认定问题	《中华人民共和国保险法》第2条、第17条、《农业保险条例》第2条、第5条、第10条、第12条、第15条
(2019)桂1002民初1293号	中国人民财产保险	林木火灾保险条款	无	无	否	赔偿责任范围的有效性认定问题、保险标的实告知义务履行问题、保险人说明义务履行问题	《中华人民共和国保险法》第10条、第13条、第17条

续表

案号	涉案保险公司	涉案保险	所涉地方政府	所涉地方政府的保险行为	保险公司是否胜诉	争议焦点	实体法引用
(2019) 黑 01 民终 6852 号	阳光农业相互保险	水稻种植大灾保险	村民委员会	投保	是	保险合同成立问题、免责条款适用问题、赔偿责任范围认定问题	《最高人民法院关于适用〈中华人民共和国保险法〉若干问题的解释(二)》第11条、第13条,《中华人民共和国合同法》,《中华人民共和国保险法》
(2019) 黑 0281 民初 1044 号	阳光农业相互保险	水稻种植大灾保险	村民委员会	投保、报灾	是	投保人出险通知义务履行问题、投保人协助义务履行问题	无
(2019) 黑 27 民终 243 号	中国人寿财产保险	豆类作物种植保险	村民委员会	投保、报灾	是	赔偿责任范围认定问题	《农业保险条例》第12条、《中华人民共和国保险法》第10条
(2019) 吉 0113 民初 1060 号	中国人民财产保险	农作物种植成本保险	无	无	是	赔偿责任范围认定问题	《中华人民共和国合同法》第8条、《中华人民共和国保险法》第11条
(2019) 吉 0721 民初 253 号	中国财产保险	农作物种植(玉米)本保险合同	各级财政、村委会	保费补贴、投保	否	赔偿范围认定问题	《中华人民共和国保险法》第23条、《中华人民共和国合同法》第6条、第60条

续表

案号	涉案保险公司	涉案保险	所涉地方政府	所涉地方政府的保险行为	保险公司是否胜诉	争议焦点	实体法引用
(2019)吉2424民初39号	安华农业保险	食用菌种植成本保险	政府办公室、各级财政	制定《食用菌种植成本保险实施方案》,规定各级财政给予保费补贴	否	保险合同性质认定问题、保险人理赔义务履行问题	《中华人民共和国合同法》第60条、《中华人民共和国保险法》第23条、第1款
(2019)吉2424民初40号							
(2019)吉2424民初46号							
(2019)吉2424民初47号							
(2019)吉2424民初48号							
(2019)吉2424民初54号							
(2019)辽0727民初829号	中国人民财产保险	玉米种植险	村民委员会	投保、代表村民签订保险合同	是	保险利益问题、诉讼主体资格问题、赔偿金额核算问题	《中华人民共和国保险法》第10条、第12条、第14条
(2019)辽0922民初2057号	中航安盟财产保险	辽宁省粮油作物种植成本保险	村民委员会、各级财政	投保、保费补贴	是	理赔险金数额核算问题	无
(2019)辽0922民初2157号							
(2019)鲁1623民初139号	中华联合财产	政策性棉花种植保险	村民委员会	出险通知,提供损失证明和清单	部分胜诉	保险利益问题、投保人出险通知义务履行问题、保险人赔偿责任范围认定问题	《中华人民共和国保险法》第23条、第64条

续表

案号	涉案保险公司	涉案保险	所涉地方政府	所涉地方政府的保险行为	保险公司是否胜诉	争议焦点	实体法引用
(2019)皖08民终556号	国元农业保险	油菜种植保险	无	无	否	承保损失认定问题，赔偿责任范围认定问题	《最高人民法院关于适用〈中华人民共和国保险法〉若干问题的解释（二）》第13条、《中华人民共和国保险法》第17条、《中华人民共和国合同法》第8条、第44条
(2019)新4028民初587号	中国人民财产保险	油菜种植保险	乡政府	宣传	是	保险合同成立问题	《中华人民共和国保险法》第10条、第13条、第14条、第23条、第55条
(2019)新7102民初81号	中国太平洋财产保险	棉花种植保险	无	无	否	赔偿责任范围认定问题，理赔协议的效力认定问题	《中华人民共和国保险法》第14条、第23条、第55条
(2019)豫0481民初1178号	中国人民财产保险	小麦种植保险和小麦种植保险扩展保险金额保险	无	无	部分胜诉	理赔金额核算问题	《中华人民共和国保险法》第14条、第23条、第56条
(2020)吉0722民初711号	阳光财产保险	吉林省商业性大豆种植保险	村委会	提供损失证明	否	赔偿责任成立问题	《中华人民共和国保险法》第14条、第114条

续表

案号	涉案保险公司	涉案保险	所涉地方政府	所涉地方政府的保险行为	保险公司是否胜诉	争议焦点	实体法引用
(2020)内07民终796号	安华农业保险	内蒙古自治区农作物种植保险	村民委员会、各级财政	投保、保费补贴	是	承保损失认定问题,赔偿责任范围认定问题,保险人理赔义务履行问题	《农业保险条例》第2条、《中华人民共和国保险法》第10条、第13条、《中华人民共和国合同法》第14条、《中华人民共和国合同法》第60条
2017吉07民终490号	中航安盟财产保险	农作物种植成本保险	村民委员会	投保、协商定损	否	理赔协议的效力认定问题	《中华人民共和国保险法》第22条;《中华人民共和国合同法》第6条、第44条第2项、第52条第5项、第107条;《农业保险条例》第23条第2款;《农业保险条例》第23条第2款

附录 2　普惠小额保险案件统计

案号	涉案保险公司	涉案保险	所涉地方政府	所涉地方政府的保险行为	保险公司是否胜诉	争议焦点	实体法引用
(2013)江安民初字第402号	中国人寿保险	农村小额团体意外伤害保险、农村小额团体定期寿险（A型）、小额贷款借款人意外伤害保险	镇级政府	投保	否	理赔金额核算问题	《中华人民共和国合同法》第39条第1款、《中华人民共和国保险法》第10条第2款、第14条、第17条、《最高人民法院关于适用〈中华人民共和国合同法〉若干问题的解释（二）》第6条第2款
(2013)彝南初字第1278号	中国太平洋人寿保险	团体农村合作医疗补充意外伤害保险（安全宝小额意外伤害保险）	无	无	否	意外事故认定问题	《中华人民共和国合同法》第6条、第60条、《中华人民共和国保险法》第14条
(2014)北民初字第1310号	中国人寿保险	农村小额定期寿险（A型）、农村小额意外伤害保险	县级政府	宣传	否	免责条款的适用问题	《中华人民共和国保险法》第13条第2款、《最高人民法院关于适用〈中华人民共和国保险法〉若干问题的解释（二）》第9条、第10条
(2014)澄民二初字第25号	中国人民人寿保险	"云南福满家"意外伤害险	无	无	否	意外伤害认定问题，赔偿责任范围认定问题	《中华人民共和国合同法》第17条、第19条、第46条、第39条第1款、第40条、第41条、《最高人民法院关于适用〈中华人民共和国保险法〉若干问题的解释（二）》第9条第1款、第11条第1款

续表

案号	涉案保险公司	涉案保险	所涉地方政府	所涉地方政府的保险行为	保险公司是否胜诉	争议焦点	实体法引用
（2014）川民申字第269号	中国人寿保险	农村小额团体意外伤害保险、绿舟意外伤害保险、鸿富两全（分红型）保险	无	无	是	意外事故成立问题、免责条款适用问题	《最高人民法院关于确定民事侵权精神损害赔偿责任若干问题的解释》第3条
（2014）鄂当阳民初字第01138号	中国人寿保险	农村小额团体意外伤害保险	村民委员会	投保	否	意外事故认定问题、保险人说明义务履行问题	《中华人民共和国保险法》第17条
（2014）广安民初字第2624号	中国人民财产保险	农村小额意外伤害险	镇级政府	投保	否	理赔金额核算问题	《中华人民共和国合同法》第107条、《中华人民共和国保险法》第23条、第1款
（2014）广民终字第460号	中国人寿保险	瑞鑫两全保险及附加久呵护意外伤害保险、农村小额团体意外伤害险	无	无	是	免责条款适用问题、保险人说明义务履行问题	《中华人民共和国合同法》第60条第1款、第107条第2款、《中华人民共和国保险法》第17条、第23条、第1款
（2014）开江民初字第1769号	中国人寿保险	小额人身保险	无	无	否	保险合同成立问题、诉讼主体资格问题	《中华人民共和国合同法》第60条第1款、第23条、第30条、第42条
（2014）蓬溪民初字第92号	中国人寿保险	农村小额团体意外伤害保险	无	无	否	意外事故认定问题	《中华人民共和国合同法》第60条、第107条、《中华人民共和国保险法》第22条
（2014）遂民二初字第00237号	中国人民财产保险	计划生育家庭意外伤害保险	无	无	是	诉讼主体资格问题	无
（2014）青川民初字第152号	中国人寿保险	瑞鑫两全保险	无	无	否	免责条款适用问题	《中华人民共和国合同法》第60条第1款、《中华人民共和国保险法》第23条、第42条

续表

案号	涉案保险公司	涉案保险	所涉地方政府	所涉地方政府的保险行为	保险公司是否胜诉	争议焦点	实体法引用
（2014）什邡民初字第88号	中国人寿保险	农村小额人身保险	无	无	是	保险人告知义务履行问题	《中华人民共和国合同法》第8条、《中华人民共和国保险法》第22条
（2014）旬阳民初字第00751号	中国太平洋人寿保险	安全宝小额意外伤害保险	村民委员会	投保、收取保费	否	保险期间认定问题	《中华人民共和国保险法》第10条、第14条、第42条第1款第1项，《最高人民法院关于适用〈中华人民共和国保险法〉若干问题的解释（二）》第4条，《中华人民共和国继承法》第10条第1款
（2014）渝四中法民终字第00788号	中国人寿保险	农村小额人身意外伤害保险	自治县政府办公室、乡社保所、村委会	宣传、投保	是	保险合同成立问题	《中华人民共和国保险法》第5条、第13条第1款、第14条、第117条、第127条、《中华人民共和国合同法》第13条、第14条、第16条、第21条、第25条、第49条、彭水县级政府关于农村小额人身保险试点工作的通知（彭水府办发〔2012〕200号文件）、《彭水县农村小额人身保险政策解答》
（2014）渝四中法民终字第01002号	中国人寿保险	农村小额意外伤害保险，附加农村小额意外费用补偿医疗费保险	村委会	投保	是	意外事故认定问题	《中华人民共和国合同法》第44条、第125条第1款、《中华人民共和国保险法》第10条、第17条第1款，《最高人民法院关于适用〈中华人民共和国保险法〉若干问题的解释（二）》第9条、第17条
（2014）玉中民二终字第123号	中国人民人寿保险	"福满家"小额人身保险	无	无	是	赔偿责任认定问题，理赔协议的效力认定	《中华人民共和国保险法》第10条、第14条、第42条；《中华人民共和国合同法》第5条、第6条、第8条、第54条、第91条第1项、第7项、第92条

续表

案号	涉案保险公司	涉案保险	所涉地方政府	所涉地方政府的保险行为	保险公司是否胜诉	争议焦点	实体法引用
(2015)滨商初字第0335号	中国人寿保险	农村小额意外伤害保险、全家福意外伤害保险	无	无	否	投保人如实告知义务履行问题、免责条款适用问题	《中华人民共和国保险法》第17条、第22条、第23条
(2015)丹民初字第563号	中国人民财产保险	农村小额、附加农村医疗补偿费用保险、农村小额团体定期寿险(A型)	镇级政府	投保	否	保险人说明义务履行问题、保险合同条款解释问题、投保人出险通知义务履行问题	《中华人民共和国保险法》第10条、第14条、第17条第2款、第23条第1款、第30条
(2015)峨边民初字第291号	中国人寿保险	2014年农村小额保险	县级政府	宣传	否	保险期间认定问题、保险金作为遗产的继承问题	《中华人民共和国保险法》第13条、第14条、第23条、第42条、《中华人民共和国继承法》第3条、第5条、第10条
(2015)鄂当阳民初字第02265号	中国人寿保险	农村小额团体意外伤害保险、农村小额定期寿险(A型)、附加绿洲意外住院定额给付团体医疗保险	村民委员会	投保	否	意外事故认定问题、保险人说明义务履行问题	《中华人民共和国保险法》第14条、第17条第2款、第22条
(2015)鄂当阳民初字第02365号	中国人寿保险	农村小额意外伤害保险	无	无	否	意外事故认定问题	无

续表

案号	涉案保险公司	涉案保险	所涉地方政府	所涉地方政府的保险行为	保险公司是否胜诉	争议焦点	实体法引用
(2015)鄂五峰民初字第00384号	中国人寿保险	农村小额团体意外伤害保险	村民委员会	核保、出具死亡证明	否	保险合同成立问题、意外事故认定问题、保险金作为遗产的继承问题	《中华人民共和国保险法》第17条、第23条、第31条、第42条、《中华人民共和国继承法》第10条、第13条
(2015)鄂宜昌中民二终字第00098号	中国人寿保险	国寿农村小额意外伤害保险	无	无	否	免责条款认定问题、保险人说明义务履行问题	《中华人民共和国民事诉讼法》第142条、第170条第1款第（一）项、《最高人民法院关于适用〈中华人民共和国保险法〉若干问题的解释（二）》第10条、第13条、《中华人民共和国保险法》第13条、第17条、《最高人民法院关于民事诉讼证据的若干规定》第2条
(2015)灌商初字第01407号	中国人寿保险	国寿农村小额意外伤害保险，国寿农村小额意外费用补偿医疗保险	无	无	否	意外事故认定问题	《中华人民共和国合同法》第8条、《中华人民共和国保险法》第2条、第42条
(2015)广法民终字第18号	中国人民财产保险	农村小额意外伤害保险	村民委员会	移送保险材料	否	免责条款适用问题、保险人说明义务履行问题	《中华人民共和国合同法》第60条第1款、《中华人民共和国保险法》第17条第2款、第23条第1款
(2015)海民初字第948号	中国人寿保险	城乡小额人身保险	小额人身意外保险示范村工作领导小组	宣传、收取保费	是	赔偿责任范围认定问题、保险人告知义务履行问题	《中华人民共和国保险法》第10条、《中华人民共和国合同法》第60条

续表

案号	涉案保险公司	涉案保险	所涉地方政府	所涉地方政府的保险行为	保险公司是否胜诉	争议焦点	实体法引用
(2015)辽铁通民初字第7号	中国人民财产保险	农村小额意外伤害保险	无	无	否	免责条款适用问题，保险人说明义务履行问题	《中华人民共和国合同法》第107条、《中华人民共和国保险法》第14条、第17条、第64条、《最高人民法院关于适用〈中华人民共和国保险法〉若干问题的解释（二）》第9条、第13条第1款
(2015)洛民金终字第72号	中国人寿保险	小额团体意外伤害保险	市农村人身额保险工作领导小组	宣传	否	免责条款适用问题，保险人告知义务履行问题	《中华人民共和国合同法》第107条、《中华人民共和国保险法》第17条、第30条、第39条、第40条
(2015)绵民终字第761号	中国人寿保险	国寿农村小额意外伤害保险	自治县政府	宣传	否	免责条款适用问题	《中华人民共和国保险法》第13条、第17条第2款、《最高人民法院关于适用〈中华人民共和国保险法〉若干问题的解释（二）》第9条、第10条
(2015)内东民初字第1757号	中国人民财产保险	农村小额人身保险	镇级政府	投保	是	保险人说明义务履行问题，保险金作为遗产的继承问题	《中华人民共和国保险法》第13条、第14条、第17条、第18条、第23条、第31条第2款、第42条、《最高人民法院关于适用〈中华人民共和国保险法〉若干问题的解释（二）》第10条、第11条

续表

案号	涉案保险公司	涉案保险	所涉地方政府	所涉地方政府的保险行为	保险公司是否胜诉	争议焦点	实体法引用
(2015)彭山民初字第1071号	中国人寿保险	农村小额团体意外伤害保险	镇级政府	投保	否	意外事故认定问题，免责条款适用问题，保险人说明义务履行问题，赔偿责任范围认定问题	《中华人民共和国合同法》第60条，《中华人民共和国保险法》第2条、第14条、第17条，《最高人民法院〈关于适用中华人民共和国保险法〉若干问题的解释（二）》第11条，《最高人民法院关于民事诉讼证据的若干规定》第2条
(2015)宿中商终字第00284号	中国人寿保险	农村小额团体意外伤害险，附加补偿团体意外医疗费用保险	无	无	否	意外事故认定问题，免责条款适用问题	《中华人民共和国合同法》第8条、第60条，《中华人民共和国保险法》第2条，《中华人民共和国继承法》
(2015)盐商终字第0496号	中国人寿保险	农村小额意外伤害保险、全家福意外伤害保险	无	无	否	意外事故认定问题，免责条款适用问题，保险人说明义务履行问题，投保人协助义务履行问题，保险人及时赔付义务履行问题	《中华人民共和国保险法》第17条、第23条、第21条
(2015)宜宾民初字第2048号	中国人寿保险	农村小额团体意外伤害保险、农村小额定期寿险（A型）	无	无	是	意外事故认定问题	无
(2015)长民初字第849号	中国人寿保险	农村小额人身保险	县农村小额保险工作小组办公室	宣传	否	免责条款适用问题	《中华人民共和国保险法》第14条、第17条、第95条，《最高人民法院〈关于适用中华人民共和国保险法〉若干问题的解释（二）》第9条

续表

案号	涉案保险公司	涉案保险	所涉地方政府	所涉及地方政府的保险行为	保险公司是否胜诉	争议焦点	实体法引用
(2015)长民金初字第02341号	中国人寿保险	农村小额人身保险惠农卡(B款、C款)、国寿小额意外伤害保险	无	无	否	投保人如实告知义务履行问题、保险人说明义务履行问题	《中华人民共和国保险法》第13条、第14条、第16条、第17条
(2016)川0302民初2365号	中国人寿保险	农村小额团体定期寿险(A)	县级政府	宣传	是	免责条款适用问题	《中华人民共和国保险法》第14条、《最高人民法院关于适用〈中华人民共和国保险法〉若干问题的解释(二)》第11条
(2016)川0302民初907号	中国人寿保险	农村小额团体意外伤害保险	村民委员会	宣传	是	免责条款适用问题	《中华人民共和国保险法》第17条、《最高人民法院关于适用〈中华人民共和国保险法〉若干问题的解释(二)》第11条
(2016)川0321民初1866号	中国人寿保险	农村小额团体意外伤害保险	村民委员会	宣传	否	意外事故认定问题	《中华人民共和国合同法》第8条、《中华人民共和国保险法》第10条、第42条、《中华人民共和国继承法》第2条、第10条第1款
(2016)川0321民初1919号	中国人寿保险	农村小额定期寿险保险	无	无	否	意外事故认定问题	《中华人民共和国合同法》第8条、《中华人民共和国保险法》第10条、第13条、第14条
(2016)川0422民初408号	中国人寿保险	农村小额定期寿险(A型)、农村小额意外伤害保险、附加农村小额意外费用补偿医疗保险	村民委员会	投保	否	意外事故认定问题、赔偿责任范围认定问题	《中华人民共和国保险法》第12条、第42条、《最高人民法院关于适用〈中华人民共和国保险法〉若干问题的解释(三)》第25条

续表

案号	涉案保险公司	涉案保险	所涉地方政府	所涉地方政府的保险行为	保险公司是否胜诉	争议焦点	实体法引用
(2016)川04民终1104号	中国人寿保险	农村小额定期寿险、农村小额意外伤害保险、附加农村小额意外费用补偿医疗保险	无	无	否	意外事故认定问题	《最高人民法院关于适用〈中华人民共和国保险法〉若干问题的解释(三)》第25条、《中华人民共和国保险法》第12条、第42条
(2016)川0623民初字987号	中国人民财产保险	团体农村小额人身保险条款	镇级政府	投保	否	保险期间认定问题、免责条款适用问题	《中华人民共和国合同法》第44条第1款、第60条第1款;《中华人民共和国保险法》第14条;《最高人民法院关于适用〈中华人民共和国保险法〉若干问题的解释(二)》第10条、第14条第1款第1项、第4项
(2016)川1722民初1908号	中国人寿保险	农村小额定期寿险(A型)、农村小额意外伤害保险(2013版)、附加农村小额意外费用补偿医疗保险	无	无	否	免责条款适用问题	《中华人民共和国合同法》第44条第1款、《中华人民共和国保险法》第17条第2款、《最高人民法院关于适用〈中华人民共和国保险合同法〉若干问题的解释(二)》第11条、第13条
(2016)鄂0582民初1224号	中国人寿保险	小额人身意外保险	无	无	否	意外事故认定问题	《中华人民共和国合同法》第44条、《中华人民共和国保险法》第60条、第12条、第30条
(2016)桂0327民初398号	中国人民财产保险	农村小额意外伤害保险	无	无	是	意外事故认定问题	《中华人民共和国保险法》第22条
(2016)桂03民终2625号	中国人民财产保险	农村小额意外伤害保险	无	无	是	意外事故认定问题	《中华人民共和国保险法》第22条

续表

案号	涉案保险公司	涉案保险	所涉地方政府	所涉地方的政府保险行为	保险公司是否胜诉	争议焦点	实体法引用
(2016)吉0605民初564号	中国人寿保险	人寿小额人身保险	无	无	是	诉讼主体资格认定问题	无
(2016)吉06民终490号	中国人寿保险	小额人身保险	无	无	是	保险期间认定问题	无
(2016)吉0722民初3536号	某财产保险	农村小额人身保险	无	无	否	免责条款适用问题	《中华人民共和国保险法》第14条、第114条第2款
(2016)吉0722民初4019号	某人民财产保险	农村小额人身保险	村民委员会	投保	否	保险人说明义务履行问题、免责条款适用问题	《中华人民共和国保险法》第13条、第17条
(2016)内2221民初3651号	安华农业保险	幸福人家农村家庭风险保障、农村小额人身意外伤害保险	村民委员会	投保	否	意外事故认定问题	《中华人民共和国合同法》第60条第1款、《中华人民共和国保险法》第46条、《最高人民法院关于适用〈中华人民共和国保险法〉若干问题的解释(二)》第19条第1款
(2016)苏1324民初8218号	中国人寿保险	农村小额团体意外伤害保险、附加农村小额补偿费用医疗保险	无	无	是	投保人出险通知义务履行问题、意外事故认定问题	《中华人民共和国保险法》第14条、第42条
(2016)皖1125民初3897号	中国人寿保险	农村小额意外伤害保险	无	无	否	意外事故认定问题、诉讼主体资格认定问题	《中华人民共和国合同法》第8条、《中华人民共和国保险法》第10条、第12条
(2016)皖1824民初945号	中国人寿保险	老年人意外综合保险	无	无	否	意外事故认定问题	《中华人民共和国保险法》第13条、第14条、第42条

续表

案号	涉案保险公司	涉案保险	所涉地方政府	所涉地方政府的保险行为	保险公司是否胜诉	争议焦点	实体法引用
（2016）渝 0101 民初 1204 号	中国人寿保险	农村小额团体意外伤害保险	无	无	是	保险金作为遗产的继承问题、理赔协议的效力认定问题	《中华人民共和国保险法》第 5 条、第 42 条，《最高人民法院关于适用〈中华人民共和国保险法〉若干问题的解释（二）》第 13 条、《中华人民共和国民法通则》第 57 条
（2016）豫 0327 民初 1557 号	中国人寿保险	农村小额团体意外伤害保险	乡级政府	投保	否	意外事故认定问题	《中华人民共和国保险法》第 23 条
（2016）豫 0381 民初 926 号、（2016）豫 0381 民初 927 号	中国人寿保险	农村小额团体意外伤害保险	村民委员会	投保	否	意外事故认定问题	《中华人民共和国合同法》第 107 条，《中华人民共和国保险法》第 17 条、第 30 条
（2016）豫 0611 民初 3685 号、（2016）豫 0611 民初 3722 号	中国人寿保险	惠农小额人身保险	村民委员会	投保	否	赔偿责任范围认定问题、诉讼主体资格问题、投保人出险通知义务履行问题	《中华人民共和国合同法》第 40 条，《中华人民共和国保险法》第 17 条第 2 款、第 19 条，《最高人民法院关于适用〈中华人民共和国保险法〉若干问题的解释（二）》第 9 条第 1 款
（2016）豫 0622 民初 591 号	中国人寿保险	农村小额团体意外伤害保险，附加农村小额意外费用补偿团体医疗保险	村民委员会	投保	是	意外事故认定问题	《中华人民共和国保险法》第 14 条
（2016）豫 06 民终 1634 号	中国人寿保险	惠农小额人身保险	村民委员会	组织、宣传	否	保险利益认定问题、免责条款认定问题、保险人告知义务履行问题	《中华人民共和国保险法》第 10 条、第 17 条第 2 款

续表

案号	涉案保险公司	涉案保险	所涉地方政府	所涉地方政府的保险行为	保险公司是否胜诉	争议焦点	实体法引用
（2016）豫06民终992号	中国人寿保险	农村小额团体意外伤害保险，附加农村小额团体意外费用补偿医疗保险	村民委员会	投保	是	意外事故认定问题	《中华人民共和国保险法》第14条
（2016）豫0883民初1061号	中国人寿保险	农村小额意外伤害保险，附加农村小额意外费用补偿医疗保险	村民委员会	投保	否	赔偿金额核算问题	《中华人民共和国保险法》第14条、第55条第1款
（2016）豫1524民初1647号	中国人寿保险	农村小额人身意外身故保险	村民委员会	投保	否	意外事故认定问题	《中华人民共和国合同法》第8条、第44条、第60条，《中华人民共和国保险法》第13条、第14条、第21条
（2016）云0125民初356号	中国人民人寿保险	"云南福满家"意外伤害险、"善之力"意外伤害险	无	无	否	免责条款认定问题	《中华人民共和国民法通则》第4条，《中华人民共和国合同法》第60条，《中华人民共和国保险法》第10条、第23条第1款
（2016）云01民终2026号	中国人民人寿保险	"云南福满家"人身保险	无	无	否	意外事故认定问题	《中华人民共和国民法通则》第4条，《中华人民共和国合同法》第60条，《中华人民共和国保险法》第10条、第23条第1款
（2016）云0425民初944号	中国人寿保险	绿洲团体意外伤害保险（A型）	无	无	否	免责条款适用问题、意外事故认定问题	《中华人民共和国保险法》第13条、第14条、第42条
（2016）云7102民初53号	中国人寿保险	绿洲团体意外伤害保险（A型）	朋阳敬老中心	投保	是	意外事故认定问题、诉讼主体资格问题	《中华人民共和国保险法》第12条第1款第3款、第14条、第17条、第22条第1款
（2017）川0183民初1963号	中国人寿保险	农村小额人身意外伤害保险	村民委员会	宣传、投保	否	保险合同成立问题	《中华人民共和国合同法》第49条、第60条，《中华人民共和国保险法》第14条

续表

案号	涉案保险公司	涉案保险	所涉地方政府	所涉地方政府的保险行为	保险公司是否胜诉	争议焦点	实体法引用
（2017）川01民终16339号	中国人寿保险	农村小额团体意外伤害保险	乡级政府、村民委员会	投保、收取保费	否	乡级政府保险代理人资格问题，保险合同成立问题	《中华人民共和国保险法》第14条、第60条，《最高人民法院关于适用〈中华人民共和国合同法〉若干问题的解释（二）》第1条
（2017）川0321民初1020号	中国大地财产保险	团体意外伤害保险	无	无	否	意外事故认定问题	《中华人民共和国保险法》第8条，《中华人民共和国保险法》第10条、第13条、第14条、第16条第1款、第17条、第42条，《中华人民共和国继承法》第2条、第10条
（2017）川0322民初304号	中国人寿保险	康宁终身保险及附加意外伤害险、农村小额团体意外伤害保险	村民委员会	投保	是	理赔协议书的效力认定问题	《中华人民共和国民法通则》第66条第1款，《中华人民共和国保险法》第49条、第10条、第13条、第22条、第23条第1款
（2017）川03民终339号	中国人寿保险	农村小额团体定期寿险（A）	县级政府	宣传	否	免责条款适用问题，保险人说明义务履行问题，赔偿责任范围认定问题	《中华人民共和国保险法》第14条、第17条，《最高人民法院关于适用〈中华人民共和国保险法〉若干问题的解释（二）》第10条
（2017）川03民终476号	中国人寿保险	农村小额团体意外伤害保险	无	无	是	理赔协议的效力认定问题，意外事故认定问题	《中华人民共和国民法通则》第66条第1款，《中华人民共和国保险法》第49条、第10条、第13条、第22条、第23条第1款

续表

案号	涉案保险公司	涉案保险	所涉地方政府	所涉地方政府的保险行为	保险公司是否胜诉	争议焦点	实体法引用
（2017）川14民终50号	中国人寿保险	农村小额团体意外伤害保险、附加农村小额意外费用补偿保险、农村小额团体医疗保险、农村小额团体定期寿险（A型）	乡级政府	投保	否	投保人出险告知义务履行问题、免责条款认定问题、保险合同条款解释问题	《中华人民共和国保险法》第19条、第21条、第23条
（2017）川1602民初949号	中国人寿保险	农村小额团体意外伤害保险	无	无	否	赔偿责任范围认定问题	《中华人民共和国保险法》第17条第2款、《最高人民法院关于适用〈中华人民共和国保险法〉若干问题的解释（二）》第9条第1款
（2017）鄂0502民初560号	中国人寿保险	小额人身保险	区级政府	投保	否	理赔金数额核算问题	《中华人民共和国合同法》第60条
（2017）桂0821民初2773号	中国人寿保险	农村小额意外伤害保险、农村小额意外费用补偿医疗保险利益条款	无	无	否	赔偿责任认定问题、保险人告知义务履行问题	《中华人民共和国保险法》第10条、第12条、第17条、《最高人民法院关于适用〈中华人民共和国保险法〉若干问题的解释（二）》第11条、第12条、第13条、第14条
（2017）桂0821民初3818号	中国人寿保险	综合意外伤害保险	无	无	否	免责条款适用问题	《中华人民共和国合同法》第60条第1款、《中华人民共和国保险法》第13条、第14条、第23条、第42条

续表

案号	涉案保险公司	涉案保险	所涉地方政府	所涉地方政府的保险行为	保险公司是否胜诉	争议焦点	实体法引用
(2017)桂1421民初75号	中国人寿保险	农村小额团体意外伤害保险条款,农村小额定期寿险(A型)条款,附加农村小额意外费用补偿团体医疗保险条款	村民委员会	投保	否	保险利益问题,诉讼时效问题,免责条款效力问题,保险人说明义务履行问题,赔偿金额核算问题	《中华人民共和国保险法》第8条、《中华人民共和国合同法》第12条、第17条、第19条、第23条、第24条、第26条、第31条
(2017)桂1423民初431号	中国人寿保险	农村小额团体意外伤害保险、农村小额定期寿险、附加农村小额意外费用补偿团体医疗保险、通泰交通团体意外伤害保险	乡级政府	投保	否	保险人说明义务履行问题	《中华人民共和国合同法》第39条、《中华人民共和国保险法》第10条、第17条
(2017)吉0605民初1502号	中国人寿保险	小额人身意外伤害保险	区社会医疗保险管理局	宣传	否	保险人说明义务履行问题,赔偿责任范围认定问题	《中华人民共和国保险法》第17条第1款、第56条
(2017)吉0605民初64号	中国人寿保险	小额人身意外伤害保险	区级政府	宣传	否	意外事故认定问题,赔偿责任范围认定问题	《中华人民共和国合同法》第44条、第60条、《中华人民共和国保险法》第12条、第13条、第14条
(2017)吉06民终367号	中国人寿保险	小额人身意外伤害保险	区级政府	宣传	否	意外事故认定问题	《中华人民共和国合同法》第44条、《中华人民共和国保险法》第12条
(2017)吉0722民初2783号	中国人民财产保险	农村小额人身保险	县级政府	投保	否	意外事故认定问题	《中华人民共和国保险法》第17条第2款、《最高人民法院关于适用〈中华人民共和国保险法〉若干问题的解释(二)》第9条第1款

续表

案号	涉案保险公司	涉案保险	所涉地方政府	所涉地方政府的保险行为	保险公司是否胜诉	争议焦点	实体法引用
（2017）吉0722民初2859号	中国人民财产保险	团体农村小额意外伤害保险	县级政府	投保	否	理赔金数额核算问题	《中华人民共和国保险法》第17条第2款，《最高人民法院关于适用〈中华人民共和国保险法〉若干问题的解释（二）》第9条第1款
（2017）吉0822民初444号	中国人民财产保险	农村小额人身保险	农村信用合作联社	受益人	否	诉讼主体资格问题、意外事故认定问题	《中华人民共和国保险法》第10条、第17条
（2017）吉0881民初2325号 （2017）吉0881民初2326号 （2017）吉0881民初2327号 （2017）吉0881民初2368号	中国人民人身保险	农村小额借款人人身保险	农村信用合作联社	办理保险、提供保单、代收保费	否	保险人询问义务履行问题、保险人说明义务履行问题、意外事故认定问题、保险期间问题	《中华人民共和国合同法》第60条，《中华人民共和国保险法》第13条、第17条，《最高人民法院关于适用〈中华人民共和国保险法〉若干问题的解释（二）》第14条第4款
（2017）辽04民终795号	中国人寿保险	小额团体意外伤害保险，附加小额意外费用补偿团体医疗保险	区居民委员会	投保	否	免责条款适用问题、保险人说明义务履行问题	《中华人民共和国道路交通安全法》第19条，《人身保险伤残评定标准（行业标准）》，《中华人民共和国合同法》第8条、第39条，《中华人民共和国保险法》第17条
（2017）内0523民初1436号	中国人民财产保险	农村小额人身保险	无	无	否	意外事故认定问题	《中华人民共和国合同法》第8条，《中华人民共和国保险法》第17条，《最高人民法院关于适用〈中华人民共和国保险法〉若干问题的解释（三）》第13条第1款

续表

案号	涉案保险公司	涉案保险	所涉地方政府	所涉地方政府的保险行为	保险公司是否胜诉	争议焦点	实体法引用
(2017)宁0323民初1935号	中国人寿保险	学生儿童定期寿险（A款）、附加学生儿童意外伤害保险、附加学生儿童意外伤害医疗保险（A款）、附加学生儿童疾病住院费用补偿医疗保险	无	无	否	意外事故认定问题	《中华人民共和国保险法》第2条、第10条、第13条、第14条、第16条、第39条
(2017)陕01民终14255号	中国人寿保险	农村小额人身保险	村民委员会	投保、收取保费	否	意外事故认定问题	《中华人民共和国保险法》第2条、第17条
(2017)陕0721民初2188号	中国人寿保险	小额团体意外保险、附加缘洲意外费用补偿团体医疗保险	村民委员会	投保	是	保险期间认定问题	《中华人民共和国保险法》第14条
(2017)皖1125民初828号	中国人寿保险	农村小额意外伤害保险	无	无	否	赔偿金核算问题	《中华人民共和国合同法》第8条、《中华人民共和国保险法》第10条、第17条
(2017)皖16民终196号	中国人寿保险	计划生育家庭意外伤害保险	无	无	否	赔偿金核算问题	《中华人民共和国保险法》第10条、第11条、第12条、第13条、第14条、第17条、第18条、第23条、《中华人民共和国合同法》第39条、第41条
(2017)渝05民终7983号	中国人寿保险	老年人特定意外伤害保险	无	无	是	意外事故认定问题	《中华人民共和国保险法》第10条、第14条

续表

案号	涉案保险公司	涉案保险	所涉地方政府	所涉地方政府的保险行为	保险公司是否胜诉	争议焦点	实体法引用
(2017)豫06民终207号	中国人寿保险	农村小额团体意外伤害保险	村民委员会	组织、投保	否	保险利益问题、免责条款认定问题、保险人告知义务履行	《中华人民共和国保险法》第17条第2款，《最高人民法院关于适用〈中华人民共和国保险法〉若干问题的解释(二)》第9条第1款
(2017)豫06民终340号	中国人寿保险	农村小额团体意外伤害保险	村民委员会	组织、投保	否	保险利益问题、免责条款认定问题、保险人告知义务履行	《最高人民法院关于适用〈中华人民共和国保险法〉若干问题的解释(二)》第9条第1款、《中华人民共和国保险法》第17条第2款
(2017)豫06民终341号	中国人寿保险	农村小额团体意外伤害保险	村民委员会	组织和宣传	否	保险利益问题、免责条款效力认定问题、赔偿责任范围认定	《最高人民法院关于适用〈中华人民共和国保险法〉若干问题的解释(二)》第9条第1款、《中华人民共和国保险法》第10条、第17条第2款
(2017)豫0825民初597号	中国人寿保险	农村小额团体保险、农村小额定期寿险(A型)	县农村小额人身保险推广领导小组	投保	否	免责条款适用问题	《中华人民共和国保险法》第2条、第14条、第23条、第30条、第42条
(2017)豫1103民初1809号	中国人寿财产	农村小额人身保险	村民委员会	宣传	否	意外事故认定问题	《中华人民共和国合同法》第60条，《中华人民共和国保险法》第14条、第22条
(2017)豫1426民初2783号	中国人寿保险	惠农小额人身保险	村民委员会	宣传	否	意外事故认定问题	《中华人民共和国合同法》第8条、第60条，《中华人民共和国保险法》第10条、第14条
(2017)豫1426民初5574号	中国人寿保险	惠农小额人身保险、农村意外伤害附加保险	村民委员会	投保	否	赔偿范围认定问题	《中华人民共和国保险法》第14条

续表

案号	涉案保险公司	涉案保险	所涉地方政府	所涉地方政府的保险行为	保险公司是否胜诉	争议焦点	实体法引用
（2017）豫1621民初121号	中国人寿保险	农村小额团体意外伤害保险、附加农村小额补偿团体医疗费用保险	镇级政府	宣传	否	保险期间认定问题	《中华人民共和国合同法》第60条、《中华人民共和国保险法》第14条
（2017）云0302民初6134号	中国人寿保险	小额人身保险	村民委员会	投保	是	意外事故认定问题	无
（2017）云0422民初595号	中国人寿保险	老年人意外伤害保险、绿洲团体意外伤害保险（A型）	无	无	是	意外事故认定问题	《中华人民共和国合同法》第8条
（2017）云0428民初678号	中国人寿保险	绿洲团体意外伤害保险（A型）	街道老年协会	宣传	否	意外事故认定问题	《中华人民共和国合同法》第60条、《中华人民共和国保险法》第10条、第114条第2款、《最高人民法院关于适用〈中华人民共和国保险法〉若干问题的解释（三）》第25条
（2017）云2923民初1343号	中国人寿保险	老年人意外伤害保险、绿洲团体意外伤害保险（A型）	镇级政府	宣传	否	免责条款适用问题，意外事故认定问题	《中华人民共和国保险法》第10条、第14条、第39条、《中华人民共和国合同法》第41条
（2017）云3323民初193号	中国人民财产保险	福贡县团体农村小额意外伤害保险、福贡县民政救助对象团体限额人身保险	县民政局	宣传	否	保险合同继续履行问题	《中华人民共和国合同法》第5条、第6条

续表

案号	涉案保险公司	涉案保险	所涉地方政府	所涉地方政府的保险行为	保险公司是否胜诉	争议焦点	实体法引用
(2018)川0302民初2869号	中邮人寿保险	员工重大疾病保险、意外伤害保险合作协议	无	无	是	保险人告知义务履行问题、免责条款效力认定问题、理赔协议效力认定问题	《中华人民共和国民法总则》第147条、第148条、第149条、第150条、第151条、第172条,《中华人民共和国保险法》第2条、第5条、第16条、第17条、第19条、第23条,《最高人民法院关于适用〈中华人民共和国保险法〉若干问题的解释(二)》第3条第2款、第9条第1款
(2018)川08民终643号	中国人寿保险	农村小额团体人身保险、康宁终身保险	县级政府	宣传	是	意外事故认定问题	《中华人民共和国合同法》第8条、第44条、第60条,《中华人民共和国保险法》第10条、第12条,《最高人民法院关于适用〈中华人民共和国保险法〉若干问题的解释(二)》第3条、第10条、第11条第1款
(2018)川1402民初3381号	中国人寿保险	吉祥卡 E（SC100元）、小额人身意外保险	无	无	是	保险合同成立认定问题、意外事故认定问题	无
(2018)川1621民初1781号	中国人寿保险	小额人身意外保险	无	无	否	赔偿责任范围认定问题、免责条款适用问题、保险人说明义务履行问题	《中华人民共和国合同法》第8条、第44条、《中华人民共和国保险法》第17条第2款,《最高人民法院关于适用〈中华人民共和国保险法〉若干问题的解释(二)》第9条
(2018)鄂0505民初149号	中国人寿保险	农村小额团体意外伤害保险、附加绿洲意外住院定额给付团体医疗保险	区居委会	投保	是	投保人如实告知义务履行问题、赔偿金额核算问题	《中华人民共和国合同法》第60条、《中华人民共和国保险法》第14条、第17条,《最高人民法院关于适用〈中华人民共和国保险法〉若干问题的解释(二)》第11条

续表

案号	涉案保险公司	涉案保险	所涉地方政府	所涉地方政府的保险行为	保险公司是否胜诉	争议焦点	实体法引用
(2018)鄂0582民初2008号	中国人寿保险	小额人身意外保险	无	无	否	免责条款适用问题	《中华人民共和国保险法》第23条第1款、《中华人民共和国继承法》第42条第1款、《中华人民共和国保险法》第10条第1款
(2018)黑0221民初534号	中国人民财产保险	农村小额意外伤害保险	无	无	否	免责条款适用问题、保险人说明义务履行问题	《中华人民共和国合同法》第60条、《中华人民共和国保险法》第17条、《最高人民法院关于适用〈中华人民共和国保险法〉若干问题的解释(二)》第10条
(2018)黑02民终1478号	中国人民财产保险	农村小额意外伤害保险	无	无	否	免责条款适用问题	《中华人民共和国合同法》第60条、《中华人民共和国保险法》第17条、《最高人民法院关于适用〈中华人民共和国保险法〉若干问题的解释(二)》第9条、第10条
(2018)吉08民终209号	中国人民财产保险	农村小额借款人人身保险	农村信用合作联社	办理投保手续、提供投保单、代收保费	否	保险期间认定问题、保险金作为遗产的继承问题	《最高人民法院关于适用〈中华人民共和国保险法〉若干问题的解释(二)》第4条、《中华人民共和国保险法》第17条
(2018)内0402民初225号	中国人民财产保险	农村小额人身保险	无	无	否	免责条款适用问题	《中华人民共和国保险法》第10条、第42条
(2018)陕07民终146号	中国人寿保险	老年人小额人身意外保险	村民委员会	投保	是	保险期间认定问题	《中华人民共和国保险法》第13条、第14条

续表

案号	涉案保险公司	涉案保险	所涉地方政府	所涉地方政府的保险行为	保险公司是否胜诉	争议焦点	实体法引用
（2018）陕0802民初11362号	中国人寿保险	小额人身保险	无	无	否	赔偿责任范围认定问题，保险金作为遗产的继承问题	《中华人民共和国合同法》第8条、第60条第1款、第107条，《中华人民共和国保险法》第23条第1款、第42条第1款第1项，《中华人民共和国继承法》第10条第1款
（2018）苏0724民初5890号	中国人寿保险	小额人身保险、绿洲团体意外伤害保险、绿洲团体（A型）补偿团体医疗保险，附加绿洲意外心意外伤害保险（A型）	无	无	否	意外事故认定问题	《中华人民共和国保险法》第14条、第42条第1款第1项
（2018）苏0826民初4582号	中国人寿保险	农村小额团体意外伤害保险	镇财政所	投保	是	意外事故认定问题	《中华人民共和国保险法》第16条第7款、第22条
（2018）苏1323民初3551号	中国人寿保险	绿洲团体意外保险（B型）、绿洲团体定期小额人身险、红安保险、小额人身险保险合同	县委组织部、县老龄委员会	投保	否	保险金作为遗产的继承问题，意外事故认定问题，保险人告知义务履行问题	《中华人民共和国保险法》第21条、第23条、第42条
（2018）苏1323民初4045号	中国人寿保险	小额人身保险	无	无	否	保险责任认定问题，保险赔偿金核算问题，保险人出险通知义务履行问题	《中华人民共和国保险法》第14条、第31条、第42条
（2018）皖1821民初1770号	中国人寿保险	小额团体意外伤害保险	村民委员会	投保	否	意外事故认定问题，免责条款适用问题	《中华人民共和国保险法》第2条、第14条、第17条第2款、第42条，《中华人民共和国继承法》第3条、第10条

续表

案号	涉案保险公司	涉案保险	所涉地方政府	所涉地方政府的保险行为	保险公司是否胜诉	争议焦点	实体法引用
(2018)豫0523民初1009号	中国人寿保险	小额人身保险	县扶贫办、民政局	投保	否	意外事故认定问题	《中华人民共和国保险法》第5条、第13条、第14条、第10条、第42条
(2018)豫05民终3406号	中国人寿保险	农村小额团体意外伤害保险	县扶贫办、民政局	投保	否	保险利益问题，保险期间认定问题，赔付责任范围认定问题	《中华人民共和国保险法》第5条、第10条、第13条、第14条、第31条、第42条
(2018)豫0782民初3203号	中国人寿保险	农村小额团体意外伤害保险	村民委员会	投保	否	意外事故认定问题	《中华人民共和国保险法》第14条、第42条
(2018)豫07民终4274号	中国人寿保险	农村小额团体意外伤害保险	村民委员会	投保	否	意外事故认定问题	《中华人民共和国保险法》第14条、第42条
(2018)豫1325民初1547号	中国人寿保险	农村小额团体意外伤害保险，附加农村小额补偿医疗费用补偿医疗保险	村民委员会	投保	否	意外事故认定问题	《中华人民共和国保险法》第10条、第14条
(2018)豫1425民初4682号	中国人寿保险	农村小额团体意外伤害保险，附加农村小额费用补偿意外医疗保险	乡级政府	投保	否	赔偿金额核算问题，保险期间认定问题	《中华人民共和国合同法》第60条、第107条、《中华人民共和国保险法》第14条、第23条
(2018)豫1426民初4398号	中国人寿保险	惠农小额人身意外伤害保险	无	无	否	赔偿责任范围认定问题	《中华人民共和国合同法》第60条、《中华人民共和国保险法》第5条、第30条、第31条、第42条

续表

案号	涉案保险公司	涉案保险	所涉地方政府	所涉地方政府的保险行为	保险公司是否胜诉	争议焦点	实体法引用
(2018)豫1426民初4398号	中国人寿保险	惠农小额人身意外伤害保险	无	无	否	意外事故认定问题、赔偿金额核算问题	《中华人民共和国合同法》第6条、第8条、第60条、第107条,《中华人民共和国保险法》第2条、第10条、第12条、第14条、第23条、第31条、第64条,《最高人民法院关于审理人身损害赔偿案件适用法律若干问题的解释》第21条、第25条
(2018)豫1426民初5501号	中国人寿保险	惠农小额人身保险	无	无	否	意外事故认定问题	《中华人民共和国保险法》第14条、第23条
(2018)豫1426民初6198号	中国人寿保险	惠农小额意外伤害保险	村民委员会	投保	否	意外事故认定问题	《中华人民共和国保险法》第12条、第14条、第23条
(2018)豫1526民初4179号	中国人寿保险	惠农小额人身保险	村民委员会	投保	否	保险人说明义务履行问题、保险人告知义务履行问题、赔偿金额核算问题	《中华人民共和国保险法》第10条、第14条、第17条、第19条,《最高人民法院关于适用〈中华人民共和国保险法〉若干问题的解释(二)》第9条
(2018)豫15民终5671号	中国人寿保险	惠农小额人身意外保险	无	无	否	保险利益问题	《中华人民共和国保险法》第10条、第14条
(2018)云03民终2199号	中国人寿保险	小额人身保险	无	无	否	意外事故认定问题	《中华人民共和国合同法》第8条第2款、第44条,《中华人民共和国保险法》第10条、第17条
(2018)云0402民初1991号	中国人寿保险	绿洲团体意外伤害保险(A型)	无	无	否	意外事故认定问题	《中华人民共和国合同法》第60条、第107条,《中华人民共和国保险法》第14条、第22条第2款

续表

案号	涉案保险公司	涉案保险	所涉地方政府	所涉地方政府的保险行为	保险公司是否胜诉	争议焦点	实体法引用
(2018)云0402民初373号	中国人寿保险	绿洲团体意外伤害保险（A型）	街道办事处	投保	是	意外事故认定问题	《中华人民共和国合同法》第8条、第60条
(2018)云0421民初316号	中国人寿保险	绿洲团体意外伤害保险（A款），附加绿洲住院定额给付团体医疗保险	乡级政府	投保	否	意外事故认定问题	《中华人民共和国保险法》第2条、第42条第1款、《中华人民共和国继承法》第10条
(2018)云0422民初1082号	中国人寿保险	计划生育家庭意外伤害保险	村民委员会	投保	否	意外事故认定问题	《中华人民共和国保险法》第10条、第14条、《最高人民法院关于适用〈中华人民共和国保险法〉若干问题的解释（三）》第25条
(2018)云04民终873号	中国人寿保险	绿洲团体意外伤害保险（A款），附加绿洲住院定额给付团体医疗保险	乡级政府	投保	否	意外事故认定问题	《中华人民共和国保险法》第2条、第13条第1款、第21条、第22条第1款、第42条第1款、《中华人民共和国继承法》第10条
(2019)川03民终229号	中邮人寿保险	团体A款重大疾病保险	无	无	是	理赔协议的效力认定问题、赔偿责任范围认定问题	《中华人民共和国民法总则》第147条、第148条、第149条、第150条、第151条、第172条、《中华人民共和国保险法》第2条、第5条、第16条、第17条、第19条、第23条、《最高人民法院关于适用〈中华人民共和国保险法〉若干问题的解释（二）》第3条、第9条第1款第2款

续表

案号	涉案保险公司	涉案保险	所涉地方政府	所涉地方政府的保险行为	保险公司是否胜诉	争议焦点	实体法引用
（2019）川0725民初1901号	中国人寿保险	小额老年人意外伤害保险	镇级政府	投保	否	诉讼主体资格问题，意外事故认定问题，保险金作为遗产的继承问题	《中华人民共和国保险法》第5条、第14条、第42条
（2019）川0811民初1611号	中国人寿保险	农村小额意外伤害保险	镇级政府	投保	是	保险利益问题，理赔金额核算问题	《中华人民共和国保险法》第2条第10条
（2019）川0811民初1611号	中国人寿保险	小额贷款借款意外伤害保险、夕阳红意外伤害保险、农村小额意外伤害保险、综合意外伤害保险	区级民政局、区级老龄工作委员会办公室	宣传	否	免责条款适用问题	《中华人民共和国合同法》第60条第1款，《中华人民共和国保险法》第17条第2款、第42条第1款第1项
（2019）川14民终171号	中国人寿保险	吉祥卡E（SC100元）、小额人身保险服务卡	无	无	是	诉讼主体资格问题	《中华人民共和国民事诉讼法》第60条，《人身保险伤残评定标准（行业标准）》
（2019）川1526民初1502号	中国人寿保险	绿洲团体意外伤害保险、附加绿洲意外医疗补偿团体意外伤害保险	无	无	否	免责条款适用问题，保险人说明义务履行问题	《中华人民共和国保险法》第10条、第12条、第17条《最高人民法院关于适用〈中华人民共和国保险法〉若干问题的解释（二）》第9条第1款
（2019）鄂0582民初890号	中国人寿保险	小额人身保险	无	无	否	保险金作为遗产的继承问题，理赔金额核算问题	《中华人民共和国保险法》第14条、第42条
（2019）甘7102民初9号	中国人寿保险	农村小额扶贫贷款人意外伤害保险	乡级政府	宣传	是	保险期间认定问题	《中华人民共和国保险法》第16条

续表

案号	涉案保险公司	涉案保险	所涉地方政府	所涉地方政府的保险行为	保险公司是否胜诉	争议焦点	实体法引用
（2019）桂0821民初1633号	中国人寿保险	小额人身保险、广西计划生育家庭爱心保险	无	无	否	赔偿金核算问题	《中华人民共和国民法总则》第188条、《中华人民共和国保险法》第17条、第46条
（2019）吉0822民初1339号	中国人民财产保险	农村小额人身保险	农村信用合作联社	受益人	否	保险金作为遗产继承问题、免责条款适用问题	《中华人民共和国保险法》第10条、第42条
（2019）吉0881民初3336号	中国人民财产保险	农村小额人身保险	农村信用合作联社	办理保险、提供保单、代收保费	否	免责条款适用问题、保险人说明义务履行问题	《中华人民共和国保险法》第17条
（2019）吉08民终937号	中国人民财产保险	农村小额人身保险	农村信用合作联社	受益人	否	投保人如实告知义务履行问题、免责条款适用问题	《中华人民共和国保险法》第10条、第42条
（2019）鲁16民终143号	中国人民财产保险	农村小额人身保险	区政法委	投保	否	诉讼主体资格认定问题、免责条款适用问题	《中华人民共和国保险法》第14条、《最高人民法院关于适用〈中华人民共和国保险法〉若干问题的解释（二）》第10条
（2019）陕0327民初1056号	中国人寿保险	农村小额团体意外伤害保险、农村小额意外费用补偿医疗保险、附加农村小额团体定期寿险	县农村小额人身保险领导办公室	投保	否	理赔金额核算问题	《中华人民共和国保险法》第14条、第17条、《中华人民共和国合同法》第60条
（2019）陕0803民初1197号	国寿保险	农村小额团体人身意外伤害小额人身保险	无	无	否	意外事故认定问题	《中华人民共和国保险法》第10条、第17条、第42条

续表

案号	涉案保险公司	涉案保险	所涉地方政府	所涉地方政府的保险行为	保险公司是否胜诉	争议焦点	实体法引用
(2019)陕0803民初3914号	中国人寿保险	农村小额团体意外伤害保险、附加农村小额团体意外费用补偿医疗保险	街道办事处	投保	否	意外事故认定问题	《中华人民共和国保险法》第10条、第17条、第42条
(2019)苏0321民初376号	中国人寿保险	农村小额团体意外伤害保险、农村小额团体意外费用补偿医疗保险	县新型农村合作医疗管理办公室	投保	否	免责条款适用问题	《中华人民共和国保险法》第14条、第23条、第31条、第42条、《中华人民共和国合同法》第107条
(2019)苏03民终3863号	中国人寿保险	农村小额团体意外伤害保险、附加农村小额团体意外费用补偿医疗保险	县新型农村合作医疗管理办公室	投保	是	意外事故认定问题、赔偿金额核算问题	《中华人民共和国保险法》第14条、第23条、第31条、第42条、《中华人民共和国合同法》第107条
(2019)苏09民终910号	中国人寿保险	农村小额意外伤害保险、农村小额定期寿险（A型）	无	无	是	免责条款适用问题、保险人说明义务履行问题	《中华人民共和国保险法》第4条、《中华人民共和国道路交通安全法》第19条、第22条
(2019)苏1322民初16079号	中国人寿保险	小额人身保险	无	无	否	意外事故认定问题	《中华人民共和国合同法》第107条、《中华人民共和国保险法》第42条第1款第1项、《中华人民共和国继承法》第10条第1款
(2019)豫0825民初2584号	中国人寿保险	惠农小额人身保险	无	无	否	赔偿金额核算问题	《中华人民共和国保险法》第5条、第10条、第11条、第12条第1款

续表

案号	涉案保险公司	涉案保险	所涉地方政府	所涉地方政府的保险行为	保险公司是否胜诉	争议焦点	实体法引用
(2019)豫1426民初110号 (2019)豫1426民初67号	中国人寿保险	惠农小额人身保险	村民委员会	投保	否	意外事故认定问题	《中华人民共和国保险法》第14条、第23条
(2020)川0823民初1121号	中国人寿保险	广元市剑阁县农村小额人身团体保险	县级政府办公室	宣传	是	免责条款适用问题	《中华人民共和国合同法》第162条、《中华人民共和国保险法》第8条、第44条、第17条、《最高人民法院关于适用〈中华人民共和国保险法〉若干问题的解释（二）》第10条、第11条第1款
(2020)川08民终1028号	中国人寿保险	广元市剑阁县农村小额人身团体保险	镇级政府	宣传	是	免责条款适用问题	《中华人民共和国合同法》第162条、《中华人民共和国保险法》第8条、第44条、第17条、《最高人民法院关于适用〈中华人民共和国保险法〉若干问题的解释（二）》第10条、第11条第1款
(2020)吉0184民初3588号	中国人民财产保险	小额贷款保证保险	无	无	是	诉讼主体资格问题	《中华人民共和国民事诉讼法》第119条
(2020)吉0802民初1097号	中国人民财产保险	农村小额人身保险	无	无	否	投保人如实告知义务履行问题、保险人说明义务履行问题	《中华人民共和国保险法》第14条、第17条

续表

案号	涉案保险公司	涉案保险	所涉地方政府	所涉地方政府的保险行为	保险公司是否胜诉	争议焦点	实体法引用
(2020)吉08民终74号	中国人民财产保险	农村小额人身保险合同	农村信用合作联社	办理投保手续、提供投保单、代收保费	否	投保人告知义务履行、保险人询问义务履行、保险人说明义务履行	《中华人民共和国保险法》第16条第1款、第17条、《最高人民法院关于适用〈中华人民共和国保险法〉若干问题的解释(二)》第6条第1款
(2020)内05民终1383号	中国人民财产保险	农村小额意外伤害保险	无	无	否	理赔金数额核算问题	《中华人民共和国合同法》第44条、第60条、第107条、《中华人民共和国保险法》第10条、第14条、第30条、第31条
(2020)苏0706民初205号	中国人寿保险	农村小额团体意外伤害保险、农村小额团体定期寿险(A型)、附加给付团体意外住院定额团体医疗保险、附加给付农村小额意外费用补偿团体医疗保险	区人力资源和社会保障中心	投保	是	意外事故认定问题	无
(2020)苏13民终2141号	中国人寿保险	农村小额意外伤害保险、农村小额团体定期寿险、附加农村小额团体意外医疗保险、附加给付团体意外住院定额团体医疗保险	无	无	否	保险期间认定问题、意外事故认定问题	《医疗机构管理条例》、《中华人民共和国保险法》第2条、第10条、第13条第款、第14条

续表

案号	涉案保险公司	涉案保险	所涉地方政府	所涉地方政府的保险行为	保险公司是否胜诉	争议焦点	实体法引用
(2020)皖0822民初1267号	中国人寿保险	农村小额团体意外伤害保险	无	无	否	赔偿金额核算问题	《中华人民共和国保险法》第2条、第10条、第14条、第17条、第40条,《最高人民法院关于适用〈中华人民共和国保险法〉若干问题的解释(二)》第9条第1款,《最高人民法院关于审理人身损害赔偿案件适用法律若干问题的解释》第25条
(2020)豫04民终872号	中国人寿保险	农村小额团体意外伤害保险	农村信用合作联社	投保	否	赔偿金额核算问题、保险期间认定问题	《中华人民共和国合同法》第60条,《中华人民共和国保险法》第12条、第13条、第14条、第42条,《最高人民法院关于适用〈中华人民共和国保险法〉若干问题的解释(二)》第4条

参考文献

一、专著

(一)中文专著

[1]曹兴权:《保险法学》,华中科技大学出版社2014年版。
[2]陈军:《变化与回应:公私合作的行政法研究》,中国政法大学出版社2014年版。
[3]陈文辉主编:《团体保险发展研究》,中央编译出版社2005年版。
[4]陈运来:《农业保险原论》,中国检察出版社2015年版。
[5]樊启荣:《保险法》,北京大学出版社2011年版。
[6]冯文丽:《中国农业保险制度变迁研究》,中国金融出版社2004年版。
[7]高鹏程:《危机学》,社会科学出版社2009年版。
[8]国家统计局住户调查办公室:《2017年中国农村贫困监测报告》,中国统计出版社2017年版。
[9]国家统计局住户调查办公室:《2018年中国农村贫困监测报告》,中国统计出版社2018年版。
[10]国彦兵:《新制度经济学》,立信会计出版社2006年版。
[11]韩长印、韩永强:《保险法新论》,中国政法大学出版社2010年版。
[12]黄恒学主编:《公共经济学》,北京大学出版社2009年第2版。
[13]黄锦堂:《行政组织法》,翰芦图书出版有限公司2005年版。
[14]吉登斯:《现代性与自我认同》,生活·读书·新知三联书店1998年版。
[15]江生忠:《保险助推脱贫攻坚理论与实践》,南开大学出版社2019年版。
[16]金维刚主编、武玉宁副主编:《〈社会保险法〉实施评估研究》,中国言实出版社2016年版。
[17]寇业富主编:《保险蓝皮书:中国保险市场发展分析(2019)》,中国经济出版社2020年版。
[18]黎建飞:《社会保障法》,中国人民大学出版社2015年第5版。
[19]李琮:《当代资本主义的新发展》,经济科学出版社1998年版。
[20]李丹、庹国柱、龙文军主编:《农业风险与农业保险》,高等教育出版社2017年版。
[21]李航:《我国转型期弱势群体社会风险管理探析》,西南财经大学出版社2007年版。
[22]李杰:《中国农村小额保险发展研究》,经济科学出版社2015年版。
[23]李善同:《农民工在城市就业、收入与公共服务——城市贫困视角》,经济科学出版社2009年版。
[24]李玉泉:《保险法》,法律出版社2019年第3版。
[25]栗燕杰:《中国社会保险的法治议题》,中国社会科学出版社2013年版。

[26]梁宇贤:《保险法新论》,中国人民大学出版社2004年版。
[27]刘小红:《农业保险财政补贴法律制度研究》,法律出版社2017年版。
[28]刘小红:《农业保险法律制度研究》,中国法制出版社2014年版。
[29]柳亦博:《合作治理——构想复杂性背景下社会治理模式》,中国社会科学出版社2018年版。
[30]卢现祥:《新制度经济学》,武汉大学出版社2011年第2版。
[31]乔亚楠:《政府职能转移的行政法研究》,法律出版社2019年版。
[32]盛和泰:《保险与国家治理现代化》,经济科学出版社2018年版。
[33]田先红:《治理基层中国》,社会科学文献出版社2013年版。
[34]庹国柱、王国军主编:《中国农业保险与农村社会保障制度研究》,首都经贸大学出版社2002年版。
[35]庹国柱主编:《中国农业保险研究2015》,中国农业出版社2015年版。
[36]王海明:《保险协同治理研究》,社会科学文献出版社2017年版。
[37]王洪亮:《债法总论》,北京大学出版社2016年版。
[38]王向楠:《普惠保险》,中国社会科学出版社2020年版。
[39]王振华等:《重塑英国:布莱尔与"第三条道路"》,中国社会科学出版社2000年版。
[40]温世扬主编:《保险法》,法律出版社2016年第3版。
[41]吴庚:《行政法之理论与实用》,三民书局2014年版。
[42]吴忠民:《社会公正论》,商务印书馆2019年第3版。
[43]谢鸿飞:《合同法学的新发展》,中国社会科学出版社2014年版。
[44]杨华锋:《协同治理——社会治理现代化的历史进路》,经济科学出版社2017年版。
[45]姚奕:《小额保险理论前沿与实践初探》,北京大学出版社2017年版。
[46]袁文峰:《公私合作在我国的实践及其行政法难题研究》,中国政法大学出版社2018年版。
[47]张国庆:《行政管理学概论》,北京大学出版社2001年版。
[48]张汝立等:《外国贫弱群体政策研究》,社会科学文献出版社2019年版。
[49]张汝立等:《中国城市贫困群体政策研究》,社会科学文献出版社2018年版。
[50]张晓玲:《社会稳定与弱势群体权利保障研究》,中共中央党校出版社2015年版。
[51]张宗军、庞楷:《保险扶贫理论研究与路径探索——甘肃的实践与经验》,经济科学出版社2020年版。
[52]郑功成:《中国社会保障制度变革40年:1978—2018》,中国劳动社会保障出版社2020年版。
[53]郑功成:《中国社会保障制度变迁与评估》,中国人民大学出版社2002年版。
[54]郑功成等:《社会保险法及实践研究》,人民出版社2020年版。
[55]中国21世纪议程管理中心:《中国21世纪议程——中国21世纪人口、环境与发展白皮书》,中国环境科学出版社1994年版。
[56]周延礼主编:《2016年中国保险年鉴》,中国保险年鉴委员会2016年版。
[57]邹海林:《保险法学的新发展》,中国社会科学出版社2015年版。
[58]邹焕聪:《公私合作(PPP)法律问题研究》,人民出版社2017年版。
[59]最高人民法院保险法司法解释起草小组编:《〈中华人民共和国保险法〉保险合同章条文理解与适用》,中国法制出版社2010年版。
[60]最高人民法院民事审判二庭:《最高人民法院关于保险法司法解释(三)理解与适用》,人民法院出版社2015年版。

(二)中文译著

[1][德]乌尔里希·贝克:《自由与资本主义》,路国林译,浙江人民出版社2001年版。

[2][德]乌尔里希·贝克:《风险社会》,何博闻译,译林出版社2004年版。

[3][德]施密特·阿斯曼:《秩序理念下的行政法秩序建构》,林明锵等译,北京大学出版社2012年版。

[4][法]米歇尔·克罗齐耶、埃哈尔·费埃德伯格:《行动者与系统:集体行动的政治学》,张月等译,上海人民出版社2007年版。

[5][法]让·里韦罗、让·瓦利纳:《法国行政法》,鲁仁译,商务印书馆2008年版。

[6][澳]黄有光:《福利经济学》,周建明等译,中国友谊出版公司1991年版。

[7][美]E.S.萨瓦斯:《民营化与公私部门的伙伴关系》,周志忍译,中国人民大学出版社2003年版。

[8][美]迈克尔·麦金尼斯主编:《多中心治道与发展》,王寿龙译,上海三联书店2000年版。

[9][美]埃米特·J.沃恩、特丽沙·M.沃恩:《危险原理与保险》,张洪涛译,中国政法大学出版社2002年版。

[10][美]塞缪尔·亨廷顿:《变化社会中的政治秩序》,王冠华、刘为等译,上海人民出版社2008年版。

[11][美]小罗伯特·H.杰瑞、道格拉斯·R.里士满:《美国保险法精解》,李之彦译,北京大学出版社2009年版。

[12][美]曼瑟尔·奥尔森:《集体行动的逻辑》,陈郁、郭宇峰、李崇新译,上海人民出版社1999年版。

[13][美]朱迪·弗里曼:《合作治理与新行政法》,毕洪海、陈标冲译,商务印书馆2010年版。

[14][美]约翰·D.多纳休、理查德·J.泽克豪林:《合作:激变时代的合作治理》,徐维译,中国政法大学出版社2015年版。

[15][美]罗尔斯·约翰:《正义论》,何怀宏、何包钢、廖申白译,中国社会科学出版社1988年版。

[16][美]詹姆斯·布坎南:《自由、市场和国家》,北京经济学院出版社1998年版。

[17][英]加雷斯·D.迈尔斯:《公共经济学》,匡小平译,中国人民大学出版社2001年版。

(三)英文专著

[1]Anthony B. Atkinson, Joseph E. Stiglitz, *Lectures on Public Economics*, Princeton: Princeton University Press, 2015.

[2]Jurgen B., John B., Malcoml C., et al., *Principles of European Insurance Contract Law (Peicl) 2nd Expanded Edition*, Cologe: Ottoschmidt, 2015.

[3]Beck U., *Risk Society: Towards A New Modernity*, London: Sage Publications, 1992.

[4]Beck U., *Risk Society: Towards A New Modernity*, London: Sage Publications, 1992.

[5]Cooter R., Ulen T., *Law and Economics*, Boston: Addison-Wesley, 2016.

[6] Richard V. Ericson, Doyle A., Barry D., Insurance as Governance, Toronto: University of Toronto Press, 2003.

[7]Jeffery P., Gerald R. Salancik, *The External Control of Organizations: A Resource Dependence Perspective (Stanford Business Classics)*, California: Stanford University Press, 2003.

[8]Mahul O., Charles J. Stutley, *Government Support to Agricultural Insurance: Challenges and Options for Developing Counties*, Washington: World Bank Publications, 2010.

[9]Pramod K. Mishra, *Agricultural Risk, Insurance and Income: A Study of the Impact and Design of India's Comprehensive Crop Insurance Scheme*, Aldershot: Avebury Publishing, 1996.

[10] Dannis C. Mueller, *Public Choice* II, Cambridge: Cambridge University Press, 1989.

[11]Douglass C. North, *Institutions, institutional Change and Economic Performance*, Cambridge: Cambridge University Press, 1990.

[12] Project Group Restatement of European Insurance Contract Law, *The Principles of European Insurance Contract Law (PEICL)*, Munich: European Law Publishing, 2009.

[13]Shavell S., *Economic Analysis of Accident Law*, Cambridge: Harvard University Press, 1987.

[14]Siamwalla A., Valdes A., Should Crop Insurance be Subsidized?, in Perter Hazell, Carlos Pomareda & Alberto Valdez eds *Crop Insurance for Agricultural Development: Issues and Experience*, Baltimore: John Hopkins University Press, 1986.

二、期刊论文

（一）中文期刊论文

[1]包万超:《平衡立法与公共选择》,载《学习与探索》2013年第3期。

[2]陈爱娥:《国家角色变迁下的行政任务》,载《月旦法学教室》2003年第3期。

[3]陈柏峰:《中国法治社会的结构及其运行机制》,载《中国社会科学》2019年第1期。

[4]陈华、王玉红:《保险消费者保护:市场失灵、政府介入与道德风险防范》,载《保险研究》2012年第10期。

[5]陈俊元:《中国大陆〈机动车交通事故责任强制保险条例〉之评析》,载《"立法院"院闻》2006年第11期。

[6]陈璐:《政府扶持农业保险发展的经济学分析》,载《财经研究》2004年第6期。

[7]陈佩、孙祁祥:《多元共治:创新与监管的平衡——基于"监管沙盒"理论依据与国际实践的思考》,载《保险研究》2019年第3期。

[8]陈诗波、李崇光:《我国农民专业合作组织的"能人效应"解析》,载《学术交流》2008年第8期。

[9]陈育林:《保险助推区域经济转型升级》,载《中国金融》2021年第19期。

[10]陈云良:《基本医疗服务法制化研究》,载《法律科学》2014年第2期。

[11]陈运来:《域外农业保险立法及其启示》,载《法商研究》2010年第3期。

[12]程惠霞:《"科层式"应急管理体系及其优化:基于"治理能力现代化"的视角》,载《中国行政管理》2016年第3期。

[13]仇叶:《行政公共性:理解村级治理行政化的一个新视角》,载《探索》2020年第5期。

[14]崔建远:《行政合同族的边界及其确定根据》,载《环球法律评论》2017年第4期。

[15]戴卫东、余洋:《中国长期护理保险试点政策"碎片化"与整合路径》,载《江西财经大学学报》2021年第2期。

[16]邓大才:《论我国"三农问题"的特殊性》,载《中州学刊》2003年第1期。

[17]邓搴:《论政府在购买公共服务中的角色定位及其法律责任——以法律关系基本构造为分析框架》,载《行政法学研究》2018年第6期。

[18]邓义、陶建平:《基于契约执行机制视角的农业保险监管研究》,载《农业经济问题》2013年第4期。

[19]翟小波:《软法及其概念之证成——以公共治理为背景》,载《法律科学》2007年第2期。

[20]丁继红:《长期护理保障制度建设刻不容缓》,载《探索与争鸣》2015年第12期。

[21]丁志刚:《论国家治理体系及其现代化》,载《学习与探索》2014年第11期。

[22]董媛、毛道维:《金融消费者权益保护研究》,载《山东社会科学》2011年第7期。

[23]杜庆鑫:《小额保险及其监管创新》,载《中国金融》2009年第4期。

[24]樊启荣、周志:《论团体保险中被保险人之合同转换权》,载《保险研究》2018年第3期。

[25]范剑虹:《欧盟与德国的比例原则》,载《浙江大学学报(人文社会科学版)》2000年第5期。

[26]范雪飞:《论不公平条款制度——兼论我国显失公平制度之于格式条款》,载《法律科学》2014年第6期。

[27]费友海:《我国农业保险发展困境的深层根源——基于福利经济学角度的分析》,载《金融研究》2005年第3期。

[28]冯辉:《应急治理中的产业考量及其法律规制》,载《法学》2016年第2期。

[29]冯文丽、苏晓鹏:《农业保险助推乡村振兴战略实施的制度约束与改革》,载《农业经济问题》2020年第4期。

[30]冯文丽:《我国农业保险市场失灵与制度供给》,载《金融研究》2004年第4期。

[31]付国华、李向样:《规章在行政审判中的参照适用》,载《人民司法》2011年第24期。

[32]高柏:《中国经济发展模式转型与经济社会学制度学派》,载《社会学研究》2008年第4期。

[33]高和荣:《民生国家的出场:中国保障和改善民生的实践与逻辑》,载《江海学刊》2019年第3期。

[34]高秦伟:《私人主体的行政法义务?》,载《中国法学》2011年第1期。

[35]官兵:《农业保险是公共物品吗?——既有理论的反思与修正》,载《财经科学》2008年第4期。

[36]郭道晖:《权力的多元化与社会化》,载《法学研究》2001年第1期。

[37]郭金龙、周小燕:《保险功能再认识》,载《中国金融》2014年第17期。

[38]韩俊、徐小青:《对当前农村经济运行中若干问题的分析与建议》,载《中国发展评论》2007年第3期。

[39]韩长印、王家骏:《以外上海保险的契约形塑与内容控制》,载《法学》2016年第11期。

[40]何婧、郭何婧、周雨晴:《农业供给侧改革背景下的农村金融改革与发展——第十一届中国农村金融发展论坛会议综述》,载《农业经济问题》2018年第1期。

[41]何启豪:《国家治理现代化背景下的保险法理论新范式——以保险人作为私人监管者为中心的考察》,载《现代法学》2019年第4期。

[42]何文强:《论我国政策性农业保险的法律监管》,载《法学评论》2008年第3期。

[43]贺栩栩:《〈合同法〉第40条后段格式条款效力审查评注》,载《法学家》2018年第6期。

[44]胡文涛:《普惠金融发展研究:以金融消费者保护为视角》,载《经济社会体制比较》2015年第1期。

[45]黄河、李军波:《修改与完善〈农业法〉若干法律制度的思考》,载《河北法学》2007年第2期。

[46]黄丽娟:《保险人恶意不当理赔的法律规制——从违约责任到侵权责任》,载《法商研究》2016年第5期。

[47]黄群超:《试析英国福利国家的困境》,载《历史教学问题》2000年第3期。

[48]黄薇:《保险政策与中国式减贫:经验、困局与路径优化》,载《管理世界》2019年第1期。

[49]黄晓春:《政府购买社会组织服务的实践逻辑与制度效应》,载《国家行政学院学报》2017年第4期。

[50]黄延信:《健全政策性农业保险制度》,载《中国金融》2013年第4期。

[51]黄英君、林俊文:《我国农业风险可保性的理论分析》,载《软科学》2010年第7期。

[52]贾国发、玄鸿娇:《行政行为转变研究——行政私法行为之凸显》,载《法律科学》2010年第5期。

[53]江朝国:《社会保险、商业保险在福利社会中的角色——以健康安全及老年经济安全为中

心》,载《月旦法学杂志》2010年第4期。

[54]江国华:《从农民到公民:宪法与新农村建设的主体性视角》,载《法学论坛》2007年第2期。

[55]江生忠、费清:《日本共济制农业保险制度探析》,载《现代日本经济》2018年第4期。

[56]孔祥智、赵昶:《论我国农业农村治理现代化》,载《教学与研究》2021年第4期。

[57]李飞:《保险法上如实告知义务之新检视》,载《法学研究》2017年第1期。

[58]李金钟、张雯嘉、周浩楠:《普惠性金融背景下的农业保险研究》,载《中国商论》2018年第23期。

[59]李军:《农业保险的性质、立法原则及发展思路》,载《中国农村经济》1996年第1期。

[60]李梅、高飞:《推行政策性农业保险的需求问题探究——以天津市涉农区县为例》,载《农村经济》2008年第8期。

[61]李倩茹、刘朔:《解决小微企业融资困境的政策与法律思考》,载《湖北大学学报(哲学社会科学版)》2012年第6期。

[62]李似鸿:《金融需求、金融供给与乡村自治——基于贫困地区农户金融行为的考察与分析》,载《管理世界》2010年第1期。

[63]李霞:《公私合作合同:法律性质与权责配置——以基础设施与公用事业领域为中心》,载《华东政法大学学报》2015年第3期。

[64]李友梅:《中国社会管理新格局下遭遇的问题——一种基于中观机制分析的视角》,载《学术月刊》2012年第7期。

[65]李媛媛:《我国农业保险合同制度的反思与优化》,载《保险研究》2017年第5期。

[66]李媛媛:《我国农业保险立法模式困境重构及其突破路径》,载《法商研究》2017年第2期。

[67]李长建、李曦:《乡村多元治理的规制困境与机制化弥合——基于软法治理方式》,载《西北农林科技大学学报(社会科学版)》2019年第1期。

[68]李长建:《论农民权益的经济法保护——以利益与利益机制为视角》,载《中国法学》2005年第3期。

[69]梁凤云:《公私合作协议的公法属性及其法律救济》,载《中国法律评论》2018年第4期。

[70]梁昊然:《论我国巨灾保险风险证券化制度构建》,载《求索》2013年第2期。

[71]廖妍雯:《"惠民保"发展存在的问题及对策建议》,载《上海保险》2021年第3期。

[72]林宝清:《论保险功能说研究的若干逻辑起点问题》,载《金融研究》2004年第9期。

[73]林纪东:《行政法与诚实信用原则》,载《法令月刊》1990年第41卷第10期。

[74]林志强:《论健康权的国家义务》,载《社会科学家》2006年第7期。

[75]刘飞:《行政协议诉讼的制度构建》,载《法学研究》2019年第3期。

[76]刘同君:《新型城镇化进程中农村社会治理的法治转型——以农民权利为视角》,载《法学》2013年第9期。

[77]刘云琳、千天:《浅谈我国农业保险法的立法构想》,载《甘肃农业》2006年第9期。

[78]刘智夫:《析城乡小额保险供给制度及其创新》,载《保险研究》2008年第5期。

[79]龙格:《2021年惠民保发展现状、特点、主要问题及趋势探讨》,载《上海保险》2021年第6期。

[80]龙文军:《法国农业保险制度及经验》,载《世界农业》2003年第5期。

[81]卢代富、邵海:《产业化背景下我国农业可持续发展的困境与法律对策》,载《法律科学》2013年第3期。

[82]罗云力:《建立社会投资型国家——欧洲社会民主党第三条道路对福利国家制度的变革》,载《国际论坛》2002年第4期。

[83]络为祥:《中国成年人医疗保险未参保状况及影响因素研究》,载《社会保障评论》2019年第1期。

[84]吕德文:《灰色治理与城市暴力再生产》,载《开放时代》,2015年第4期。

[85]马宁:《保险格式条款内容控制的规范体系》,载《中外法学》2015年第5期。

[86]马宁:《保险利益原则:从绝对走向缓和,抑或最终消解?》,载《华东政法大学学报》2015年第5期。

[87]马宁:《消费者保险立法的中国愿景》,载《中外法学》2019年第3期。

[88]马伟玲、孙婷、王俊华:《我国大病医疗保险制度公私合作路径研究》,载《苏州大学学报(哲学社会科学版)》2016年第4期。

[89]马颖颖:《社会保障公私合作的产生基础及中国的实践》,载《社会保障评论》2017年第3期。

[90]梅扬:《公私合作模式中政府的法律责任》,载《中州学刊》2018年第8期。

[91]莫红琴、张钰洁、罗璠:《城市定制型商业补充医疗险与"服务+风控"的实践探讨》,载《上海保险》2021年第8期。

[92]穆月英、赵沛如:《日本农业共济制度及农业收入保险的实施》,载《世界农业》2019年第3期。

[93]齐滨:《我国农业保险立法的变革之路》,载《人民论坛》2017年第31期。

[94]钱再见:《中国社会弱势群体及其社会支持政策》,载《江海学刊》2002年第3期。

[95]任自力:《保险最大诚信原则之审思》,载《法学家》2010年第3期。

[96]任自力:《论中国小额保险法律制度的完善》,载《北方法学》2010年第2期。

[97]邵光学、刘娟:《从社会管理到社会治理——浅谈中国共产党执政理念的新变化》,载《学术论坛》2014年第2期。

[98]沈岿:《食品免检制之反思——以风险治理为视角》,载《法商研究》2009年第3期。

[99]沈伟、张焱:《普惠金融视域下的金融科技监管悖论及其克服进路》,载《比较法研究》2020年第5期。

[100]施天涛:《商事关系的重新发现与当今商法的使命》,载《清华法学》2017年第6期。

[101]石富覃:《后金融危机时代我国保险业治理体系重构初探》,载《甘肃社会科学》2021年第3期。

[102]宋华琳:《论政府规制中的合作治理》,载《政治与法律》2016年第8期。

[103]宋煜萍:《公众参与社会治理:基础、障碍与对策》,载《哲学研究》2014年第12期。

[104]宋占军、董李娜:《城市普惠型医疗保险辨析及展望》,载《上海保险》2021年第1期。

[105]苏泽瑞:《普惠性商业健康保险:现状、问题与发展建议》,载《行政管理改革》2021年第11期。

[106]孙蓉、吴剑、崔微微:《普惠保险及其发展水平测度》,载《保险研究》2019年第1期。

[107]孙涛:《社会治理的五个视角——兼论其存在问题与发展趋势》,载《北京行政学院学报》2015年第1期。

[108]谭正航:《精准扶贫视角下的我国农业保险扶贫困境与法律保障机制完善》,载《兰州学刊》2016年第9期。

[109]唐清利:《公权与私权共治的法律机制》,载《中国社会科学》2016年第11期。

[110]田玲、徐竞、许潆方:《基于权益视角的保险人契约责任探析》,载《保险研究》2012年第5期。

[111]田野、胡迁、马明华:《法国农业互助保险及对中国的启示》,载《农村经济》2005年第10期。

[112]童星、陶鹏:《论我国应急管理机制的创新——基于源头治理、动态治理、应急处置相结合的理念》,载《江海学刊》2013年第2期。

[113]庹国柱、李军、王国军:《外国农业保险立法的比较与借鉴》,载《中国农村经济》2001年第1期。

[114]庹国柱、朱骏生:《关于我国农业保险制度建设几个重要问题的探讨》,载《中国农村经济》2005年第6期。

[115] 庹国柱、朱骏生:《完善我国农业保险制度需要解决的几个重要问题》,载《保险研究》2014 年第 2 期。

[116] 庹国柱:《从 40 年政策变化喜看我国农业保险蓬勃发展》,载《保险研究》2018 年第 12 期。

[117] 庹国柱:《论农业保险市场的有限竞争》,载《保险研究》2017 年第 2 期。

[118] 庹国柱:《我国农业保险的发展成就、障碍与前景》,载《保险研究》2012 年第 12 期。

[119] 庹国柱:《我国农业保险发展的里程碑——论〈农业保险条例〉的特点与贡献》,载《中国保险》2013 年第 2 期。

[120] 王超群:《中国基本医疗保险的实际参保率及其分布特征:基于多源数据的分析》,载《社会保障评论》2020 年第 4 期。

[121] 王海娟、夏柱智:《农业治理困境与分利秩序的形成——以中部 W 省 H 市为例》,载《南京农业大学学报(社会科学版)》2015 年第 3 期。

[122] 王宏伟、董克用:《应急社会动员模式的转变:从"命令型"到"治理型"》,载《国家行政学院学报》2011 年第 5 期。

[123] 王克稳:《论行政审批的分类改革与替代性制度建设》,载《中国法学》2015 年第 2 期。

[124] 王理万:《商业性强制保险制度的合宪性分析》,载《法学家》2017 年第 2 期。

[125] 王伟、杨甜甜、刘磊第:《论政策性保险的内涵与外延》,载《金融理论与实践》2013 年第 8 期。

[126] 王文强:《21 世纪以来中国三农政策走向研究——对 14 个"中央一号文件"的回顾与展望》,载《江西社会科学》2017 年第 7 期。

[127] 王旭:《公民参与行政的风险及法律规制》,载《中国社会科学》2016 年第 6 期。

[128] 王彦明、王业辉:《政府补贴的法理与规制进路》,载《河南社会科学》2015 年第 12 期。

[129] 王颖、曾康霖:《论普惠:普惠金融的经济伦理本质》,载《金融研究》2016 年第 2 期。

[130] 温世扬、蔡大顺:《论我国团体保险法制完善的路径选择——以要保人的资格规制为中心》,载《法学杂志》2016 年第 1 期。

[131] 温志强:《预警型公共危机管理体系构建》,载《前言》2012 年第 15 期。

[132] 吴传俭:《我国保险业服务于国家社会治理能力现代化路径》,载《保险研究》2015 年第 4 期。

[133] 吴国华:《进一步完善中国农村普惠金融体系》,载《经济社会体制比较》2013 年第 4 期。

[134] 吴涵昱:《被保险人法律地位的反思与重构》,载《浙江大学学报(人文社会科学版)》2019 年第 4 期。

[135] 吴勇敏、胡斌:《对我国保险人说明义务制度的反思和重构——兼评新〈保险法〉第 17 条》,载《浙江大学学报(人文社会科学版)》2010 年第 3 期。

[136] 武亦文、杨勇:《保险法对价平衡原则论》,载《华东政法大学学报》2018 年第 2 期。

[137] 项继权、周长友:《主体重构:"新三农"问题治理的路径分析》,载《吉首大学学报(社会科学版)》2017 年第 6 期。

[138] 谢冰清:《我国长期护理制度中的国家责任及其实现路径》,载《法商研究》2019 年第 5 期。

[139] 谢小弓:《论保险监管法律中的"适合度准则"对农业保险的作用》,载《暨南大学学报(哲学社会科学版)》2015 年第 2 期。

[140] 熊丙万:《中国民法学的效率意识》,载《中国法学》2018 年第 5 期。

[141] 徐国栋:《国家亲权与自然亲权的斗争与合作》,载《私法研究》2011 年第 10 期。

[142] 徐汉明:《推进国家与社会治理法治化》,载《法学》2014 年第 11 期。

[143] 徐蓉:《保险中的诚实信用原则对如实告知义务的要求》,载《社会科学研究》2003 年第 6 期。

[144] 薛生强等:《论现代保险社会管理功能的发挥和实现》,载《宁夏社会科学》2006 年第 6 期。

[145] 燕继荣:《社会变迁与社会治理——社会治理的理论解释》,载《北京大学学报(哲学社会科学版)》2017 年第 5 期。

[146]杨彬权:《论国家担保责任:担保内容、理论基础与类型化》,载《行政法学研究》2017年第1期。

[147]杨明柱:《法国农业互助保险贴近农户》,载《农村财政与财务》2009年第3期。

[148]杨仕进:《"政府+银行+保险"的农村小额信贷模式研究——以佛山市三水区"政银保"贷款模式为例》,载《南方金融》第2013年第12期。

[149]杨松、张建:《我国"政银担合作"模式的逻辑基础及制度完善》,载《辽宁大学学报(哲学社会科学版)》2018年第5期。

[150]杨雪冬:《全球化、风险社会与复合治理》,《马克思主义与现实》2004年第4期。

[151]姚大志:《罗尔斯正义原则的问题和矛盾》,载《社会科学战线》2009年第9期。

[152]游志斌、杨永斌:《国外政府风险管理制度的顶层设计与启示》,载《行政管理改革》2012年第5期。

[153]于安:《我国实行PPP制度的基本法律问题》,载《国家检察官学院学报》2017年第2期。

[154]于殿江、陈昕、蔡蒙琦:《新型农村合作医疗供给的PPP模式研究》,载《山东大学学报》2013年第6期。

[155]于娟:《论以政府干预为主导的农业保险模式及我国农业保险法律建构——兼评我国2013年3月1日施行的〈农业保险条例〉》,载《东南学术》2013年第5期。

[156]俞可平:《治理和善治——一种新的政治分析框架》,载《南京社会科学》2001年第9期。

[157]郁建兴、高翔:《农业农村发展中的政府与市场、社会:一个分析框架》,载《中国社会科学》2009年第6期。

[158]喻文光:《PPP立法中的八大重点问题探讨》,载《中国政府采购》2017年第9期。

[159]原珂、段静:《财政政策何以在多层次社会保障体系建设中积极有为?——基于残疾人补充性商业保险的研究》,载《华中师范大学学报(人文社会科学版)》.

[160]臧秀玲:《从消极福利到积极福利:西方国家对福利制度改革的新探索》,载《社会科学》2004年第8期。

[161]詹镇荣:《德国法中的"社会自我规制"机制初探》,载《政大法学评论》2004年第78期。

[162]湛中乐、刘书燃:《PPP协议中的法律问题辨析》,载《法学》2007年第3期。

[163]张弓长:《〈民法典〉中的"参照适用"》,载《清华法学》2020年第4期。

[164]张国清:《罗尔斯难题:正义原则的误读与批评》,载《中国社会科学》2013年第10期。

[165]张浩淼:《中国社会救助70年(1949—2019):政策范式变迁与新趋势》,载《社会保障研究》2019年第3期。

[166]张红:《监管沙盒及与我国行政法体系的兼容》,载《浙江学刊》2018年第1期。

[167]张鸿雁:《"社会精准治理"模式的现代性建构》,载《探索与争鸣》2016年第1期。

[168]张鸿雁:《人类城市化的"城市文化基因"与城市社会再造文化因子论》,载《社会科学》2003年第9期。

[169]张守文:《PPP的公共性及其经济法解析》,载《法学》2015年第11期。

[170]张涛:《我国农业保险立法的制度构建》,载《西北农业科技大学学报(社会科学版)》2016年第2期。

[171]张新生:《我国涉农保险优化发展的监管制度探析》,载《郑州大学学报(哲学社会科学版)》2014年第1期。

[172]张燕、杜国宏、吴正刚:《农民金融权:一个农村民间金融理论研究的新视角》,载《农村经济》2010年第9期。

[173]张一雄:《论行政行为形式选择裁量及其界限——以公私合作为视角》,载《行政法学研究》2014年第1期。

[174]张跃华、顾海英:《准公共品、外部性与农业保险的性质——对农业保险政策性补贴理论的探讨》,载《中国软科学》2004年第9期。

[175]张跃华、庹国柱、符厚胜:《市场失灵、政府干预与政策性农业保险理论——分歧与争论》,载《保险研究》2016年第7期。

[176]张长利:《葡萄牙农业保险制度研究》,载《西南金融》2014年第1期。

[177]章之远:《迈向公私合作型行政法》,载《法学研究》2019年第2期。

[178]赵宏:《试论行政合同中的诚实信用原则》,载《行政法学研究》2005年第2期。

[179]赵佳、姜长云:《兼业小农抑或家庭农场——中国农业家庭经营组织变迁的路径选择》,载《农业经济问题》2015年第3期。

[180]赵万一:《中国农民权利的制度重构及其实现途径》,载《中国法学》2012年第3期。

[181]赵小鸣、徐文刚、徐颖青:《论农村保险中介服务体系建设》,载《保险研究》2007年第3期。

[182]赵延东:《风险社会与风险治理》,载《中国科技论坛》2004年第4期。

[183]郑秉文:《商业保险参与多层次社会保障体系的方式、作用与评估——基于一个初步的分析框架》,载《辽宁大学学报(哲学社会科学版)》2019年第6期。

[184]郑功成:《社会保障与国家治理的历史逻辑及未来选择》,载《社会保障评论》2017年第1期。

[185]郑军、文毅:《法国农业互助保险运行机制对我国的启示》,载《价格理论与实践》2016年第4期。

[186]郑尚元:《长期照护保险立法探析》,载《法学评论》2018年第1期。

[187]郑伟:《保险消费者权益保护:机制框架、国际经验与政策建议》,载《保险研究》2012年第3期。

[188]郑晓剑:《比例原则在民法上的适用及展开》,载《中国法学》2016年第2期。

[189]周学峰:《论保险法上的风险分类:合理区分V.歧视》,载《比较法研究》2014年第2期。

[190]朱俊生:《中国农业保险制度模式运行评价——基于公私合作的理论视角》,载《中国农村经济》2009年第3期。

[191]朱骏生、庹国柱:《公私合作视角下中国农业保险的发展》,载《保险研究》2009年第3期。

[192]朱力:《社会规范建设的困境:三种理性人的策略选择》,载《探索与争鸣》2009年第10期。

[193]邹焕聪:《政府购买公共服务的责任分配与行政实体规制——基于公私协力视角的探究》,载《行政论坛》2017年第6期。

[194]邹晓瑜:《试论在刑事审判中以"参照"方式适用法律》,载《现代法学》2003年第5期。

(二)中文论文集论文

[1]陈爱娥:《契约作为公私部门合作的行政行为形式》,载范光群教授七轶华诞祝寿论文集编辑委员会主编:《程序正义、人权保障与司法改革——范光群教授七轶华诞祝寿论文集》,元照出版有限公司2009年版。

[2]陈爱娥:《行政法院与民事法院审判权的划分——以公私部门合作执行行政任务而缔结之契约为观察主轴》,载曾华松大法官古稀祝寿文集编辑委员会主编:《论权利保护之理论与实践——曾华松大法官古稀祝寿论文集》,元照出版有限公司2006年版。

[3]董东:《我国普惠保险发展水平测量指标设计及测算》,首都经济贸易大学2017年博士论文.

[4]冯文丽:《制约我国农业保险可持续发展的制度缺陷及完善对策》,载庹国柱主编、谢小亮副主编:《中国农业保险研究2015》,中国农业出版社2015年版。

[5]李洪雷:《其他承担行政任务的主体》,载应松年主编:《当代中国行政法》,中国方正出版社2005年版。

[6]李建良:《公法契约与私法契约之区别问题》,载台湾行政法学会主编:《行政契约与新行政法》,元照出版有限公司 2002 年版。

[7]林明锵:《担保国家与担保行政法——从 2008 年金融风暴与毒奶粉事件谈国家的角色》,载吴庚教授七轶华诞祝寿论文集编辑委员会编:《政治思潮与国家法学——吴庚教授七轶华诞祝寿论文集》,台湾元照公司出版社 2010 年版。

[8]刘宗德:《行政私法》,载台湾行政法学会主编:《行政法争议问题研究》(上),五南图书出版公司 2000 年版。

[9]马宜斐:《美国保险消费者保护机制研究》,对外经济贸易大学 2014 年博士论文。

[10]庹国柱:《论政策性农业保险中的道德风险及其防范》,载陈秉正、迈克尔·鲍尔斯主编:《2012 中国保险与风险管理国际年会论文集》,清华大学出版社 2012 年版。

[11]詹镇荣:《德国法中社会自我管制机制初探》,载詹镇荣主编:《民营化法与管制革新》,元照出版有限公司 2005 年版。

[12]詹镇荣:《生存照顾》,载詹镇荣主编:《民营化法与管制革新》,元照出版有限公司 2005 年版。

(三)英文期刊论文

[1]Kenneth S. Abraham, Four Conceptions of Insurance, *University of Pennsylvania Law Review*, 2013, Vol. 161, No. 3.

[2]George A. Akerlof, The Market for "Lemons": Quality Uncertainty and the Market Mechanism, *The Quarterly Journal of Economics* 1970, Vol. 84, No.3.

[3]Bell D., American Exceptionalism Revisited: The Role of Civil Society, *The Public Interest*, 1989, Vol. 95, No.1.

[4]Belmont E., Fried B.M., Gonen J.S., et al., Emergency Preparedness, Response & Recovery Checklist: Beyond the Emergency Management Plan, *Journal of Health & Life Science Law*, 2004, Vol. 37, No. 4.

[5]Ben-Shahar O., Kyle D. Logue, The Perverse Effects of Subsidized Weather Insurance, *Stanford Law Review*, 2016, Vol. 68.

[6]Biener C., Eling M., Insurability in Microinsurance Markets: An Analysis of Problems and Potential Solutions, 37*Geneva Papers on Risk and Insurance*, 2012, Vol. 37, No. 1.

[7]Biener C., Eling M., Pradhan S., Can Group Incentives Alleviate Moral Hazard? The Role of Pro-social Preferences, *European Economic Review*, 2018, Vol.101, No. C.

[8]Biener C., Eling M., Joan T. Schmit, Regulation in Microinsurance Markets: Principles, Practice and Directions for Future Development, *World Development*, 2014, Vol. 58, No. 1.

[9]Bovens M., Analyzing and Addressing Accountability: A Conceptual Framework, *European Law Journal*, 2007, Vol. 14, No. 4.

[10]James C. Brau, Merrill C., Kim B. Staking, Insurance Theory and Challenges Facing the Development of Microinsurance Markets, *Journal of Developmental Entrepreneurship*, 2011, Vol. 16, No. 4.

[11]Ronald H. Coase, The Institutional Structure of Production, *American Economic Review*, 1992, Vol. 84, No. 4.

[12]Cole S., Giné X., Tobacman J., et al., Barriers to Household Risk Management: Evidence from India, *American Economic Journal: Applied* Economics, 2013, Vol. 5, No. 1.

[13]Dick William J. A., Wang W., Government Interventions in Agricultural Insurance, *Agricul-*

ture and Agricultural Science Procedia, 2010, Vol. 1.

[14]Avinash K. Dixit, Londregan J., Redistributional Politics and Economic Efficiency, *American Political Science Review*, 1995, Vol. 89, No. 4.

[15]Avinash K. Dixit, Londregan J., The Determinants of Success of Special Interests in Redistributive Politics, *Journal of Politics*, 1996, Vol. 58, No. 4.

[16]Eling M., Jia R., Yao Y., Between-Group Adverse Selection: Evidence from Group Critical Illness Insurance, *The Journal of Risk and Insurance*, 2017, Vol. 84, No. 2.

[17]Michael G. Faure, Economic Criteria for Compulsory Insurance, *The Geneva Papers on Risk and Insurance-Issue and Practice*, 2007, Vol. 31, No. 1.

[18]Mark A. Geistfeld, Interpreting the Rules of Insurance Contract Interpretation, *Rutgers University Law* Review, 2015, Vol. 68, No. 1.

[19]Herschel I. Grossman, Robin Hood and the Redistribution of Property Income, *European Journal of Political Economy*, 1995, Vol. 11.

[20]Ruth V. Hill, Gajate-Garrido G., Phily C., et al., *Using Subsidies for Inclusive Insurance: Lessons from Agriculture and Health*, International Labour Office Microinsurance Paper No. 29 (February, 2014).

[21]Jeffery E. Thomas, An Interdisciplinary Critique of Reasonable Expectations Doctrine, *Connecticut Insurance Law Journal*, 1998, Vol. 5, No. 63.

[22]Lindbeck A., Jorgen W. Weibull, Balanced Budget Redistribution as the Outcome of Political Competition, *Public Choice*, 1987, Vol. 52, No. 3.

[23]Liu Y., Chen K., Hill R., et al., *Borrowing from The Insurer: An Empirical Analysis of Demand and Impact of Insurance in China*, Microinsurance Innovation Facility Research Paper No. 34 (July, 2013).

[24]Loshin J., Insurance Law's Hapless Busybody: A Case Against the Insurable Interest Requirement, *The Yale Law Journal*, 2007, Vol. 117, No. 3.

[25]Melvin A. Eisenberg, The Limits of Cognition and The Limits of Contract, 47*Stanford Law Review*, 1995, Vol. 47, No. 2.

[26]Gary J. Miller, The Political Evolution of Principal-Agent Models, 8*Annual Review of Political Science*, 2005, Vol.8, No. 1.

[27]Minow M., Public and Private Partnerships: Accounting for the New Religion. *Harvard Law Review*, 2003, Vol. 116, No. 5.

[28]Pearson G., Reading Suitability Against Fitness for Purpose: The Evolution of a Rule, *Sydney Law Review*, 2010, Vol. 32, No. 2.

[29] George L. Priest, A Principled Approach Toward Insurance Law: The Economics of Insurance and the Current Restatement Project, *George Mason Law Review* 2016, Vol. 24, No. 3.

[30] Rogoff K., Sibert A., Elections and Macroeconomic Policy Cycles. *Review of Economic Studies*, 1988, Vol.55, No.1.

[31]Rosenberg D., The Causal Connection in Mass Exposure Case: A "Public Law" Version of the Tort System, *Havard Law Review*, 1984, Vol. 97, No. 4.

[32]Paul A. Samuelson, The Pure Theory of Public Expenditure, *Review of Economics and Statistics*, 1954, Vol. 36, No. 4.

[33]Susan A. Schneider, A Reconsideration of Agricultural Law: A Call for The Law of Food, Farming, And Sustainability, *William & Mary Enviornmental Law and Policy Review* 2009, Vol.

34, No. 3.

[34]Schwarcz D., A Products Liability Theory for the Judicial Regulation of Insurance Policies, *Willian and Mary Law Review*, 2007, Vol. 48, No. 4.

[35]Jerry R. Skees, Challenges for Use of Index-based Weather Insurance in Lower Income Countries, *Agricultural Finance Review*, 2008, Vol. 68, No. 1.

[36]Slawson W. David, Mass Contracts: Lawful Fraud in California, *Southern California Law Review*, 1974, Vol. 48, No. 1.

[37]Taylor C., Modes of Civil Society, *Public Culture*, 1990, Vol. 3, No. 1.

[38]Rebecca L. Thornton, Hatt L., Field E., et al., Social Security Health Insurance for The Informal Sector in Nicaragua: A Randomized Evaluation, *Health economics*, 2010, Vol. 19, No. 1.

[39]Wang H., Zhang L., Yip W., et al., Adverse Selection in A Voluntary Rural Mutual Health Care Health Insurance Scheme in China, *Social Science & Medicine*, 2006, Vol. 63, No. 5.

[40]Yesuf M., Randall A. Bluffstones, Poverty, Risk Aversion, and Path Dependence in Low-Income Countries: Experimental Evidence from Ethiopia, *American Journal of Agricultural Economics*, 2009, Vol. 91, No. 4.

[41]Zhang L., Wang H., Wang L., et al., Social Capital and Farmer's Willingness-to-Join A Newly Established Community-based Health Insurance in Rural China, *Health Policy*, 2006, Vol. 76, No. 2.

(四)英文论文集论文

[1]Kenneth J. Arrow, Insurance, Risk and Resource Allocation, in Dionne G., Harrington S.E. eds, *Foundations of Insurance Economics*, Dordrecht: Springer, 1992.

[2]Kenneth J. Arrow, Insurance, Risk and Resource Allocation, in Georges Dionne, Scott E. Harrington eds., *Huebner International Series on Risk, Insurance and Economic Security* Volume 14, Dordrecht: Springer, 1992.

[3] Arthur W. Brian, Self-Reinforcing Mechanisms in Economics, in Philip W. Anderson, Kenneth J. Arrow, and David Pines eds., *The Economy as an Evolving Complex System*, Boston: Addison-Wesley, 1988.

[4]Chatterjee A., Microinsurance: The Value Proposition at the Base of Pyramid, in Julian Burling & Kevin Lazarus eds., *Research Handbook on International Insurance Law and Regulation*, Northampton: Edward Elgar Publishing, 2012.

[5]Churchill C., Michael J. McCord, Current Trends in Microinsurance, in Craig Churchill & Michal Matul eds., *Protecting the Poor: A Microinsurance Compendium Volume II*, Geneva: International Labour Office (ILO), 2016.

[6]Deblon Y., Loewe M., The Potential of Microinsurance for Social Protection, in Craig Churchill & Michal Matul eds., *Protecting the Poor: A Microinsurance Compendium Volume II*, Geneva: International Labour Office (ILO), 2012.

[7]Lindahl E., Just Taxation: A Positive Solution, in Richard A. Musgrave & Alan T. Peacock eds., *Classics in Theory of Public Finance*, New York: St. Matin's Press, 1967.

[8]Radermacher R., McGowan H., Dercon S., What is the Impact of Microinsurance?, in Craig Churchill & Michal Matul eds., *Protecting the Poor: A Microinsurance Compendium Volume II*, Geneva: International Labour Office (ILO), 2012.

[9]Roderick A. Rhodes, Waves of Governance, in David Levi-Faur eds., *Oxford Handbook of Governance*, Oxford: Oxford University Press, 2012.

三、其他

[1]龚为纲:《农业治理转型》,华中科技大学2014年博士论文。

[2]刘小薇:《专业农险公司盈利背后:农险业务占比全线下降》,https://www.financialnews.com.cn/bx/xw_99/201506/t20150624_78779.html,最后访问日期:2020年10月9日。

[3]王辉:《让习近平愤怒的贫困县是哪个?》,http://news.sina.com.cn/c/zg/2015-08-28/doc-ifxhkpcu4818349.shtml,最后访问日期:2020年12月7日。

[4]王维逸、李冰婷:《健康险专题研究(一):"惠民保"多地开花,从普惠出发的补充医疗》,http://finance.sina.com.cn/stock/stockzmt/2021-02-26/doc-ikftssap8847499.shtml,最后访问日期:2021年11月28日。

[5]王伟健:《江苏农业保险被指险种不合理》,http://js.people.com.cn/2013/12/08/273763.html,最后访问日期:2019年4月2日。

[6]笑菲:《谁拿走了"惠农"奶酪》,载《民主与法制》(半月刊)2013年第16期(2013年8月13日)。

[7]新华网:《平安养老险联手腾讯微保推出"全民保"打造普惠保险新样本》,http://www.xinhuanet.com/money/2018-10/16/c_129972318.htm,最后访问日期:2019年4月2日。

[8]徐涛:《政策性农业保险缘何屡遭贪污冒领》,载《检察日报》2015年10月13日第6版。

[9]银保监会:《大连积极推动农村综合治安保险取得积极成效》,http://www.cbirc.gov.cn/branch/dalian/view/pages/common/ItemDetail_gdsj.html?docId=25316&docType=1,最后访问日期:2021年11月6日。

[10]银保监会:《辽宁保监局推动综治保险理赔服务"三到两减一通"》,http://www.cbirc.gov.cn/branch/liaoning/view/pages/common/ItemDetail.html?docId=520108&itemId=1675&generaltype=0,最后访问日期:2021年11月6日。

[11]银保监会:《农业强、农民富、农村美——广东金融全面描绘乡村振兴新画卷》,http://www.cbirc.gov.cn/branch/guangdong/view/pages/common/ItemDetail.html?docId=989255&itemId=1543&generaltype=0,最后访问日期:2021年11月28日。

[12]张超:《专业农险公司优势渐失》,载《农村金融时报》2013年8月26日第2版。

[13]张宏、仇兆燕、张影:《2013年度北京地区消费者保险需求调查报告》,http://money.sohu.com/upload/2013bjdqbxxfdcbg.pdf,最后访问日期:2020年11月10日。

[14]Allianz SE & GIZ, *Microinsurance Definition and Assessment Tool*, Allianz (April, 2013), https://www.allianz.com/content/dam/onemarketing/azcom/Allianz_com/responsibility/documents/Allianz_Microinsurance_Definition_and_Assessment_Tool_April2013.pdf.

[15]Bester H., Smit H., Morgan L., et al., China Access to Insurance Diagnostic: A Market and Regulatory Analysis, AII(February, 2018), https://cenfri.org/wp-content/uploads/2018/03/China-Access-to-Insurance-Diagnostic-.pdf.

[16]Biese K., Michael J. M., Baez K., et al., *What People Want: Investigating Inclusive Insurance Demand in Ethiopia*, The World Bank (April, 2018), http://documents1.worldbank.org/curated/en/495701521789026178/pdf/What-people-want-investigating-inclusive-insurance-demand-in-Ethiopia.pdf.

[17]Cheston S., Kelly S., McGrath A., et al., *Inclusive Insurance: Closing the Protection Gap for Emerging Customers*, Institute of International Finance (IIF) (January, 2018), https://content.

centerforfinancialinclusion. org/wp-content/uploads/sites/2/2018/08/Inclusive-Insurance-Final-2018. 06.13.pdf.

[18]IAIS, *Application Paper on Regulation and Supervision supporting Inclusive Insurance Markets*, International Association of Insurance Supervisors (October, 2012), http://www.microinsurancecentre. org/resources/documents/market-development/regulations/application-paper-on-regulation-and-supervision-supporting-inclusive-insurance-markets.html.

[19] Insurance Commission, *A Glimpse on Microinsurance in the Philippines (Primer)*, Insurance Commission (December, 2020), https://micorner.insurance.gov.ph/microinsurance/index.php/primer-eng/.

[20]Maleika M., Anne T. Kuriakose, *Microinsurance: Extending Pro-Poor Risk Management through the Social Fund Platform*, The World Bank (October, 2008), https://openknowledge.worldbank.org/handle/10986/11136.

[21] Dennis A. Shields, *Federal Crop Insurance: Background*, Congressional Research Report (August, 2015), http://nationalaglawcenter.org/wp-content/uploads/assets/crs/R40532.pdf.

[22]Singh A., *A Decade Since the First Microinsurance Regulations in India*, Bimaquest (January, 2018), http://www.bimaquest.niapune.org.in/index.php/bimaquest/article/view/19.

[23] Swiss Re, *Microinsurance- Risk Protection For 4 Billion People*, Swiss Reinsurance Company Ltd. (June, 2010), https://media.swissre.com/documents/sigma6_2010_en.pdf.

[24]The Law Commission & The Scottish Law Commission, *Insurance Contract Law: Post Contract Duties and Other Issues (A Joint Consultation Paper)*, The Law Commission Consultation Paper No 201 and The Scottish Law Commission Discussion Paper No 152, Law Commission (November, 2011), http://lawcom.gov.uk/app/uploads/2015/03/cp201_ICL_post_contract_duties.pdf.

[25]World Health Organization: World Health Statistics, 2010.

后 记

本书是笔者近三年就普惠保险推进社会治理现代化这一议题研究工作的总结，完成它也是我们一直以来的心愿，很高兴经过近三年的踌躇准备，终于到了写致谢这一刻，为这段难忘的时光写下一个注脚。

还记得 2018 年年底，何丽新教授提出可以就保险协同社会治理展开深入研究，当时懵懵懂懂地觉得这个论题大有可为。保险业长期以来屡受"保险不姓保"的诟病，但其在风险治理方面却存在着诸多优势，且普惠理念本身就与社会治理现代化不谋而合。正如《礼记·礼运篇》所言："大道之行，天下为公……故人不独亲其亲，不独子其子，使老有所终，壮有所用，幼有所长，鳏寡孤独废疾者皆有所养。"保险业如何作为实现国家现代化治理的一项金融工具，承担起"经世济民"的重任，如何通过法律原则及具体规范的设置确保普惠保险不再是一项美好的愿景，而是实实在在地担当起与这个有温度的世界、有悲喜的人民联结的通道，值得进一步研究。

感谢教育部人文社会科学基金及厦门大学人文社会科学重大项目培养计划的资助，使得本书可以顺利出版。此外，还要感谢在撰写本书期间，笔者敬爱的导师，同时也是本书的合作作者何丽新教授对书中论述提出的诸多建设性意见，每每在笔者研究遇到瓶颈或偏离轨道时，何丽新教授总能在最短的时间内给予我最及时的回复和最温暖的支持。感谢蒋月教授、夏雅丽教授和郑永宽教授对书稿整体框架及研究思路提出的宝贵建议，感谢厦门大学民商法教研室的其他老师在我研究和工作期间给予的无私帮助和大力支持。感谢同门的师弟师妹帮助我们完成书稿的反复校对,原谅笔者在此限于篇幅关系无法一一列举,但正是由于你们的帮助与支持,书稿的写作才得以顺利推进。

最后,笔者还想借此机会感谢父母的全心付出及爱人的体谅照顾。仅以本书作为 2021 年终结的一个句点,希望通过发展普惠保险、完善普惠保险法律规范,更希望通过以后对该主题的不断深入研究,尽微薄的力量帮助这个世界少一点疾苦,多一点希望。

阎语

2021 年 12 月于厦门大学法学院